中国票据简史

肖小和　主编

责任编辑：曹亚豪
责任校对：刘　明
责任印制：程　颖

图书在版编目（CIP）数据

中国票据简史／肖小和主编 .—北京：中国金融出版社，2022.12
ISBN 978-7-5220-1779-2

Ⅰ.①中… Ⅱ.①肖… Ⅲ.①票据—经济史—研究—中国 Ⅳ.①F832.9

中国版本图书馆 CIP 数据核字（2022）第 196845 号

中国票据简史
ZHONGGUO PIAOJU JIANSHI

出版
发行　中国金融出版社

社址　北京市丰台区益泽路 2 号
市场开发部　（010）66024766，63805472，63439533（传真）
网上书店　www.cfph.cn
　　　　　（010）66024766，63372837（传真）
读者服务部　（010）66070833，62568380
邮编　100071
经销　新华书店
印刷　保利达印务有限公司
尺寸　169 毫米×239 毫米
印张　23
字数　384 千
版次　2022 年 12 月第 1 版
印次　2022 年 12 月第 1 次印刷
定价　70.00 元
ISBN 978-7-5220-1779-2
如出现印装错误本社负责调换　联系电话（010）63263947

编委会

顾　　　问：周荣芳　上海票据交易所监事长
　　　　　　万立明　同济大学马克思主义学院教授、博士生
　　　　　　　　　　导师、历史学博士、应用经济学博士后
编委会主任：潘　明
编委会副主任：桂荷发　肖　璟　肖小和
编　　　委：彭玉镏　秦书卷
主　　　编：肖小和
副　主　编：秦书卷
编著人员：(按姓氏笔画排序)：
　　　　　　甘德见　李紫薇　陈　晨　赵思彦　郭　凯
　　　　　　彭　景　蔡振祥

前言

经过改革开放40多年的发展，我国票据市场发生了翻天覆地的变化，如今票据已经发展成为集汇兑、支付、结算、融资、调控、投资和交易多种功能于一体的金融信用工具，在促进实体经济特别是中小微企业发展、绿色金融发展、企业信用发展、推动金融供给侧结构性改革、传导货币政策等方面都发挥着不可替代的作用。

40多年我国票据市场发展体现在多个方面。第一，票据市场规模空前扩大。在改革开放后经济大发展的背景下，票据市场经过起步探索、快速发展及规范发展阶段，规模总体呈现不断增长的趋势。相关数据显示，1995年，全国票据承兑发生额为2424亿元，贴现发生额为1412亿元；截至1995年底，全国再贴现余额仅为320亿元。再看最新的数据，2021年，全国票据承兑发生额为24.16万亿元，占GDP的比重为22.2%，背书发生额为56.56万亿元，贴现发生额为15.02万亿元，占GDP的比重为13%，再贴现余额为5903亿元，可以看出票据市场规模确实取得了巨大的增长。第二，市场参与者更加多元化。20世纪八九十年代，票据市场处于起步探索阶段，当时的参与主体主要集中于人民银行、国有银行以及少数大型国有企业。此后，为提高票据经营专业化水平，一批票据专营机构陆续设立。2010年后，在市场资金充裕、综合经营及互联网金融逐步兴起的大背景下，票据市场创新层出不穷，大量财务公司和城商行涌入票据市场，信托公司、证券公司等机构甚至包括个人投资者也得以间接参与票据市场。此外，不少民间票据中介也活跃在票据市场中。2016年，为整治市场乱象、规范票据市场发展，上海票据交易所成立。第三，制度体系逐步完善。《商业汇票承兑、贴现暂行办法》《中国人民银行再贴现试行办法》《银行结算办法》《票据法》《票据管理实施办法》《支付结算办法》《商业汇票承兑、贴现与再贴现管理办法》《贷款通则》《电子商业汇票业务管理办法》《中国人民银行关于规范和促进电子商业汇票业务发展的通知》《票据交易管理办法》等一系列法律法规、部门规章的颁布，明确了我国票据市场的发展思路，推动票据市场框架体系逐步完善。第四，科技应用水平显著提升。票据IT系统、电子票据的发展从底层改变了票据市场的运行方式，大数据、云计算、人工智能、区块链等新技术的应用成为票据市场创新发展的有力支撑。2021年5月，为进一步提高系统运行效率、提升用户体验，上海票据交易所对ECDS和中国票据交易系统进行了全面优化升级，建设了承载票据全生命周期业务功能的新一代票据业务系统，该系统必将有效推动未来票据市场创新和风险管理能力进一步提升。第五，票据创新层出不穷。21世纪初，票据创新主要是基于传统业务进行改进和组合。例如，以承兑业务为基础推出了商业汇票保证、质押开票、票据折零、以票易票等业务；以贴现业务为基础推出了商票保贴、票据包买、见票即贴额度授信、第三方担保贴现、回购式贴现等贴现承诺业务；以转贴现业务为基础推出了票据资管搭桥、银行代理回购搭桥、票据代持及配资代持等业务模式；同时，还推出了票据咨询、顾问、经纪、鉴证、代理托收、代理查询、代理保管、票据池等增值服务创新。2009年后，相对充裕的资金供给、金融机构综合经营发展趋势、ECDS的推出及互联网金融快速崛起为票据创新提供了天然的土壤。在此期间，票据理财、票据资管、票据ABS等创新产品相继问世，期限错配、买入返售、卖出回购等交易模式在票据业务经营中广泛出现。2016年后，上海票据交易所在票据创新方面起到了积极引领作用，陆续推出票付通、贴现通、标准化票据、供应链票据等创新产品，发布票据收益率曲线，上海清算所发布标准化票据指数，不断优化票据使用体验，深化票据全功能作用。第六，票据利率市场化水平不断提升。40多年来，票据市场利率逐步摆脱行政干预，先后经历了以贷款利率、再贴现利率、SHIBOR、票据收益率曲线为基准进行定价的四个阶段，目前已发展成为我国市场化程度最高的利率之一。第七，票据风险得到有效管控。为有效防控票据风险，监管部门根据市场发展形势和风险管控经验陆续出台了诸多制度文件，加强风险防控制度建设，从顶层设计上做好把关；建设上海票据交易所，推动全国统一票据交易市场的形成，依托上海票据交易所，更广泛地收集全市场信息，力争将全市场主体、全产品、全业务统一纳入监管，从而能够搭建风险量化管理模型，对新时代票据风险做到有效识别、科学计量、实时监测；推广电票，引导票据IT系统建设，有效管理了伪造票、变造票、偷盗库存票据、假票调包真票等操作风险和道德风险；强化金融科技应用，通过大数据、云计算、人工智能、区块链等技术可以对市场利率变动及形势变化作出更加科学精确的判断，有效管控市场风险。第八，应用理论研究成果丰硕。2016年上海票据交易所成立后，我国票据市场发生了根本性变化，票据制度体系出现重大变革。这一阶段，江西财经大学九银票据研究院、江西省金融学会票据专业委员会、中国票据研究中心、中央财经大学云票据研究中心等研究机构先后成立，大大推动了我国票据理论的创新发展。这些机构通过开展课题研究、举办征文活动、组织研讨活动及高峰论坛，活跃了市场研究氛围，源源不断地为票据市场发展提供积极的智力支持。

展望未来，按照国家推进金融领域供给侧结构性改革、贯彻新发展理念、加快构建双循环新发展格局、推动经济高质量发展的总体要求，中国票据市场将在加快改革开放、完善法律制度、健全基础设施、创新体制机制、发挥金融科技作用、加快新型创新平台建设、加快商业承兑汇票发展、防范风险、加快实现票据数字化、标准化、交易化、国际化、大众化等一系列举措下，更加有效有力地支持实体经济尤其是中小微企业发展。为了更好地规划未来，深入研究票据发展历史、总结发展规律十分必要。2020年，江西财经大学九银票据研究院出版了全国首部完整勾勒票据发展历史脉络的《票据史》一书，开启了国内系统研究票据历史的先河。该书研究主题以狭义票据为主，具体包括本票、支票和汇票，全书结构纵向按历史朝代顺序推进，横向每章由历史背景介绍、票据市场发展历史、票据制度变迁、票据功能作用四部分组成，系统地描述了中国票据发展历程。2020年12月，该书成功入选中国经济学教育科研网"2020年度经济学图书（100种）"，属12部入选经济史图书之一，展现了其在票据史研究领域的一定影响力。但该书由于写作时间及资料所限，加上经验不足，仍然存在聚焦票据发展不足、历史描述不够完整、整体连续性不够强、部分环节梳理不够清晰、故事性有所欠缺等问题，因此在前书基础上，针对前述问题，江西财经大学九银票据研究院经过一年多的酝酿准备，组织部分原班人马和国内对票据史料有研究的专家以及新加入的票据方向硕士研究生参与写作，重新优化写作思路，搜集写作资料，聚焦中国票据发展历史，结合市场发展前沿，编写完成《中国票据简史》一书。

聚焦票据、逻辑性、故事性、总结性强是《中国票据简史》相比前书的特色所在。在聚焦票据方面，《中国票据简史》聚焦完整梳理中国票据历史发展脉络，不涉及境外票据；在写作结构纵向上，本书仍然是按照历史朝代顺序推进，但中国古代及晚清时期涉及朝代和民国时期及新中国成立以后时期票据发展阶段做了一些调整；在写作结构横向上，每节均为对重要票据、重要事件、重要机构、重要文件等的描述，聚焦票据相关内容，其他内容均简述，让读者能读到满满的票据干货。在逻辑性方面，每章最前面都有一段概述，按照时代背景、票据市场及制度发展等的顺序对本阶段票据发展过程进行概括，重点交代每章所写票据及票据重大事件的发展逻辑，同时每节最前面都有一段承前启后的描述，对本节所写内容做个概括，并体现出发展逻辑，旨在通过重要事件将票据发展串联起来，体现票据循序渐进的发展过程。通过以上两种概述可以将中国票据发展历史逻辑大致梳理出来。此外，本书逻辑结构严谨，每节内部均按照历史背景、主体介绍及相关影响的顺序展开，聚焦票据，各部分相关性强，每章最后有小结，主要总结每一阶段票据对社会经济信用金融的作用。在故事性方面，本书写作更加注重故事性，相比前书收纳了更多的史料、票样及故事，并收集了更多珍贵票据图片放在书中，因此阅读本书能让读者享受到更多读史书的快乐。在总结性方面，本书在整理描述中国票据发展简史后，相比前书增加了最后一章票据简史思考，该章在总结中国票据发展的基础上，分析票据功能作用的演变，总结千百年来票据发展的经验与教训，并对中国票据市场未来发展作出思考，提出了发展方向。

从具体写作结构来说，纵向来看，本书共分为3篇，分别为中国古代及晚清时期的票据、民国时期的票据、新中国成立以来的票据。其中第一篇按照历史朝代顺序写作，第二篇和第三篇根据票据市场发展特点划分阶段，其中第三篇最后有专门一章进行了思考。

横向来看，第一篇中国古代及晚清时期的票据写作思路是按重要历史朝代推进，每章按历史朝代阶段冠名，每节为具体朝代票据及重要票据机构、制度的介绍，研究古代票据的发展演变过程；第二篇民国时期的票据、第三篇新中国成立以来的票据是以重要事件为分界点划分历史时期形成各章，每节以重要事件、重要机构、重要文件等冠名。

在具体分工方面，第一篇作者为蔡振祥，第二篇作者为李紫薇，第三篇第六章作者为彭景，第七章作者为赵思彦、甘德见，第八章、第九章作者为陈晨，第十章第一节作者为蔡振祥，第十章第二节作者为李紫薇。书中票样与票样相关文字为郭凯提供。在本书写作过程中，潘煜、陈月明、黄申晖也提供了相关资料。

本书适用对象主要包括票据监管者、金融机构票据条线管理层及从业人员、企业财务人员、专业研究人员、大专院校师生等，也可供其他对票据感兴趣的读者学习使用。因时间及资料有限，加上经验不足，本书定有不足之处，敬请读者朋友们批评指正，也非常欢迎与对票据史感兴趣的同仁们共同研究探讨。

本书在编著过程中，参考了众多专家和学者的相关书籍和文章。同时，九江银行、江西财经大学金融学院和中国金融出版社也给予了大力支持，在此一并表示感谢。

本书编写组
2022 年 5 月 10 日

目录

第一篇 中国古代及晚清时期的票据

第一章 周朝至明朝的票据 ······ 3
第一节 周朝的票据 ······ 4
一、票据雏形产生的基础条件 ······ 4
二、票据雏形——质剂、傅别、书契 ······ 5
第二节 唐朝的票据 ······ 8
一、飞钱产生的历史条件 ······ 8
二、飞钱的使用 ······ 10
三、书帖——支票的前身 ······ 12
第三节 宋朝的票据 ······ 13
一、交子产生的基础条件 ······ 14
二、交子、会子的使用 ······ 16
第四节 明朝的票据 ······ 19
一、明朝会票产生的基础条件 ······ 20
二、明朝会票 ······ 21
小 结 ······ 24

第二章 清朝的票据 ······ 25
第一节 清朝会票、银票、钱票 ······ 26
一、清朝前中期的历史条件 ······ 26
二、会票、银票、钱票 ······ 27
第二节 钱庄与庄票——屹立不倒的金融传奇 ······ 29
一、钱庄的发展阶段 ······ 29
二、钱庄发行的票据 ······ 31

第三节　票号与汇票——百年票号的前世今生 ………………… 35
　　　　一、百年票号的产生条件及发展历程 ……………………… 36
　　　　二、票号的票据业务 ………………………………………… 45
　　第四节　过账制度与汇划制度——票据交换制度的雏形 ……… 54
　　　　一、过账制度 ………………………………………………… 54
　　　　二、汇划制度 ………………………………………………… 55
　　第五节　西方新式票据兴起——"混乱时代"揭开序幕 ……… 55
　　　　一、晚清时期的历史条件 …………………………………… 56
　　　　二、新式银行 ………………………………………………… 57
　　　　三、新式票据 ………………………………………………… 58
　　小　结 …………………………………………………………… 61

第二篇　民国时期的票据

第三章　《中华民国票据法》出台前的票据及《中华民国票据法》出台 … 65

　　第一节　安徽蚌埠贴现公所——票据专营机构的探索 ………… 67
　　　　一、安徽蚌埠贴现公所成立的时代背景 …………………… 68
　　　　二、安徽蚌埠贴现公所成立的组织形式 …………………… 68
　　　　三、贴现票据相关说明 ……………………………………… 68
　　　　四、安徽蚌埠贴现公所的职能 ……………………………… 70
　　　　五、安徽蚌埠贴现公所的运作方式 ………………………… 71
　　　　六、安徽蚌埠贴现公所的局限性 …………………………… 71
　　　　七、安徽蚌埠贴现公所成立的意义 ………………………… 72
　　第二节　《中华民国票据法》——票据统一化与制度化 ……… 72
　　　　一、银钱业票据制度初探 …………………………………… 72
　　　　二、《中华民国票据法》出台 ……………………………… 73
　　　　三、《中华民国票据法》的内容与特点 …………………… 75
　　　　四、《中华民国票据法》的司法实践 ……………………… 78
　　　　五、《中华民国票据法》的意义与启示 …………………… 79
　　小　结 …………………………………………………………… 79

第四章　《中华民国票据法》出台后的票据 …………………… 81

　　第一节　票据理论兴起——第一次承兑汇票热潮出现 ………… 85

一、承兑贴现理论传播 ··· 85
　　二、银行承兑贴现热潮兴起 ·· 90
　　三、企业商业承兑汇票试行 ·· 95
　第二节　上海银行票据承兑所——区域承兑贴现市场初步形成 ········ 97
　　一、承兑汇票热潮再度兴起 ·· 98
　　二、上海银行票据承兑所成立 ··· 99
　第三节　重庆联合票据承兑所——多区域承兑贴现市场形成及发展 ··· 104
　　一、四联总处内迁重庆 ·· 104
　　二、重庆票据贴现市场形成 ··· 106
　　三、建立重庆联合票据承兑所 ·· 110
　第四节　上海票据交换所——票据交换制度的建立与发展 ············ 112
　　一、上海票据交换所成立前的交换制度 ······························ 113
　　二、成立上海票据交换所 ··· 117
　　三、上海票据交换所成立后的票据交换制度变迁 ··················· 123
　第五节　中央银行与票据发展 ·· 125
　　一、中央银行筹备背景 ·· 126
　　二、中央银行的发展历程 ··· 127
　　三、中央银行的主要职能 ··· 132
　　四、中央银行与票据清算 ··· 133
　　五、中央银行与重贴现 ·· 137
　小　结 ··· 139

第五章　革命根据地的票据 ··· 140
　第一节　土地革命时期革命根据地票据 ································· 140
　　一、土地革命时期根据地的票据 ······································ 141
　　二、土地革命时期根据地的票据制度 ································ 144
　第二节　抗日战争时期革命根据地票据 ································· 144
　　一、抗日战争时期根据地的票据 ······································ 145
　　二、抗日战争时期根据地的票据制度 ································ 155
　第三节　解放战争时期革命根据地票据 ································· 158
　　一、解放战争时期根据地的票据 ······································ 158
　　二、解放战争时期根据地的票据制度 ································ 164
　小　结 ··· 168

第三篇　新中国成立以来的票据

第六章　新中国成立至电子票据出台的票据 ·················· 173
　第一节　从票据业务重启到票据助力化解"三角债" ·········· 174
　　一、新中国成立初期的商业信用与票据 ················· 174
　　二、"三角债"的由来 ································ 177
　　三、金融机构用票据解决清欠所采取的措施 ············· 179
　　四、票据业务开展缓慢的缘由 ························ 182
　第二节　《中华人民共和国票据法》
　　　　——奠定新中国票据市场法律基础 ················· 184
　　一、《中华人民共和国票据法》出台的历史背景 ········· 184
　　二、《票据法》的诞生之路 ·························· 185
　　三、《票据法》的主要内容与特点 ···················· 185
　　四、《票据法》的司法实践 ·························· 188
　　五、《票据法》颁布的意义与局限性 ·················· 189
　第三节　票据市场发展——改革开放至电子票据出台 ········ 191
　　一、票据市场业务概览 ······························ 191
　　二、票据市场基础建设 ······························ 195
　　三、票据市场制度建设 ······························ 197
　　四、票据市场创新 ·································· 199
　　五、票据市场风险防控 ······························ 201
　第四节　票据专营机构——票据业务市场化发展的尝试 ······ 202
　　一、中国工商银行票据营业部 ························ 202
　　二、其他主要票据专营机构简介 ······················ 207
　第五节　票据中介——民间票据机构的实践 ················ 212
　　一、普兰金服简介 ·································· 212
　　二、普兰金服转型之路 ······························ 213
　　三、票据中介机构面临的问题 ························ 214
　第六节　"中国票据网"——首个票据官方报价互联网平台诞生 ··· 215
　　一、"中国票据网"简介 ···························· 215
　　二、"中国票据网"诞生的意义 ······················ 216
　　三、"中国票据网"的退出 ·························· 217

小　结…………………………………………………………… 218

第七章　电子票据出台后至上海票据交易所成立前的票据………… 220

第一节　纸电票双轨运行——纸票最后的黄金期…………………… 221
一、国内经济金融形势…………………………………………… 221
二、纸质票据大发展……………………………………………… 222
三、票据电子化前期探索………………………………………… 225

第二节　电子商业汇票——票据市场的创新………………………… 226
一、电子商业汇票系统的建设…………………………………… 226
二、电子商业汇票的创设………………………………………… 228
三、电子商业汇票创设的意义…………………………………… 229
四、电子票据发展情况…………………………………………… 230
五、电子票据发展存在的问题…………………………………… 233

第三节　票据理财与票据ABS——票据投资功能初现……………… 234
一、票据理财……………………………………………………… 234
二、票据ABS ……………………………………………………… 237
三、创新与监管…………………………………………………… 239

第四节　票据案件频发——"严监管时代"来临……………………… 239
一、票据案件介绍………………………………………………… 239
二、案件频发的原因……………………………………………… 241
三、"严监管时代"来临…………………………………………… 243

小　结…………………………………………………………… 244

第八章　上海票据交易所成立后的票据（一）………………………… 245

第一节　上海票据交易所——新中国票据市场发展的里程碑……… 246
一、上海票据交易所成立的背景………………………………… 246
二、上海票据交易所的建设过程………………………………… 248
三、上海票据交易所成立后的主要工作内容…………………… 250
四、上海票据交易所成立的历史意义…………………………… 258

第二节　上海票据交易所交易系统建设——票据市场的
基础设施………………………………………………… 261
一、上海票据交易所交易系统的建设上线过程………………… 262
二、上海票据交易所交易系统简介……………………………… 263

三、上海票据交易所交易系统建设的意义及展望……………… 264

第三节　票据信息披露平台——建立票据信息披露机制……………… 265
　　一、票据信息披露平台的建设背景……………………………… 265
　　二、票据信息披露工作的开展情况……………………………… 266
　　三、票据信息披露平台的意义…………………………………… 267

第四节　票付通——票据在收付场景中的创新………………………… 268
　　一、票付通业务推出的背景……………………………………… 268
　　二、票付通业务的发展情况……………………………………… 268
　　三、票付通业务的实践意义……………………………………… 269

第五节　贴现通——官方票据贴现撮合的尝试………………………… 270
　　一、贴现通业务推出的背景……………………………………… 270
　　二、贴现通业务的发展情况……………………………………… 271
　　三、贴现通业务的意义…………………………………………… 271

第六节　标准化票据——尝试搭建公开市场融资渠道………………… 273
　　一、标准化票据的创设背景……………………………………… 273
　　二、标准化票据的发展历程……………………………………… 274
　　三、标准化票据的运作模式……………………………………… 276
　　四、标准化票据的创设意义……………………………………… 277

第七节　供应链票据——票据发展新方向……………………………… 279
　　一、供应链票据平台推出的背景………………………………… 279
　　二、供应链票据平台建设情况…………………………………… 279
　　三、供应链票据的优势…………………………………………… 280

　　小　结……………………………………………………………… 281

第九章　上海票据交易所成立后的票据（二）……………………… 283

第一节　秒贴、军工票、企票通——金融科技
　　　　赋能票据服务实体……………………………………………… 284
　　一、票据秒贴产品………………………………………………… 284
　　二、军工票、企票通……………………………………………… 285

第二节　可转让电子凭证——供应链上类票据的兴起………………… 286
　　一、类票据的发展背景…………………………………………… 286
　　二、类票据的发展情况…………………………………………… 288
　　三、类票据的优势………………………………………………… 290

四、类票据对票据市场的启示…………………………………291
第三节　区块链票据——区块链技术的应用……………………292
　　一、区块链与票据的适配性………………………………………292
　　二、上海票据交易所对区块链技术的探索——数字票据区块链
　　　　平台……………………………………………………………293
　　三、区块链票据存在的问题………………………………………295
第四节　绿色票据——票据助力绿色发展………………………296
　　一、绿色票据的发展背景…………………………………………296
　　二、绿色票据的发展情况…………………………………………297
　　三、绿色票据推广的意义…………………………………………298
　　四、绿色票据发展面临的困难……………………………………299
第五节　票据应用理论研究——票据研究百花齐放……………300
　　一、中国工商银行票据营业部……………………………………300
　　二、中国票据研究中心……………………………………………301
　　三、江西财经大学九银票据研究院………………………………302
　　四、其他票据研究机构……………………………………………306
小　结……………………………………………………………………308

第十章　票据简史思考……………………………………………309

第一节　票据功能演变与服务经济金融…………………………309
　　一、票据功能演变…………………………………………………309
　　二、票据服务经济金融的发展……………………………………311
第二节　票据发展启示与未来思考………………………………313
　　一、票据发展启示…………………………………………………313
　　二、票据未来思考…………………………………………………322
小　结……………………………………………………………………329

附录　中国票据大事记……………………………………………331

参考文献………………………………………………………………337

第一篇

中国古代及晚清时期的票据

第一章 周朝至明朝的票据

千百年来,随着历史的演变推进,商业经济与信用在曲折中不断发展前进,给票据发展提供了基础条件,两者相互促进、共同进步。从周朝开始,分封制下的商业经济初具雏形,借贷现象开始出现,产生了商业交易及借贷行为证明需求,票据雏形(质剂、傅别及书契)孕育而生,使用方式为两分法,可用于证明称债、取予、买卖行为,并可用于官府判案,是文书作为交易及借贷凭证思路的开端,为后续票据的产生奠定了基础。唐朝时,经过"贞观之治""开元盛世",商业经济取得了空前发展,市场一片繁荣,跨区域贸易频繁,商业信用进一步成熟,存款开始出现,并产生了跨区域经营的大商号,加上佛教盛行、两税法施行、"钱禁"等影响造成铜钱紧缺及流通受限,促使产生了我国历史上第一种票据——飞钱,飞钱的使用标志着票据汇兑功能的出现。飞钱的经营方式分为官办和民办两种,应用于异地汇兑的飞钱作为民间应对"钱禁"政策的产物,刚产生不久便遭到官府禁止,但效果不佳,官府又试图垄断飞钱经营,从而保证其对货币发行流通的完全控制,但民间飞钱仍然暗中经营,难以完全限制。此外,唐朝还出现了支票的前身——书帖,可用于取款及转账。宋朝时,商业经济进一步发展,达到了我国古代史上的高峰,加上跨境贸易增多、连年战事、百姓大量贮藏铜钱等影响,在北宋前期发行便换、交引、盐引的基础上,产生了交子、会子,这标志着票据取得了进一步发展,认票不认人机制开始实行,从而使得票据流通性大幅增强,同时交子在统一形制、发行总额及流通年限管理、准备金制度、分届制度、以旧换新制度方面也做了进一步的有益探索。交子最初在四川地区开始流行,先是由一些小商铺发行以便利交易,后由十六家大商铺联合发行,再之后随着十六家商铺经营日渐衰败,开始出现交子无法兑换的情况,从而产生了小范围的兑付危机,诉讼案件频频发生,于是官府开始介入民间交子的管理,依托官府信用的交子很快恢复正常发行。转由官府发行的交子起初仍然保持原有的发行方式,但由于北宋长期受到战乱困扰,财政支出巨大,为缓解财政吃紧问题,北宋官府想到了改变交子发行方式向百姓征收大量铸币税的方法，并把交子作为国家纸币在全国推广使用，从此交子摇身一变正式成为货币。最后，交子由于严重超发，造成大幅贬值，加上北宋经济的衰败，从而走向了衰落。明朝时，商业经济在前期受到抑制，后期逐渐恢复，但信用方面并没有明显的发展，金融方面出现了钱庄，但更多局限在货币兑换经营上，在这一背景下，票据也并未取得长足的发展，值得一提的是，明朝后期出现的会票结合了前朝票据的特点，为清朝会票的普及奠定了基础。

第一节 周朝的票据

周朝时，商业经济及信用的产生和发展推动了契约的出现，当时契约记载方式分为大约剂和小约剂两种，其中，大约剂主要是在大型器物如青铜器上铭文，多用于国家祭奠、赏赐等大型活动，而小约剂主要用于较小事件的记载，其中的质剂、傅别、书契可用于证明称债、取予、买卖行为，可视为票据的雏形。

一、票据雏形产生的基础条件

我国最早的票据雏形可以追溯到周朝，当然，此时的票据雏形与现代意义上的狭义票据存在着很大不同，但已能作为信用的载体初步体现出票据的基本原理，可以说是初具雏形，更确切地说应该是契约、凭据。

周朝票据雏形的诞生有其历史背景条件，商业经济及信用的产生和发展是其产生的关键条件。在政权管理上，周朝实行分封制，国王会将土地、人口等分封给贵族及重臣进行管理，这些贵族及重臣在自己的属地上拥有极大的权力，并且享有世袭继承权，从而使得每个属地均形成独立的基础经济体，此时，商业交易已经发生，并多集中在各经济体内部。此后，随着井田制解体，土地从帝王贵族手中解放出来，开始参与市场交易，商业交易逐渐增多。而且周朝时借贷现象已然出现，并且出现了我国最早的借贷机构——泉府，它是周朝调控民间经济的主要机构，主要用于调控和稳定社会秩序。周朝时，官府向民众提供生活必需品，按照是否还息分为有息和无息两种借贷方式，赊贷大体为实物，所偿还的利息多为地产。由于商业交易及借贷关系需要加以证明，加上处理纠纷的需求，商业文书也在这一过程中开始出现，并成为交易及借贷关系的主要凭证。查阅史料可以发现，在商业市场方面，古书记载："昔我先君桓公，与商人皆出自周。庸次比耦，以艾杀此地，斩之蓬蒿藜藋而共处之。世有盟誓，以相信也，曰：'尔无我叛，我无强贾，毋或匄夺。尔有利市宝贿，我勿与知。'恃此质誓，故能相保，以至于今。"① 从商业盟约中足见当时存在一定规模的商业市场，商贾通常以文书缔结契约。此外，随着商业经济的逐渐兴起，官府也开始加强对市场商品交易的管理，据《周礼》记载，西周时期设专职官吏——"司士"管理市场，下设辨别货物真假的"胥师"，掌管物价的"贾师"，维持秩序的"司虣"，管理度量衡的"质人"。② 文字的产生也是票据雏形产生的重要基础条件。质剂、傅别、书契正是在上述历史背景下孕育而生的。

二、票据雏形——质剂、傅别、书契

（一）质剂、傅别、书契

据史料记载，周朝时契约记载方式主要分为大约剂和小约剂两种。其中，大约剂通常与"礼"密切相关，多用于国家祭奠、赏赐等大型活动，在王公贵族订立盟约时使用以满足必要的记录、核对和长期保留需求，铭文于大型器物之上。因此，实际上大约剂在内容上与现代意义上的交易记录相差较远，只有小部分记录符合现代的契约观念。此外，大约剂中经常涉及重要财产（如土地），立契手续相对复杂，往往需要当事一方先去"伯"那里申请，再由"伯"进行核实，并派"有司"做踏勘。由于大约剂多记录国家重要事件，因此其订立通常伴有庄重的缔约仪式，并且需要契约相关参与方共同盟誓，其中的誓词实质上是一种带有宗教神秘色彩的担保形式。在制作方面，人们通常运用刀、笔在青铜器上进行大约剂的制作；在契约保存方面，《周礼》记载的主要是官方的保存行为，即副本要保存在几个官方机构中，这个行为称为"典"。③

与大约剂不同，小约剂多用于较小事件的记载，如民间的事件、交易等，其记录内容更符合现代的契约观念。质剂、傅别、书契都是周朝小约剂的典型代表。在材质方面，小约剂由于保存期限要求不高，通常选用制

---

① 杜预. 春秋左传正义附释音春秋左传注疏卷第四十七，清嘉庆二十年南昌府学重刊宋本十三经注疏本：1045.
② 刘方. 论西周商业的发展[J]. 宝鸡师院学报（哲学社会科学版），1989（2）：52.
③ 王旭. 中国传统契约溯源之约剂名实考[J]. 辽宁大学学报（哲学社会科学版），2015，43（5）：137-145.

作工艺简单、介质价格相对低廉的书于竹帛方式。在具体用途方面，根据《周礼·天官小宰》的记录，周朝的傅别、书契和质剂仿佛分别对应着称债、取予和买卖三种交易行为，但这一观点难以得到更多史料的证实，当时的契约是否已经发展到如此清晰规范的程度是值得怀疑的。在使用方法方面，尽管三种契约采用的都是判书形式，但形制上还是有很大不同的，对此，清代学者孙诒让在《周礼正义》中曾做过详细辨析："盖质剂、傅别、书契，同为券书。特质剂，手书一札，前后文同而中别之，使各执其半札。傅别，则为手书大字，中字而别其札，使各执其半字。书契，则书两札，使各执其一札。傅别札字半别；质剂则唯札半别，而字全具，不半别；书契则书两札，札亦不半别也。"此外，还有其他史料记载，如"《淮南子·原道训》高注：傅，著也，《广雅》释话：别，分也。谓借贷债务偿还之日期及子息之多少均载明于文书，两家分执之以为凭也，犹今之契约、合同"①。总结三者的使用方法如下：在交易买卖中使用傅别，需要在竹帛的一面写上交易内容等信息，只书写一份，然后将竹帛一分为二供交易双方留存，日后需要验证时只需双方将各自持有的竹帛合对上即可。质剂则是将两份相同的契文写在政府官员"质人"发放的竹帛上，然后将竹帛一分为二，交易双方各持有一份完整的契文，相比傅别，质剂具有更高的权威性，因为质剂的制作过程有"质人"监督，其可以作为政府明确的法律依据和凭证。质剂可分为两种：大型交易用长券，小型交易用短券，这使得交易凭证更为规范。土地买卖、租赁属于大型交易，应使用长券，日常实物买卖则属于小型交易，应使用短券。书契是将两份相同的契文写在两张竹帛上，然后将两张竹帛分别给予交易双方，从这个角度看其与现代契约、合同使用方式相似。②在契约内容方面，周朝契约内容一般包括立约时间、地点、当事人姓名、标的、证人和盟誓之辞，誓词实际上是一种带有宗教神秘色彩的担保形式。总的来说，票据表示的是债权债务关系，因此，质剂、傅别、书契只要反映的是债权债务关系，并作为债务到期时取款的凭证，从广义角度来说都可以认为是票据的雏形。

---

① 林尹. 周礼今注今译 [M]. 北京：书目文献出版社，1988：68.
② 丁海斌，杨璐璐. 先秦时期商业文书研究 [J]. 档案，2019（3）：4-11.

第一章 周朝至明朝的票据

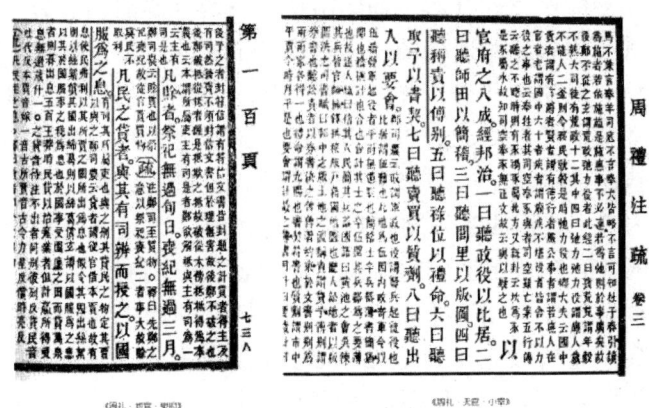

图 1-1 傅别相关记载

（资料来源：中国金融学会，中国钱币博物馆，新华通讯社摄影部，中央文献出版社.
中国金融珍贵文物档案大典（古代卷）[M]. 北京：中央文献出版社，2002：61）

（二）契约与票据的关系

回顾契约的发展史，最早的契约是一块刻有印痕的竹木片，以其为信物来提醒双方履行义务，那时主要依靠的还是口头协议。到了周朝，随着经济的发展及文字的应用，人们开始在竹木片上写上简单的契约内容，口头协议开始向书面契约转化，质剂、傅别、书契都属于此类。汉朝时出现了新的契约形式，由两块写有同样约文的木板相并，双方或再加上保人等画指，形成契券，开唐朝"画指券"之先河。东汉以后，制作契约的材料由竹木片开始转变为纸质。大约从十六国起，"合同"开始出现，起初是在书契两札合处骑写一个"同"字，后来骑写"和同"二字，有的骑写句一吉祥语，以此代替刻画。唐朝时，官府统一规定了契约的格式和文字。南宋时所有契约必须经官府印押，否则为白契，契约形式更加规范，以要式为原则。明朝时契约使用更加普及，契约种类进一步丰富。到了清朝，随着财产权利关系的复杂化，契据凭证也逐步繁复起来，契约、合同名目繁多，另外还有以凭证票据表现出来的契约形式，如提货单、当票等。清代

7

前中期，契约由民间自行书写订立，但每契必须粘贴官府颁印的契尾。后期改用官印契纸，但对于民间私立契书，也准予粘贴契尾。再后来增加印花税，以印花为契书凭证的法律效力依据。①

契约与票据之间既有很多相通之处也有所区别。在相通点方面，首先，契约与票据都是商业经济发展的产物，都有着伴随商业经济发展而内容形制逐渐完善的过程。其次，周朝出现的质剂、傅别、书契虽然本质上为契约，但其使用思路对票据的产生提供了很好的启发，也标志着使用文书作为交易凭证思路的开启，并且在票据还未出现的朝代一定程度上替代了票据取款凭证的功能，此后唐朝出现的我国历史上第一种真正意义上的票据——飞钱也是承其之法并有了一定的改进。最后，契约反映的是商业交易的具体内容，票据的签发要依据契约的内容，无论是口头契约还是书面契约。而两者的区别在于契约与票据的内容及形制有所不同，契约更重视交易的规范性，而票据更重视交易的便利性，契约一般不能随意转让，而票据发展到一定阶段则可以认票不认人。此外，票据是一种金融工具，而契约是商业文书，这是两者的本质不同。

第二节 唐朝的票据

周朝之后经过数百年的发展，至唐朝，商业经济及信用有了进一步突破性的发展，再依托官府及大商号的跨区域经营及信用，用于异地汇兑的飞钱应运而生，它是汇票的前身，标志着我国票据正式诞生。基于当时的时代背景，飞钱诞生后经历过多次禁止，但始终未被完全限制，其推动了实物信用向票据信用转变的进程，在我国票据史上具有重要地位。此外，唐朝还出现了支票的前身——书帖，可用于取款及转账。此时的飞钱及书帖仍然采用记名的方式，须本人才能取款，还不具备大规模流通的基础条件。

一、飞钱产生的历史条件

唐朝繁荣的商业经济是飞钱产生的重要基础。唐朝疆域辽阔，交通发达，经过"贞观之治""开元盛世"，农业、手工业、商业均取得了快速发展，百姓生活富足，社会长期安定。唐朝中后期，在两税法实施后，均田制瓦解，经济进一步解放。传统商品经济的活力基于个体小农之间的交易，

---

① 白小平. 中国古代买卖契约研究[D]. 兰州：兰州大学，2006.

随着依附关系的递减，市场活力逐步释放。随着均田制的瓦解，全民经商的现象开始出现，众多农业及手工业产品作为商品在市场上出售。唐朝已经形成了一定程度的金融市场，并且跨地域的商贸繁荣，商贾络绎不绝，道途客栈林立，"东至宋汴，西至岐州，夹路列店肆待客，酒馔丰溢。每店皆有驴赁客乘，倏忽数十里，谓之驿驴。南诣荆、襄，北至太原、范阳，西至蜀川、凉府，皆有店肆以供商旅，远适数千里，不持寸刃"①，足见市场贸易之繁荣。在社会发展的推动下，商人阶层壮大，商税地位上升，而且数量也不断增长。在这一过程中也产生了大量异地结算需求，而大规模异地运送铜钱显然既不安全也不方便，此时"承质剂之法"的飞钱便有了产生的土壤。

"钱荒"问题是飞钱产生的直接原因。铜钱缺乏从而导致通货紧缩、物价回落是困扰唐朝中后期经济的重要难题，这一问题在唐朝之前很少出现，但在唐朝却长期存在。开元二十年（公元732年）唐玄宗曾下诏说："绫、罗、绢、布、杂货等，交易皆合通用。如闻市肆必须见钱，深非道理。自今以后，与钱货兼用，违者准法罪之。"从中不难看出钱币数量短缺的严重性。究其原因，从需求方面来看，首先，唐朝是佛教发展的鼎盛时期，唐朝统治者采取了开放包容的宗教政策，唐高宗和武则天在位期间更是大力弘扬佛教，于是佛教力压道儒两派，成为当时的"国教"，从而产生了大量铸造佛像的需求，而铸造佛像对铜的消耗是很大的，大量的铜其实并未制成铜钱进入流通领域。其次，建中元年（公元780年）唐朝开始实行两税法，国家征税由征收谷物、布匹等实物为主改为征收金钱为主，一年征税两次，这进一步增加了社会对铜钱的需求，加剧了"钱荒"现象。从供给方面来看，铜钱供不应求造成物价回落，钱贵物轻，富商们开始大量囤钱，融钱铸铜器现象广泛发生，铜钱供给紧缺更加严重。为解决"钱荒"问题，唐朝实行了"钱禁"、禁止融铜铸器的政策。《旧唐书·食货志》记载："贞元初，禁钱出骆关、散关。张滂奏禁江淮铸铜为器。"《新唐书·食货志》记载："宪宗以钱少，复禁用铜器。"两种措施都旨在增加关内铜钱供给，但禁止钱币输出境外严重阻碍了跨区域贸易的正常开展，加上唐朝节度使权力逐渐膨胀，上有政策，下有对策，飞钱成为应对"钱禁"政策的有力工具。②

---

① 杜佑. 通典, 卷七食货七. 清武英殿刻本.
② 侯广庆, 赵雪琴. 关于飞钱的产生与性质 [J]. 山西财经学院学报, 1997 (4): 72–73, 84.

唐朝商业信用的快速发展、跨区域大商号的出现以及造纸术的应用是飞钱产生的催化剂。票据的基础是信用，基于交易双方互相信任，飞钱使用者才会放心地将钱财存到票据发行机构，到异地后再取出。经过一段时间的发展，唐朝已经具备了一定的商业信用环境基础，主要体现在大多数商人能够诚信履行契约，预付账款、赊销等交易方式也已出现。飞钱使用是基于收付款双方之间的商业信用，只有商业信用发展到了一定程度，飞钱才有产生的可能。此外，唐朝时存款业务开始出现，柜坊、大商号等是唐朝经营存款业务的机构，存款观念开始逐步为百姓所接受，信用事业得到进一步发展。唐朝还出现了跨区域经营的大商号，它们正是日后民间经营飞钱汇兑的主体，它们的产生为异地汇兑提供了基础条件。在技术方面，飞钱使用的是纸质材料，造纸术的应用及推广也促进了飞钱的出现和大量使用。

二、飞钱的使用

目前，学术界普遍认为飞钱最早出现于唐宪宗元和年间。飞钱的经营方式分为官办和民办两种。唐朝时地方最高行政单位"道"在京师设有进奏院，作为地方与京师联系的纽带，进奏院有一项重要任务，就是负责地方收入向中央的上解，也就是将上解的钱物由地方运往京师。与之相反，各地商人进京销售完货物后，所得收入需要由京师运回地方。这种资金的逆向流动为飞钱的产生提供了前提。飞钱的使用方法大致是，商人将需要汇兑的钱财先存到进奏院，进奏院会给其开出一张叫作"公据"的文牒，这种文牒一分为二，一半由商人自己持有，另一半寄到地方官府，商人回去后凭持有的一半文牒与官府持有的另一半合券无误后，就可以领取对应钱财。在具体使用方面，飞钱的使用材质为纸质，并且在签发时采用记名的方式，日后须本人前去才能领取对应钱财。

民办飞钱的汇兑主体是一些跨区域经营的大商号。当时飞钱主要用于京师与地方之间的汇兑，一些在京师与地方均有经营的商号基于其遍布各地的网点优势，出于调配资金、盈利等考虑也经办汇兑业务，其汇兑方式与进奏院等官办机构基本相同。有所不同的是，民办飞钱汇兑大多是免费的，主要靠占用资金盈利。①

---

① 王纪洁. 唐代"飞钱"若干问题考证［J］. 湖北钱币专刊，2015（14）：40-42.

第一章　周朝至明朝的票据

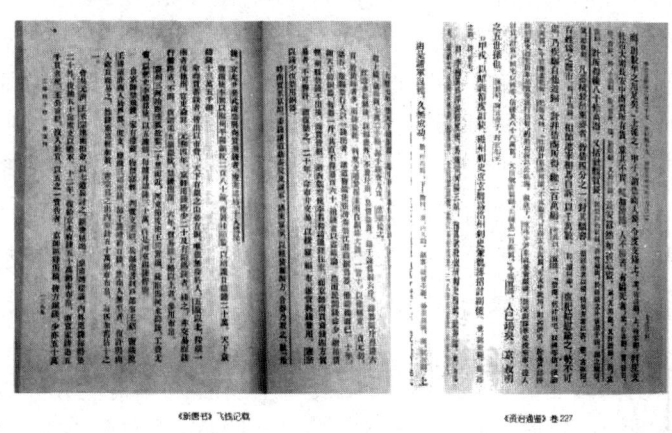

图 1-2　飞钱相关记载

(资料来源：中国金融学会，中国钱币博物馆，新华通讯社摄影部，中央文献出版社. 中国金融珍贵文物档案大典（古代卷）[M]. 北京：中央文献出版社，2002：118)

前文提到，应对"钱禁"政策是飞钱产生的直接原因，飞钱既然是作为民间应对官府政策的一种手段，其前途命运自然是一波三折的。唐朝官府在飞钱盛行之后，曾多次提出禁止飞钱流行，相关史料显示，第一次是在记载飞钱实施的同时，紧接着记载："京兆尹裴武请禁与商贾飞钱者，搜索诸坊，十人为保。"这里的"禁与商贾飞钱者"显然是指诸道进奏院、诸军、诸使、富家等经营飞钱业务者。第二次是宪宗元和六年（公元811年）二月制书："公私交易，十贯钱已上，即须兼用匹段。委度支盐铁使及京兆尹即具作分数，条流闻奏。茶商等公私便换见钱，并须禁断。"元和九年（公元814年），"命京兆尹，禁诸色人不得与商人私有便换。犯者没入，赏罚有差"。从制书下达到度支盐铁使和京兆尹来看，似乎是防止商人囤积钱币或通过"便换"使钱币流往他处。①

但飞钱是唐朝中期财政制度改革所产生的结果，想强制性地完全禁止是无法实现的，反而会产生严重后果。史料记载，元和七年（公元812年）五月，"盖缘比来不许商人使〔便〕换，因兹家有滞藏，所以物价转轻，钱

---

① 朱睿根. 唐代的"飞钱"[J]. 中国钱币，1992（2）：78.

多不出。……伏以比来诸司诸使等,或有使〔便〕商人钱多留城中,逐时收贮,积藏私室,无复流通"。从中可以看出,禁止飞钱汇兑并没有缓解"钱荒"现象,铜钱被滞藏家中,并没有进入流通,物价仍然继续下跌。在强行禁止没有奏效的情况下,官府便希望禁止私商、诸道进奏院、诸军、诸使、富家经营飞钱业务,转由"三司"垄断经营飞钱业务,以达到中央政府控制钱币流通的目的。应该说,由中央财政部门垄断经营飞钱业务,是国家控制钱币流通中的重要一环,也是解决"钱荒"问题的有力途径。但相关史料记载,"三司"经营飞钱业务也并不顺利,并没有得到商人们的积极响应。据载,当时"自京师禁飞钱,家有滞藏,物价寝轻。判度支卢坦、兵部尚书判户部事王绍、盐铁使王播请许商人於户部、度支、盐铁三司飞钱,每千缗增给百钱,然商人无至者。复许与商人敌贯而易之,然钱重帛轻如故"。

总的来说,自唐宪宗元和年间飞钱产生以后,飞钱业务一直在持续,但发展并不顺利。官府多次禁止飞钱流行,并且中央政府一直试图独家经营飞钱业务以达到控制钱币流通的目的,但事实上长期以来私商经营飞钱业务仍大量存在。客观来说,由中央财政部门垄断经营飞钱业务,对调节全国的物价和钱币流通是起积极作用的,也对后世具有启发意义。

飞钱是我国最早出现的汇票,标志着票据汇兑功能的产生,其出现与当时发达的商业经济、"钱荒"的货币环境及跨区域信用机构的产生密切相关。飞钱被商人、富室以及官方机构广泛使用,主要在长安和大商人集中的诸道之间流通使用,极大地便利了异地贸易,同时也保证了商人钱财的安全。值得一提的是,飞钱多为官府机构发行,体现的是官府信用,这是其重要特点。同时,飞钱也是古代信用形式由实物信用向票据信用转变的重要标志。唐朝时,社会上凭帽、杖等信物取钱的现象较普遍。从现存史料看,唐朝中后期是由实物信用向票据信用转变的阶段,也是飞钱产生及流行的时期。此外,飞钱在唐朝的推广也为后期宋朝票据的进一步广泛流通提供了经验,奠定了思想基础。

三、书帖——支票的前身

除飞钱之外,唐朝还出现了类似于支票的书帖。书帖的出现方便了大额商业交易的往来,买卖交易时可以不使用现金。用户将钱存入柜坊后可以转账给他人,部分柜坊可以使用书帖作为转账凭证,上面写好付款数目、日期以及收款人姓名,交易时只需要出具货币所有者的书帖即可。《太平广记》中记载的书生向尉迟恭借钱 500 贯，便是用了书帖的方式。

　　提到书帖就不得不说起柜坊。柜坊又称"寄付铺"，是代客保管财物的商铺。柜坊的产生是商业贸易发展的结果，商人通过贸易取得的财物存放及携带起来既不安全也不方便，客观上需要专门保管财物的机构；同时柜坊也是信用发展的产物，商人愿意把重要的财物寄放于柜坊，看中的就是柜坊的信用。① 关于柜坊，史料中也有相应记载。建中二年（公元 781 年）五月，藩镇叛乱，以军兴筹措军费，先是增税、减债以助军。至建中三年（公元 782 年）四月，依然是"军兴庸调不给"，于是唐德宗纳太常博士韦都宾、陈京言："请借京城富商钱，大率每商留万贯，余并入官，不一二十大商，国用济矣"。因此，唐德宗"诏京兆尹（韦祯）、长安、万年令大索京徼富商，刑法严峻，长安令薛苹荷校乘车，于坊市搜索，人不胜鞭笞，乃至自缢。京师嚣然，如被盗贼。搜括既毕，计其所得才八十万"，于是京兆尹韦祯"又取僦柜质库法拷索之，才及二百万"（《旧唐书》卷 12 第 332 页《德宗纪上》卷 135 第 3715 页《卢杞传》）。这是《旧唐书》的记载，而《新唐书》则载："然总京师豪人田宅、奴婢之估，裁得八十万缗。又取僦柜纳质钱及粟麦粜于市者，四取其一，长安为罢市，市民相率遮邀宰相哭诉，卢杞疾驱而过。韦桢惧，乃请钱不及百缗、粟麦不及五十斛者免，而所获裁二百万缗。"（《新唐书》卷 54《食货志》）

　　从文献记载来看，凡在柜坊及波斯邸、波斯店等存放的钱物，必须持有特定的凭证方可领取。例如，李生凭拄杖到波斯店取钱两万贯，李公凭旧席帽到药铺王家取钱三百贯，有的凭本人书写的帖子取钱，有的则凭书信取钱，书帖只是取钱凭证中的一种。取钱的凭据虽不尽相同，但领取钱物时必须持有一定凭据则是一致的。

第三节　宋朝的票据

　　唐朝飞钱及书帖的使用为宋朝票据的流通奠定了思想基础，有了前朝的铺垫，百姓更容易接受票据的使用。宋朝发达的商业经济也为交子、会子的产生提供了很好的土壤。相比唐朝的飞钱、书帖，宋朝的交子可以做到认票不认人，从而使得票据流通性大幅加强，同时交子在统一形制、发

---

① 薛平拴. 论唐都长安的金融业 [A]. 杜文玉. 唐史论丛（第八辑）[M]. 西安：三秦出版社, 2006：296-321.

行总额及流通年限管理、准备金制度、分届制度、以旧换新制度方面也做了进一步的有益探索，这些都是交子、会子相比前朝票据的重大进步。

一、交子产生的基础条件

宋朝商业繁荣，对货币需求量大是交子产生的重要原因。唐朝之后的宋朝商业经济同样繁荣，并达到了我国古代封建社会的高峰，是我国历史上少有的以商业税收为主要税种的朝代。由于农业技术进步以及优质稻种的引进、耕地面积增加和江南地区大范围实行复种，水稻经济开始兴起，提升了农业生产效率，提高了全国粮食产量，也解放了农村劳动力。粮食在满足百姓的生活需要后便成为商品粮进入商品市场，更多人口从农业中脱离出来进入城市从事商业活动，加上官府对商业发展的支持，这些都对宋朝商业繁荣起到了重要的推动作用。在对外贸易方面，中国的瓷器、茶叶等产品远销东南亚及欧洲地区，黑胡椒、香料等外国商品也纷纷涌入中国，中国与世界的联系更加密切。经济繁荣带动了货币需求量的增长，交子作为实物货币的有益补充最终登上历史舞台。

交子是解决"钱荒"问题的重要途径。实际上，宋朝时期的货币发行量是十分庞大的，宋朝堪称中国历史上铜钱发行量最大的朝代之一，整个宋朝的铜钱铸造数量在三亿贯上下，这一时期堪称"铜钱时代"。但在铜钱大量发行的背景下还是产生了严重的"钱荒"问题，其原因是多方面的。第一，宋朝商业繁荣，货币需求量大，客观上容易产生货币供不应求的现象。第二，铜钱是宋朝流通的主要货币，与海外及少数民族地区的频繁贸易使得铜钱大量外流。第三，宋朝边境常年战事不断，军事开销大，官府对铜材的采冶和使用实行垄断，并且从民间大量搜刮铜器，从而使得百姓生活用铜明显不足，不少百姓纷纷将铜钱熔铸成铜器。第四，随着"钱荒"现象越发严重，百姓们开始大量贮藏优质铜钱，贮藏行为使得流通中的铜钱数量进一步减少，从而进一步加重了"钱荒"问题。在上述背景下，纸质票据甚至纸币应运而生以缓解"钱荒"问题。

自唐朝以来，信用制度得到了进一步发展，并逐步完善。有了唐朝飞钱、宋朝前期便换、交引、盐引等作为基础以及造纸术、印刷术进步的支撑，商人对于使用票据不仅具备了心理上的适应能力，而且在实际贸易中也掌握了其使用技术，这有利于交子的产生与发展。交子的产生反映的是信用的发展，在交子出现前，货币借贷、商品赊销、预付本钱等商业信用已普遍存在于商品的生产及流通领域，交引等票据作为代表商业信用的介质已大量流通，同时官府还建立了榷货务，作为经营信用票据的金融机构。在货币借贷方面，宋朝的借贷机构较唐朝更为广泛与多样，官府更多地参与到借贷活动中。青苗法和市易法是官府借款的典型。青苗法主要用于农业，春天放款给穷苦百姓用于购买种子等物品，等到秋收的时候再连本带利收回，这是王安石变法中的主要措施之一。市易法主要用于平抑民间货物价格，在商人资金不足的时候提供借贷服务，但在借贷政府资金时，需要以田宅和金玉布帛作为抵押，如果没有实物可用于抵押，也可以找三个人提供担保，因此又称为保贷法。为了广泛推行市易法，宋朝在主要城市和边境地区都设置了市易务，虽然最终市易务由于资金链断裂而宣告破产，但其仍对宋朝的金融及信用发展起到了不小的推动作用。此外，地主、豪商和寺院等民间主体也更加活跃。他们向百姓、官员及王公贵族放贷，并收取比官府借贷高得多的利息。王安石在熙宁年间就说，"今一州一县，便须有兼并之家，一岁坐收息至数万贯者……今富者兼并百姓，乃至王公，贫者或不免转死沟壑"。在商品赊销方面，苏轼说过："商贾贩卖，例无现钱。若用现钱，则无利息。须今年索去年所卖，明年索今年所赊，然后计算得行，彼此通济。今富户先已残破，中民又有积欠，谁敢赊卖物货，则商贾自然不行。此酒税课利所以日亏，城市房廊所以日空也。"可以看出，赊销已成为保障商品顺畅流通的重要手段。商人采购预付本钱也时有发生，根据史料记载，茶商购买茶园户的茶叶，一般都是隔年预支本钱。吕陶就说："茶园人户，多者岁出三五万斤，少者只及一二百斤。自来隔年留下客放定钱，或指当茶苗……"值得一提的是，交引作为预付本钱的证明，当民间主体向官府提供粮草、货币后，官府会给其交引等信用票据，凭票可在异地换取现金或实物，此时在流通领域中发行的交引已开始具有一定的货币性能，对促进信用货币的产生作用最大。①

交引是宋朝茶引、盐钞、矾引、现钱交引等信用票据的统称，可以用来兑换实物或现钱。交引库、榷货务是专门负责交引印发、收纳及发行、兑付的机构，在保障交引体系正常运作的过程中发挥了重要作用。《宋史·食货志》记载："雍熙用兵后，切于馈饷，多令商人入刍粮塞下，酌地之远近而为其直，取市价而厚增之，授以要券，谓之交引，至京师给以缗钱，又移文江、淮、荆、湖给以茶及颗、末盐。"可见由于宋朝繁盛的贸易活动，商人跨区域活动频繁，为保证前线军粮的充足供给，减少粮草运输的

---

① 贾大泉. 交子的产生 [J]. 四川金融，1994（S1）：5-29.

在途时间，官府便想到让商人在前线交粮，然后授以要券交引，商人凭券可以到京师兑换现钱或者到江南地区兑换茶、盐等实物。"听商人输粟京师，优其直，给茶、盐于江淮"，同理，交引也用来保证京师粮食及货币的供应。

值得注意的是，商人取得交引后，除了凭券领取实物或者现钱外，还可以进行交引的买卖，交易对象通常是专营茶盐交引的铺商，他们充当商人凭交引领取现金和换易交引的保证人，从中领取酬金，或直接从事交引的买卖，从中牟取暴利。《宋史·食货志》就记载北宋初期，沿边居民入中粮食，领取交引后，"既不知茶利厚薄，且急于售钱，得券则转鬻于茶商或京师交引铺，获利无几；茶商及交引铺或以券取茶，或收蓄贸易，以射厚利"。还有一些商人持交引至京师，"动弥数月"，领不到现款，也只得"损其直以售于蓄贾之家"。这说明交引已经具备了一定的流通性。应该说，交引的出现是后期交子等纸币产生的重要基础，它的流通及使用进一步加深了信用票据在百姓日常生活中的影响力，推动了信用票据向货币转化的进程。

二、交子、会子的使用

交子是我国最早的纸币，产生于四川地区。它最先在四川地区出现有其特殊原因。宋朝的主要流通货币是铜钱，而四川由于所处地理位置特殊及复杂的历史原因，在交子出现前一直流通的都是铁钱。《宋朝事实》载："川界用铁钱，小钱每十贯，重六十五斤，折大钱一贯。大钱一贯重十二斤，街市买卖至三、五贯文，即难以携持。"铁钱相比铜钱而言价值更低，因此交易同样的商品，需要的铁钱数量和重量往往是铜钱的10倍，因此在商品贸易快速发展的背景下，四川地区铁钱携带不便的问题就显得尤为突出。百姓迫切需要使用起来更便捷的货币用于日常贸易，在这一过程中交子也就应运而生了。

交子发行分为民间自由发行阶段、官办阶段以及衰落阶段。① 在民间自由发行阶段，交子一开始是由个别民间商家私自发行，百姓先用铁钱向商家申请兑换交子，然后商家向其交付填写好数额的交子券，上面盖有发行商号的印记并有密押，这些交子券每家各有不同，没有统一的形制。与前朝票据明显不同的是，交子兑换认票不认人，任何交子持有者，均可到发

---

① 戴志强. 有关北宋交子的几个问题［J］. 中国钱币，2006（3）：43-46，95-96.

行商号兑换铁钱。此后是富商联合发行交子阶段。单个商家的信用往往难以支撑交子的兑付及流通,为更好地维持交子的信用,成都16家富商联合成立交子铺,发行交子。用同一色纸印造,印文用屋木人物,有统一的形制,有铺户印记"押字"的"密押"。交子的面额按照领用人的要求随时填写,交子铺收取现钱后便给交子,在流通中可随时兑现。交子兑现时每贯要收费30文。这一阶段的交子发行还没有固定的面额和流通期限,也没有发行准备金要求和统一的兑换、回笼机制,容易产生风险。

图1-3 交子实物图

(资料来源:中国金融学会,中国钱币博物馆,新华通讯社摄影部,中央文献出版社. 中国金融珍贵文物档案大典(古代卷)[M].北京:中央文献出版社,2002:132)

随着十六家商铺经营日渐衰败,开始出现交子无法兑换的情况,从而产生了小范围的兑付危机,诉讼案件频频发生,于是官府开始介入民间交子的管理,依托官府信用的交子很快恢复正常发行,交子发行进入官办阶段。转由官府发行的交子起初仍然保持原有的发行方式,但由于北宋长期受到战乱困扰,财政支出巨大,为缓解财政吃紧问题,北宋官府想到了改变交子发行方式向百姓征收大量铸币税的方法,并把交子作为国家纸币在全国推广使用，从此交子摇身一变正式成为货币。

进入官办阶段的交子已经成为纸币，其发行、流通、兑换、回笼机制相比之前更为完备。其主要内容有：（1）按届发行，每届三年（实足二年），每届发行额为1256340贯。（2）备本钱360000贯，以便持交子者在需要现钱时兑换。（3）面额固定并盖有官印，人户纳入现钱付给交子时，要将字号登记入簿，兑现时按字号销账，以防止伪造。（4）人户纳入现钱付给交子时，要扣下30文钱入官，不同于之前交子兑现时才收利息。（5）有一定的流通时限，以3年为届，届满，持旧换新。① 可以看出，北宋最初发行交子时在吸取前期发行经验的基础上设计了更为完善的运行机制，如果能长期坚持，相信交子会对促进商品经济及纸币发行流通起到更大作用。然而，事实并非如此，随着后期交子发行目标出现畸形，交子体系的最终崩溃成为必然。"官交子"发行刚满一届，第二届发放的"官交子"数目已经超过规定的限额，后来发行数量急剧增加。庆历七年（公元1047年）为筹集粮草，秦州派人到蜀支用交子达60万贯，却"只是虚行印刷"，即发行不设本金的交子；熙宁年间，宋朝曾两次企图在陕西发行交子，却因交子"无实钱，法不可行"，遂罢。到了徽宗崇宁、大观年间，大量滥发交子，致使交子彻底贬值如同废纸，不能流通。大观三年（公元1109年），宋朝被迫改弦更张，改交子为钱引，重新按天圣旧法，恢复每届发行125万贯，准备本金50万贯，发行钱引，纸币的币值又得到稳定。进入南宋时期，官府开始发行纸币会子，不论是官府米面还是民众日常交易，皆使用会子，例如，某省大旱紧急购买粮食时也使用会子作为主要货币。"急发郡帑，及借过总领所会子，日夜收米，到米约四万石。"和北宋的交子稍有不同，南宋的会子不仅可以通过铜钱称提其价值，还可将其价值依托于盐、铁、白银等物品。南宋相比北宋面对的军事形势更为严峻，实物货币更为稀缺，加上后期官府腐败盛行，南宋出现了严重的财政危机，并长期持续。一些官员便关注到纸币的发行，希望通过发行纸币的方式缓解财政危机，最终导致纸币严重超发，对国家经济造成了破坏性影响。庆元元年（公元1195年）改东南会子每届发行3000万贯，其后第11届发行3632万贯，第15届发行11698万贯。宋朝还规定不能用金、银、铜钱兑换东南会子。在用第14届会子兑换旧会子，以旧会子两贯兑换新会子一贯，贬值一半的情况下，会子充斥，币值跌落，物价飞涨，民不聊生。

---

① 杜文玉，王克西. 宋代纸币的发行、回笼、兑换与买卖［J］. 史学月刊，1992（1）：24-30.

第一章 周朝至明朝的票据

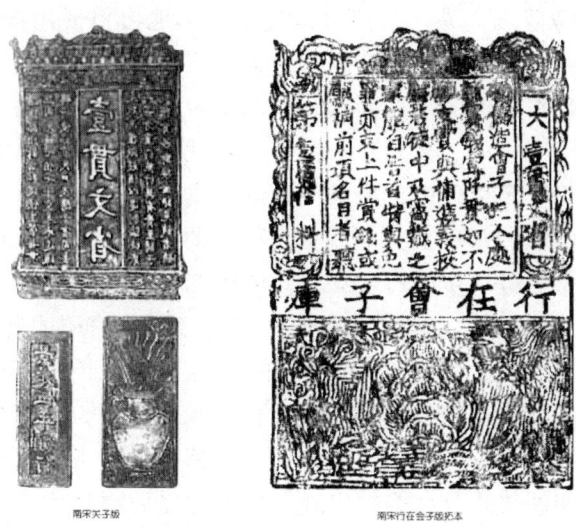

图 1-4 会子、关子实物图

（资料来源：中国金融学会，中国钱币博物馆，新华通讯社摄影部，中央文献出版社．中国金融珍贵文物档案大典（古代卷）[M]．北京：中央文献出版社，2002：146）

  交子前期在民间自由发行阶段可以被认为是票据，相比前朝票据，其流通性明显提高，关键在于其认票不认人机制的设计，而且交子在统一形制、发行总额及流通年限管理、准备金制度、分届制度、以旧换新制度方面也做了进一步的有益探索。进入官办阶段，交子是世界上出现最早的纸币，它也是中华民族为世界货币发展留下的宝贵财富，作为信用货币的有益探索，它的出现促进了商业贸易的发展，大大推动了货币信用的发展，也为后代纸币发行提供了宝贵的经验教训，让国家更加意识到货币发行管理的重要性。值得一提的是，宋朝时还出现了盐引的贴现，这也为后代票据业务的发展提供了很好的启发。

第四节　明朝的票据

  商品经济在两宋时期取得了高度发展，但进入元朝后出现了一定程度的退步。由于南方地区仍遵循汉族制度，而北方地区深受元朝政府掌控，

19

因此南北方经济出现了较大的分化。在货币方面，元朝时白银开始作为价值尺度，这是中国货币发展史上的重大变化，此外继续沿用纸币也是元朝货币制度的重要特点。基于以上背景，总体来说，元朝的票据发展很有限。中统钞发行之初，这种国家纸币仍然属于可兑换纸币，不仅在日常交易中使用，也用于跨地域交易。部分市场交易依当地习俗使用铜钱或者白银，持纸钞者需要在兑换铺兑换相应的货币以适应民间的交易机制。此时元朝的纸币也可以看作另类的汇兑票据。以白银为价值基准是元朝票据相比前朝票据的重要不同之处。至元二十四年（公元1287年），元朝正式发行不兑换纸币，成为世界货币史上最早实行纸币本位制的国家。元朝在宋朝发行纸币所积累经验的基础上，采取更为稳健的发行政策，并对纸币发行流通制度及理论做了进一步的有益探索。明朝初期实行重农抑商政策，抑制了商业经济的正常恢复，到了中后期，商业经济及信用才慢慢发展起来，也出现了早期的钱庄，主要经营货币兑换，之后逐步涉及存贷款业务。明朝时期可以说是古代票据发展的过渡阶段，承前方面，前朝票据在明朝均有所继承，但没有大的流行；启后方面，明朝中后期与清朝的货币结构均为银钱并行，明朝钱庄及会票的出现及发展为之后清朝票据的大规模流通奠定了基础。因元朝票据发展有限，本节不做详细描述，下文仅为明朝票据发展情况的详细介绍。

一、明朝会票产生的基础条件

明朝建立初期，朱元璋为了大量掠夺财富用于战后建设，对江南地区采取了严厉的干预措施，极大地破坏了江南地区的商业基础。同时，明朝初期实行重农抑商政策，采取实物税收体制，因此明初的商业经济极不发达，甚至商品交易大多是物物交易。1567年海禁解除后，大量白银流入激活了商品市场，商品经济开始从低谷向上攀升。在信用方面，钱庄开始出现，一开始经营的是钱币兑换业务，之后逐步涉足存贷款业务，钱庄在我国古代票据发展史上具有重要地位，明朝钱庄的出现为清朝钱庄的进一步发展做了很好的探索。

正统年间（1436—1449年），大明宝钞贬值，明朝政府放松用银禁令，银钱公开流通。此后，市场中流通的货币种类更为繁杂，多时有几十种，并且各类货币轻重、成色各异，流通银钱的比价也经常变动，由此出现了专营银钱兑换的金融组织，称为钱店，又叫钱铺、钱庄、兑店、钱肆、钱桌或钱摊。嘉靖八年（1529年），私贩铜钱猖獗，于是朝廷下令禁止贩卖铜

第一章 周朝至明朝的票据

钱,导致经营货币兑换业务的钱桌、钱铺等"私相结约,各闭钱市,以致物价翔踊"。万历五年(1577年),庞尚鹏奏准设立钱铺,是为钱铺法定之始,以市镇中殷实户充任,随其资金多寡,向官府买进制钱,以通交易。至明末,钱庄的经营范围不仅包括银钱兑换,还有放款、签发票据等业务,同时若干小规模的兑钱铺、钱米铺等,在农村相当活跃。随着钱庄的发展、家数增多,到清朝各地先后出现了钱庄的行会组织。

二、明朝会票

在票据方面,明朝的大明宝钞虽然是纸币,但是它属于国家强制要求的不兑换纸币,因此难以算作票据,这种不兑换的国家纸币,由于缺乏相对应的货币制度,在发行不久即面临崩溃,很难体现出国家信用的能力。

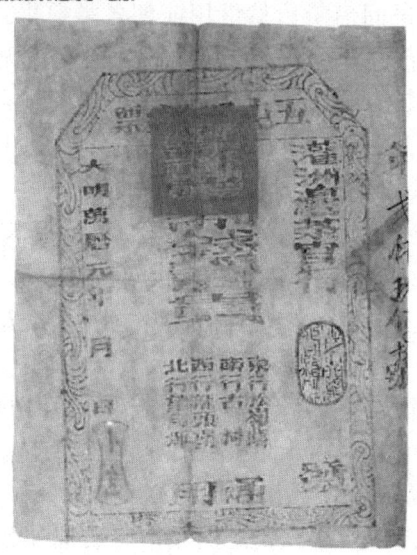

图1-5 明朝钱票实物图

(资料来源:中国金融学会,中国钱币博物馆,新华通讯社摄影部,中央文献出版社. 中国金融珍贵文物档案大典(古代卷)[M]. 北京:中央文献出版社,2002:195)

图1-6 明朝银票实物图

(资料来源：傅为群.九府裕民：上海钱庄票图史［M］.上海：上海书店出版社，2002：35)

除国家纸币外，民间借贷依然沿用前朝各类票据，如小说《金瓶梅》中记载："立借票人蒋文蕙，系本县医生，为因妻丧无钱发送，凭保人张胜，借到鲁名下白银三十两，月利三分，入手用度。约至次年本利交还，不致少欠，恐后无凭，立此借票存照。"① 不过，小说中的票据并没有限定偿还日期，其票据使用方式仍然与宋元时期相同。

国家在借贷时，通常也需要立票据为证，"凡遇春耕时，有社内贫民，缺种子者，当告该甲，转告约正人等，立借票一纸，借五斗以下不必起息，一石以上方起耗息一斗，至冬收令各抵斗补仓，经收人役于原借票下注收讫二字。"②

明朝时，钱票、银票、会票开始出现。值得一提的是，明朝后期会票开始出现，之后清朝继续沿用。会票有时是由货币持有者将款项交付承办会票的店铺，取得会票；有时是由某地的殷实店铺或权贵开出，注明钱数，加盖特别印记，而后由持票人到指定的城市和店铺如数领取。通过整理史料可以发现，明朝时会票的使用已非个别现象，而且在文学作品中多有反

---

① 笑笑生.金瓶梅，卷四［M］.明崇祯刻本.
② 黄佐.泰泉乡礼，卷四［M］.清文渊阁四库全书本.

映。明末小说《豆棚闲话》就记载了徽商使用会票的事：徽州典当商汪彦让儿子汪华带本金一万两银去苏州新开一家当铺，但其子不善经营，不及一月，万两白银被挥霍，无奈之下，汪华"寻同乡亲，写个会票，接来应手"。

在《徐光启集》收录的家信中也有使用会票的记录，可以作为晚明民间会票流通的证据，兹摘录如下：

"……孙潘书因措处迟了几日，昨日到手。会票亦到，又恐王银必是京细，故且未去取，先用我的送去。又值不在家，明日初七送也，即索回书，付便人代（带）归也。……

……傅官人家人回，寄去十九号书必到矣。……丁、孙、唐三契已巳十九号书内，可速催取。会票速取用，至急至急。……

……西洪乔应科将房屋当去银三两，亦要他利息，今寄票回，索来可与石交伯家用，不必动丁、孙、唐三家银也。三家银可作速讨取，会来天津。……

……赵二叔要会银一百两，拿来时汝可收用，倘有婚姻事，将来凑用；如未要，置些产业。……或是赎了艾婿的徐口舍也好。收了可写一会票口京来。……"

在这四封家信中，第一封、第三封、第四封均提及从淞江（徐光启的家乡）到京师的会票，第二封提及从京师到淞江的会票。其中第一封信所说的孙潘可能是徐光启的同乡或亲朋。孙潘托徐家出面或以徐家的名义委托第三方从淞江向京师汇钱，其书信连同会票寄给徐光启，因为没有去兑取，所以先用徐光启的银子。第二封信是徐光启向家里汇钱，告诉家人快去兑款。第三封信是要家里从淞江向天津汇款。第四封信中的会票由徐光启的家人出具，汇款人赵二叔的现金也由徐光启的家人使用，因此所说之事应当是徐家为赵二叔从淞江向京师汇银一百两，在淞江开出会票再寄到京师。

上述分析显示的是在京师任职的徐光启与其家乡之间汇兑往来的以下几种情况：一是徐家委托他人进行资金汇兑；二是徐家替他人委托第三方出具会票进行汇兑；三是徐家接受他人的委托汇兑。也就是说，徐家既委托他人又接受他人委托在北京和上海之间进行汇兑活动。

小　结

　　从周朝到明朝，商业经济发展起起伏伏，经历过盛世，也经历过低谷，总体而言是在向前发展的。信用进步与商业经济发展高度相关，一般来说，商业经济越发达的朝代，信用体系越健全，越能够给票据提供较好的发展环境。此外，实物货币短缺能刺激社会对票据的需求，票据的发展也需要时间积累和票据使用观念的培养。通过总结这一阶段的票据史不难看出，票据取得较大发展均是在唐、宋经济信用发达的朝代。在这一阶段，信用载体由实物逐步转变为票据。在金融方面，票据的出现能在一定程度上缓解实物货币的不足，并在货币金融体系中占有一席之地。

　　在功能方面，这一阶段的票据从最初的借贷行为及取款凭证，到唐朝飞钱产生汇兑功能，再到宋朝交子、会子支付结算功能明显加强，其功能随着经济金融和信用的发展也在不断丰富完善。

第二章　清朝的票据

经过前期的积淀与发展，票据使用已经得到了一定程度的普及，到了清朝，随着康熙朝之后商业经济逐步恢复与发展，会票、银票、钱票等票据在社会上大量流通，其形制更加规范，担保、抵押等增信措施更加完善，防伪措施更加健全，流通量及流通范围明显扩大。在这一过程中，钱庄、票号发挥了至关重要的作用。钱庄的发展可以分为鸦片战争前、鸦片战争后、第二次鸦片战争后以及辛亥革命后四个历史阶段，几经起伏，但这并不影响其在票据发展史中的重要地位。钱庄主要发行银票、钱票、庄票、汇票等票据，每种票据又可以细分很多种类，经营票据可以给钱庄带来丰厚收益，在众多票据中庄票影响力最大，在近代中外贸易活动中，华商、钱庄、洋行逐步形成了相对固定的运作模式，三者之间的金融信用关系通过庄票而联系起来。票号的产生时间存在一定争议，大多数学者认为票号的产生时间应为19世纪20年代初。持有这种观点的学者认为1823年由西裕成颜料铺改组的日昇昌是票号的鼻祖，而主持创办日昇昌票号的大掌柜雷履泰则被认为是票号业的创始人。票号的发展可以分为初步发展阶段、发展低谷阶段、恢复发展阶段、鼎盛阶段以及衰落阶段，百年票号极大地推动了我国票据汇兑事业的发展，票号对于票据事业的推动作用不仅体现在扩大了票据流通范围，还体现在制度创新上。比如，票号汇兑业务创建了一套严密完善的管理制度，采用"酌盈济虚、抽疲转快"的经营策略，推广认票不认人制度，将汇兑业务同存放款业务结合，运用特制纸张、专人书写汇票并加盖特殊印章、一式多联、密押制度等多种措施防范假票风险，账务管理上使用汇差结算制度，推动了相关票据制度的发展。随着市场中票据流通量的增加以及票据可在发行机构之外的其他机构兑换，产生了大量票据清算需求，过账制度应运而生，其后随着汇划总会的设立，又产生了汇划制度，使用公单作为媒介进行清算，进一步提升了票据清算效率，也标志着票据集中清算制度初步建立，这是我国金融制度的重大进步。近代鸦片战争以后，我国由于国力贫弱，成为外国侵略者的攻击目标，被迫走上了半殖民地半封建道路。外国侵略者的进入将国外金融及票据体系引入中国，外商银行及华资银行纷纷设立，这些机构发行的票据称为新式票据，包括汇票、本票和支票，由此我国票据进入了中西融合阶段。值得一提的是，近代以来掀起了一波向西方学习的浪潮，受其影响，清政府开始制定专门规范商事行为的法律，其中包括票据相关法规，从维新派立法的初步设想和尝试，到《钦定大清商律》《公司注册试办章程》《商标注册试办章程》《破产律》《保险业章程》《大清商律草案》《改订大清商律草案》等条令的出台，虽然商事法律体系并未完全成型，但相关材料为后续法律的制定做了很好的铺垫及探索，也标志着我国商事立法意识的萌芽，对规范商事行为提供了基本遵循，也对票据规范发展发挥了重要作用，为之后《中华民国票据法》的制定奠定了基础。

第一节　清朝会票、银票、钱票

进入清朝，票据大规模流通已经有了充分的基础，与清朝银钱并用的货币结构相对应，会票、银票、钱票大量流通，极大地便利了百姓生活及商品交易。与前朝票据相比，清朝票据种类更加丰富，发行票据的机构明显增多，不同机构发行的票据均有其特色，但票面内容已趋于完善，与现代票据相差无几。随着票据的大量流通，防伪需求越发强烈，票据的防伪设计也逐步完善，采用特制纸张、印章、水印、暗记都是防伪的重要手段。此外，票据增信措施更加丰富，票据信用得到加强，也进一步促进了票据流通。例如，在乡村地方小市场中票据主要充当土地买卖及农副产品交易的支付手段，为处理赊货交易提供信用保证，乡村票据信用主要来自土地及与土地相联系的熟人社会，往往需要使用抵押、担保等增信措施。

一、清朝前中期的历史条件

清朝建立初期，仍然面临内忧外患，社会环境并不稳定，内外部战争时有发生，发展经济的基础条件尚不充分。到了康熙统治时期，我国基本实现了内外部统一，整体环境相对和平，有了安心发展经济的基本条件。这一时期，我国农业和手工业有了快速的发展，加上康熙对待商业的态度相对宽松，推行了一系列有利于商业发展的经济政策，客观上促进了商业经济的繁荣，也推动了康乾盛世的形成。在信用方面，康熙、雍正、乾隆时期实行的生息银两制度是清朝特色的官府放贷制度，其在笼络各个阶层、稳定国家内部关系方面发挥了重要作用。

二、会票、银票、钱票

在票据方面，经过千百年的演变发展，认票不认人的流通方式被百姓广泛接受，到清朝时在商品交易中使用票据支付已经司空见惯，票据的影响力不断扩大，票据的样式设计逐步完善，基本形成了约定俗成的制度安排，防伪方面也在不断进步，加上钱庄、银号等金融机构的出现及快速发展，给票据的流行提供了必要的信用支撑。清朝前中期主要出现了会票、钱票、银票、凭票等票据，它们已初步具有了现代意义上票据的基础功能，票面要素已经与现代票据非常接近，同时票据信用有了担保、抵押等增信措施，只是票面样式、要素等并未得到统一规范，不同发行机构发行的票据还是存在很多不同。

会票早在明朝后期便已出现，在清朝前中期有了进一步的发展，流通范围快速扩张，票面规范程度逐步提升。从形制来看，清朝的会票具有特定样式，有详细的文字内容和特定的图案，有一定的防伪功能。其多用单纸书写，没有存根。在防伪设计上，采用朱红印章作为防伪和作证标记，复杂的印章刻制是重要的防伪手段。通过整理会票的相关史料记载可以推测，会票有两种提示日期的方式，分别是定期日付款和出票后定期付款。会票的使用大致分为三种情况。第一种情况相当于现代银行汇兑，即通过会票将款项从一地拨兑到另一地的行为。通过整理史料可以发现，第一，早在明朝已开始通过会票进行汇兑。第二，会票上所载银两可以零星支取，但须另外签写支票存照。第三，为保证会票不致被任意支取，还需要填写注意事项。注意事项的填写，虽然不是正式的背书承兑，但是可视为背书的萌芽。第四，会票具有了流动、转让的性质，由文义判断，只要最后有人承兑并在会票上签字，任何人持此票均可兑银，从而具有了转让的特性。第二种情况，长途贩运商或店铺零售商从其他贩运商或行店购货，因资金不够，常书立会票，作为异时异地兑款的凭证。这样，双方交易不致因为暂时的资金短缺而受到影响，从而促进商品的流通。第三种情况虽名为"会票"，但主要的含义却似乎是一种货币资金的借贷行为。①

---

① 刘秋根，谢秀丽. 明清民间商业信用票据化的初步发展——以汇票、汇兑为中心 [J]. 中国钱币，2006（1）：3-11, 79.

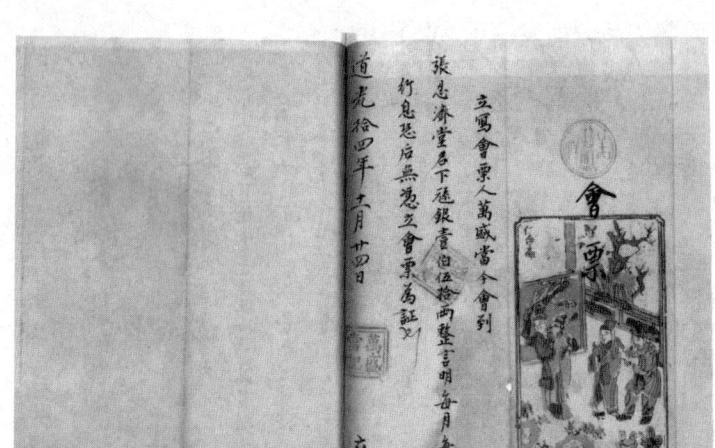

图 2-1　清朝前中期会票实物图

（资料来源：陈其田. 山西票庄考略［M］. 北京：商务印书馆，1937：216）

钱票是钱庄凭借自身信用发行的一种票据，由钱庄负责兑付，类似于现代意义上的本票，可以代替银钱使用。钱票在清朝前中期的发展主要集中在道光年间到咸丰初年。这一时期正是金融史学者认为的银铜平行本位时期，新的货币关系在中国近代经济关系中并没有特别的发展，尽管银元在南部中国流通渐广，但对于整个中国货币的演变还没有产生根本性的影响，在内地，银元被熔化而重新铸造成银两的事屡见不鲜。在银铜复本位制中，钱票作为对这种货币制度的补充有了极大的发展，钱票的发行量和流通量也有了很大的提高。有人认为，这一时期，中国钱票的流通量已经占到货币流通总量的三分之一。①

在制度方面，清朝前中期基本上还是实行与前朝类似的约定俗成的票据制度，并没有明显的创新，官府也没有对票据发展作出统一的制度安排，在实际市场交易中，票据允许流通转让，但不要求背书连续，持票人对背书人的追索权也并没有充足的保障。在防伪制度方面，认票不认人的流通方式对票据防伪提出了更高的要求，此时的防伪措施已较为完善，主要包括：（1）在会票用纸上加印水印文字；（2）在印章或图文的某字某处加以更改或添置暗记；（3）在骑缝加写文字数码或加盖印章，形成合券防伪；（4）把一枚制钱拆成两半，一半缝接在票上，另一半缝接在票根上，兑取

---

① 戴建兵. 近代中国钱票浅探［J］. 河北经贸大学学报，1996（5）：73-78.

时以合钱为据。在增信制度方面，已发现的清朝票据显示，不仅在经济发达的城市，乡村地方小市场中票据也大量流通，其主要充当土地买卖及农副产品交易的支付手段，为处理赊货交易提供信用保证，乡村票据信用主要来自土地及与土地相联系的熟人社会，往往需要使用抵押、担保等增信措施。值得一提的是，会票的发展为日后票号经营汇兑业务提供了必要的经验，为票据汇兑制度的建立作出了有益的前期探索。

第二节 钱庄与庄票——屹立不倒的金融传奇

钱庄是重要的票据发行机构，对清朝票据发展具有重大影响。钱庄自明朝中后期开始出现，起初主要经营银钱兑换，后面逐步开始发展存贷款业务及发行票据。其发行的票据银票、钱票、庄票、汇票在清朝大量流通，尤其是庄票流通范围广，通商口岸随处可见，甚至在内部偏远地区也能看到庄票的踪迹，其信用卓著，是清朝时埠际贸易及中外贸易的重要支付手段。

一、钱庄的发展阶段

清朝的钱庄主要从鸦片战争前、鸦片战争后、第二次鸦片战争后以及辛亥革命后四个历史阶段进行阐述。清朝前中期的钱庄主要从事银钱兑换，经营范围比较局限。18世纪中叶后，随着经济信用的发展以及社会需求的变化，钱庄、银号在经营银钱兑换的基础上开始吸收存款、发放贷款并发行票据，成为从事信贷活动的机构。到20世纪初，随着中国近代工商业和跨国贸易的进步，钱庄作用凸显。

在清朝之前，钱庄早已经出现。通过翻阅清朝的史料文献发现，在清朝，钱庄被称为"卖钱之经纪铺"。清朝早期，钱庄的职能是以银钱兑换为主。到乾隆后期，钱庄的职能或者说业务范围则拓展到了信贷，存放款开始成为钱庄一个重要的业务板块。如在1749年，某官员指出："各省驻防协领，俱借俸禄养赡，家有积蓄者甚少。诺穆三等同系协领，何以赀财独厚？即据现经查出房地外，诺穆三尚有寄存帽铺银一千两，钱铺银两千两。"总言之，在鸦片战争之前，经营货币的钱庄在商品经济发达的地区，展现出了强大的金融功能，钱庄的职能也由兑换走向了信贷。

鸦片战争后，外国列强进入中国，外国商人蜂拥而至，货币兑换、财务清算等问题亟须解决，这时候的钱庄便扮演了重要角色。钱庄可为外商提供保管现金、签发票据等资金融通服务，在中外贸易中起到了不可或缺的作用。"钱庄中大部分是与商业发生联系的，只有少数钱庄仅仅从事银钱兑换，不与商业发生联系。钱庄收受商人存款，同时商人也可随时支取他的存款。钱庄对于这一类存款不付予利息。另一类系有息存款，钱庄给予的年息在12%以下。存款人如果要提取这类给息存款的全部或一部分时，均须早几天通知钱庄"。在这一时期，一方面，钱庄通过业务转型，将业务主要集中于存放款、外汇兑换和签发商业票据上。钱庄自身的营业范围、业务范围和资金财力都得到了增强。另一方面，中国的传统社会经济组织也面临着改革创新的问题，稍不注意便立刻成为历史的尘埃。

第二次鸦片战争后，中国的开放程度更高，这也意味着外商会对国内经济进行更进一步的掠夺。钱庄也逐渐变成了外国列强入侵中国经济的强有力工具，它给予进出口商等贸易主体信贷便利，从而逐渐成为其推销洋货和搜罗国内资源的帮手，"一些主要的外国洋行对本地钱庄存在极大的兴趣""事实上，这种重大的兴趣，具体地说，就是洋行（或银行）利用钱庄的信贷关系，借以开拓口岸和内地市场的贸易；而钱庄则假手洋行（或银行）的资金，扩大自己的金融活动。由于洋行（或银行）资本力量强大，这种彼此利用的利害关系，恰成了钱庄职能买办化的催化剂"①。随着社会经济的发展，一方面，钱庄与外国银行的金融往来更加密切，到了十九世纪六七十年代，外国银行接受钱庄签发的商业票据作为抵押物从而为钱庄放款。这使得外国列强可以进一步渗透中国经济，也能为钱庄拆借资金，钱庄因此对外国银行的依赖加深。另一方面，钱庄凭借其在国内的影响力，为外国商品向内地扩散提供了便利，在无形之中变成了外国商品的入侵工具。"在镇江，支付进口洋货的主要方法是开出由上海钱庄付款的汇票；而商人则把铜钱或银锭运入苏州，从那里收购土产到上海去支付货款"。此时的钱庄有一个职能买办化的特点，多数钱庄掺杂了买办的身份，这样就可以在联系洋行的同时又经营钱庄，从而获取两边的利润。"出身于浙江著名商人家庭的王一亭，先在一家钱庄担任襄理，随后在一家主要经营火柴和棉纱的日货代销店鼎鑫号任经理。到1900年后，他又先后担任大阪轮船公司、日清轮船公司的买办。与此同时，他又是上海南市通泰钱庄的股东。"

总体而言，这一时期的钱庄不论是职能还是作用都有了新的变化，其自身也有所发展。只是这种发展并非自身改革创新所带来的结果，在当时

---

① 张国辉. 晚清钱庄和票号研究［M］. 北京：社会科学文献出版社，1989：58.

的社会环境下，钱庄的力量是被支配的，其更多依赖于外部势力所附带的获利来成长。同时，该时期的钱庄促进了经济的发展，虽然在一定程度上将经济侵略的外部势力带到了内地，但是从长远来看也能更好地将中国传统的自然经济瓦解，适应时代发展的要求。

辛亥革命前后的中国金融业已经受到了很大的冲击，不仅是外部势力的掠夺，还有内部的动乱问题。毋庸赘言，钱庄也面临较大的经营危机，需要时刻警惕挤兑风潮和通货问题，"钱庄所出庄票，一律只能限于同业间互相划拨，一概暂不付现"。但是钱庄也积极寻求新的服务对象，得益于近代工矿企业的发展，这一时期的钱庄愿意为工矿企业提供资金支持，这是积极的有意义的业务探索。根据史料，1899年后，福康钱庄对工厂有较多信贷放款。不过，钱庄在后期经营上的投机性使得其陷入衰败的泥潭。1910年"橡皮股票风潮"引发了重大金融风波，这对于本就十分脆弱的中国金融业而言无疑是雪上加霜。在这样的环境下，钱庄逐渐走向下坡路，大量钱庄纷纷倒闭。不过，第一次世界大战期间，帝国主义对华势力有所放松，钱庄的业务很快得以恢复，并一直延续到新中国成立后，最终倒闭或改营银行。

二、钱庄发行的票据

在票据方面，银票、钱票、庄票、汇票是钱庄发行的主要票据。银票、钱票分别代表一定数额的银、钱，发行钱庄、具体金额等信息会在票面上写明，可以替代银钱流通，从而有效解决实物货币运输过程中不方便不安全的问题，持票者需要兑换现银或现钱时，可以凭票兑换，原则上钱庄核票无误即会兑付。相关史料显示，早在乾隆年间，钱庄发行的钱票已经在很多城市流通，到道光年间，钱票不仅在全国10多个省份广泛流通，而且其数量已经比较庞大。银票、钱票只是统称，其还可细分为众多种类。"京师民间市易，自五百以上，皆用钱票。安徽省若滁、凤、芦颖诸处，皆用钱票。且一处之钱票，可携之于二三百里之外，向钱庄取钱者。较京师之钱票，止在京城中用者，更为流通。又闻盛京及山东地方，亦俱用钱票。"山西钱票流行已久，"有凭帖、兑帖、上帖名目。凭帖系本铺所出之票，兑帖系此铺兑与彼铺，上帖有当铺上给钱铺者。此三项均系票到付钱，与现钱无异"。咸丰年间，各种银票、钱票继续发展，当官票停滞不通时，民间的各种私票仍然能够较好地流通。

图 2-2 钱庄银票实物图
（资料来源：银行博物珍赏：
上海市银行博物馆藏品集［Z］. 2003：48）

图 2-3 钱庄钱票实物图
（资料来源：银行博物珍赏：
上海市银行博物馆藏品集［Z］. 2003：47）

发行票据可以给钱庄带来丰厚的收益。首先，与前朝票据发行相同，通过发行银票、钱票，钱庄可以获取兑换时的手续费，例如，北京钱庄采用兑换时九八扣或九六扣，可以直接获得2%~4%的兑换利润。当时，也存在一些不法钱商利用钱票谋取非法利润，如发出大批钱票后，弃铺潜逃；贱价收购大批劣质钱后雇人挤兑，以劣质钱支付钱票；制造假票，到别的钱店兑现；等等。另外，钱庄在承担兑现信用的前提下，可以通过发行银票、钱票集中大量现金，为自己增加经营资金，借以扩大周转资金。1900年以后，银元取代制钱成为主要货币，钱庄遂乘机发行"银帖"，票面有五两、十两、五十两、一百两四种，并从1904年起发行银元券，分一元、三元、五元三种面额，因携带方便，商民乐于使用。由于一般情况下不会发生持票人都来兑现的挤兑现象，钱庄就可以动用手中的现金，多靠发行不可兑换的银票、钱票来扩大周转资金。①

---

① 燕红忠. 中国金融史［M］. 上海：上海财经大学出版社，2020.

庄票是钱庄发行的票据中最为盛行、影响最为深远的一种票据。"庄票者，钱庄之本票也"。庄票历史悠久，实力雄厚，市场影响深远，"以上海为最，非特于本国金融界及工商界，流通无阻，即于外商银行及洋行界，亦能自有通行"。庄票信用卓著，"不论何人，凡执有庄票者，视为现款"，庄票可以替代现金在市面上流通，用于弥补金银供给不足，避免交易过程中由于金银运输而造成的不便。钱庄与外商的关系非同一般，外国商人信任钱庄，将其作为中外贸易的中介以提供信用保障，钱庄也运用其在国内的资源帮助外商开拓销售渠道、低价收购土特产，钱庄的买办性在这一过程中逐步显现，因此，庄票不仅成为当时国内贸易的重要支付手段，也极大地推动了中外贸易的开展。在中外贸易活动中，华商、钱庄、洋行逐步形成了相对固定的运作模式，三者之间的金融信用关系通过庄票而联系起来。外国银行收到庄票后，无须一张一张逐一向开票钱庄兑现，因为向外商出卖土特产的华商收到外商开给的支票后，多拿去充抵自己向钱庄的借款，钱庄则把所收到的支票送到外国银行去兑现，此时外国银行就可以以庄票轧抵，由此钱庄和外国银行都避免了现银的搬运。庄票代替了现银流通，作为商人之间互相结算账目的凭证，在国内外贸易中发挥了支付手段的作用。关于庄票在中外贸易中的运用，时人有载"掮客向洋行办货之时，以庄票交付，洋行待票到期，向发票庄取款"。19世纪后期，庄票成为工商业不可或缺的信用工具，"以至于有一个中国学者指出：各种商品市场的交易都只要庄票结算"。上海庄票流通范围广，通商口岸随处可见，甚至在内部偏远地区也能看到庄票的踪迹，足以可见庄票影响力之深远。

庄票具体又分为即期票和远期票两种。即期票见票即付；远期票内注有到期日，有5天、10天、20天等多种期限，未到期前不能向钱庄兑款，但可请求钱庄贴现。庄票上都要写明应付银两数额、出票庄号，若是远期票，则加注期限，然后在骑缝处盖上戳记，一分为二，票根留钱庄，正票交给客户使用。

图 2-4　春恒茂钱庄庄票　　　　　图 2-5　恒隆钱庄庄票
（资料来源：傅为群．九府裕民：　　（资料来源：傅为群．九府裕民：
上海钱庄票图史［M］．上海：　　　上海钱庄票图史［M］．上海：
上海书店出版社，2002：36）　　　　上海书店出版社，2002：37）

汇票也是钱庄票据的重要组成部分，"汇票者，即汇款人对第三者发出用文字表示之明令状，命其即刻或迟几日以后，无偿地付与持票人或指定人以定额之款项也，第三者为兑款人（钱庄），持票者或指定人为领款人"。上海钱庄在与内地开展贸易的过程中使用汇票了结债权债务关系，"本埠债务人欲汇款外埠债权人，了理债务，可交款钱庄，由钱庄给以汇票。汇票上注明向汇往地分庄或代理庄收款。汇款人将汇票邮寄受款人，同时钱庄将票根寄交付款庄，为将来付款之凭证"，是钱庄经营异地资金汇兑业务的专用票据。

汇票是申汇的重要组成部分，随着埠际贸易的发展，申汇成为全国各地联系上海的金融纽带。上海钱庄票据信用卓著，申汇在市场上可以随时变现出售，被视为"现金筹码"，各大商埠可以通过申汇买卖来调节资金头寸，申汇因而成为集汇兑、结算、信贷于一体的资金调拨方式。天津、汉口、重庆、南昌、宁波、杭州、南京、西安、青岛、厦门等城市形成了申汇市场，以上海为中心的全国金融市场网络形成。

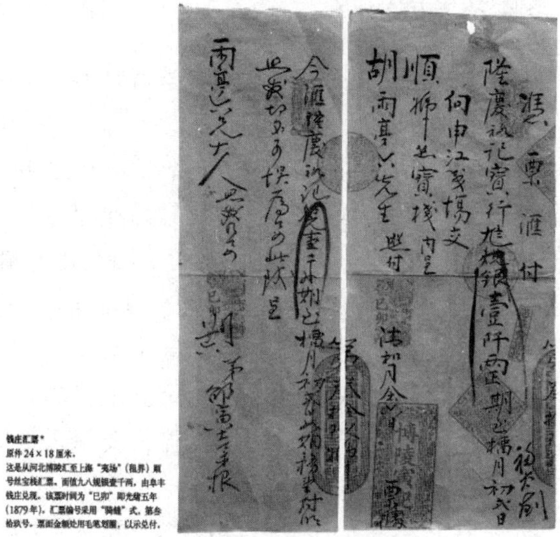

第二章　清朝的票据

钱庄汇票*

原件24×18厘米。

这是从河北博野汇至上海"夷场（租界）"顺号钱庄宝桂栈汇票，而借九八规银壹仟两，由阜丰钱庄兑现。该票时间为"巳朔"即光绪五年（1879年）。汇票编号采用"岡楠"式，都多给钱号。票面金额处用毛笔划掉，以示兑付。

图2-6　钱庄汇票实物图

（资料来源：银行博物珍赏：
上海市银行博物馆藏品集［Z］．2003：33）

图2-7　元康庄汇票

（资料来源：傅为群．九府裕民：
上海钱庄票图史［M］．上海：
上海书店出版社，2002：35）

第三节　票号与汇票——百年票号的前世今生

票号是晚清时期主要的金融机构之一，在近代银行出现之前，其资本实力及经营规模一度稳居国内金融机构之首，对我国金融业的发展影响深远。关于票号具体的产生时间，目前学术界还存在一定争论，大多数学者认为，1823年由西裕成颜料庄改组的日昇昌票号是我国历史上第一家票号，其成立后发展迅速，带动了一批山西票号陆续成立。票号的发展可以分为初步发展阶段、发展低谷阶段、恢复发展阶段、鼎盛阶段以及衰落阶段，百年票号的发展历程也是晚清时期社会经济发展的深刻写照。票号对于古代票据的发展起到了很大的推动作用，它创新了票据品种，让更多的百姓开始使用票据，拓宽了票据的流通范围；构建起汇通天下的汇兑网络，极大地提升了票据的汇兑功能；创建了严密的汇兑制度，如"酌盈济虚、抽疲转快"的经营策略、密押制度、汇差结算制度等，经营更加创新灵活，风险也得到了有效防范。

一、百年票号的产生条件及发展历程

目前学术界关于票号的产生时间还存在一定争论，有学者认为票号起源于唐宋时期，也有学者认为票号起源于明朝中叶①，但大多数学者认为票号的产生时间应为19世纪20年代初。持有这种观点的学者认为1823年由西裕成颜料铺改组的日昇昌是票号的鼻祖，而主持创办日昇昌票号的大掌柜雷履泰则被认为是票号业的创始人。票号在清末近百年间，因经营有道、信用卓著，取得了辉煌的成就，在中国金融史上书写了浓墨重彩的一笔，评价其"执全国金融之牛耳"丝毫不为过，同时票号的经营也为中国近代银行的运营积累了宝贵的经验，从而有力地推动了中国金融业的发展。票号的产生有其历史规律，它是商业和金融业发展的必然产物，要深入研究票号就一定要从它产生的历史背景说起。

票号是一种金融组织，其所经营的汇兑、存放款等业务主要满足的是商业发展的需要，繁荣的商业环境为票号提供了生长的沃土，应该说没有商业的繁荣发展，也就不会有票号的产生。自1644年清朝建立开始，内忧外患逐步平定，安定的社会局势给商业提供了良好的发展环境。从康熙朝开始，我国的社会生产力便逐渐恢复，商品交换在数量和区域上都有明显的扩大，到清道光初年时，社会太平，商业发展已具有一定规模。而在明清时期再度兴起的重商主义思潮也极大地促进了我国商业的发展。在中国古代社会，按照士农工商的排序，商的地位是最低的。而随着明清时期重商主义思潮的兴起，商的作用逐步得到重视，地位也随之不断提高。相关史料显示，17世纪到19世纪前期中国弃儒从商的人数有了大幅度的增加，士和商之间联姻变成了非常平常之事，士商之间也可以相互转化，士商结合得越来越紧密。到了乾隆年间，在扬州的晋商和徽商资本总额已达七八千万两之巨，一些大盐商（如汪交如、江春、鲍志道等）坐拥千万级别的资产，而清朝最鼎盛时期的国库存银也不过七千万两，由此可见越来越多的社会财富掌握在了商人手中。在这种思潮的带动下，国家越来越重视商业的发展，越来越多有才能的人愿意从事商业，从而促进了商业的快速发展。随着商业的逐步繁荣，大家越来越不满足于局限在一个地区之内的买卖交易，埠际贸易逐渐发展起来。埠际贸易需要远距离地运送现金，这一过程花费时间长、耗费人力多、安全性差，在一定程度上阻碍了埠际贸易

---

① 《上海银行周报》，第七号、第八号。

的进一步发展。为解决这一问题，一些在全国拥有众多分号的资金实力雄厚的商铺开始附带经营汇兑业务，后来随着埠际贸易的日益繁荣，客观上越来越需要有一个专门的组织来经营这项业务，票号也就在这一背景下应运而生。

商业世家的兴起也为票号的创建提供了充足的人才和资本。清朝晚期，山西出现了许多新兴的商业世家，如平遥的李家、介休的侯家、祁县的乔家、太谷的曹家、介休的冀家等①。这些商业世家资本雄厚，而且在全国各地拥有众多产业，它们本身有着解决远距离运现问题的强烈需求，自身又有着充足的资本希望加以利用并获得增值，因此，它们对于创建票号这样一种金融组织有着极大的热情。

清朝金融业的发展和汇兑的演变也为票号的产生提供了条件。当铺、钱庄、账局等金融机构在票号产生之前均已出现，它们经营的业务与票号之间存在一定差别，但也有很多相似之处，因此，它们的经营也为票号的发展积累了宝贵的经验。我国的汇兑业务最早可以追溯至唐朝，而汇票的使用最早可以追溯到九世纪初唐朝使用的飞钱。明清时期，又进一步出现了会票，自会票出现以后，汇兑的发展经历了一个由个人行为到商业行为的发展过程。明末清初学者陆世仪在《论钱币》中写道："今人多有移重资至京师者，以道路不便，委钱于京师富商之家，取票京师取值，谓之会票，此即飞钱之遗意。"② 这一记载说明了当时会票的使用方法。

票号能够率先在山西产生也有其深层次的原因。首先，平遥交通便利，有京西官道贯通，东可上京津及关外，西可达陕甘新疆，北出杀虎口可往归化、蒙俄，南下直驱汉口"两湖""两广"。其次，平遥在道光年间早已发展成为全国性货物集散中心，来自全国各地的客商云集平遥。最后，平遥外出经商者众多，一代又一代商贾子承父业，叔伯帮带，培养出大批精英人才，也形成了具有足够资本的农商家族，多家平遥商号在全国各地设有分号或连号，交易网络遍布全国③。正因为具备了这些条件，票号在平遥率先产生，西裕成颜料庄改组为日昇昌票号，"日昇昌"三字意在票号生意兴隆，如日初生，繁荣昌盛，它的创立揭开了尘封千年的中国封建金融史新的篇章，标志着中国金融发展步入了新时代。

---

① 张桂萍. 山西票号经营管理体制研究［M］. 北京：中国经济出版社，2005：21.
② 《皇朝经世文编》卷52，《户政》27《钱币》上.
③ 王夷典. 百年沧桑日昇昌［M］. 太原：山西经济出版社，2013：5.

（一）初步发展阶段（1823—1850年）

1823年，我国第一家票号——日昇昌票号在平遥西裕成颜料庄的基础上创建起来，从此，票号这一新兴的金融机构开始走进人们的视野。日昇昌票号创立之初，财东平遥达蒲村李大全共投入银本36万两白银，票号总经理雷履泰、协理毛鸿翙、襄理程大培。正副经理各享人力股1俸。分号初设成都、重庆、汉口、聊城、京都、天津、保定、沈阳8个，每分号4~7人不等。由分号经理主持分号事，协理协帮分号事。各号结束西裕成颜料生意，仅在汉阳保持"日升碌坊生理"，以示不忘祖业，虽视若分号，但单独核算。日昇昌经营的业务包括汇兑、存放款、捐纳以及发行银票。

日昇昌票号创立以后，生意蒸蒸日上，日益兴隆，因此，开业不久附近的富商大贾便纷纷效仿做起票号的生意来。介休北贾一位号称"侯百万"的商人最早看好票号生意，时隔三年，于道光六年（1826年）相继改营，改组早在平遥之商号蔚字联号为票号；道光十七年（1837年），祁县第一家票号合盛元成立；道光十八年（1838年），日昇昌票号又投入一笔资金，另外创办了一个名叫日新中的票号，并在北京、张家口、归化、三原、济南、周村、营口、周口、南京、苏州、镇江、芜湖、屯溪、汉口14处，广泛开设日新中票号分号①。

1823—1850年，商业不断发展，汇兑和存放款等需求不断增加，也带动着票号进入了它的第一个大发展时期。在此期间，票号的数量快速增加，分布的区域也快速扩张。据统计，1823—1853年，平遥共存在过16家票号，其中承光庆、广泰兴两家，开办不久即行关闭。1853年，又新增协和信、协同庆、百川通三家票号，因此到1853年，平遥地区共有17家票号。随着票号经营规模的不断扩大，加上它周到的服务态度以及"诚信为本，以义制利"的经营理念，票号的社会信用也得到了快速提升。咸丰三年（1853年），江南河道总督杨以增在一篇奏折中强调指出："各省银号汇兑银两，盈千累万，仅以一纸为凭者，信也。"② 咸丰二年（1852年），冯桂芬在一篇题为《用钱不废银议》的文章中谈到山西票号时赞赏道："今山西钱票，一家辄分十数铺，散布各省，会票出入，处处可通。"③ 以上两个材料都反映出了票号在当时社会具有极高的社会声誉。

---

① 王夷典．百年沧桑日昇昌［M］．太原：山西经济出版社，2013：7-8.
② 史若民．票商兴衰史［M］．北京：中国经济出版社，1999：143.
③ 《皇朝经世文续编》卷58，《钱币》上。

票号的各项业务在这一时期都有了快速的发展。除了汇兑业务，票号的存放款业务规模也在快速增长，不仅如此，存放款业务覆盖的区域范围也在不断扩大。票号之前的账局等金融机构一般只在本地经营存放款业务，而票号由于要经营汇兑业务，全国分号众多，因此，它便可以在更大范围内吸收存款、发放贷款，从而帮助实现资金在全国范围内的调剂。票号的存款和放款可能会与汇兑结合开展，也可能不会。这两种存放款方式的交替使用使得票号成为全面承担汇兑、存款和放款业务的金融机构，从而承担起了近代银行的基本职能。除了经营汇兑、存款、放款业务外，票号还在此期间开始经营捐纳业务。相关史料显示，至少从道光二十一年（1841年）起，票号就开始经营汇兑大捐款项了。票号在经营由各省汇兑京师大捐款项的过程中，又与京城银号结合在一起，居间代捐生办理上库和领照事务。这样，票号通过汇兑大捐也就具有了代办捐纳的职能。票号经营捐纳业务虽然直接收益不多，但其潜在的好处却是多方面的。

（二）发展低谷阶段（1851—1861年）

1851年1月，太平天国运动爆发，南方多省陷入战争。在此期间，凡是太平军与清军发生激战的地方，城市经济都遭到严重破坏，市面建筑被毁，人口外逃，工商业倒闭，许多工商业城镇都呈现一片萧条景象。1856年10月，又爆发了第二次鸦片战争，清政府先后被迫签订了《天津条约》和《北京条约》，进一步加深了我国的半殖民地化进程。在这种形势下，票号无奈只好撤庄裁员。

这一时期，国内局势极不稳定，战争频发，城市经济遭到严重破坏，工商业倒闭，市场萧条，白银外流，票号的经营环境严重恶化，业务需求大幅减少，同时，连年战乱也不利于汇兑业务的开展，票号的经营进入低谷阶段。但好在各家票号在这一时期先后撤庄裁员，谨慎经营，所以大多数票号还是保存了原有的实力，这也为后来票号能够比较快地恢复发展打下了良好的基础。在这一时期，尽管有一批票号倒闭了，但同时也有多家票号问世，很多票号处于一边撤庄一边营业的状况。而且就是在整个票号遭受挫折的时期，个别票号的盈利还是相当可观的。例如，蔚丰厚票号于咸丰九年（1859年）结账分红，四年共盈利82499两，当时资本只有3万两，年利润率达68.74%，银股与人股共17.7个，每股分红达4660.96两之多①。所以总的来说，这段时期的票号经营虽然处于比较低迷的阶段，但并没有遭受到很大的打击，只要战争结束，国内环境稳定，稍有刺激，票号就可以很快恢复发展。

（三）恢复发展阶段（1862—1894年）

太平天国运动和第二次鸦片战争对票号的发展是具有正反两面影响的。从反面来说，这两次战争迫使票号不得不撤庄裁员以求自保，从而使票号的经营一度陷入低迷；但从正面来看，也正是由于战争切断了运输京饷的通道，清政府才不得不暂时允许通过票号汇兑的形式运送京饷，这才使票号迎来了第二次大发展的机遇。同时，随着第二次鸦片战争结束后通商口岸的进一步增加，进出口贸易越来越频繁，中国进一步融入世界市场，商品货币经济进一步发展，这其实也为票号的进一步发展创造了条件。

同治元年（1862年），清政府允许广东京饷汇兑，标志着票号汇兑公款业务的开始，票号经营也从此由低谷走向兴盛。清朝政府官吏的俸禄、八旗兵饷以及皇宫用费，都是靠各行省和海关的地丁钱粮、盐课、关税等项征收的白银运往京师保证供给的，时称"京饷"。1862年以前，京饷只能通过运送现银来交纳，而不能采取汇兑的方式。但由于太平天国运动的影响，很多省份都出现了无法按时交纳京饷的问题，因此在被迫无奈的情况下，清政府才开始同意可以通过汇兑的方式来交纳京饷。

在京饷可以汇兑之后，各省协饷也陆续开始汇解。同治四年（1865年），山西河东道应解甘肃兰州协饷3次，共计银8万两，均交由平遥票商汇兑。② 同年，四川奉拨甘饷2万两，交票号元丰玖等字号，汇解陕西藩库。③ 同治七年（1868年），闽海关四成洋税项下，按月各拨银1万两，作为陕西协饷，交由福州阜康银号汇解。阜康则将该款汇至湖北，交陕甘后路粮台转运陕西省济用。④ 到1893年，据不完全统计，各省交由票号汇兑陕、甘、新的协饷达460余万两。⑤

除了京饷、协饷之外，洋务运动所需经费也大量通过票号汇兑。19世

---

① 黄鉴晖. 山西票号史（修订本）[M]. 太原：山西经济出版社，2002：185.
② 山西巡抚、布政使王榕吉为汇解甘饷奏片（同治四年八月初五日）[A]. 军机处录副奏折.
③ 四川总督骆秉璋奏折附片（同治四年九月）[A]. 军机处录副奏折.
④ 福州将军兼署闽浙总督英桂等奏折（同治七年闰四月二十日）[A]. 军机处录副奏折.
⑤ 中国人民银行山西省分行，山西财经学院《山西票号史料》编写组. 山西票号史料（油印本）[M]. 太原：山西人民出版社，2002.

纪70年代，洋务运动开始全面开展。而筹划海防、购买军舰等都需要大量经费，这些经费大多需要依靠各省协剂，各省通常会通过汇兑的方式来运送这笔款项。此外，票号还对军队军饷的发放提供资金融通，向军队提供军事活动经费，这些活动都体现了票号对清政府的大力支持。

票号在经营京饷、协饷汇兑业务的基础上，还逐步发展出了垫款业务。就是在汇兑的过程中，当各省政府的资金不足时，由票号对汇解款项提供垫款，实际上就是票号对地方政府提供贷款。这种垫款关系产生以后，官府便慢慢形成了对票号的依赖，因此，这种垫款关系持续了很长一段时间。相关史料显示，广东、福建、浙江、粤海关、闽海关等处都与票号发生了垫款解饷的事实，其中以广东和粤海关的情形最为突出。

随着第二次鸦片战争和太平天国运动相继结束，国内局势相对稳定下来，加上公款汇兑业务的开通，票号迎来了第二个大发展时期。这一时期，票号的业务得到了快速恢复，并且实现了比第一个大发展时期更高的发展水平。通过经营公款汇兑业务，票号与清政府之间的关系日益紧密。对于票号来说，汇兑公款的收益是丰厚的。首先，公款汇兑一般收取的汇费较高；其次，公款的得空期一般比较长，通常都是八十天到三个月，比普通工商汇款一个月的限期多了近两个月；最后，公款数额巨大，票号可以通过在得空期放款取息，得无本之巨利。对于地方官府来说，票号提供的垫款可以帮助解决上缴资金不足的问题，并且票号会把官府支付的高额汇费中的一半左右作为好处费支付给相关官员。对于中央政府来说，票号的金融力量可以对其财政调度作出有力的支持，从而在一定程度上帮助其维持和巩固封建统治。因此，票号和清政府在公款汇兑业务中各取所需，逐渐形成了一种相互利用乃至相依为命的关系，这是这一时期票号发展与之前相比很大的不同之处。也正是从这一时期开始，票号越来越依赖于清政府的支持，它的发展也与清政府紧密联系在了一起。

（四）鼎盛阶段（1895—1910年）

1895年4月17日，标志着中日甲午战争结束的《马关条约》在日本马关签订。为满足甲午战争用款及赔款的资金需求，清政府分别向英、德、俄、法四国和多家外国银行借款，而偿还四国借款和其他外债，都是由上海江海关道衙门经理，并按期交付给在华各外国银行的。此外还有《辛丑条约》的赔款，这两项赔款中的很大一部分都是由票号负责汇兑的，票号在这一过程中收益颇丰。赔款汇兑数额巨大，不仅给票号带来了丰厚的汇费收入，同时也让票号获得了大量的低成本资金，将这些资金贷放出去也给其创造了巨额利润。

表2-1　1894—1911年票号汇兑公款统计表　　　　　　单位：两

项目	数额
京饷	28864983
内务府经费	2145055
其他经费	908413
生息银两	314067
四国借款	37210918
新案赔款	49690138
其他借款	7099314
陕甘新协饷	5267357
其他协饷	8208011
铜本银	666000
洋务运动海军经费	968219
洋务运动铁路经费	392000
洋务运动其他经费	130000
总计	141864475

资料来源：中国人民银行山西省分行，山西财经学院《山西票号史料》编写组.山西票号史料（增订本）[M].太原：山西经济出版社，2002：247-248.

　　民族工商业的进一步发展也是促使票号发展进入鼎盛阶段的重要原因之一，而19世纪60年代初到90年代中期开展的洋务运动对促进我国近代工商业发展具有重要的积极意义。洋务运动是指清政府为了维护封建统治，引进和学习西方先进科学技术，兴办近代军事工业和民用工业，并相应地改革军事、外交、文化教育和某些政府机构等多方面的活动。洋务运动的口号是"自强""求富"，它提倡大力发展军事工业和民办工业，兴办新式教育，这在客观上促进了我国近代工商业的发展，为我国民族工商业的近代化开辟了道路，使得我国的近代民族工商业在19世纪末得到了初步发展，而票号也在这一背景下有了进一步的发展。大商号一直是票号的主要顾客，大商号、工商铺户以及私人款项的汇兑金额占票号总汇兑金额的绝大部分。进入20世纪后，在中国近代企业有了初步发展的条件下，人们可以断断续续看到在票号的放款中，近代企业开始占有一席之地。此外，票号在清末修筑铁路和开发矿山的活动中也曾起过积极的作用。有些近代企业还会委托票号在全国各地代其招徕股金和收存股款。1904年，河南均窑磁业公司委托大德通票号在开封、上海、汉口、北京等地的分号代其招徕股金，填发股票事宜①；天津万益机器制造毡呢有限公司委托当地源丰润票号代收股金②。

进出口贸易的增长也是促使票号发展进入鼎盛阶段的重要原因之一。随着清朝末期我国半殖民地化程度的不断加深，来我国经营进出口贸易的洋行数量快速增加。据统计，1882年为440家，1892年为579家，1913年猛增至3805家。③ 1892年至1913年，仅仅20年，洋行家数就增加了5.57倍。这些洋行为了推销工业品和掠夺原料，逐步把分支机构从各通商口岸开到了中国腹地。例如，总行在天津口岸的一些洋行，为了掠夺中国的皮毛等原料，就把它们的机构或代理人派往张家口、库伦、归化、宁夏等地。在这种情况下，洋行在通商口岸和内地的分支机构之间就经常需要进行资金的转移，而这很多时候靠的都是票号的汇兑。随着进出口贸易的不断增长，为洋行汇兑的业务规模也不断扩大，洋行逐渐发展成为票号新的重要客户。

总之，这一时期的票号经营达到最好状态，票号进入鼎盛时期。票号的总号和分号机构数量快速增加，特别是分号机构。由总号和分号构成的金融网络覆盖全国，加上电报的开通，票号可谓是名副其实的"汇通天下"。鼎盛时期的票号不仅在国内广泛设立分支机构，甚至还在国外开起了分支机构。例如，1907年4月，山西合盛元票号经过多方奔走，终于在日本的神户开设了支行。开业之际，合盛元票号在日本的报纸上还刊登了广告。半年后，合盛元票号又在日本的东京、横滨、大阪以及朝鲜的仁川开设了分行，统归神户支行管理④。票号的利润和分红在这一时期也都成倍增长。以大德通票号为例，其1900年的每股分红额为4024两，较1888年的850两增长了3.7倍，到1908年每股分红额为17000两，是850两的20倍。票号的各项业务也得到了快速发展。从汇兑业务来看，票号通过其构建的覆盖全国各重要城镇的金融网络占领了汇兑业务的绝大部分市场，并且长期处于执牛耳的地位。从存放款业务特别是存款来看，票号的存放款数额也是十分可观的，在清末金融界中占有重要地位。综上所述，用"执全国

---

① 《东方杂志》第1卷，第8号，第115页，1904年8月。
② 《大公报》，1906年9月18日。
③ 吴承明. 帝国主义在旧中国的投资[M]. 北京：人民出版社，1956：41.
④ 张正明. 晋商与经营文化[M]. 北京：世界图书出版公司，1998：7.

金融之牛耳"来评价鼎盛时期的票号再贴切不过了。

表2-2　大德通票号1896—1908年资本及分红情况　　　　单位：两

年份	资本数	每股分红额
1896	140000	3150
1900	160000	4024
1904	180000	6850
1908	220000	17000

资料来源：黄鉴晖. 山西票号史（修订本）[M]. 太原：山西经济出版社，2002：415.

（五）衰落阶段（1912—1932年）

1911年10月10日，武昌起义爆发，它标志着辛亥革命的开始。从1911年10月10日至1912年期间，由于清军反扑和袁世凯发动"北京兵变"，连年战乱，致使城市经济遭到严重破坏。"辛壬事变"之后，接踵而来的是1913年讨伐袁世凯的战争，社会经济再一次遭到严重破坏，而票号在这两场战争中连续蒙受巨大损失。

表2-3　十二家票号在"辛壬事变"中的损失统计　　　　单位：两

被抢银物	各城市票号被抢数							
	成都	西安	汉口	太原	北京	天津	自流井	宁夏
现银	738931	439850	65690	2700	6475	9550	3500	69200
财物	33800	74700	181370	11800		3500	3400	

资料来源：中国人民银行山西省分行，山西财经学院《山西票号史料》编写组. 山西票号史料（增订本）[M]. 太原：山西经济出版社，2002：487-488.

辛亥革命推翻了清朝的统治，结束了中国两千多年的封建君主专制制度。随着清王朝的覆灭，票号失去了政治靠山，其汇兑公款的巨大业务化为乌有，"北存南放"的财路也被迫断绝，这无疑是对票号的一个巨大打击。另外，近代银行的发展抢占了票号的部分业务。就国内本土金融机构而言，1897年，中国通商银行成立，这是我国第一家自办银行。到1911年，国内设立的官、商银行数量增长到了17家。这些银行资本雄厚，同时汇兑业务也是这些银行开展的主要业务之一，这无疑会使之前一直独占汇兑业务的票号失去部分业务。事实上对票号汇兑业务造成重大威胁的乃是继中国通商银行之后成立的两家官办银行，即1905年成立的户部银行（1908年改称大清银行）和1908年成立的交通银行。

外国在华银行业务的快速发展也对票号产生了巨大威胁。江西巡抚李勉林在 20 世纪初曾指出："近来通商口岸，洋商亦多设银行，西商之利，稍为所夺。"① 以天津汇兑情况的变化为例，天津对上海的棉纱款项的汇兑，年约 1000 万两。其中交由外国银行经办的即占半数，钱庄、银号占 30%，票号仅占 20%。② 可见，天津票号汇兑业务受到外国银行侵占的事实是非常明显的。国内凡是设有外国银行分支行的口岸，在汇兑业务上大体都出现了与天津类似的变化，只是程度不同。

外部环境剧变，加上本身经营管理体制的局限性以及票号管理层因循守旧、拒绝变革，使得票号错过了改组银行的有利时机，从此其经营便一蹶不振、再难恢复。据统计，1911 年辛亥革命前夕，各帮票号共计 26 家。其中，山西票号 24 家，南帮票号 2 家。从民国元年（1912 年）到民国十年（1921 年），24 家山西票号倒闭了 21 家③。到了 20 世纪 20 年代，剩下继续经营的票号也纷纷倒闭或者改营他业，从此经历百年沧桑、一度在清末"执全国金融之牛耳"的票号最终结束了它的"精彩表演"，退出了历史舞台，不禁让人倍感惋惜！

二、票号的票据业务

（一）票号发行的票据

票号的主营业务是汇兑，其在汇兑业务中大量使用票据。票号创立之前，我国早已出现汇兑方式。唐宪宗（806—828 年）时，已产生俗称"便钱"的飞钱，即具有汇兑雏形。不过，飞钱多由军政各方小范围使用，富商大贾只进行非专业汇兑。此后的宋、元、明及清中叶时期，汇兑时断时续地出现，但都规模不大。到了晚清时期，汇兑出现了大发展，出现了汇兑专营机构"票号"，这种以汇兑为主、兼营存放款业务的专营机构，建立和完善了经营汇兑业务的一整套管理制度。

票号的汇兑形式有信汇、电汇等不同形式，具体办法有顺汇、逆汇之别。信汇以票号填写汇票，由汇款人自带汇票在所限时间内赴收汇地分号

---

① 江西巡抚李勉林复奏，变通政务折稿，《申报》，1901 年 7 月 2 日。
② 根岸佶．天津票庄［A］．清国商业综览（第 4 卷）［M］．东京：丸善株式会社，1906：412-413.
③ 中国人民银行山西省分行，山西财经学院《山西票号史料》编写组．山西票号史料（增订本）［M］．太原：山西经济出版社，2002：660-664.

凭票兑取款项。电汇类同于信汇，只是到清光绪中期官邮局开办电汇业务，票号率先采用这一方式。因中途发生过汇兑纠葛，票号自编电文汇码，以确保安全。顺汇是票号汇兑的主要方法，即客户在甲地要往乙地汇款，就在票号所在地甲地交付某种成色如数银两，然后持汇票到票号分号所在地乙地，经评比成色，凭票兑取所汇银两。逆汇是票号汇兑的辅助方法，一是用于特殊信任的客户，二是平衡甲乙两地现银寸头紧缺，具体办法是甲地票号揽做汇兑生意后由乙地票号先付款或先收款，甲地票号再收款或再付款。其实质是"把存款和放款与汇兑业务结合进行，在银钱汇划当中含着融通资本的内容。乙地先付款，甲地后收款，是放款与汇兑的结合；乙地先收款，甲地后付款，是存款与汇兑的结合"①。办理逆汇的客商与票号双方都要按照汇费利息行市，各自为对方交付汇费和利息。逆汇虽为票号汇兑辅助办法，但方便了票号揽做存款和放款，同时省去了银两在甲乙两地之间调拨，又为客商提供了很大方便。道光三十年（1950年）正月初十，日昇昌票号张家口分号往汴梁往来书稿第27次信中曾有过逆汇事例的记载："前信后，定会过，九月初一日汉（口）交下芦足银三千两，咱在口年四两标分收。自收银之日，各依各标口规与伊行息外，每千两贴伊六两。"

在汇兑过程中使用较多的票据为汇票。各票号汇票样式有很大差异，但内容却十分相似。汇票有单联式、一式两联式和一式三联式，多为单联式。以日昇昌票号使用的汇票为例，日昇昌空白汇票为四折式，从左到右：第一折票纸上中方，印有浅红色竖写行书字体"信行"两字。第二折票纸上方，印有同样色彩竖字楷书字体"道光"或"咸丰"两字，下空两字位，印有同样色彩竖写楷书字体"立会票"三字，离二工折纸低一字空位。第三折为"会票"内容，限定写于四竖行空白格条内，格条色彩同前。只是四竖空行左第三行，高出四行中其余三行两字空位，这是写客商尊姓大名的位置。第四折，上半方印有与前同样色彩竖写楷书字体"会卷"两字，下半方印有"红黄橙绿兰"多色绘画"天官赐福"竖长图案。空白汇票与实际使用会票一样，高25.3厘米，宽45.8厘米，纸质似宣纸，平展，但不怕揉折。②

山西票号创立后不断对票据业务进行创新，这一过程中也出现了很多不同种类的票据。相关史料显示，票号先后推出了凭帖、兑帖、上帖、壶

---

① 黄鉴晖.山西票号史（修订本）[M].太原：山西经济出版社，2002：106.
② 王夷典.百年沧桑日昇昌[M].太原：山西经济出版社，2013：81-85.

瓶帖、上票、期帖、汇券、旅行支票等票据。其中，凭帖、兑帖、上帖这三种票据如同现金，见票即付现款；壶瓶帖、上票、期帖这三种票据见票不一定立即付款，可过几日再付。

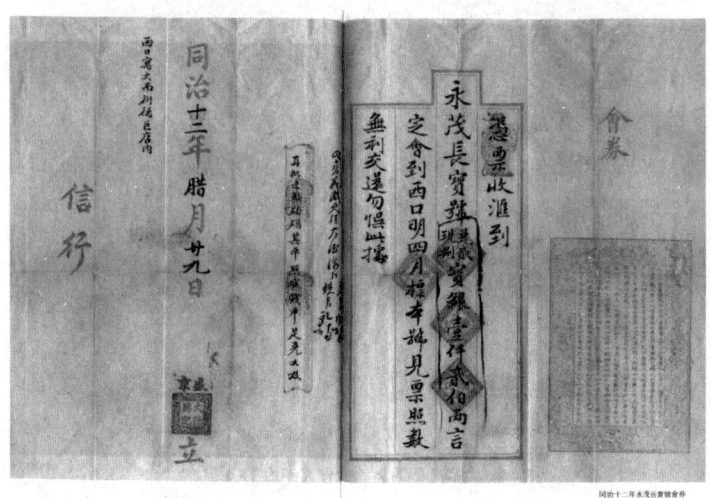

图 2-8　永茂辰宝号会券

（资料来源：陈其田. 山西票庄考略 [M]. 北京：商务印书馆，1937：222）

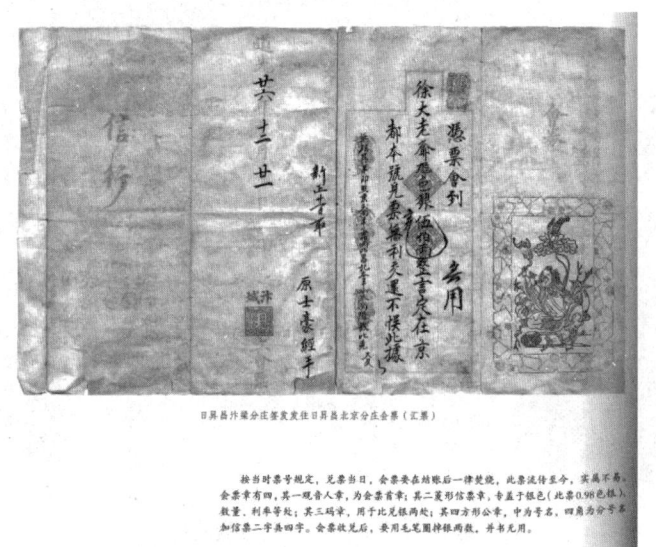

图 2-9　日昇昌票号汇票

（资料来源：上官永清. 晋商银行过去现在未来 [M]. 太原：山西出版集团，山西经济出版社，2009：24）

凭帖　　　兑帖

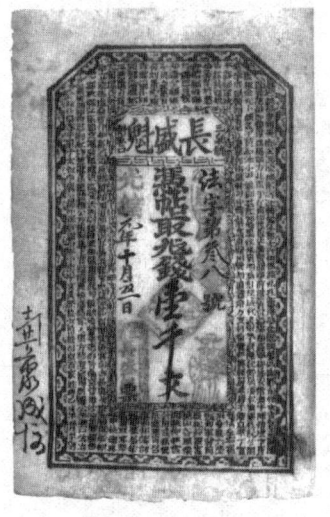 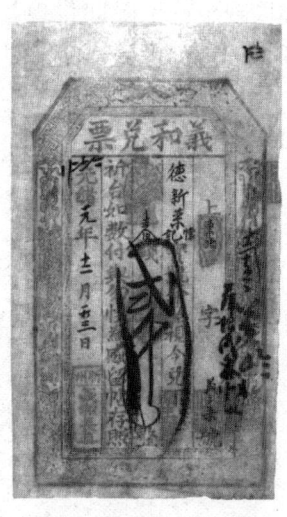

凭帖，本铺出票，由本铺随时负责兑现，相当于现在的本票。

兑帖，也叫附帖。本铺出票，到另一铺兑取现银或制钱，相当于现在的支票。

图2-10　凭帖、兑帖实物图

(资料来源：上官永清. 晋商银行过去现在未来 [M]. 太原：山西出版集团，山西经济出版社，2009：21)

上帖

上帖，有当铺上给钱铺的上帖和钱铺上给当铺的上帖之分，彼此双方已有合同在先，负责兑付，类似现在的银行汇票。

壶瓶帖。有些商号（包括钱庄）因连年过节资金周转不贵，自出钱帖，壶加印记，用以搪塞债务，因其不能保证随时兑现，只能暂时"装入壶瓶，开无实用"，故称壶瓶帖，相当于现在的融通票据。

壶瓶帖

图2-11　上帖、壶瓶帖实物图

(资料来源：上官永清. 晋商银行过去现在未来 [M]. 太原：山西出版集团，山西经济出版社，2009：22-23)

第二章 清朝的票据

期帖

期帖。票据有指定日期，到期时始能取钱，需计算期内利息，类似现代的远期汇票。

图 2-12 期帖实物图

(资料来源：上官永清. 晋商银行过去现在未来[M]. 太原：山西出版集团，山西经济出版社，2009：23)

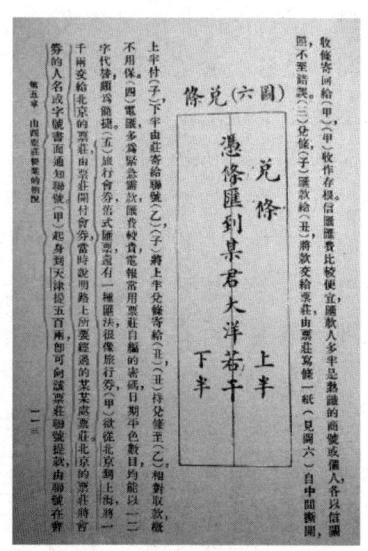

图 2-13 旅行支票

(资料来源：陈其田. 山西票庄考略[M]. 北京：商务印书馆，1937：123-124)

49

（二）票据制度创新

票号带来的票据制度创新主要体现在票据汇兑业务风险管理和账务管理制度上。预防和控制风险是从事金融活动的关键。建设一套健全高效的风险管理制度对于金融组织来说至关重要。票号的经营历来以"稳健"著称，这也说明票号非常重视经营过程中风险的管理，票号也在经营过程中逐渐探索出一套符合自身经营特点、运行高效的风险管理制度，使得票号在经营过程中极少发生风险事件。同时，账务管理对于金融组织了解自身经营情况、提高经营效率发挥着重要作用，票号账务方面使用的汇差清算制度也是票号的重大制度创新。

1. 汇兑业务风险控制机制

（1）慎重选择业务方与通汇地

票号的每个分号经营情况不同，会导致收汇和交汇的金额产生差额，所以有的分号银两充裕，有的分号银两紧缺。为了防止出现银两紧缺的分号兑付困难以及银两充裕的分号银两利用率不足的现象，票号分号与总号之间、各分号之间每天都会往来书信通报收交金额和业务情况，这样它们就可以更有目的地去经营，总号也可以在掌握各分号的信息后统筹全局、总体协调、酌盈济虚、抽疲转快。例如，如果北京分号知道西安分号收款很多，北京分号就会主动联系生意往西安汇兑，"有时为了调剂疲快，不仅不收汇水，甚至还给汇款人贴费"①。

（2）汇票本身的风险防范

票号汇兑业务的交付款凭证主要是汇票，取款方凭票便可以取到相应金额，因此，汇票的防伪与辨别就非常重要，如果有人凭自己伪造的假票顺利取款，便会给票号造成严重损失。票号采用的汇票防伪措施主要包括以下几种。

① 选用特制纸张，以防伪造

票号会选用特殊的纸张做成汇票，这种纸张一般是很难伪造的。比如平遥县蔚泰厚票号使用的绿线红格汇票纸，全部在平遥县的一处印刷，全国各地的分号的汇票均采用此种纸张，如果坏了一张，必须寄到总号备数，而且平遥县蔚泰厚票号所采用的汇票纸夹印"蔚泰厚"三字。

---

① 中国人民银行山西省分行，山西财经学院《山西票号史料》编写组. 山西票号史料（增订本）[M]. 太原：山西经济出版社，2002：222.

② 专人书写汇票并加盖特殊印章

"票号各号书写的汇票都是专人用毛笔书写，并且在总号及各分号留有字迹备案。各号收到汇票，首先与预留字迹核对，只有无误才能付款。等到汇票书写完成后，还必须加盖各种印鉴：抬头章、押款章、落地章、骑缝章、套字章、防伪章等。"①

③ 汇票暗书核对标识，谨防冒领

票号汇票上所记载的金额、时间都含有暗号，即银数暗号和时间暗号。汇款人和持票人是无法知道暗号所表示的含义的，只有票号内部专人才能知晓。同时，票号一般过几年就会更改暗号以防原来的暗号被泄露。有学习暗号歌如下："月对暗号②：谨防假票冒取，勿忘细视书章；日对暗号③：堪笑世情薄，天道最公平，昧心图自利，阴谋害他人，善恶终有报，到头必分明；银总暗号④：生客多察达，斟酌而后行；对自暗号⑤：盘查奸诈智，庶几保安宁。"

④ 汇票采用一式多联，力保双方权益

票号开具汇票一般采用一式多联制，通常是一式三联。"汇出汇兑的汇票由三张构成，第一张叫票根，保存在发行的字号；第二张叫送票，是为付款用的通告单；第三张所谓汇票，是交给委托汇兑人的。"⑥ 大德通票号采用"三联单式，'汇票根'寄至交款的总号或联号；'汇票'交给汇款人；'汇票存根'系发汇款的票号自留存根"⑦。当汇款人、收款人持有的汇票丢失时，可以到票号挂失，并同票号自留的存根或联号的"汇票根"进行比对，如果核对无误，认为不是欺诈行为，便可以取得相应的银两。这样的做法既能防止因汇票丢失被他人误领银两，同时也可以保证票号自身有据可依，不致发生客户虚报金额借机敛财的现象。

为防止见票难付的情形，票号制定了延期付款的规定。"票号的汇票有即票和期票两种类型，即票是要求见票立即支付的，期票是在见票后数日

---

① 孔祥毅. 晋商的企业制度 [J]. 山西财政税务专科学校学报，2007（6）.
② 月暗号用 12 个字代表 1 年的 12 个月。
③ 国日暗号用 30 个字代表 1 个月的 30 日。
④ 银暗号用 10 个字代表壹贰叁肆伍陆柒捌玖拾 10 个字。
⑤ 对自暗号是为防止月、日、银暗号泄露，外加一层防伪的暗号。
⑥ 中国人民银行山西省分行，山西财经学院《山西票号史料》编写组. 山西票号史料（增订本）[M]. 太原：山西经济出版社，2002：375.
⑦ 卫聚贤. 山西票号史 [M]. 重庆：重庆说文社，1944：145.

内进行支付即可。"① 为了避免出现付款数额巨大、见票付款困难的现象，票汇有"见票后迟三或五天付款"② 的规定。三晋源芜湖分号规定"对上海为见票十日或汇出后十二日付款，对汉口为见票十日或汇出后十五日付款，对苏州为汇出后十六日付款，对山西为汇出后十七日付款。但不得超过十七日"③。虽然票号为规避兑付风险制定了延期付款的规定，但如果客户确实急需用钱，票号规定若顾客持未到期的票据提现，也可以予以支付，但需提现者支付一定的力钱，"每千两二百文，称双力；其收款者为同业则减半，曰单力"④。

为防止兑付差错，特制定了"讨保交付"与"面生讨保"的规定。票号汇兑款项采用的是"凭票兑现，认票不认人"的交付制度。但对于大额汇款，为保证万无一失，票号会在汇票上加盖"讨保交付"和"面生讨保"的戳记。"凡'讨保交付'的汇款，交付时必须取得商保。'面生讨保'则是在取款人生疏的情况下才要保。"⑤

为防范兑付风险，票号运用"兑条"进行核实。票号还采取了"兑条"这种特殊内部复核措施来防范兑付风险。兑条是指"（甲）汇款给（乙），将款交给票庄，由票庄写条一纸，自中间撕开，上半付（甲），下半由庄寄给联号（丙），（甲）将上半兑条寄给（丁），（丁）持兑条至（丙），相对取领，概不用保"⑥。同时，票号将"兑条"剪成曲形，使其不容易伪造。

2. 汇差清算制度

票号制度创新还体现在其账务管理制度上。票号的汇差清算可以分为系统内清算和系统外清算。"系统内清算是指在各个票号内部，总分号及各分号之间的清算，如票号各地分支机构相互之间在一定时间内发生的汇差，我欠人，人欠我，以'月清年结'两种账向总号报账，月账年账均以'收汇'和'交汇'两项分列，既有细数，又有合计，均按与各分号和总号业

---

① 中国人民银行山西省分行，山西财经学院《山西票号史料》编写组. 山西票号史料（增订本）[M]. 太原：山西经济出版社，2002：377.

② 中国人民银行山西省分行，山西财经学院《山西票号史料》编写组. 山西票号史料（增订本）[M]. 太原：山西经济出版社，2002：388.

③ 中国人民银行山西省分行，山西财经学院《山西票号史料》编写组. 山西票号史料（增订本）[M]. 太原：山西经济出版社，2002：215.

④ 君实. 山西票号[J]. 东方杂志，1917（6）：7.

⑤ 中国人民银行山西省分行，山西财经学院《山西票号史料》编写组. 山西票号史料（增订本）[M]. 太原：山西经济出版社，2002：405.

⑥ 陈其田. 山西票庄考略[M]. 北京：商务印书馆，1937：302.

务清算。总号收到报来的清账，核对无误后，将月清收汇和交汇差额分别记入各分号与总号的往来账，收大于交，差额为分号收存总号款项数；交大于收，差额为总号短欠分号款项数，互不计息，全号实行统一核算。"①"系统外清算是指在各家不同票号间的清算，商户之间转账结算的结果，形成各个金融机构之间的债权债务关系，在钱行商会的组织下通过'订卯'结清，即在规定时间，各钱商齐集金融商会，'会同总领，举行总核对'，'订卯时互对账目，或发现宗项错误，或虽经过账，空无指项，则付出之款仍可收回，不生效力，俗谓之回账。其应回账之款，虽在过拨时辗转数号，甚或延期数年，亦可根据各号账目遵予回销，此亦拨兑钱市特有之办法'。"②山西票号规定定期（一般是按照标期进行）"订卯"，相互冲销，差额清结。

（三）票号对金融及票据发展的作用

票号与近代银行有很多经营业务是重叠的，两者均经营汇兑、存款、放款等业务。因此，票号在经营这些业务时积累的经验可以为近代银行开展相关业务提供很好的借鉴。票号转型失败的教训也对近代银行有很好的警示作用，近代银行在设计经营管理体制时也注意到了这些教训，如总经理缺乏监督制约问题、无限责任制问题等在新开办的近代银行中都得到了纠正。同时，票号也为近代银行提供了很多管理人才。票号与近代银行都经营汇兑及存放款业务，因此，票号的管理经验对于近代银行来说也十分适用。而票号通过其严格的人才选拔与培养制度培养出了一大批精通业务的管理人才，这些人才在票号衰落后很多都进入近代银行工作，也为近代银行的发展作出了很大的贡献。

对于现代金融机构而言，票号的历史经验也对其发展具有一定的学习价值。比如，注重信用建设，重视品牌效应；完善人力资源制度，充分调动员工积极性；重视企业制度建设，坚持市场化导向；重视改革创新，与时俱进；重视风险防范能力的提升；处理好政企关系；重视财务管理和信息管理；等等。

票号是古代票据史中主要的金融机构之一，它对于票据种类的丰富、票据使用的推广、票据流通的扩大、票据制度的完善都具有很好的促进作

---

① 孔祥毅. 晋商的企业制度［J］. 山西财政税务专科学校学报，2005（6）：5.
② 孔祥毅. 晋商的企业制度［J］. 山西财政税务专科学校学报，2007（6）：4.

用。首先，票号在经营过程中大量使用票据，尤其是汇票，而且其创新了票据品种，创设了凭帖、兑帖、上帖、壶瓶帖、上票、期帖、汇券、旅行支票等票据，大量使用期票，随着票号的蓬勃发展，这极大地推广了票据的使用，让票据走入了百姓的日常生活。票号的主营业务为汇兑业务，而汇兑业务主要使用汇票作为汇兑凭证，经过多年的经营实践，其在全国组织起了汇通天下的汇兑网络，极大地提升了票据的汇兑功能。其次，票号针对汇兑业务创建了一套严密完善的管理制度，采用"酌盈济虚、抽疲转快"的经营策略，推广认票不认人制度，将汇兑业务同存放款业务结合，运用特制纸张、专人书写汇票并加盖特殊印章、一式多联、密押制度等多种措施防范假票风险，账务管理上使用汇差结算制度，推动了相关票据制度的发展。

第四节 过账制度与汇划制度——票据交换制度的雏形

随着票据的广泛流通，为了使票据使用更加便利，某一机构发行的票据可以到其他机构兑换，再由发行机构与兑换机构之间进行清算，由此票据清算开始出现。从最开始的过账制度到之后的汇划制度再到民国时期的票据交换制度，票据集中清算制度逐步确立，票据清算效率明显提高，也促进了票据进一步广泛流通。

一、过账制度

有确凿可信的材料证明至少在19世纪中叶，宁波钱业就推行了过账制度，并以上海为舞台，向全国推广，成为全国钱业普遍遵从和有效实施的管理制度和规则。宁波的过账制度在程序上分为三个部分。第一部分是交易买卖双方之间在各自的开户钱庄的过账簿里做收付记录，并加以确认。第二部分是第二日开户钱庄与其他同行之间进行清算。它们之间的收付是按余额而非商家来进行清算的，收入大于付出的称多单，差额部分向付出大于收入的欠单方收取现款，这样人欠人的支付在交换所得以完成，与现代银行票据交换所原理差不多。第三部分是钱庄与开户的客户之间做收付确认，避免差错发生。

过账一般以大宗贸易为对象，零星交易仍以现金支付，否则会使过账业务庞大，反而会降低效率。在同一钱庄开户的商户之间没有规定过账的最低限额，但不同的钱庄之间过账是设有限额的。过账制度有六种不同的形式，包括账簿过账、经折过账、庄票过账、信札过账、特殊过账办法以及错账的救济。起始阶段只有账簿过账一种，后来在实践中出现了各种不同情况，需要采用不同方法进行处理，才逐渐完备扩充，到19世纪末已经完全成熟定型。这是一种直接清算方法，但手续烦琐，费时费力，安全性差，远远不能满足当时的需求。

二、汇划制度

1890年前后，上海钱业公会设立汇划总会，并创造汇划制度。汇划总会是票据清算的中心机构，设于宁波路上海钱业公会内，是上海钱业公会的附属机关。

汇划制度是一种以"公单"为媒介、以汇划总会为中心的间接清算方法。其清算程序如下：（1）送验票据、换取公单。收票庄于每天下午2点后3点前直接派老司务或学徒拿票据到出票庄照验并领取公单。公单以500两（元）为最低限额，不满500两（元）的称为"零头"，由两钱庄自行清算。人欠收进公单，欠人发出公单，公单上需写明票据张数，由出票庄收票后盖"票现对同章"以兹证明。（2）汇划总会轧公单。每天下午六七点，各汇划钱庄将收集到的公单全数送交汇划总会，由总会事务员（被称为"公单先生"）整理对轧，结出差额，差额由钱庄使用凭条解付。

汇划制度可用于汇划钱庄之间，也可用于非会员庄之间。汇划总会可办理华商银行与钱庄之间的票据清算，也可代理华商银行同业间的票据清算。

随着晚清时期票据使用的逐渐增多以及随之产生的同行之间大量的票据清算需求，产生了最初的票据清算制度——过账制度，该制度在一定程度上提高了票据清算效率，有利于票据的流通使用，但分散清算、手续烦琐、需要与同行之间一一对账、使用现银解付安全性差也是其明显的不足之处。1890年前后，上海钱业公会设立汇划总会，票据清算有了专业集中的场所，票据集中清算制度得以建立，进一步提升了票据清算效率，这是我国近代票据制度走向成熟的重要标志。民国时期成立的票据交换所同样采用的是集中清算制度，但在票据清算方法上有了进一步的完善。

第五节　西方新式票据兴起——"混乱时代"揭开序幕

随着晚清时期各种不平等条约的签订，外国侵略势力打开了中国市场的大门，外商银行也随之开始进入中国，并将西方的新式票据带入中国，主要是汇票、本票、支票。我国的票据开始与西方票据相互融合，票据种类日益丰富，交易制度、清算制度等票据制度也进一步完善，我国的票据开始发生深刻变化。在这一时期，洋务运动掀起了向西方学习的浪潮，也将外国商事法律引入我国，受其影响，清政府开始制定专门规范商事行为的法律，其中也包括票据相关法规。法律可以为商事活动提供基本遵循，能更好地规范市场，保障交易双方的权利，晚清时期票据相关法律法规的探索是重要的思想启蒙，对后续票据发展具有深远影响，为《中华民国票据法》的制定奠定了充分的基础。

一、晚清时期的历史条件

晚清时期处于我国近代史的开端，自1840年英国军队通过武力打开我国大门开始，我国便由闭关锁国的封建国家逐步沦落为半殖民地半封建国家，进入了封建制度与西方资本主义制度激烈碰撞、相互融合的阶段，中国人民开启了艰苦卓绝的发展道路、探索之路。在这一大背景下，这一时期主要的关键词就是变化，政治上通过戊戌变法等运动开始探索君主立宪、民主共和等道路，经济上通过洋务运动自强求富，成立了一大批近代企业，促进了我国近代实业及资本主义的发展，文化上随着西方文化的传入以及一大批青年学子前往西方求学，中国人民的传统思想在不断地受到西方思想文化的碰撞、洗礼，先进的知识分子也一直在苦苦摸索适合中国的发展思想和模式。西方列强通过发动战争不断侵占掠夺我国领土从客观上看有利有弊，弊端在于，长期的侵略破坏了百姓的和平生活，给中国人民带来了深深的屈辱和长期的压迫，也在一定程度上对经济造成了破坏。而有利的一面则在于，西方列强的侵略使中国人民深刻意识到落后就要挨打的事实，并且使长期闭关锁国的中国建立了与外部的连接，逐渐融入世界市场中，加速了中国社会的近代化进程。值得一提的是，晚清时期面对中西方经济发展水平的巨大差异，许多有识之士纷纷提出效仿西方国家发展工商业，使得商业在经济中的地位有所提升，清政府也开始制定专门规范商事行为的法律，其中也包括票据相关法规，从维新派立法的初步设想和尝试，到《钦定大清商律》《公司注册试办章程》《商标注册试办章程》《破产律》《保险业章程》《大清商律草案》《改订大清商律草案》等条令的出台，虽然商事法律体系并未完全成型，但相关材料为后续法律的制定做了很好的铺垫及探索，也标志着我国商事立法意识的萌芽，对规范商事行为提供了基本遵循，对发展商业经济起到了积极的促进作用。在信用方面，随着西方国家对我国的影响逐步扩大，外资银行和华资银行纷纷登上历史舞台，银行的出现对我国信用事业近代化具有重要的促进作用。同时，近代中国的银钱业在发展过程中建立了一套自行的征信制度，这是该时期信用制度发展的又一体现，这一制度的发展也促进了当时票据的发展。

在票据方面，由于晚清时期钱庄、票号、新式银行的大力推广，票据的使用范围大幅扩张，广泛应用于国内国际贸易以及百姓的日常生活中，票据汇兑功能明显增强，融资功能逐步显现，对商业经济及对外贸易的促进作用进一步增强，而且旧式票据与西方新式票据逐步相互融合。

二、新式银行

钱庄、票号发行的旧式票据前文已有详细介绍，下面主要介绍新式银行发行的新式票据。新式银行是新式票据的发行主体，所以首先介绍新式银行的产生及发展过程。

新式银行包括外商银行和华资银行。鸦片战争爆发后，中国市场被迫打开，大量洋行进入中国市场开展中外贸易，这就产生了国际汇兑以及存贷款的需求，在此背景下，各通商口岸开始逐渐出现外商银行，为洋行提供专门的金融服务。随着社会的发展和外商银行日益增多，清政府也逐渐意识到建立自己的新式银行的重要性。虽然中国的新式银行业并未伴随资本主义工商业一同产生，但最终还是姗姗来临。清政府对我国新式银行的产生起过作用，具体表现为中国通商银行、户部银行和交通银行的设立。

1897年，中国第一家本土银行——中国通商银行成立。其发起人盛宣怀说"铁路收利远而薄，银行收利近而厚"，这间接体现出清政府设立该银行的目的，即缓解财政危机。1905年，户部银行随之设立，该银行虽不是直接由清政府控制，但是其主要参与者均为官场中人，"银行开办之初，风气未开，商人视官场为畏途""银行由官创办，人皆观望不前，莫肯为用"。1908年，交通银行设立，这是一家官商合办银行，由清政府邮传部发起设立。该银行的宗旨为"借以利便交通，振兴轮、路、电、邮四政"，看似是官商合办，实质上还是由清政府控制。

外商银行经营发行票据、买卖汇票、票据贴现、出口押汇等业务。1852年，有洋行商人指出，丽如银行"没有发挥人们所说的银行家的作用，或者从事银行家的业务，而只是简单地从事汇票的买卖"。汇隆银行买办周金贵称买卖汇票"是每天都发生的事情"。正金银行上海分行专门负责结算各分行的汇票买卖。汇丰银行也将国际汇兑业务（主要是买卖汇票）作为主要营业项目。

票据贴现、出口押汇是外商银行放款的重要组成部分。"开埠初期，银行致力于为鸦片和棉花贸易所产生的票据进行贴现与重贴现"，但是由于票据贴现作为外商银行的一项投资业务，具有一定的风险，银行一般要求提供担保。汇丰银行香港总行在开业之初也把承办票据贴现明确地登载在广告上。19世纪70年代中期，丽如银行也改变了营业方向，大规模地经营贴现和放款业务。早在19世纪60年代初期，出口押汇业务便已开展，在对外贸易中，可使用汇票进行出口押汇，时人有载"承购出口汇票，必须随附轮船提单、保险单、原始发票详载商品情况，约定将来收款不足之数概由承做人负责"。汇隆银行规定："凡有货者寄各埠，将提货纸交于本行作按取银，其汇票照时价申算，如货到埠，本行将该货代为起售，俟汇票到期，银货两相交换。"

与此同时，华资银行也参照外商银行逐渐规范票据业务、建立票据制度，大清银行在拟定的《大清银行则例》中就明确将"各种期票之贴现与卖出""代为收取公司银行商界所发票据""发行各种票据"等作为主营业务。

华资银行将贴现业务作为重要的经营业务之一。其中，中国银行、交通银行、"南三行""北四行"等主要银行都在各自的章程中明确列出贴现。由于贴现业务具有一定的风险，各银行对于此业务均较为谨慎，例如，中国银行的《贴现放款规则》规定"凡顾客所持票据期付款人即系本人或即本人自开之庄号者不得向银行贴现"，"来银行贴现者应觅有相当之保证人，但有特别情形或经本行认为殷实可靠者得通融办理觅寻保证"，中国实业银行要求"贴现方款以往来行号为限，兑付款人、出票人及贴现人之信用应特别注意"。

三、新式票据

在票据方面，新式银行主要发行汇票、本票、支票等票据。

1. 汇票

外商银行是为了便利该国商人在华贸易而设立的，通过开展国际汇兑业务为本国商人融通资金，外商银行汇兑业务的开展带动了外商银行汇票的使用和发展。19世纪，汇票成为中外贸易的周转工具。时人描述："贸易成交中使用票据的金额每月平均60万镑，全年估计720万镑，这主要包括为购入鸦片的外汇款和运出蚕丝等商品所开的汇票。"随着中外贸易的开展,外商银行汇票越来越为中国银钱业所接受并使用,据1886年厦门通讯报道,"那里汇丰银行的汇票,久为绅商所信任"。从19世纪80年代开始,汉口钱庄越来越多地通过外商银行汇票向上海汇款。1899年,《字林西报》的重庆通讯员报导说:"这个口岸和上海银行有联系的人,过去一段时期大赚其钱。无论是本地和外国银行的汇票,都非常吃香。"

华资银行方面,中国通商银行也发行汇票,并从事汇票业务。"各分行承接各路汇票,必须体察银根松紧情况,互相关照。"创立之初,中国通商银行应付汇票仅有5万两,应收汇票为110.5万两;到1909年,中国通商银行应付汇票达到了91.3万两,应收汇票仅有18.8万两,由此可见其发行汇票数量增长速度之快。

2. 本票和支票

外商银行在华还大肆发行银行券,这实际上是银行本票的特殊形式。例如,丽如银行曾发行过伍两、拾两、伍拾两、壹佰两及伍佰两的银票,在其1865年发行的伍佰两银票票面上注有"住上海英国丽如号银票"英文字样及"凭票取规银伍佰两"的中文字样。花旗银行也在1905年发行过面值为五元、十元、一百元的银元票。

华资银行方面,1898年,中国通商银行共发行100万元银元券和10万两银两券,票面载有"凭票即付""只认票不认人"等中文字样,这是中国首次自行发行的银行券,中国新式票据应运而生。此外,《交通银行章程》规定,交通银行可"仿照各银号,印出该埠市面习惯通用平色各种银票以及各项票据"。交通银行在成立当年还印制了该行本票,票面印有"凭票即付""九八规银"等字样。

图 2—14 交通银行本票

(资料来源:姜建清. 岁月撷珍:银行博物馆精品鉴赏集[M]. 上海:上海人民美术出版社,2013:152)

在支票方面,外国商人在购买原料土产时也会使用支票进行支付,中国商人收取外商银行支票后将其交由钱庄,委托其向外商银行收款。如图

2-15、图 2-17 所示，华资银行也发行支票。

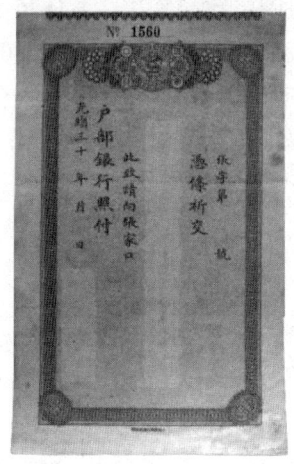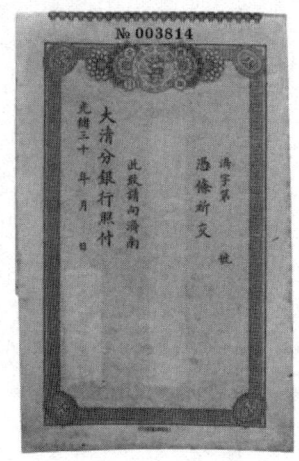

1 户部银行支票
原件 32.5×12 厘米。罕品。
户部银行成立于 1905 年 8 月，设总行于北京。同年 10 月设上海分行。1907 年设张家口分行。该支票为户部银行张家口分行空白支票。支票上方图案中间为蟠龙，四周为大清户部银行字样。
1906 年清政府户部改为度支部，1908 年户部银行改名为大清银行。

2 大清银行支票
原件 32.5×12 厘米。罕品。
该支票为大清银行济南分行空白支票。支票上方图案中间为蟠龙，四周为大清银行字样。由上海商务印书馆印制。

图 2-15　户部银行、大清银行支票

(资料来源：银行博物珍赏：上海市银行博物馆藏品集 [Z]．2003：108)

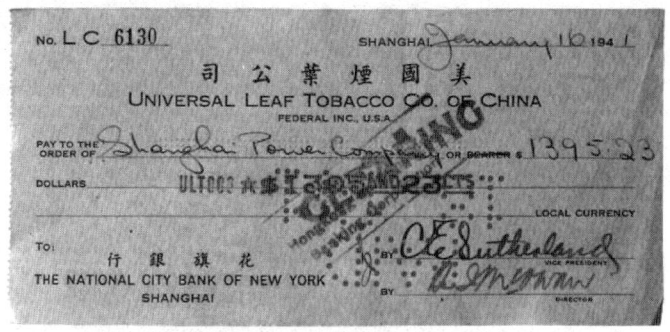

图 2-16　美国花旗银行支票

(资料来源：银行博物珍赏：上海市银行博物馆藏品集 [Z]．2003：59)

第二章 清朝的票据

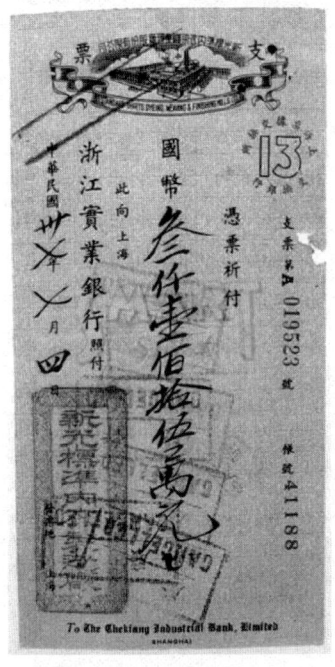

图 2-17 浙江实业银行支票
（资料来源：银行博物珍赏：上海市银行博物馆藏品集［Z］．2003：107）

小　结

　　从清朝康熙时期开始，商业经济得到快速恢复和发展，票据也开始大量流通起来，进入晚清时期，钱庄及票号极大地推动了票据的普及，外商银行也将新式票据带入我国，票据发展进入中西融合阶段，传统票据习惯与西方票据理念激烈碰撞并融合。晚清时期，票据作为支付结算工具的功能已发展得基本健全，极大地便利了百姓生活，对商业交易及中外贸易也发挥了重要的促进作用，大量发行的票据较好地满足了当时日益增长的货币需求，对当时的金融也起到了很好的调控作用。清朝时票据贴现已经产生，票据融资功能逐步显现，为之后民国时期融资功能的进一步加强奠定了基础。

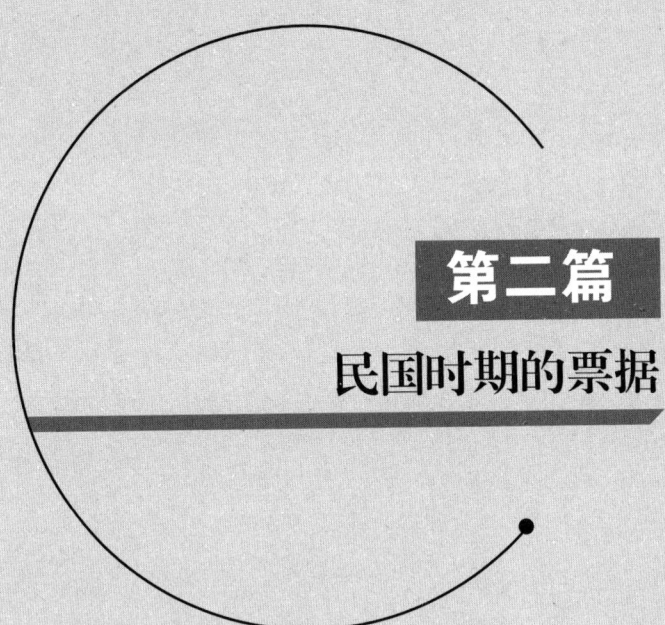

第二篇
民国时期的票据

第三章 《中华民国票据法》出台前的票据及《中华民国票据法》出台

辛亥革命后，作为传统金融机构代表的票号逐渐走向衰败，钱庄也因受到贴票风潮、橡胶股票风潮等金融风潮的影响数量大幅缩减，庄票信用更是一落千丈。第一次世界大战期间，帝国主义在华势力有所削弱，民族工商业抬头，为钱庄的发展提供了充足的资金，钱庄业务得以重新恢复，新式银行迎来了发展的黄金时期，钱庄、外商银行和新式银行"三足鼎立"的局面逐渐形成，以钱庄庄票为代表的旧式票据，以及外商银行新式票据、中国新式票据充斥市面。由于缺乏统一的制度规范，各地票据种类、名称、习惯不一，市场票据中西掺杂，新旧票据相容混行，流通极为混乱。在上海银行周报社1922年出版的《票据法研究》一书中收录的票据多达100多种①，票据流通东西各异，南北互特，混乱不堪。

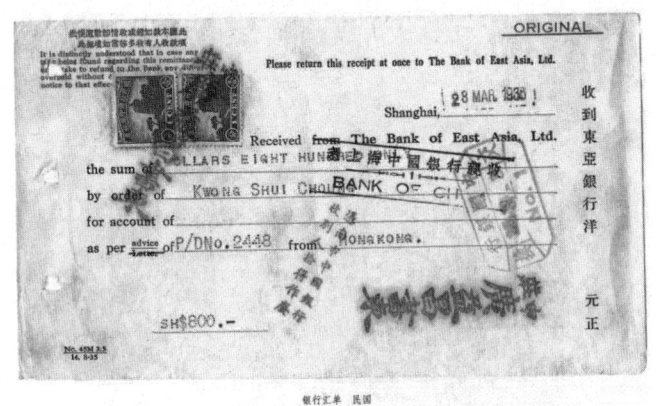

银行汇单 民国

图 3-1　银行汇单

（资料来源：中国金融学会，中国钱币博物馆，新华通讯社摄影部，中央文献出版社. 中国金融珍贵文物档案大典（近代金融第三卷）[M]. 北京：中央文献出版社，2002：143）

---

① 胡孟嘉. 敬告票据法研究委员会 [A]. 上海银行周报编辑社. 票据法研究（下）[M]. 上海：上海银行周报社，1922：1-26.

图 3-2 华侨银行汇票及单据

(资料来源：中国金融学会，中国钱币博物馆，新华通讯社摄影部，中央文献出版社. 中国金融珍贵文物档案大典（近代金融第三卷）[M]. 北京：中央文献出版社，2002：145)

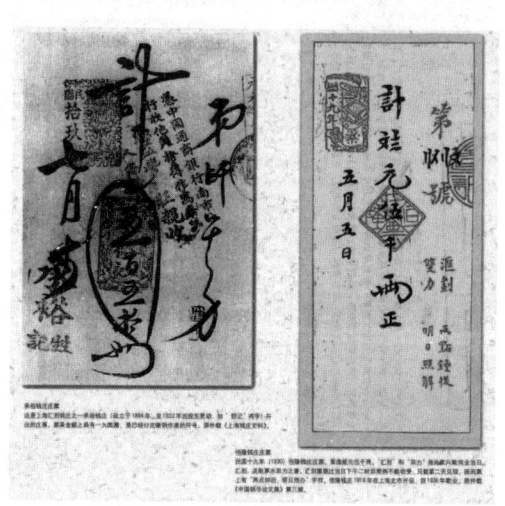

图 3-3 钱庄庄票

(资料来源：傅为群. 九府裕民：上海钱庄票图史[M]. 上海：上海书店出版社，2002：37)

第三章 《中华民国票据法》出台前的票据及《中华民国票据法》出台

图 3-4 通聚和记汇票
（资料来源：傅为群. 九府裕民：
上海钱庄票图史[M]. 上海：
上海书店出版社，2002：44）

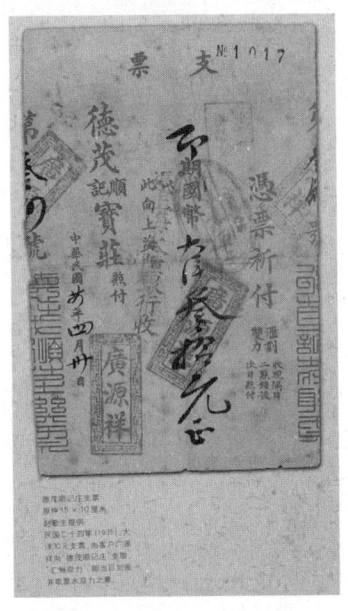

图 3-5 德茂顺记庄支票
（资料来源：傅为群. 九府裕民：
上海钱庄票图史[M]. 上海：
上海书店出版社，2002：37）

票据的长期混乱对其持续健康发展十分不利。1923年3月，中国银行、交通银行、上海银行、江苏银行四家银行联合成立安徽蚌埠贴现公所，以规范同业转贴现业务；钱业和银行业等票据发行机构一直在努力规范票据的发展，希望出台行业统一的规章制度，但受社会经济局势的影响，仅凭金融业一己之力不能完全实现，北洋政府五载立法也以失败而告终。1929年，《中华民国票据法》正式颁布，这是中国第一部正式颁行的票据法律，标志着中国近代票据法律制度初步建立。

第一节 安徽蚌埠贴现公所——票据专营机构的探索

民国初期，票据交易方式多局限于贴现及押汇，华商银行也会通过转贴现的方式向钱庄放款。新式银行与钱庄在办理票据业务时各有侧重，钱庄办理贴现业务较多，新式银行虽然在各自章程或则例中将贴现作为重要业务，但是许多银行实际上并未开展贴现业务。采购者一般都是先向钱庄进行贴现，钱庄再将贴现收进的票据向银行进行贴现，这一行为可以看成一种转贴现行为。1923年3月，中国银行、交通银行、上海银行、江苏银行四家银行在蚌埠联合成立贴现公所，这是近代中国第一个票据专营机构，也是一家专门办理同业转贴现的票据专营机构，其创设对票据市场的发展具有一定的借鉴意义。

一、安徽蚌埠贴现公所成立的时代背景

蚌埠地处津浦南北交通要冲，与淮河航运形成了水陆交通中心，成为皖北、皖西、豫东南广大地区的货物集散地。商业发展迅猛，尤以盐、粮行业以及运输行业最有影响力。客商云集，"采办米、麦，以铁路运出提单在银行押汇用款，每年需现供不应求"①。由于客商信用状况难以调查，客商货物车运停滞，缴款频频延期，而且往往不凭提单便可随地取货，给银行带来了极大的业务风险，为了稳妥起见，银行停止押汇业务，改买外埠贴现期票。期票"取有各转运公司保结，既期短而利厚，且万无一失，实为蚌埠唯一之大宗交易"②。经过数年的发展，贴现票据生意激增，而各银行往往以片面眼光观察，不加考虑，盲目竞争，不断压低贴息兜揽业务，以致各家银行认为其利薄而责任重。"为避免纷争，杜绝商家利用，且为调剂金融起见，公议组织一贴现公所。"③ 1923年3月19日安徽蚌埠贴现公所正式开业后，严禁各行私做，行市归为统一，消息较为灵通，危险较少，利益较增，银行团结一致，推进极为顺利。

二、安徽蚌埠贴现公所成立的组织形式

安徽蚌埠贴现公所由中国银行、交通银行、上海银行、江苏银行四家银行合组，附设于中国银行，由中国银行、交通银行各指定行员一人，专司其事。

三、贴现票据相关说明④

1. 出票人及贴现对象

蚌埠是皖北粮食荟萃之地，津帮、鲁帮、镇江帮、常州帮、无锡帮到

---

① 马寅初. 马寅初全集（第4卷）[M]. 杭州：浙江人民出版社，1999：323.
② 马寅初. 马寅初全集（第4卷）[M]. 杭州：浙江人民出版社，1999：323.
③ 马寅初. 马寅初全集（第4卷）[M]. 杭州：浙江人民出版社，1999：324.
④ 马寅初. 马寅初全集（第4卷）[M]. 杭州：浙江人民出版社，1999：324-326.

第三章 《中华民国票据法》出台前的票据及《中华民国票据法》出台

蚌埠办货，均往转运公司，并不携带现款，如果公所汇水价廉，则各出票据托公司担保贴现，并向总号兑现。这种贴现，以镇江帮、常州帮、无锡帮最多，津票次之，申票非常少，上述票据均为贴现票据。此外，还有变相的押汇贴现，贴票有担保人，风险较小。

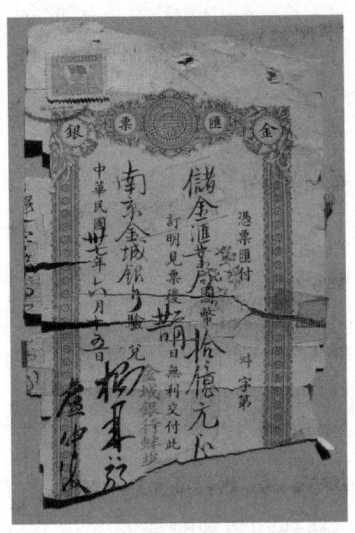

图 3-6　蚌埠江苏银行的承兑汇票

（资料来源：郭凯收藏）

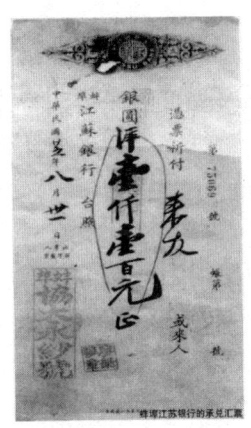

图 3-7　蚌埠江苏银行的承兑汇票

（资料来源：万立明. 蚌埠贴现公所 [J]. 中国金融，2015（17）：98-99）

图 3-8　蚌埠中国银行的承兑汇票

（资料来源：马陵合. 开风气之先的近代蚌埠贴现公所研究 [J]. 蚌埠学院学报，2014，3（2）：181-184）

2. 贴现票据的期限

安徽蚌埠贴现公所贴现票据的期限大多为见票后三天或五天，对于板期票据①，至多不超过见票后十天，但见票后十天付款的票据极为少见。

3. 贴现票据的担保

贴现票据有一家或两家公司共同担保，因此须由转运公司背书，有时归钱庄背书，直接由客帮向银行贴现的情况非常少。

4. 贴现公所的风险

自安徽蚌埠贴现公所成立以来，共发生过2次风险事件，一次由担保人代为赔偿本金，酌减利息，约10元；一次由保人按照本金、利息悉数赔偿。

5. 贴现款项的用途

贴现款项须有正当的用途，由各户收取，用于购办货物。安徽蚌埠贴现公所成立以来，其间出现过通过贴现进行套现的情况，此种操作一经察知，立即停止往来，由于担保人也不愿意为此行为负责，因此银行对贴现款项的正当用途尚有把握。

6. 每月贴现的约数

自1923年3月至1926年6月，逐月贴出之数最多时达到了109万余元，最少时仅1万余元，贴现约数视时局安宁与否与有无货车为准。

四、安徽蚌埠贴现公所的职能

1. 稳定贴现利率

安徽蚌埠贴现公所由中国银行、交通银行、上海银行、江苏银行四家蚌埠实力最强的银行合组设立，因此"其贴现率至少可以作为四行之标准利率，且以此四行之势力言，似不难使全市利率之升降，均悉依此俾为准则。则此项制度，不啻可以形成一强有力之中央银行贴现率"②。

2. 防止票据多次贴现，降低风险

票据统一在安徽蚌埠贴现公所贴现，由中国银行先行支付贴现所需款项，经当日轧账之后由其他银行分别转账或送现，能够帮助安徽蚌埠贴现公所准确把握客商的信用状况，避免单张票据多次贴现，有效降低票据经营风险。

3. 调节存放资金，规范金融市场

蚌埠市场贸易起伏较大，各银行难以对货币供求关系进行把握。安徽

---

① 板期票据，即指定日期付款的票据。
② 万立明. 近代中国票据市场的制度变迁研究［M］. 上海：上海远东出版社，2014：204.

蚌埠贴现公所将各行贴现业务统一于公所，既有助于降低信息搜集成本，又能统一调度贴现资金，优化金融资源配置，从而稳定金融市场发展。①

五、安徽蚌埠贴现公所的运作方式

贴现票据应由安徽蚌埠贴现公所认定的钱庄及转运公司盖章、签字担保才能接收。票据经安徽蚌埠贴现公所贴现后，贴现人持凭条即可在中国银行付款。贴现付款由中国银行垫付，当日四点公所轧账后，由各受理行转账或送现。公所每日四点后，将当日收做的票据摊给各银行，再由公所填具回单，分别向经手贴现的公司、钱庄盖章核对。逐日贴现票据的价格，须每日上午十时由四家银行共同议定；逐日所收贴票，归中国银行认定成数分配，并商定由各行酌存基金于中国银行。②

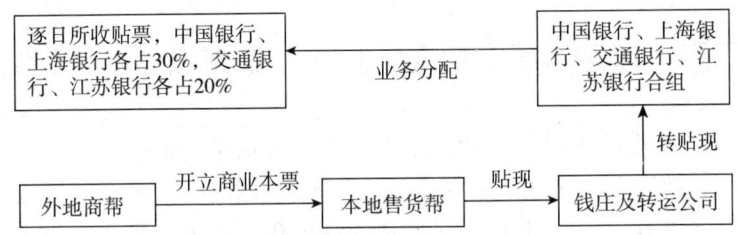

图 3-9　蚌埠贴现公所运作示意图

（资料来源：万立明 . 近代中国票据市场的制度变迁研究 [M].
上海：上海远东出版社，2014：202）

六、安徽蚌埠贴现公所的局限性

1. 贴现范围过小

安徽蚌埠贴现公所贴现的票据限于钱庄及转运公司往来的期票，贴现范围小，各行难免自行贴现其他票据。

2. 各行责任划分过于呆板

各行贴票按照成数分摊，难以适合各行贴现的供需，而且贴现款项由中国银行垫付，责任划分过于呆板。

3. 容易形成垄断

钱庄及转运公司等转来的票据均需向安徽蚌埠贴现公所进行贴现，容

---

① 江西财经大学九银票据研究院 . 票据史 [M]. 北京：中国金融出版社，2020：128.
② 马寅初 . 马寅初全集（第 4 卷）[M]. 杭州：浙江人民出版社，1999：324，326-327.

易形成垄断局面。①

七、安徽蚌埠贴现公所成立的意义

安徽蚌埠贴现公所是一家专门办理同业转贴现的票据专营机构，其创设目的是更好地向钱庄放款，钱庄在收到客户贴现的票据后可向安徽蚌埠贴现公所进行转贴现，此举有利于二者优势互补，也有利于银行业务的开拓，是华商银行主要的融资形式之一。作为中国近代票据史上第一个票据专营机构，安徽蚌埠贴现公所的成立改变了以往银行同业间票据买卖的不良竞争，规范了当地票据市场，推动了蚌埠金融市场健康发展。同时，安徽蚌埠贴现公所的成立推动了当时中国贴现事业的发展，对票据市场发展具有推动和示范意义。

第二节　《中华民国票据法》——票据统一化与制度化

1933年"废两改元"之前，中国币制十分混乱，使得用于替代货币流通的票据异常混乱，市场上中外票据、新旧票据混行。由于缺乏必要的票据法律制度规范，长期以来中国票据市场杂乱无章的现象十分严重，流弊丛生。钱业、银行业等票据发行机构出台了一系列制度规范票据流通，北洋政府也一直致力于推动票据立法工作的开展，近代中国对于票据法制建设所作出的努力对于维护票据秩序、推动票据规范化发展具有重要意义，也为《中华民国票据法》的出台奠定了坚实的理论基础。1929年《中华民国票据法》正式出台，这是中国第一部正式颁行的票据法律制度，拉开了中国票据市场制度化建设的序幕。

一、银钱业票据制度初探

票据业务是银钱业的重要业务之一，票据市场的规范化发展对银钱业至关重要。在1929年《中华民国票据法》正式出台之前，银钱业多次发布业务规程，其中不乏关于票据问题的规定，这些业规在票据法律缺失的情况下，对于维护票据秩序、推动票据规范化发展具有重要意义。

钱业对规范票据习惯作出了巨大的努力，其中，以上海钱业的贡献最为突出。1900年发布的《上海钱业重整条规》是上海钱业第一个成文业规，

---

① 对于蚌埠贴现公所之观察[J]. 银行周报，1923（27）：24-42.

钱业对庄票的信用非常重视，该重整条规对庄票的挂失止付和遗失问题作出了明确的规定，并对本票及支票的到期收款问题进行了规范，在全部的 7 条业务规定中有 5 条都论及票据相关问题。1904 年发布的"重整条规"则增补了庄票使用规则相关内容，如对票力、票贴等内容进行了规定。1905 年的"重整条规"对于持庄票兑取现金而又"面生"的人作出了具体的应对措施，并要求即期本票必须写明日期。1907 年"重整条规"增加了关于风险防范、风险分担和遇到事故的处事规则等相关内容。在 1917 年颁布的上海钱业"营业章程"更是大篇幅论及票据相关问题，并增添了关于汇票和支票等问题的规定。在 1923 年的"营业规则"中，第一次明确提出庄票的信用可以"视为现款"，然而，受到"废两改元"的影响，庄票地位下降，在 1933 年发布的《上海市钱业业规》中删除了庄票被"视为现款"这一规定。①

除上海钱业外，其他地区钱业公会也对票据相关问题进行了规定。1921 年前后，扬州钱业公会营业规则专门对票据种类、票折挂失止付及票据首付手续等进行了规定。1925 年《无锡县钱业营业规则》对票据种类、庄票、汇票、支票等做了相关规范。在 1931 年实行的《汉口市钱业同业公会会员营业规约》对票贴、票贴收解、票据种类、票折挂失止付及其他票据相关问题进行了详细规定。②

银行业也对票据行为进行了规定。1920 年 9 月，上海银行颁布实施《上海银行营业规程》，将票据贴现、国内外汇兑及押汇作为重要营业种类，并对本票、支票、汇票的印鉴手续，本票、汇票的挂失止付，支票调换本票等问题进行了详细规定。③ 1937 年《修正上海市银行业业规》将汇票承兑、汇兑及押汇、汇票本票贴现作为银行业的重要业务，其中第七章、第八章、第九章分别对重要票据、票据手续、挂失止付等内容进行了详细规定。④

尽管如此，由于各地银行业、钱业关于票据流通的规定相互独立，各行其是，在《中华民国票据法》正式出台前，票据制度极为混乱和不统一。

二、《中华民国票据法》出台

我国票据立法工作起始于清朝末期，但是，真正意义上的票据立法工

---

① 杜恂诚. 近代中国钱业习惯法：以上海钱业为视角 [M]. 上海：上海财经大学出版社，2006：32-45.
② 万立明. 近代中国票据市场的制度变迁研究 [M]. 上海：上海远东出版社，2014：28.
③ 上海银行营业章程 [A]. 王敦常. 票据法原理 [M]. 北京：商务印书馆，2016：116-119.
④ 修正上海市银行业业规 [A]. 朱斯煌. 民国经济史：银行周报三十周年纪念刊 [M]. 上海：银行学会、上海银行周报社，1948：580-582.

作则是在北洋政府时期。1921年，北洋政府开始票据立法工作。①

1.《中华民国票据法》出台的历史背景

鸦片战争后，中国遭到西方列强的侵略，国家司法主权和国计民生受到严重侵害。面对一系列不平等条约，越来越多的民族有志之士开始觉醒，强烈要求发展民族工商业，中华民国成立后，西方列强忙于战事，中国民族资本主义工商业获得了发展之机。工业的发展带来了贸易的繁荣，作为支付结算工具的票据得到了广泛应用。第一次世界大战后，中国以战胜国的身份参加巴黎和会，由于西方各国的敷衍搪塞，中国关于废除外国在华领事裁判权的主张被驳回，于是，国民政府单方面宣布废除西方列强在华领事裁判权，并下令修订包括票据法在内的各类法律。近代中国票据法制的缺失十分不利于票据的发展，尤其是随着民国初期票据种类、数量、流通范围的扩大，大量的票据纠纷随之而来，亟需一套完善的票据制度对票据业务流程进行规范②。

2. 民国初期票据法制建设的曲折历程

银钱业团体积极推动了票据立法工作的开展。1921年，杭州和北京银行公会先后提出议案，要求政府迅速颁布票据法，直接促进了北洋政府票据立法工作的开展。该提案得到了上海银行公会的重视，随即成立票据法委员会，推举委员银行进行讨论。到1925年，修订法律馆先后制定了5部票据法草案，上海银行公会积极参与，并提出许多建议。但是，由于修订法律馆被改组，北洋政府时期的票据立法工作就此终止。

北洋政府五载立法工作为《中华民国票据法》的颁布奠定了基础。1928年，南京国民政府成立工商部，设立工商法规委员会，在徐寄顾的提议下，开始继续起草《中华民国票据法》。工商法规委员会以修订法律馆拟定的票据法草案为基础，参考英美等国票据法，以及历次草案、意见书，拟成《票据法草案》，此后又拟定《票据法第二案》，工商部立即将该案呈请行政院转送立法院审议，并交财政部审查，连同审查意见书一并送立法院审议，立法院商法起草委员会根据立法院决议起草新案，共五章12节139条，此即为票据法文本。1929年10月30日，《中华民国票据法》正式颁布③，这是中国第一部正式颁行的票据法律制度，标志着中国近代票据法

---

① 万立明. 近代中国票据市场的制度变迁研究［M］. 上海：上海远东出版社，2014：26.
② 江西财经大学九银票据研究院. 票据史［M］. 北京：中国金融出版社，2020：128.
③ 万立明. 上海银行公会与20世纪二三十年代的票据立法［J］. 社会科学研究，2007（5）：169-174.

律制度初步建立,商品经济朝着信用化的方向发展。

图 3-10　《中华民国票据法》封面

（资料来源：郭凯收藏）

上海银行公会认为票据法与银钱业关系密切,而且《中华民国票据法》中有许多条文与银行业务不能吻合,遂在票据法公布不久,重新设立票据法研究会对《中华民国票据法》进行逐条研究,并提交上海银行公会,上海银行公会拟具《关于票据法拟请补充及解释之意见书》并提交立法院。此后,上海银行公会对未通过的法案进行了再次讨论。1930年3月,工商部拟具《票据法施行法草案》并呈交行政院令交财政部审查。7月1日,《票据法施行法》正式公布实行,该法案共20条,对《中华民国票据法》进行了补充说明。

此后,上海银行公会致函银行学会嘱令其一起参与到《中华民国票据法》的修订讨论工作中来。尽管最终《中华民国票据法》没有被修改,但上海银行公会对维护同业利益所作出的努力以及对票据立法工作所作出的贡献应该被予以肯定。

三、《中华民国票据法》的内容与特点①

1. 票据法规条款浅析

（1）票据种类及性质

《中华民国票据法》参照英国、美国、日本等国相关法律,结合中国实

---

① 江西财经大学九银票据研究院. 票据史 [M]. 北京：中国金融出版社,2020：133-137.

际国情而制，并将票据种类规定为汇票、本票和支票三种。

第四章 支票

第一百二十一條 支票應記載左列事項由發票人簽名。
一 表明其為支票之文字。
二 一定之金額。
三 付款人之商號。
四 受款人之姓名或商號。
五 無條件支付之委託。
六 發票地及發票年月日。
七 付款地。
未載受款人者以執票人為受款人。
發票人得以自己或付款人為受款人并得以自己為付款人。
第一百二十二條 發票人應照支票文義擔保支票之支付。
第一百二十三條 支票之付款人以銀錢業者為限。
第一百二十四條 支票限於見票即付有相反之記載者其記載無效。
第一百二十五條 以支票轉帳或為抵銷者視為支票之支付。
第一百二十六條 支票之執票人應於左列期限內為付款之提示。
一 在發票地付款者發票日後十日內。
二 不在發票地付款者發票日後一個月內。

中華民國票據法 三五

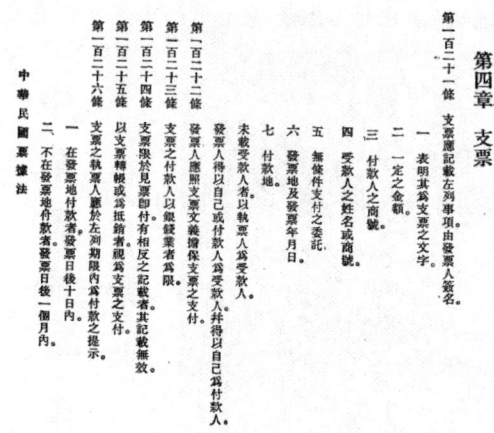

图 3-11 《中华民国票据法》关于支票的规定

（资料来源：《中华民国票据法》）

中華民國票據法

第三章 本票

第一百一十七條 本票應記載左列事項由發票人簽名。
一 表明其為本票之文字。
二 一定之金額。
三 受款人之姓名或商號。
四 無條件擔任支付。
五 發票地及發票年月日。
六 付款地。
七 到期日。
未載到期日者視為見票即付。
未載受款人者以執票人為受款人。

三一

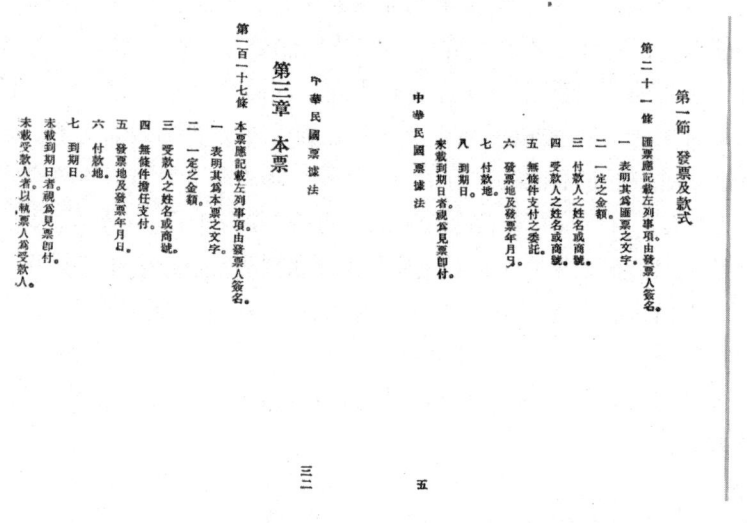

图 3-12 《中华民国票据法》关于本票的规定

（资料来源：《中华民国票据法》）

第二章 匯票

第一節 發票及款式

第二十一條 匯票應記載左列事項由發票人簽名。
一 表明其為匯票之文字。
二 一定之金額。
三 付款人之姓名或商號。
四 受款人之姓名或商號。
五 無條件支付之委託。
六 發票地及發票年月日。
七 付款地。
八 到期日。
未載到期日者視為見票即付。

中華民國票據法 五

图 3-13 《中华民国票据法》关于汇票的规定

（资料来源：《中华民国票据法》）

票据具有要式性、无因性、有价性、提示性、文义性和独立性。《中华民国票据法》规定，“在票据上签名者，依票上所载文义负责”“票据上虽

第三章 《中华民国票据法》出台前的票据及《中华民国票据法》出台

有无行为能力人之签名,不影响其他签名者之权利义务""票据债务人不得以自己与发票人或执票人之前手间所存抗辩之事由对抗执票人。但执票人取得票据,出于恶意或诈欺时,不在此限""票据之伪造,或票上签名之伪造,不影响于真正签名之效力"。①

(2) 票据行为制度

发票是指在票据上记载必要事项,并由发票人签名之后交予票据相对人的行为。"发票人应照汇票文义担保承兑及付款。但得依特约免除担保承兑之责。汇票上有免除担保付款之记载者,其记载无效。"②

承兑是指承兑人负有向执票人承诺付款的行为。《中华民国票据法》对承兑时限进行了规定,"见票后定期付款之汇票,应自发票日起,六个月内为承兑之提示。前项期限,发票人得以特约缩短或延长之。但延长之期限,不得过六个月"③。

背书是在票据背面或粘单上做标记,以转让票据权利的行为。"背书由背书人在汇票之背面,或其粘单上为之。记载被背书人之姓名或商号及背书之年月日。由背书人签名。背书人得不记载被背书人仅签名于汇票,而为空白背书。"④ "执票人应以背书之连续,证明其权利。但背书中有空白背书时,其次之背书人视为前空白背书之被背书人。"⑤

(3) 票据权利

票据权利是指持票人向票据债务人请求支付票据金额的权利,包括付款请求权和追索权。

付款请求权又称第一次请求权,是指持票人对票据主债务人(如汇票的承兑人、本票的发票人、支票的保付人等)行使请求其支付票据金额的权利。《中华民国票据法》规定付款人对债务负有绝对的付款责任,"执票人应于到期日或其后二日内为付款之提示。汇票上载有担当付款人者,其付款之提示,应向担当付款人为之"⑥。

追索权又称偿还请求权,是指票据权利人在丧失第一次请求权后,向其任一前手请求归还票面金额及有关法定费用的权利。"汇票到期,不获付

---

① 《中华民国票据法》,1929年,第二条、第五条、第十条、第十二条。
② 《中华民国票据法》,1929年,第二十六条。
③ 《中华民国票据法》,1929年,第四十二条。
④ 《中华民国票据法》,1929年,第二十八条。
⑤ 《中华民国票据法》,1929年,第三十四条。
⑥ 《中华民国票据法》,1929年,第六十六条。

77

款时，执票人于行使或保全汇票上权利之行为后，对于背书人、发票人及汇票上其他债务人，得行使追索权。""有下列情形之一者，虽在到期日前，持票人亦得行使前项权利。一、汇票不受获兑时。二、付款人或承兑人死亡逃避，或其他原因无从为承兑提示时。三、付款人或承兑人受破产宣告时。"①

2.《中华民国票据法》的特点

（1）"三票一法"。我国票据素有汇票、本票和支票交叉重叠使用的传统习惯，1929年《中华民国票据法》将汇票、本票和支票都纳入该法律体系，体现了票据立法的科学性和合理性。《中华民国票据法》立足于三种票据的共性，特设总则对三种票据的通用规则进行了规定，一方面简化了票据法律制度，另一方面体现了我国立法的先进性。

（2）中西融合。《中华民国票据法》制定时不仅立足于中国传统票据习惯，还借鉴了多个国家的票据成法，仿效英、美、德、日、法等国，主张分离票据的基础关系和票据关系，以此加速票据的流通。

（3）注重无因性和独立性。票据的使用主要是为了便于商业交易，因此，《中华民国票据法》在制度方面更注重票据的无因性和独立性，以此摆脱票据流通的枷锁，进而促进票据的流通。

四、《中华民国票据法》的司法实践

根据《最高法院民事判例汇刊》的记载，1930年4月4日，"楚宝行"发生三张汇票，现"福源正商号"为该汇票执票人。这三张汇票均载有"充裕兑用"字样，但票据背面都没有"充裕"转让于"福源正商号"的背书，后承兑人罗静山在票背盖印承兑，但此后又以汇票上无"充裕"转让之背书为由拒绝向"福源正商号"付款。原审和第一审以承兑人罗静山曾在票背盖印，认为其已同意承兑，而且依照当地习惯，盖印者即应照兑，由此判决罗静山应担负付款之责。后罗静山上诉，经最高法院审理，虽罗静山曾盖印承兑，但本案执票人手中汇票背面无"充裕"转让予自己的背书，即背书不连续，无法证明其票据权利的真实性。虽然当地习惯与法律规定不一致，但为强调统一法律适用，最高法院根据《中华民国票据法》的规定，判决罗静山不负付款之责。②

---

① 《中华民国票据法》，1929年，第八十二条。
② 江西财经大学九银票据研究院. 票据史［M］. 北京：中国金融出版社，2020：137-138.

第三章 《中华民国票据法》出台前的票据及《中华民国票据法》出台

五、《中华民国票据法》的意义与启示

《中华民国票据法》是近代中国票据市场第一部成文的法律规范，实现了票据立法从无到有的突破，有力推动了民国时期票据的规范发展。《中华民国票据法》在制定的过程中不仅充分考虑了我国传统社会的票据习惯，还借鉴了西方票据立法的经验，规定票据的种类为汇票、本票和支票，制定了票据发票、保证、承兑、背书、涂销等各个环节的规范化制度，进一步推动了我国票据的规范发展，更好地保障了票据的使用和流通，可以作为民国初期探索发展阶段的一个初步总结。

（一）完善法律体系

《中华民国票据法》在清末民初的票据草案的基础上，充分借鉴英美德日的票据制度，结合中国传统习惯制定而成，其出台完善了近代中国票据法制体系，正可谓"盖营业之消长，以金融为中心，金融的通塞，常视票据之运用如何以为断，故金融者营业之血液，而票据者金融之脉络也"①。

（二）经济效益

《中华民国票据法》规范了钱庄、银行等票据发行，统一了票据格式，加速了票据流通，进一步促进了贸易繁荣，推动了国民经济的发展。1930年商业往来货物总值较1928年增加了2万两左右，各港口相互往来货物总值也增加了2000多两②，充分说明了《中华民国票据法》带来的经济效益。

小 结

民国初期，票据作为一种重要的融资工具，在促进贸易往来中发挥着重要作用。作为当时市场主导的庄票还具备"直等现金"的功能，商人使用庄票支付结算，促进了中外贸易的开展。申汇是重要的资金调拨方式，可以在市场上随时变现出售，被视为"现金筹码"，各大商埠可以通过买卖申汇来调节资金头寸，是各地联系上海的金融纽带，促进了国内异地贸易往来。安徽蚌埠贴现公所是建立近代中国票据专营机构的一次有利探索，

---

① 徐沧水，姚仲拔. 票据法研究·建言 [M]. 上海：上海银行周报社，1922.
② 陆仰渊，方庆秋. 民国社会经济史 [M]. 北京：中国经济出版社，1991.

其成立对于规范区域票据市场有序发展、推动区域金融市场健康运行具有重要启示意义,也推动了近代中国贴现事业的发展。尽管如此,依旧无法改变民国初期票据流通混乱的现实,银行业、钱业致力于规范票据流通,出台制度加以规范,北洋政府探索票据法制建设取得重要成效,《中华民国票据法》的出台为近代中国票据市场发展奠定了法制基础,票据市场开始朝着规范化方向发展。

第四章 《中华民国票据法》出台后的票据

20世纪20年代末30年代初，随着国外票据理论的传入，承兑汇票及贴现业务逐渐兴起，1930年至1931年，银行界开始率先推行承兑汇票并办理贴现，在上海金融界形成了一个提倡承兑票据及贴现的运动，其中以交通银行贡献最大，不仅设计创立承兑汇票，办理本行及他行承兑汇票及贴现业务，还出台了第一个关于票据承兑与贴现的专门章程。1932年后，以国产搪瓷营业所为代表的企业界也加入承兑汇票热潮，开始办理商业承兑汇票及贴现业务。在理论界的积极倡导，银行界、企业界的积极响应下，形成了近代中国第一次承兑汇票热潮，大力推动了近代中国承兑汇票及贴现业务的发展。受1934年"白银风潮"影响，上海市场银根紧缩，工商业萧条，为谋求银行业自身发展，促进工商业复苏，同业组织于1935年提倡推行商业承兑汇票，掀起了第二次承兑汇票热潮。此次承兑汇票热潮之后，上海银行票据承兑所正式成立，标志着一个区域性的票据市场在上海逐渐形成，带来了近代中国票据贴现业务的迅猛发展。1937年抗日战争全面爆发后，上海、武汉逐渐沦陷，国民政府内迁，重庆成为政治中心及战时金融中心。为推动战时经济发展，扶持工、农、商、矿各业发展，国民政府大力推动重庆票据市场发展，推动贴现市场形成，并颁布了一系列制度规定鼓励发展承兑汇票，以期达到稳定战时金融的目的。此时期票据交换制度也取得了重大发展，随着上海票据交换所成立，新型票据交换制度出现并逐渐成为市场主导。抗日战争期间，重庆联合票据承兑所宣告成立，1942年6月1日起，中央银行开始正式主持重庆票据交换工作，中央银行票据清算职能正式确立。除票据清算外，中央银行还将重贴现作为其重要职能。尽管1927年《中央银行条例》就已明确将重贴现其经营业务之一，但是直到1943年《非常时期票据承兑贴现办法》颁布，才正式将重贴现制度以政府法令的形式确定下来。1943年7月，中央银行开始办理重贴现业务，建立重贴现审核委员会，重贴现职能才得以正式确定。

抗日战争胜利后，各金融机构开始复员，上海的金融中心地位重新确立。为活泼金融运用，协助经济发展，进一步完善承兑贴现制度，将贴现承兑制度推行至全国，国民政府于1945年12月9日出台《票据承兑贴现办法》，1947年9月颁布《银行法》，明确将"票据承兑""办理各种放款和票据贴现"作为商业银行的主要业务。① 此时期各商业银行也相继出台各自的制度办法对票据承兑和贴现加以规范，票据承兑及贴现业务在战后的一段时间内得到了迅速发展，工商业者也已习惯用承兑、贴现的方式融通资金。

为了加强官僚资本主义金融的绝对优势地位，国民政府对民族资本金融业进行了种种限制，颁布《限制当日票据抵用暂行办法》，规定除本票、汇票、汇款收据及保付支票外，当日概不抵用，这一规定使得民众纷纷向银行钱庄支取现钞，或换存本票，市面现钞剧增、本票泛滥。② 恶性通货膨胀愈演愈烈，法币濒临崩溃，金圆券滥发现象严重，大额钞票不敷应用，于是银行钱庄竞相发行大额本票替代现钞流通，中央银行来不及签发本票，遂发行大额定额本票，刺激物价进一步上涨。为限制民族资本金融业发展，中央银行限制私营行庄放款利率，在"限价政策"下，存款利率极低，存户遂提款转向黑市交易，地下钱庄兴起，贴票③愈演愈烈。

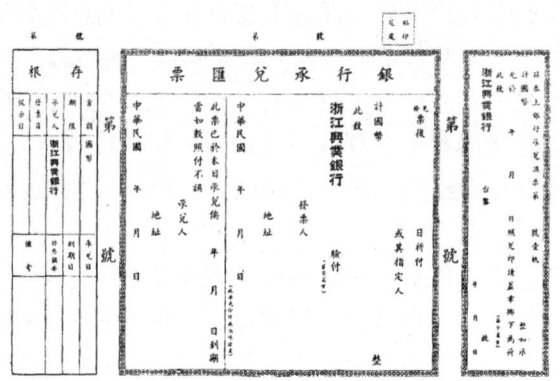

图4-1 浙江兴业银行银行承兑汇票

（资料来源：浙江兴业银行设计处. 如何利用票据承兑和贴现 [M]. 1946：14-15，20-21）

---

① 银行法 [A]. 中国人民银行总行金融研究所. 中外金融法规汇编（第3分册）[Z]. 1988：114-123.

② 孙飞，赵文锴. 激荡百年：大国金融1912—2012 [M]. 北京：中国法制出版社，2013：177-178.

③ 贴票，即黑市拆放，是一种以远期支票作为借款工具进行的短期拆借。

第四章 《中华民国票据法》出台后的票据

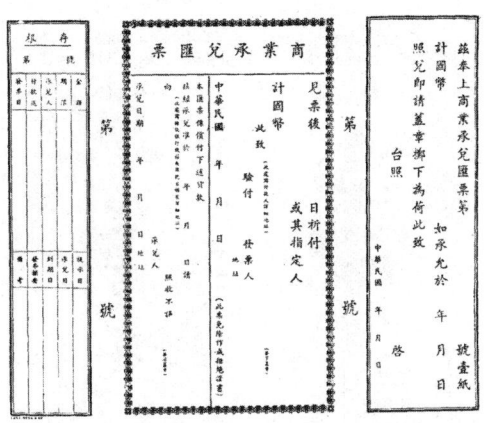

图4-2 浙江兴业银行商业承兑汇票

(资料来源：浙江兴业银行设计处. 如何利用票据承兑和贴现［M］.1946：14-15，20-21)

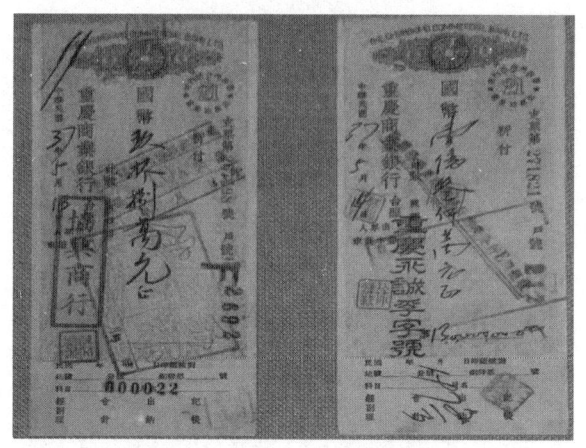

图4-3 重庆商业银行支票

(资料来源：重庆金融博物馆)

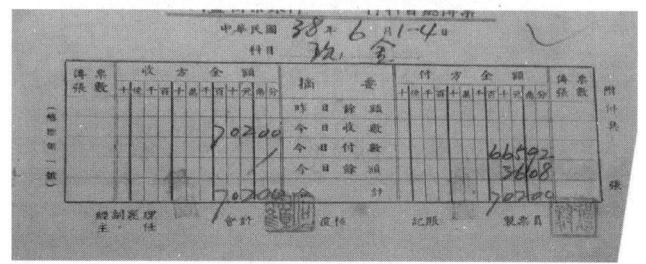

图4-4 川盐农商行票据

(资料来源：重庆金融博物馆)

83

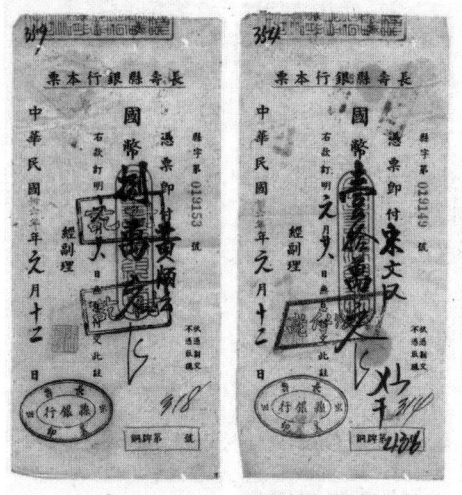

长寿县银行本票 民国三十六年元月十二日

图 4-5 长寿县银行本票

(资料来源：中国金融学会，中国钱币博物馆，新华通讯社摄影部，中央文献出版社. 中国金融珍贵文物档案大典（近代金融第四卷）[M]. 北京：中央文献出版社，2002：112)

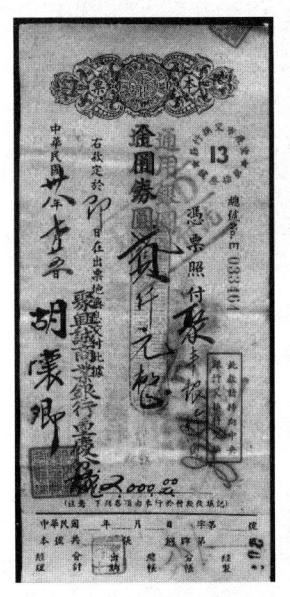 

图 4-6 解放战争时期银行本票

(资料来源：郭凯收藏)

第四章 《中华民国票据法》出台后的票据

第一节 票据理论兴起——第一次承兑汇票热潮出现

1912—1928年，中国新式银行大批设立又大批倒闭，出现这一现象的原因之一是银行将大批资金运用于政府借款、公债，投资于房地产，这种将短期资金充当长期资金使用的做法，如果遇到时局变化，必然会造成到期无法收回而遭受损失。20世纪20年代以后，新办工业企业数量甚少，大多数企业因组织不善造成资金周转困难，有些企业更是刚开张不久便面临倒闭。1928年6月起，银价开始了四年漫长的惨跌，银价的下跌极其不利于政治、经济的发展，各界纷纷寻求解救之法，建立承兑贴现市场的方法正是在此背景下提出的，并得到理论界、银行界及企业界的积极响应。①

一、承兑贴现理论传播

1917年11月27日，《银行周报》刊登了第一篇专门介绍票据业务理论的文章——《论票据贴现》。② 此后，英美等国关于银行承兑汇票、商业承兑汇票及贴现业务等的相关介绍和研究文章时常在《银行周报》上出现。与此同时，《经济学季刊》《时事新报》等报刊也相继刊登有关承兑汇票和贴现业务的文章，并逐步转向关于国内如何实践的探讨。③

马寅初在其专著《中华银行论》中对贴现业务的原理、优越性及中国银行业贴现业务现状进行了大篇幅的阐述，深入分析了中国贴现业务不发达的原因，提出了具体的推广策略及办法。马寅初认为贴现业务对于银行业、工商业发展均有益，第一，贴现业务有利于买卖成交，因为商人可以通过远期汇票来结清成交时的债务，否则就会由于卖者资金短缺而不能成交；第二，汇票发票人、背书人、持票人要对票据负连带责任，都有履行债务的义务，票据到期时资金的收回要有保障；第三，贴现票据期限最长不超过4个月，因而符合短期资金的运用原理；第四，在需要资金的时候，贴现票据还能向中央银行或其他银行再贴现，具有极强的流动性。因此，需要资金时，可以通过背书售出或再贴现取得资金。④ 对于贴现的开展方式，马寅初提出，第一，由于中国历来没有使用贴现的习惯，在推行之初

---

① 洪葭管，张继凤．近代上海金融市场 [M]．上海：上海人民出版社，1989：62-63．
② 万立明．近代中国票据市场的制度变迁研究 [M]．上海：上海远东出版社，2014：42．
③ 洪葭管，张继凤．近代上海金融市场 [M]．上海：上海人民出版社，1989：63．
④ 马寅初．中华银行论 [M]．北京：商务印书馆，1929：147．

可以使用将借款契约上的字句稍加修改后作为汇票使用，银行给予贴现后可向中央银行重贴现这一过渡方法；第二，政府对贴现票据予以免贴印花等免税鼓励；第三，银行应降低贴现利率，提高抵押放款利率；第四，鼓励商业汇票流通使用，允许钱庄、银号以商业汇票代替公债充作到大银行领钞的准备。①

金融学家杨荫溥在其专著《上海金融组织概要》中表示相较于其他放款而言，贴现期限较短，资金收回较容易，银行资金缺乏时，可买入票据向其他银行贴现，以所得资金再事放款，因此"贴现一项，实为银行运用资金之良法"②。杨荫溥认为"促进票据法之颁行，为当务之急"，他肯定了票据法对票据贴现发展的重要性，指出"盖无票据法，则票据之运用不能统一，票据之流行既受其限制，则银行贴现亦随之而不能发达；于是因信用制度之不能充分发展，而资金之流通遂间接受其影响"③。他还鼓励银行业基础设施建设，建议设立票据交换所，创办征信所。杨荫溥在《中国金融论》一书中强调贴现业务是"金融界运用资金之良法，亦是辅助工商事业之利器，较之放款，便益尤多"；然而，在我国交易往来中，票据尚未普遍使用，因此，金融界票据贴现没有得到充分发展，兼营贴现的各家银行贴现平均数额不及放款数额的百分之一，数量之少出乎意料。④

表4-1　1927年底上海各银行放款数额与贴现数额　　　　　单位：元

银行名称	放款数据				贴现数额
	定期	活期	抵押	共计	
交通银行	9044489	34686752	13496183	57227424	101930
浙江兴业银行	1141959	12732069	12190924	26064952	17773
盐业银行	6873669	14848754	16270250	37992673	688078
大陆银行	3263710	3839315	5908138	13011163	515787
农商银行	652032	950208	2057011	3659251	263192
中华劝工银行	175411	1100093	1139785	2415289	43836
共计	21151270	68157191	51062291	140370752	1630596

资料来源：杨荫溥. 中国金融论 [M]. 北京：商务印书馆，1930：253.

---

① 马寅初. 中华银行论 [M]. 北京：商务印书馆，1929：147.
② 杨荫溥. 上海金融组织概要 [M]. 北京：商务印书馆，1930：136.
③ 杨荫溥. 上海金融组织概要 [M]. 北京：商务印书馆，1930：136.
④ 杨荫溥. 中国金融论 [M]. 北京：商务印书馆，1930：253.

杨荫溥详细分析了我国贴现业务不发达的原因，主要有以下六点。

"(1) 由于工商事业之不振也。贴现基于票据，票据基于贸易，贸易基于工商事业之发达。吾国企业之尚未发展，为过去不可掩之事实。生产之量既小，交易之数遂微；加以信用尚未发达，到处习用现金，票据产生之机会不多，而贴现事业之发展遂缓，此其一。

(2) 由于法律成立之未久也。票据到期之能否清偿，固以商人之信用为前提；然非有法律上之制裁，不足以防狡猾者之伎俩，此票据法所以为票据流通之要件也。吾国票据法，公布未久；施行伊始，成效未彰。商人对于法律之内容，未获得相当之印象；而金融界对于贴现事业，亦未能十分发展，此其二。

(3) 由于票据辅助机关之缺乏也。吾国票据辅助机关，亟感缺乏：既无票据经纪人，以为票据供需之调剂；又乏重贴现制度，以为票据最后之收授。银行收贴票据，遇有缓急，往往有不易脱手之苦。因之平时对于贴现，亦遂不愿放做，此其三。

(4) 由于公债投机之流行也。银行拥有巨大之资本，自不能不谋相当之运用。在吾国现状之下，除放款外，大都俱致力于公债之买卖，盖买卖公债，利息之厚，有非放款及贴现，所能望其项背者。金融界既以公债投机，为利薮之所在，则即有贴现之发生，亦将无赊资可以运用；而贴现之应有地位，遂为公债买卖所夺，此其四。

(5) 由于商家记账制度之固守也。吾国商家之交易，往往全凭信用，于进货时，不需付款，可以暂时记账，待后分期付款。因之无票据之存在，更无贴现之必要，此其五。

(6) 由于贴现负险之重也。票据贴现在吾国现状下，负险较巨，如汇票贴现，其出票与付款各家之信用，不易调查；设遇风险，更有鞭长莫及之苦。而往来透支及信用放款，则大都为与当地商家之往来。接触既多，调查自确；且耳目较近，遇有风险，易于收束，金融界因宁与放款而不愿为贴现，此其六。"①

在贴现理论传播的过程中，也不乏银行界领袖的身影。中国银行总经理张嘉璈、浙江兴业银行常务董事徐寄庼、浙江实业银行副经理章乃器、上海交通银行总行业务部副总经理金国宝等为贴现理论的传入作出了巨大贡献。

---

① 杨荫溥. 中国金融论 [M]. 北京：商务印书馆，1930：254-255.

章乃器认为承兑汇票是优良的信用工具,"它的主点,在使工商业家能化呆滞的'账面债权'为可以流通的'票面债权',再依贴现手段的运用,使金融业也能同样地化呆滞的"账面债权"为可以流通的"票面债权"。一般金融业一面以贴现方式给工商业者以资金的通融,一面以再贴现方式向中央银行取得资金的通融。这样,金融的周转,固然可以走上正常的轨道,对于工商业资金的融通,也可以畅达无阻了"①。他提出废除"三节"记账制②,改用票据信用。

在众多银行界人士中,金国宝的贡献尤为突出。金国宝一直致力于承兑票据的推行和贴现市场的建立,他在《怎样发展工商业》的演讲中提出"因为发展工商业之根本问题,就是资金。没有资金,工商业断不能振兴。成立票据市场,就是吸收资金之一种法门。资金可以从国外吸收,亦可在国内吸收,但无论国内国外,均须以票据市场之成立为先决条件"③。"若有贴现市场,则(银行)可运用资金,购买票据,使充溢之资金为贴现市场所吸收,资金得而活动。"④ 第一次明确指出建立票据市场是促进工商业发展的一条重要途径。金国宝将当时中国的实际情况与1913年美国建立联邦储备制度前的情况进行了对比,指出中国当时的情形与美国相同,大部分买卖采用记账方法,市场上只有支票、本票及少数汇票,没有贴现市场,这是工商业不振的一个重要原因。美国在联邦储备制度建立前,国民银行不准代人承兑,因而未能形成贴现市场;在联邦储备制度建立并准许会员银行有承兑权以后,银行承兑汇票数量陡然增加,贴现市场发展一日千里。⑤ 基于中国当时的实情,他指出建立票据市场应从以下七个方面着手。

"(一)由银行公会、钱业公会筹备设立贴现代理所,专任代客买卖票据之事,并附设一信用调查部。

(二)商业票据之合于下列各条资格,复经银行公会会员银行之背书,得在中央银行再贴现。

甲、九十日之内到期者。

---

① 章乃器.中国之票据市场[J].中央银行月报,1936(1).
② "三节"记账制,即把交易额先记在账上,到了"三节"(端午、中秋、春节)统一结算。
③ 金国宝.怎样发展工商业[A].金国宝.票据问题与银行立法[M].上海:中华书局,1947:1.
④ 金国宝.为什么及怎样造成一个贴现市场[J].银行周报,1931,15(16).
⑤ 金国宝.怎样发展工商业[A].金国宝.票据问题与银行立法[M].上海:中华书局,1947:5.

乙、为生产事业之用，而非用于投机事业者。

丙、票上至少有二人签名者。（其私人向中央银行贴现之票据，则以三人或二人而附有相当之担保品者为限。）

（三）组织承兑汇票促进会，其职责在推广并指导承兑汇票之使用。

（四）废除银拆，由中央银行及银行公会分任制定公定利率及市场贴现率之责。

（五）筹设票据交换所，由中央银行划账结算。

（六）制定仓库法，在各通商大埠多设仓库，改善交通，以促进银行之押汇事业。

（七）督促中央银行办理再贴现业务。"①

金国宝还撰写了《银行法中之票据问题》等文章，指出银行业务中应该加入"承兑"这一项，在当时的《银行法》中，承兑既不属于银行主营业务，也不属于附属业务，而且《银行法》第九条规定银行不得兼营其他业务，这么看来，承兑业务似乎在银行禁止业务之列。然而，承兑业务与贴现市场的建立关系密切，欧美国家法律均允许银行兼营承兑业务；我国金融组成渐趋完备，然则唯独缺少贴现市场，"欲促贴现市场之成立，非先提倡银行承兑汇票不可。欲提倡银行承兑汇票，非先授银行以承兑之权不可"，他主张将《银行法》第一条第二款"票据贴现"改为"票据承兑与贴现"，银行票据承兑业务"非加入不可，审判立法院诸公慎重考虑"②，从根本上消除了银行不能经营承兑的顾虑。③ 为保障银行权益，金国宝建议在《银行法》中加入下列条款，以对承兑业务进行限制。

"第××条　银行承兑之票据，以三个月内到期，并发生于下列各种情形者为限。

（一）国外贸易；

（二）国内运输，而承兑时有提单等单据为担保者；

（三）承兑时有补益损坏容易脱售之农产物仓单为担保者。

银行对于任何个人或法人团体、非法人团体之承兑票据，不得超过其实收之资本及公积金百分之十；但有提单等确实担保品者，不在此限。银

---

① 金国宝. 怎样发展工商业 [A]. 金国宝. 票据问题与银行立法 [M]. 上海：中华书局，1947：6-7.

② 金国宝. 银行法中之票据问题 [A]. 金国宝. 票据问题与银行立法 [M]. 上海：中华书局，1947：74-76.

③ 洪葭管，张继凤. 近代上海金融市场 [M]. 上海：上海人民出版社，1989：69.

行之承兑总额，不得超过其实收之资本及公积金百分之五十；此项限制，经财政部及中央银行之核准者，得增至百分之一百。"[1]

除此之外，金国宝建议修改第三十四条为"银行对于任何个人或法人团体、非法人团体之放款总额，不得超过其实收资本及公积金百分之十；但发生于货物之各种票据贴现，不在此限"[2]。1931年4月，金国宝关于建立贴现市场的宣传进入了上海工商界，同年5月，金国宝做了题为"承兑汇票问题"的演讲，向工商界领袖宣传承兑汇票及贴现给工商业融资带来的便利。[3] "九一八"事变后，上海金融风潮迭起，金国宝再次提倡商业票据，促进贴现市场的形成。

二、银行承兑贴现热潮兴起

1930年至1931年，银行界率先开始推行承兑汇票并办理贴现。交通银行、国华银行、上海商业储蓄银行、大陆银行、国货银行、中南银行、浙江实业银行、和丰银行、东莱银行等相继加入，在上海金融界形成了一个提倡承兑票据及贴现的运动。[4]

1930年，金国宝在交通银行试办和推广承兑汇票及贴现业务，并设计创立承兑汇票。为提倡汇票流通，交通银行于同年颁行《办理押汇凭信及承兑贴现业务规则》，这是中国贴现市场发展史上第一个关于票据承兑与贴现的专门章程。"交通银行决定发行两种凭信，一种是适用于商业承兑的情形，名为甲种凭信；一种是适用于银行承兑的情形，名为乙种凭信。"[5] 它规定通过使用交通银行制定的甲乙两种凭信而产生商业承兑汇票和银行承兑汇票，然后再由各地交通银行或委托行进行贴现。例如，对于甲种凭信，如果上海的厂商要去无锡办货，该厂商可以和上海交通银行商量，发行甲种凭信，寄交无锡交通银行，并将货物名称、购买金额等详细信息告知无锡交通银行，同时通知卖家，请他开一张汇票，连同提单、保险单等一起交给无锡交通银行，无锡交通银行将汇票买下，寄到上海交通银行，上海

---

① 金国宝. 银行法中之票据问题 [A]. 金国宝. 票据问题与银行立法 [M]. 上海：中华书局，1947：76.

② 金国宝. 银行法中之票据问题 [A]. 金国宝. 票据问题与银行立法 [M]. 上海：中华书局，1947：76-79.

③ 金国宝. 二十一年五月六日在中华国产产销合作协会第七次星五聚餐会演讲 [A]. 餐桌名言集.

④ 洪葭管，张继凤. 近代上海金融市场 [M]. 上海：上海人民出版社，1989：69.

⑤ 金国宝. 承兑汇票浅说 [A]. 金国宝. 票据问题与银行立法 [M]. 上海：中华书局，1947：12.

交通银行通知厂商付款,领取提单出货;如果是无锡的厂商卖货给上海的商号,该厂商可以开一张汇票,连同提单、保险单等,经无锡交通银行做贴现,同样可达到相同目的。对于乙种凭信,如果上海的厂商和无锡的厂商向来没有往来,无锡的厂商要求汇票必须由银行承兑,那么上海的厂商可以和上海交通银行商量,请求签发乙种凭信,详细记录出票人名称、汇票金额等信息,此种凭信由银行寄出或厂商自行送往,卖家收到凭信后,便可着手配货,等货物装出,把发票、提单、保险单连同汇票交给无锡交通银行,送请上海交通银行承兑,同时须把押汇凭信送交无锡交通银行查验,以便证明,无锡交通银行每买下一张汇票,必须把汇票的金额、买下的日期在凭信上注明,到凭信约定的金额用完为之,金额用完后,无锡交通银行便把凭信收回,连同最后一张汇票一同寄往上海交通银行。① 交通银行《办理押汇凭信及承兑贴现业务规则》是根据外国 A. P. 及 Letter of Credit 办法,结合中国情形制定而成,旨在通过提倡票据构造一个贴现市场,该规则的颁布使得交通银行"贴现"业务变得正规化、经常化和制度化,标志着中国银行业业务经营意识近代化起点的到来。

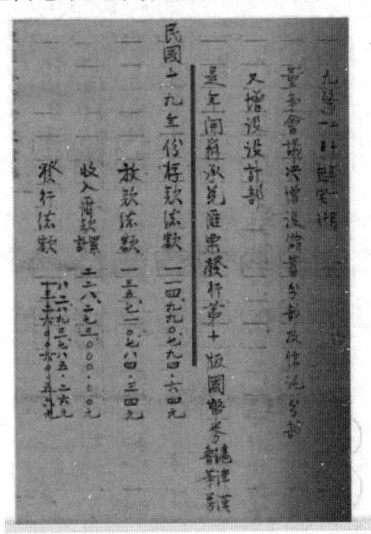

图 4-7 交通银行关于创立承兑汇票的相关文件

(资料来源:交通银行安徽省分行. 坚守使命,勇于担当|"交通银行创立 110 周年历史成就展"之三 [EB/OL]. (2018-05-10) [2022-03-22]. https://www.sohu.com/a/231239412_155301)

---

① 金国宝. 承兑汇票浅说 [A]. 金国宝. 票据问题与银行立法 [M]. 上海:中华书局,1947:12-15.

根据《办理押汇凭信及承兑贴现业务规则》，承兑汇票分为银行承兑汇票和商业承兑汇票两种。卖家卖出货物，对买家开出一张汇票，送交付款人承兑，便成为商业承兑汇票，承兑之后，付款人即为承兑人。商业承兑汇票根据附属单据的有无可以分为两种：有提单、保险单等全套单据的，称为跟单票据；不附提单等单据的，称为不跟单票据（又称光票）。跟单票据可以先贴现后承兑，不跟单票据必须先承兑后贴现。与商业承兑汇票不同，银行承兑汇票的承兑人为银行，银行承兑汇票的产生方式有四种：第一种发生于输入贸易；第二种发生于输出贸易，这两种都是由国际贸易而来；第三种发生于国内贸易；第四种发生于堆栈货物。① 由于当时我国商界所用会计制度为旧式簿记，信用调查成效不显著，承兑人、出票人、背书人等的信用情况不如银行容易调查，因此，银行承兑汇票的信用远在商业承兑汇票之上。②

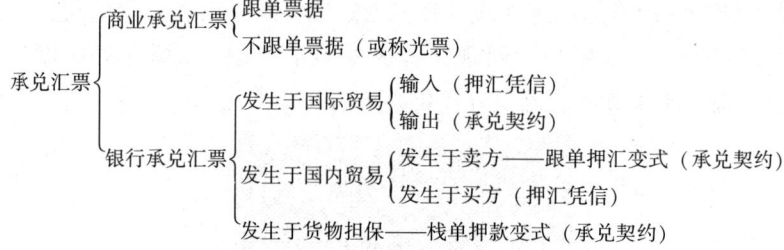

图 4-8 承兑汇票种类

（资料来源：金国宝. 承兑汇票答客问［A］. 金国宝. 票据问题与银行立法［M］. 上海：中华书局，1947：23）

---

① 金国宝. 承兑汇票答客问［A］. 金国宝. 票据问题与银行立法［M］. 上海：中华书局，1947：19—20.

② 金国宝. 承兑汇票答客问［A］. 金国宝. 票据问题与银行立法［M］. 上海：中华书局，1947：22.

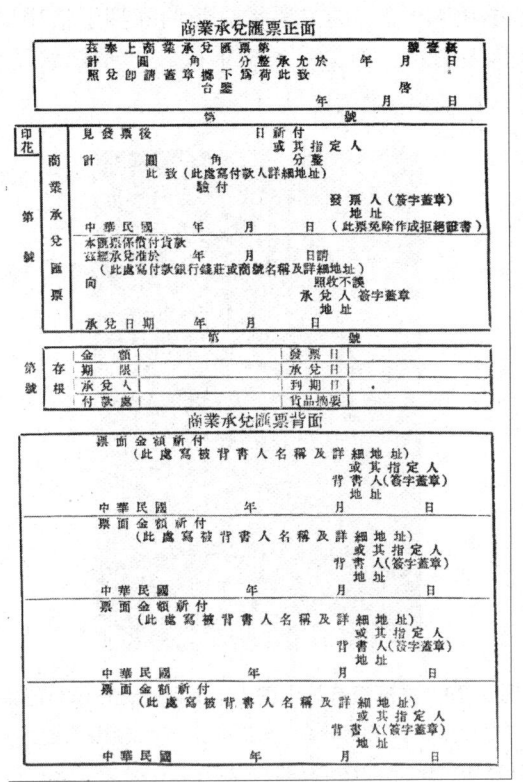

图 4-9 商业承兑汇票票面

(资料来源：金国宝.商业承兑汇票之意义与实施［A］.金国宝.
票据问题与银行立法［M］.上海：中华书局，1947：61)

交通银行还办理其他银行商业汇票的承兑及贴现。① 1931 年初，金国宝关于银行业增加"承兑"业务的提议征得立法院经济委员会委员长马寅初的同意。同年，交通银行开展承兑汇票买卖业务。

1931 年春，国华银行、上海银行、大陆银行、国货银行等纷纷效仿交通银行办理票据承兑及贴现业务。例如，1931 年，国华银行创办押汇、承兑和贴现业务，制定《承兑贴现章程》及《办理承兑及贴现业务简则》，决议"自 1932 年起，正式办理承兑贴现业务"②。

1932 年 1 月，中央银行制定重贴现章程及说明书，上海市银行业同业

---

① 洪葭管，张继凤. 近代上海金融市场［M］. 上海：上海人民出版社，1989：71.
② 国华商业银行有关创办押汇承兑及贴现业务的资料（1931 年）［B］. 国华银行档案 Q278-1-109-85.

公会票据研究会也制定出统一的汇票承兑契约和押汇信用证等单据①。尽管重贴现章程最终并未颁布。但是，银行业的这些举动对于推动票据承兑及贴现业务的发展起到了积极作用。

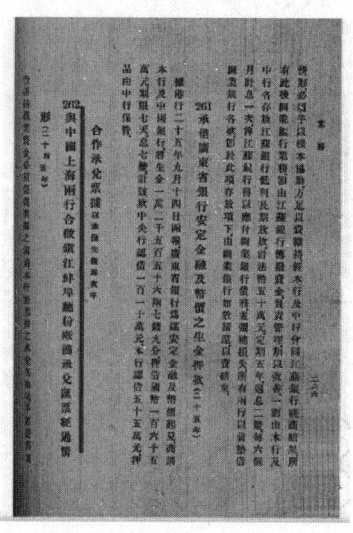

图 4-10　交通银行与中国、上海两行合作承兑汇票

（资料来源：交通银行安徽省分行．坚守使命，勇于担当 | "交通银行创立 110 周年历史成就展"之三［EB/OL］.（2018-05-10）［2022-03-22］. https：//www.sohu.com/a/231239412_155301）

在此次提倡承兑票据及贴现的运动中，"提倡最有力者有交通、上海、国华、中国、浙江实业等银行。此中又分为银行承兑汇票及商业承兑汇票两种。银行承兑汇票，交通、国华两家做得最多，总数不下 100 余万元，后以辽变②，遂告停顿"，"商业承兑汇票因为当时银根松滥，商界大都安于故常，不喜纷更，故数目不多，交通银行从 1931 年办理至今，迄无间断，惟数目不大，从 1931 年 3 月至今，共收进 700 许张，金额约 40 万元"③。从 1931 年初到 1932 年底，银行业办理票据承兑及贴现业务金额不下 100 万元，势头可观，"大有一日千里之势"④。此次热潮推动了银行业承兑汇票及贴现业务的发展，12 家主要银行的贴现额从 1927 年的 136.76 万元上涨至

---

①　金国宝．为什么及怎样造成一个贴现市场［J］. 银行周报，1931，15（16）.
②　辽变是指"九一八"事变。
③　金国宝．商业承兑汇票之实施问题［A］. 金国宝．票据问题与银行立法［M］. 上海：中华书局，1947：53.
④　中国人民银行总行金融研究所金融历史研究室．近代中国的金融市场［M］. 北京：中国金融出版社，1987.

1934年的943.70万元，年均增长率达98.57%，成效显著。

表4-2 上海交通银行收贴商业承兑汇票张数及金额　　单位：张、元

时间	张数	金额
1931年3—12月	248	48274.58
1932年	313	274253.55
1933年	81	50412.71
1934年	44	35561.45
1935年1—2月	11	1428530

资料来源：金国宝.商业承兑汇票之实施问题[A].金国宝.票据问题与银行立法[M].上海：中华书局，1947：53-54.

表4-3 12家主要银行贴现业务简表

年份	绝对数（元）	环比发展速度（%）	定期发展速度（%）	备注
1927	1367641	100.00	100.00	这12家银行为旧中国重要银行中单列贴现科目的。它们分别是交通银行、浙江兴业银行、江苏银行、盐城银行、大陆银行、聚兴诚银行、中国农工银行、永亨银行、四明商业储蓄银行、东莱银行、东亚银行、中孚银行。
1928	1606102	117.44	117.44	
1929	1923702	119.77	140.66	
1930	2667917	138.69	195.07	
1931	1833391	68.72	134.05	
1932	4021479	219.35	294.04	
1933	5837193	145.15	426.80	
1934	9437026	161.67	690.02	

资料来源：洪葭管，张继凤.近代上海金融市场[M].上海：上海人民出版社，1989：62.

三、企业商业承兑汇票试行

社会景气与否需视商业繁荣程度，而商业的发达需要有雄厚的资本和灵活的经济周转作为支撑。通常情况下，开店经商的商人卖出货物，受市场环境影响，不得不放账，然而进货时往往需要现款，因此，做贩卖和批发的商户至少要准备两部分资本，一部分用在进货上，另一部分用在放账上，如此一来，生意做得越大，需要的资本越多，发展越困难。① 1932年，"一·二八"事变后，上海发生金融风潮，市场银根紧缩，工商业凋敝，企业界逐渐意识到承兑汇票对于工商业发展的重要性，于是加入到承兑汇票

---

① 程年彭.国产搪瓷营业所为签发商业承兑汇票敬告客户书[J].银行周报，1932（42）：33-36.

热潮中来，开始办理商业承兑汇票及贴现业务。

为解决客商添办货品与付款之间的矛盾，国产搪瓷营业所率先试办商业承兑汇票。1932年，国产搪瓷营业所在《银行周报》上发表了《国产搪瓷营业所试办商业承兑汇票刍议》和《国产搪瓷营业所为签发商业承兑汇票敬告客户书》，宣告试办商业承兑汇票。

"客人添办货品，倘使愿意用商业承兑汇票来付款，那么他的付款期限可以与本所约定，或者是二十天，或者是三十天，或者是更长的日期。只要在汇票上注明白，经客户愿意在约定的日期（就是二十天或三十天）确保可付款。这样一来，本所可以拿已经客户签字承兑的汇票向银行去贴现，这笔账款将来由银行到约定的日子向客户去收取。在客户方面，既然签了汇票，那么可以不必受限在章程所定（十天内付款，或付即期庄票及付现款）的限制，付款的期限既长，尽可等待货品卖出后，将卖下的钱归还。这样办法，在客人，可以少垫资本，即使多销些货品，也就容易。在本所方面，因为所签的汇票可以向银行代捐，可多做些生意。在初次交易的客户，如其想添些货品去试销，要避免货品没有销出便需垫付现款的困难。可以向本地银行请求发出一封押汇凭信，先把货品发出，所以这种承兑汇票的办法，对于客户，对于本所都是有利益的。"①

根据国产搪瓷营业所商业承兑汇票业务规定，本埠客户在添货的时候，只要声明使用承兑汇票，便可和国产搪瓷营业所营业科约定付款日期，在添货单上注明"××天期汇票"字样，国产搪瓷营业所把货物送到本埠客户店铺后，将发票和汇票一并送予客户，客户验明汇票票面金额和发票无误后，在汇票承兑栏内填写日期、签名盖章，等汇票到期之时付款即可。如果客户在外埠运货，可在添货来信上注明"请开××天期汇票"字样，国产搪瓷营业所可以帮助装运货物，办妥报关等一切手续，将发票、提单、保险单等连同汇票一起寄给银行，通知客户在向银行领取提单、发票、保险单的时候，在汇票承兑栏内签名盖章、注明日期，在汇票到期日，银行便可持票向客户兑款。②

有学者评价国产搪瓷营业所开办商业承兑汇票这一举动"使得企业界有了一个样板，对在工商界广泛使用商业承兑汇票起到了良好的示范作用，

---

① 程年彭. 国产搪瓷营业所为签发商业承兑汇票敬告客户书[J]. 银行周报, 1932 (42): 33-36.

② 程年彭. 国产搪瓷营业所为签发商业承兑汇票敬告客户书[J]. 银行周报, 1932 (42): 33-36.

这比一般的理论宣传具有更强大的威力,它在中国票据及其市场发展史上占有先行者的地位"①。

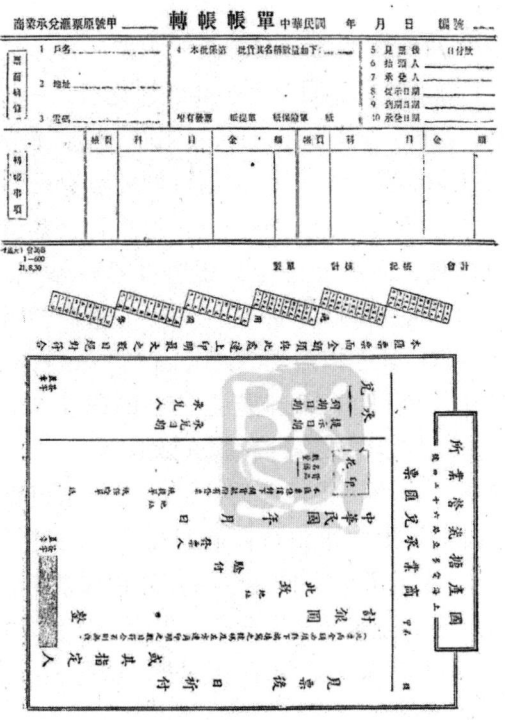

图4-11 国产搪瓷营业所签发的商业承兑汇票

(资料来源:程年彭.国产搪瓷营业所为签发商业承兑汇票敬告客户书[J].银行周报,1932(42):33-36)

第二节 上海银行票据承兑所——区域承兑贴现市场初步形成

1934年,"白银风潮"席卷全国,上海市面通货紧缩,银根奇缺,工商业发展惨淡萧条,短期市场信用工具短缺,金融枯滞不前。在挂账制度及抵押放款方式下,资金固化现象严重,银行业资金短缺。1935年,同业组织洞察到承兑汇票对于经济发展的意义所在,遂提倡推行商业承兑汇票,掀起了第二次承兑汇票热潮。为谋求银行业自身发展,促进工商业复苏,加强流动性,增加金融市场筹码,上海市银行业同业公会决议筹建银行票

---

① 洪葭管,张继凤.近代上海金融市场[M].上海:上海人民出版社,1989:76.

据承兑所。①

一、承兑汇票热潮再度兴起

1935年初，为解决资金问题，上海美亚织绸厂首先提倡在绸缎业使用商业承兑汇票。② 上海市绸缎业同业公会几经讨论后，决议创行商业承兑汇票。同年3月4日，上海市绸缎业同业公会主席骆清华致函上海市商会"爰经临时会员大会之决议，依照票据法，创行商业承兑汇票，旨在缩减放账期间，增加通货运用，务请均会分饬各业一致采行，并请知照银钱两业对于前项票据，尽量贴现，尤盼专函中央银行办理再贴现，庶以少数现金，增多几许通货，工商幸甚，金融幸甚"③。经上海市商会讨论同意，通函各业一致施行，分函银钱两业予以贴现，并公函中央银行办理再贴现。④ 绸缎业使用承兑汇票的决议得到了机电业同业公会的积极响应，两公会联合发函公告，决定从4月1日起开始实行商业承兑汇票。

1935年4月2日，上海市银行业同业公会召集小组委员会讨论商业承兑汇票推行办法。此后，上海市银行业同业公会多次举行会议探讨承兑汇票相关事宜。7月，上海市银行业同业公会正式创议推行银行承兑汇票。10月，上海工商业贷款委员会通过《推行承兑汇票办法》，并决议在贷款基金中拨出300万元作为推行承兑汇票基金，进一步促进了商业承兑汇票的推行。

这一时期，其他城市也纷纷仿行推行承兑汇票。汉口市银行业同业公会、宁波商会等相关组织相继加入此次承兑汇票热潮中来。汉口市银行业同业公会负责人表示"如汉口仿行商业承兑汇票，本市银行界自当收受贴现"，汉口中央银行负责人也表示支持办理贴现和重贴现，但因市场萧条，票据贴现实际并无进展，直至抗日战争胜利后，贴现才逐渐在商业银行中推行。⑤

此外，在商业承兑汇票及贴现业务开展的同时，商业本票业务也有所开展。1936年，在上海银行业和丝绸业倡导下，钱庄和丝绸厂之间开展了

---

① 万立明. 近代中国票据市场的制度变迁研究 [M]. 上海：上海远东出版社，2014：63.
② 万立明. 近代中国票据市场的制度变迁研究 [M]. 上海：上海远东出版社，2014：55.
③ 复兴上海市面问题 [J]. 银行周报，1935，19（9）.
④ 救济工商业与金融问题 [J]. 工商半月刊，1935，7（8）.
⑤ 中国人民银行总行金融研究所金融历史研究室. 近代中国的金融市场 [M]. 北京：中国金融出版社，1987：111.

商业本票贴现活动。

二、上海银行票据承兑所成立

第二次承兑汇票热潮出现后，上海银行票据承兑所成立，标志着一个区域性的票据市场在上海逐渐形成。1936年上海银行票据承兑所成立，表明中国票据贴现市场雏形的形成，带来了票据贴现业务的迅猛发展。在上海银行票据承兑所成立的第一年，共计承兑汇票84笔，金额400余万元，承兑汇票贴现总数为671万元，其中，所员银行共计贴现466万元，该所贴现205万元。[①]

1. 区域承兑贴现市场的发展历程

1935年3月，上海市银行业同业公会联合准备委员会（以下简称联准会）倡议组织票据承兑所；6月24日，联准会推定代表组织票据承兑小组会议，承担承兑所章则的起草工作；经过多次票据承兑小组会议讨论后，修正承兑章程、公约和办事细则；1936年2月20日，联准会举行委员银行代表大会，通过承兑所章程及公约草案，函送上海市银行业同业公会核准备案；自此，银行票据承兑所进入筹划实施阶段。此后，票据承兑所委员会、担保品评价组委员会、担保品保管组委员会相继成立，各项筹备工作相继展开。1936年3月16日，上海银行票据承兑所正式成立。1941年6月25日，上海市场银根松弛，联准会决定停办票据承兑所。[②]

2. 上海银行票据承兑所的组织形式

银行票据承兑所由联准会领导，属有限公司性质。联准会的委员银行及交换银行均需加入承兑所成为所员银行。所员银行在加入承兑所时需要填具申请书、签订公约，并自行认定缴纳国币300元、500元或1000元其中之一作为入所费。[③] 承兑所成立之初，有所员银行34家，后续有4家银行加入，共计38家。

3. 上海银行票据承兑所的职能

上海银行票据承兑所是在信用条件缺失的情况下，由上海银行同业依据联准会力量而组织起来的一个同业互助组织，意在应对经济危机，促进同业资金流通。上海银行票据承兑所实行的是损益共担机制，按照所员银行公约规定，票据承兑基金由所员银行认缴，而且要求一次性缴清。各行

---

① 洪葭管. 20世纪的上海金融[M]. 上海：上海人民出版社, 2004：208.
② 万立明. 近代中国票据市场的制度变迁研究[M]. 上海：上海远东出版社, 2014：65.
③ 银行票据承兑所开业[J]. 银行周报, 1936, 20 (10).

认缴数额为该行实收资本与公积金总数的 6.25%。对于所员银行缴存的票据承兑基金，其中 5% 应以现款存入承兑所作为准备金，另外 95% 由承兑所存入原认缴银行，以备不时之需。对于所员银行而言，其所需缴存的现款仅为实收资本与公积金总数的 0.31%，这一比例并不会对银行造成太大的经济负担。各所员银行按照认缴的基金在基金总额中所占比例承担责任，产生的纯益（除酌提公积金外）及损失也按该比例进行分摊。对于票据承兑产生的垫款，由所员银行缴付的准备金垫付；在准备金不足以覆盖垫款的情况下，才由所员银行按照基金份额进行分摊。[①] 实际来看，上海银行票据承兑所是集所员银行之力，以票据承兑基金作为保证而形成的公共信用组织，其信用程度远高于单个银行。

4. 上海银行票据承兑所的主要业务内容

上海银行票据承兑所的业务包括承兑汇票的签发承兑、买卖、贴现、重贴现、贴现利率的确定及公布。

（1）签发承兑

所员银行按照规定提供担保品清单，交由承兑所审查。担保品主要包括以下几种。

"（1）国产主要商品；（2）国内商业汇票及其他期票；（3）国外支付的商业汇票；（4）有市价的有价证券，如公债、公司债、股票等，但有价证券所占比例不能超过全部担保品的一半；（5）本市房地产，包括所员银行直接投资的或收入的抵押品，但所占比例不得超过全部担保品的 25%。（6）其他经联准会核定的货物、财产，如后来核定的联准会发出的'公库证'，此项担保品，不能超过金额的 40%。"[②]

承兑所对担保品的合格性进行审查，评估其价值。所员银行将符合条件的担保品缴存承兑所，待估价后各所员银行才能填具"承兑汇票申请书"并开出一定金额以承兑所为付款人的汇票，请求承兑所承兑。[③] 票据承兑手续费由承兑所执行委员会核定，以每 10 日按票面征收 2.5‰ 为最低标准，不足 10 日的按照 10 日进行计算。按照联准会的规定，承兑所对各行的票据

[①] 万立明. 近代中国票据中介机构的制度创新及其启示——以上海银行票据承兑所为例 [J]. 上海行政学院学报，2008（2）：59-67.
[②] 洪葭管，张继凤. 近代上海金融市场 [M]. 上海：上海人民出版社，1989：85.
[③] 银行票据承兑所办事细则（1936 年 3 月 13 日）[B]. 上海档案馆，藏档联准会档案 S177-1-72.

承兑额不得超过该行实收资本与公积金总数的25%，期限不超过90天。①

不同于一般意义上的商业汇票，此种"银行承兑汇票"实为"承兑所承兑汇票"，是上海银行票据承兑所在创立之初，根据当时的实际情况开发出的一种新型信用工具，其本质为融资性票据。不同之处表现在以下几个方面：一是发票人不同，一般商业汇票的发票人为工商企业，而此种汇票的发票人为所员银行；二是承兑人不同，一般商业汇票的承兑人为银行或财务公司，而此种汇票的付款人为上海银行票据承兑所；三是融通对象不同，一般商业汇票是为工商企业融通资金之用，而此种汇票则是为了银行同业之间的资金互融；四是汇票产生方式不同，一般商业汇票由国内外进出口贸易和国内仓库存货两种方式而产生，而此种汇票是由所员银行将符合条件的担保品缴存上海银行票据承兑所后填具"承兑票据申请书"，并交由上海银行票据承兑所承兑后开出。

（2）票据买卖、贴现、重贴现

承兑汇票的使用可以活跃市场资金，其可在所员银行之间相互买卖，也可进行贴现、重贴现，具有变现性强的特点。为促进票据贴现市场的发展，联准会执行委员会于1936年3月13日发布《所员银行对于承兑汇票之贴现交易暂行办法》，对承兑汇票的买卖、贴现及重贴现进行了详细规定。②

汇票的买卖仅限于所员银行之间进行，汇票卖出者和买入者可分别在每天下午2点和3点30分前，将欲买卖汇票的金额及利率通知承兑所，若买卖价格相合，则由承兑所通知双方办理交割手续；若有多个相同的买价与卖价相合，则承兑所可按照卖方汇票金额和张数平均分配给买方；若不能平分，则由承兑所酌予分配。若当天只有卖出者而无买入者，则承兑所买入汇票并按照给定的贴现利率予以贴现。汇票票面金额从1万元起至5万元止，买卖数量以5万元起码。③

汇票的贴现也仅限于所员银行之间进行，所员银行可向同业银行请求贴现，也可向承兑所请求贴现。如有需要，各行可将其贴进的票据向中国银行、中央银行、交通银行进行重贴现。为保证重贴现的顺利进行，3月19日，联准会致函中国银行、中央银行、交通银行"将来同业对于敝所承兑汇票贴现后，需用款项时，拟恳请贵行准予重贴现，并拟请将重贴现利率

---

① 银行票据承兑所委员会组织规程及所员银行公约[J]. 银行周报，1936，20（11）.
② 中国人民银行总行金融研究所金融历史研究室. 近代中国的金融市场[M]. 北京：中国金融出版社，1987：424.
③ 承兑汇票说明书（1936年5月）[B]. 上海档案馆藏档，联准会档案S177-1-72.

逐日公布，以便奉为准绳"①。为吸收市面资金，中国银行、中央银行、交通银行同样可以公开出售贴进的承兑汇票。

（3）贴现利率的确定及公布

承兑汇票的贴现利率以每1000元每日多少分为计算单位，并以2厘5毫为升降单位。②贴现利率于每日下午3时后挂牌公布，若当日只有卖出汇票而无买入汇票，则承兑所以其自行贴现利率公布；若既有买者又有卖者，则以当日成交贴现利率公布。贴现利率以90天期为标准贴现利率，自3月31日起开始逐日公布。贴现利率可随期限的长短进行调整，以20天期为一级，每级相差2厘5毫左右。③

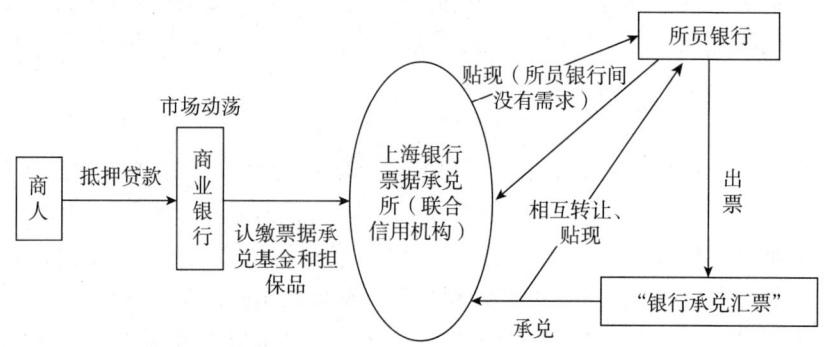

图4-12　上海银行票据承兑所运作示意图

（资料来源：万立明．近代中国票据市场的制度变迁研究[M]．
上海：上海远东出版社，2014：210）

5. 上海银行票据承兑所的管理制度

上海银行票据承兑所由联准会创设并附属于联准会，采取委员会制，设立票据承兑委员会，选举委员12人，负责办理承兑所票据承兑事务。其中，联准会经理为当然委员，其余11人由委员银行代表大会在所员银行重要职员中推举产生。承兑所设常务委员5人，从委员中选定担任，协助经理办理承兑所日常事宜。委员会下设担保品评价组和担保品管理组，每组设委员若干人，并推举1人作为主任委员。④ 1936年2月27日，上海银行票据承兑所第一届委员会成立，委员会经理由联准会经理朱博全兼任。⑤

---

① 致函中中交三行（1936年3月19日）[B]．上海档案馆藏档，联准会档案S177-2-606．
② 银行票据承兑所第一次大会（1936年3月31日）[J]．银行周报，1936，20（12）．
③ 银行票据承兑所公布贴现利率（1936年4月7日）[J]．银行周报，1936，20（13）．
④ 银行票据承兑所委员会组织规程及所员银行公约[J]．银行周报，1936，20（11）．
⑤ 第一次票据承兑所委员会议[B]．上海市档案馆藏档，联准会档案S177-1-21．

6. 上海银行票据承兑所成立的意义与启示

区域承兑贴现市场的形成，改变了传统的"挂账式"结算方式，为市场增添了一种新型信用工具。中国近代贴现市场是在市面银根紧缩、经济不景气、工商业凋敝之际提倡并逐渐形成的。各界试图通过办理承兑汇票及贴现业务加速资金周转，实现资金融通，达到债务票据化的目的，对于工商业的恢复与发展具有一定的成效。

（1）近代中国贴现市场的雏形

上海银行票据承兑所是继安徽蚌埠贴现公所之后的第二个专营票据贴现的机构。承兑所允许所员银行之间或向承兑所进行票据买卖、贴现。贴进票据可以在中国银行、中央银行、交通银行进行重贴现，中国银行、中央银行、交通银行也可将贴入的票据公开售出。贴现利率由市场供求关系确定，并逐日挂牌公布。贴现市场的机能已经初步具备，近代中国贴现市场的雏形基本形成。

（2）提高资金运作

上海银行票据承兑所作为一家特殊的票据中介机构，对于盘活所员银行呆滞资产、实现资产票据化、促进资金融通具有重要意义。上海银行票据承兑所允许所员银行使用商品、放款抵押品、贴入汇票等作为担保品向承兑所申请开具承兑汇票，承兑汇票可以通过买卖、贴现、重贴现等进行流转。"承兑所承兑汇票"具有安全可靠、流通性强的特点，其产生可以增加市场信用筹码，盘活所员银行呆滞资金，实现资产票据化发展，有利于提高市场资金运作能力。贴现所得资金可用于支持工商业发展，由此产生的放款抵押品又可作为担保品向承兑所申请开立承兑汇票，提高了资金的使用效率。

（3）降低交易成本

上海银行票据承兑所的成立实现了买卖双方信息的撮合，降低了市场信息搜集成本。承兑所一方面可以撮合买卖双方交易，另一方面可以自行贴入所员银行票据，提升了交易实现的可能性，熨平了市场供求的不对称性，有利于降低市场交易成本。

（4）促进创新

上海银行票据承兑所在创立之初为适应中国国情，在组织形式、交易工具、运作方式等方面进行了创新，开创出了"承兑所承兑汇票"这一融资性票据，要求所员银行在基金缴存额度内损益共担。商业汇票可作为担保品，用于申请开票，在一定程度上促进了贴现市场的发展，对于当时票据市场的发展以及票据制度的创新具有一定的借鉴意义。

(5) 提供票据中介服务

上海银行票据承兑所是在信用环境不完善的情况下为调剂同业资金、支持工商业发展而创立的同业互助组织。尽管上海银行票据承兑所在抑制市场投机行为产生等方面存在一定的局限性，但其成立及成功运行揭示了在资金匮乏、流通困难的情形下，利用承兑汇票发展工商业、促进经济流通的可行性与适用性，为近代中国其他地区工商业的发展提供了一条可靠的途径。上海银行票据承兑所是一个票据中介机构，一方面为汇票买卖双方提供了交易信息及撮合服务，另一方面根据市场供求状况，每日公布票据市场牌价信息，对于近代票据中介机构的发展具有借鉴意义。

7. 上海银行票据承兑所的局限性

上海银行票据承兑所在抑制投机行为产生方面具有一定的局限性。

8. 上海银行票据承兑所的停办

1937年7月，抗日战争全面爆发，政治及经济中心内迁，上海经济畸形发展，上海银行票据承兑所业务惨淡。1941年6月25日，由于市面银根松弛、游资充斥，局势愈加紧张，联准会常务委员会决定停办上海银行票据承兑所。[1]

第三节　重庆联合票据承兑所
——多区域承兑贴现市场形成及发展

1937年7月，日本发动全面侵华战争，随着上海、武汉沦陷，国民政府、工厂等相继内迁，重庆成为政治中心及战时金融中心。为推动战时经济发展，扶持工、农、商、矿各业发展，国民政府在大后方积极发展贴现市场，试图以贴现替代流动资金贷款，达到稳定战时金融之效。为加速建立重庆票据市场，国民政府颁布了一系列制度规定鼓励发展承兑汇票，财政部及四联总处也开始组织筹建重庆联合票据承兑所。

一、四联总处内迁重庆

1937年7月，日本发动全面侵华战争，中国贴现市场深受摧残。受抗

---

[1] 中国人民银行总行金融研究所金融历史研究室. 近代中国的金融市场 [M]. 北京：中国金融出版社，1987：425.

日战争爆发的影响,金融市场动荡,人心浮动,尤其是"八一三"事变后,存户纷纷提取存款,银行存款骤减,市面银根紧缺,工商各业停滞不前。上海等地区的工厂企业内迁,搬迁费用之大,企业、银行信贷都无力承受。为缓解战时银根紧缺,维持工、农、商、矿各业稳定发展,财政部积极推动联合贴放制度和重贴现制的建立。

为聚集金融力量应对危机,1937年7月29日,财政部授权中央银行、中国银行、交通银行、中国农民银行四家银行合组联合贴现委员会,共同办理同业贴现业务。由于战时农、工、商、矿各业对资金融通需求迫切,应贴现和放款并重,遂将联合贴现委员会改名为联合贴放委员会,1937年8月9日,中央银行、中国银行、交通银行、中国农民银行四行联合贴放委员会在上海正式成立,由四家银行的代表轮流担任主席。为了规范联合贴放业务的办理,在四行联合贴放委员会成立之时,颁布了《贴放委员会办理同业贴放办法》及《贴放委员会办事细则》,规定贴放利率由委员会决定,并由中央银行挂牌公布;为兼顾农、工、商、矿各业资金融通,取消"同业"二字,改同业贴放为普通贴放。8月13日,国民政府指令在四行联合贴放委员会下设联合办事处,先由宋子文,继而由孔祥熙主持。为调剂内地金融、农、矿、工、商各业资金流通,四行联合办事处于1937年8月26日颁布《中中交农四行内地联合贴放办法》,对贴放范围、贴放抵押品等进行了详细的规定,指出贴放利率"由当地联合贴放委员会斟酌市面情形定之"[①]。11月14日,通过《中中交农四行办理内地贴放细则》,明确贴放款项由中央银行、中国银行、交通银行、中国农民银行分别按照35%、35%、20%、10%的比例分摊,"贴放利率以月息七厘为原则,转抵押利率得酌量减低"[②]。为开展内地业务,四行联合贴放委员会在其分支行所在地设立联合贴放委员会及联合办事处,随着南京、汉口、重庆、南京等15地联合贴放委员会的设立,全国性的贴放网络形成。[③] 这些地区的联合贴放已经由对银行、钱庄的放款扩大为对工商业的放款。11月25日,四行联合办事处迁至武汉,改名为四行联合办事处总处,简称四联总处。11月下旬,上海市银行业同业公会致电孔祥熙:"中央银行、中国银行、交通银行、中国农民银行总行均已迁汉,金融范围不免随之转移,惟各商业行庄沪市仍占多数,

---

① 重庆市档案馆,重庆市人民银行金融研究所.四联总处史料(中)[M].北京:档案出版社,1993:344-345.
② 卓汉平.中国近现代货币银行简史[M].南京:南京大学出版社,1992:135.
③ 经世学艺社.现代经济动态[M].上海:世界书局,1939:28-29.

自费仰政府银行之调剂,难期巩固,发生重大事故,则各行庄应穷于应付",财政部顾及上海金融市场对内地金融市场的重要影响,没有停止对上海银钱业及其他各业的联合贴放业务,反而加大贴放力度。① 尽管四行联合办事处总处内迁,一般商业银行仍麇集上海租界。

四联总处于1938年初迁至重庆,1939年9月8日,国民政府公布《战时健全中央金融机构办法》,四联总处改组成为一个直接隶属于国民政府的最高金融监督指导与决策机构,联合贴放业务被移交至战时金融委员会下贴放处主管。② 同年10月,中央银行、中国银行、交通银行、中国农民银行联合办事总处在重庆正式成立,简称四联总处。③ 联合贴放制度的施行取得了良好的效果,1937年9月至1939年12月,四家银行联合贴放总额高达63456万元,其中普通贴放为10406万元,占16.4%,专案贴放④为53050万元,占83.6%。⑤ 1940年,停止办理普通贴放,致力于专案贴放。1941年,四联总处共核定专案贴放数15亿元,12月底,实际贴放额达到了国币1225700000万余元,90万港元,贴放对象包括粮食、工矿、交通、地方财政与金融等多个方面。⑥ 1942年四家银行划分业务实行专业经营,联合贴放已不适宜,遂予结束。⑦ 抗日战争爆发后,为适应战时需要,四联总处通过联合贴放业务将大量资金投入市场,对缓和工商业及金融业资金周转困难,资助沿海工厂内迁,支持后方事业发展(如扶助工矿生产事业、支持交通事业发展、贷款抢购战区物资),以及维持金融市场稳定等起到了促进作用。

二、重庆票据贴现市场形成

为弥补大后方资金不足,达到调剂金融的目的,国民政府开始重视票据业务的发展。随着四联总处的内迁,票据承兑及贴现获得了更广阔的发展空间,重要性凸显。建立票据市场是弥补大后方资金不足、调剂金融的

---

① 王红曼.四联总处与战时西南地区经济[M].上海:复旦大学出版社,2011:34.
② 王红曼.四联总处与战时西南地区经济[M].上海:复旦大学出版社,2011:36.
③ 洪葭管.中央银行史料[M].北京:中国金融出版社,2005:770-772.
④ 贴放业务分为普通贴放和专案贴放两类,普通贴放一般为中小额短期贷款,专案贴放为大额长期贷款,需要经过财政部核准才能办理。
⑤ 袁远福,缪明杨.中国金融简史[M].北京:中国金融出版社,2001:159.
⑥ 四联总处1941年度工作报告[A].中国第二历史档案馆.中华民国史档案资料汇编(第五辑第二编财政经济4)[M].南京:凤凰出版社,2010:38-39.
⑦ 袁远福,缪明杨.中国金融简史[M].北京:中国金融出版社,2001:159-160.

第四章 《中华民国票据法》出台后的票据

有效手段，国民政府指出"尤非利用票据之承兑贴现，不足以完成其对国家经济金融所负之使命"①。1938年4月28日，财政部发布《改善地方金融机构办法纲要》，指出"各地方金融机关应增加农业票据之承受或贴现、商业票据之承受或贴现等业务"②，旨在鼓励各地金融机构使用承兑汇票及贴现，但由于战时资金紧张，业务实施慢，效率颇低。为稳定贴现利率，避免金融市场动荡，10月27日，四联总处致函财政部"四行库存既较充实，对于贴现率实施管理或易办理，似可由上述各省内四行有贴放分会者，每日审酌市情，公布一贴现率，其贴放品种类仍以财政部所规定者为限"，此提议不久得到了孔祥熙的批准，建议在重庆等地先试行，待见成效后推广至其他各省。③ 1940年2月，为推进银行承兑贴现业务的开展，四联总处颁布《推进银行承兑贴现业务暂行办法》，这是第一个由政府颁行的有关承兑贴现业务的专门法规，该办法对承兑、贴现及重贴现手续做了详细的规定，指出"中央银行、中国银行、交通银行、中国农民银行四行应合组承兑委员会，办理票据承兑业务"，"凡经承兑委员会承兑之票据得向各银行申请贴现"，"承兑票据之贴现率，由中央银行、中国银行、交通银行、中国农民银行四行逐日挂牌，并应较当地放款利率酌量减低"。重贴现由中央银行、中国银行、交通银行、中国农民银行办理，其利率由四家银行参酌市况随时决定公布。《推进银行承兑贴现业务暂行办法》对票据的真实贸易背景提出了要求，规定"承兑票据应有货物或提单、保险单等全套单据为担保，并须有足额保险"④。由于条件的限制，该办法实施效果并不理想。1942年9月17日，四联总处通过《关于流动资金贷款拟采用票据贴现方式的决议》，认为票据的推行对调节头寸极有助益，指出"缘各行对素有往来之事业，需要资金时，可嘱开立票据，代为保证或承兑，提向他行贴现，似此则商业银行之资金可得一稳妥可靠之运用"⑤，必要时，商业银行可向中央银行申请贴现。10月9日，颁发《四联总处生产事业票据保证承兑及

---

① 刘慧宇. 中国中央银行研究（一九二八——一九四九）[M]. 北京：中国经济出版社，1999：194.

② 财政部公布之改善地方金融机构办法纲要（1938年4月28日）[A]. 中国第二历史档案馆，中国人民银行江苏省分行，等. 中华民国金融法规选编 [M]. 北京：档案出版社，1989：629.

③ 关于实现贴现率管理政策并由中央业务局签具意见的呈函（1938年10月27日）[B]. 重庆档案馆藏档中中交农四行联合办事处总处重庆分处未刊档案，02920001001380000147000.

④ 推进银行承兑贴现业务暂行办法 [A]. 重庆市档案馆，重庆市人民银行金融研究所. 四联总处史料（下）[M]. 北京：档案出版社，1993：571-572.

⑤ 四联总处关于流动资金贷款拟采用票据贴现方式的决议 [A]. 重庆市档案馆，重庆市人民银行金融研究所. 四联总处史料（下）[M]. 北京：档案出版社，1993：572-574.

贴现暂行办法草案》，对生产事业票据的种类、期限、承兑贴现的手续进行了详细的说明，规定生产事业所得流动资金借款，在可能的范围内尽量采用票据签发保证承兑及贴现方式办理①，这两款举措的推行推动了大后方生产事业的发展，推动了承兑汇票及贴现业务的发展。

  1943年4月28日，中国银行总管理处在抄送"非常时期票据承兑贴现办法函"中指出"查通货之弛张，贵乎适应市场产销之需要，票据之发生，基于货品之产销，故以票据流通为通融资金之工具，最能适应市场之需要。各国之中央银行控制金融，均赖票据之重贴现及公开市场买卖为重要工具"。中国以往的信用制度，无论是工商业常用的记账方式，还是金融业常用的借款契约，均属于账面债权，容易导致资金呆滞，周转不畅，对于扶持生产事业发展，障碍居多；如若发行通货，易助长信用膨胀；值此非常时期，推行票据制度，发展贴现市场，一方面可以加强中央银行对金融力量的控制，另一方面能够节省现钞准备，灵活资金周转。②为活跃战时金融，扶持生产事业发展，建立贴现市场，财政部于1943年4月颁布实施《非常时期票据承兑贴现办法》，对票据的种类、期限、贴现利率和重贴现利率的公布等内容加以规定，票据的种类限于工商业承兑汇票、农业承兑汇票和银行承兑汇票三种，票据的签发应附于合法商业行为。该办法试行半年后，贴现日益普遍，但由于商业信用尚未改善，又无健全的征信机构，因而商业承兑汇票的流通不如银行承兑汇票，银行承兑汇票在市场上所占比重较大，但是银行承兑无须付出现金，稍有不慎，容易滋生信用风险。为加强票据信用、健全基础，财政部在《非常时期票据承兑贴现办法》之外又发布了三项措施对银行承兑业务数额、承兑业务的责任进行规定，并要求银行进行承兑时需逐笔登账，银行承兑业务进一步规范。③

  为积极推行《非常时期票据承兑贴现办法》，进一步解决战时资金短缺问题，扶持生产事业发展，以期逐渐建立票据市场，国民政府开始提议组建票据承兑所，1944年10月，重庆联合票据承兑所正式成立，重庆票据市场逐渐形成。在重庆联合票据承兑所宣告成立之际，联合征信所也随之成

---

  ① 四联总处生产事业票据保证承兑及贴现暂行办法草案[A].重庆市档案馆，重庆市人民银行金融研究所.四联总处史料（下）[M].北京：档案出版社，1993：74-576.
  ② 中国银行总管理处为抄送非常时期票据承兑贴现办法函[A].重庆市档案馆，重庆市人民银行金融研究所.四联总处史料（下）[M].北京：档案出版社，1993：577-580.
  ③ 中国银行总管理处为抄送非常时期票据承兑贴现办法函[A].重庆市档案馆，重庆市人民银行金融研究所.四联总处史料（下）[M].北京：档案出版社，1993：587-588.

第四章 《中华民国票据法》出台后的票据

立，中国官办征信所征信制度得以建立。

虽然抗日战争期间大后方国统区一度繁荣，但是，海口被割断，陆路被封锁，机器设备、零件、原料等中断，工业限于困境，生产萎缩，物资紧缺，刺激了投机，游资内移，往来于我国香港、缅甸、越南、重庆、昆明等地从事投机贩卖，囤积居奇，正常工商业完全被排斥，商品交换萎缩。由于物价飞涨，货币空转于投机交易中，资金集中于囤积和投机，银行存款枯竭，放款紧缩，通货贬值，银行信用萎缩。尽管国民政府多次倡导承兑汇票与贴现，扶持矿、农、工、商、金融等各业发展，但是票据是以商品交易的充分发展为基础的，票据发展的基础受到严重抑制，票据承兑与贴现业务没有太大起色。据统计，1943年，国民政府的国家银行仅承做贴现82笔，1944年虽有所发展，但也仅有257笔。[①]

此时期重庆的票据交换发展十分曲折。1938—1940年，重庆票据交换所一度陷入停滞状态，直到1942年6月后，重庆票据交换所才正式恢复工作。

为调剂法币不足，增加信用筹码，重庆票据市场发行本票以替代法币流通。1940年，法币需求日益增大，供不应求，四联总处组建研讨小组商讨推行本票的办法。9月，四联总处通过《四行发行定额本票办法》，该办法规定，为便利市场收交，财政部特许发行定额本票，持票者可向当地发行银行或指定兑付行兑取法币；除记名本票外，发行银行收回本票后需再次发出。1944年6月4日，中央银行在重庆发行五千、一万、两万、三万、四万和五万6种面额的即期本票，与法币同等使用，凭票兑换现金。本票发行量不断增加，面额日益增大，法币和本票之间出现兑换差价和贴水，导致兑换投机危机，大量本票流通于市场，刺激物价上涨，商业行庄相继效尤，发行本票以扩大信用，本票兑换法币贴水率逐渐上升，致使物价持续上涨，引发金融市场动荡。抗日战争胜利后，收复区对法币需求增加，国民政府和四联总处核准在京沪、东北、平津、汉口和广州5地发行定额本票。在抗日战争胜利后的两个月内，仅中国银行、交通银行、中国农民银行、中央信托局和邮政储金汇业局发行的定额本票就已达到1100多亿元。1945年11月，法币供应逐渐充裕，遂决定不再增发定额本票，同时制定了限制商业行庄开发本票的5项措施，商业行庄滥发本票的现象得到了

---

① 金融研究编辑部. 票据承兑与贴现 [M]. 上海：上海金融学会，1983：72-74.

限制。①

三、建立重庆联合票据承兑所

抗日战争时期，经济向西南大后方迁移，国民政府为活跃战时金融，鼓励并扶持战时生产，致使大后方资金需求激增，于是开始在大后方推行票据承兑、贴现与重贴现业务。随着四联总处的内迁，票据承兑与贴现获得了更加广阔的发展空间。为加速促进重庆区域性票据市场的建立，财政部及四联总处组织筹建重庆联合票据承兑所。

1. 重庆联合票据承兑所的创建历程

为活跃战时金融，扶持生产，推动票据承兑、贴现与重贴现业务的开展，财政部在1938年4月颁布的《改善地方金融机构办法纲要》中明确指出应增加农业票据、商业票据的承兑及贴现。② 为进一步满足市场资金需求，促进承兑贴现独立发展，四联总处着手拟定《推进银行承兑贴现业务暂行办法》，在一定程度上使"放款"与"承兑"相区别，并于1940年1月29日正式颁布施行。1943年4月，财政部颁布《非常时期票据承兑贴现办法》，促进了大后方票据业务的开展。为积极推进《非常时期票据承兑贴现办法》，建立票据市场，财政部提议组织创建票据承兑机构，并附设征信组织。提案得到四联总处赞同后，相关人士开始研究并拟具设立票据承兑贴现机构办法，该办法于1943年10月6日由四联总处副主席孔祥熙批准；随后，建立票据市场筹备委员会，起草承兑所组织章程，并开始组织筹备相关事项。1944年10月2日，重庆联合票据承兑所正式开业。③

2. 重庆联合票据承兑所的组织形式

重庆联合票据承兑所由政府组织推动，由政府督导，实行会员制，财政部、四联总处、中央银行均参与组织。中国银行、交通银行、中国农民银行、中央信托局、邮政储金汇业局（以下简称"三行两局"）是重庆联合票据承兑所的基本所员，经过财政部核准注册的商业银行及钱庄必须加入承兑所成为普通所员。重庆联合票据承兑所设立承兑基金2500万元，由所员银行及行庄认缴后一次缴足，"三行两局"所认缴的基金不得少于基金总额的1/2。重庆联合票据承兑所分组办事，视事实需要附设征信机构及联

---

① 重庆金融编写组. 重庆金融（上卷）[M]. 重庆：重庆出版社，1991：337-338.
② 财政部制定改善地方金融机构办法纲要[J]. 商业月报，1938，18（5）：57.
③ 万立明. 近代中国票据市场的制度变迁研究[M]. 上海：上海远东出版社，2014：77-78.

合仓库。①

3. 重庆联合票据承兑所的职能

除银钱同业外，与生产事业有关的合法商业行为均可申请承兑。重庆联合票据承兑所创办的目的在于"辅助工商，促进生产，所承兑票据的用款以有关生产事业者为原则"②，通过对符合条件的票据进行承兑，实现工商业票据增信。承兑后的票据可在市面上流通，进行贴现、转让、重贴现。

4. 重庆联合票据承兑所的主要业务内容

重庆联合票据承兑所的主要业务包括承兑、贴现和重贴现。

（1）承兑

符合条件的工商业可以向重庆联合票据承兑所申请承兑，申请时需提供担保品、用途申请书以及合法商业行为证件以证明商业行为的合法性。重庆联合票据承兑所附设联合征信所对各行业情形进行调查，为降低风险，重庆联合票据承兑所要求承兑时所提供的担保品须为实物保证，并交由联合仓库进行存放与保管，而且需收取票面金额的千分之五作为承兑手续费。

（2）贴现及重贴现

经承兑的票据可以自由买卖，或向任何行庄贴现，必要时可向中央银行重贴现。

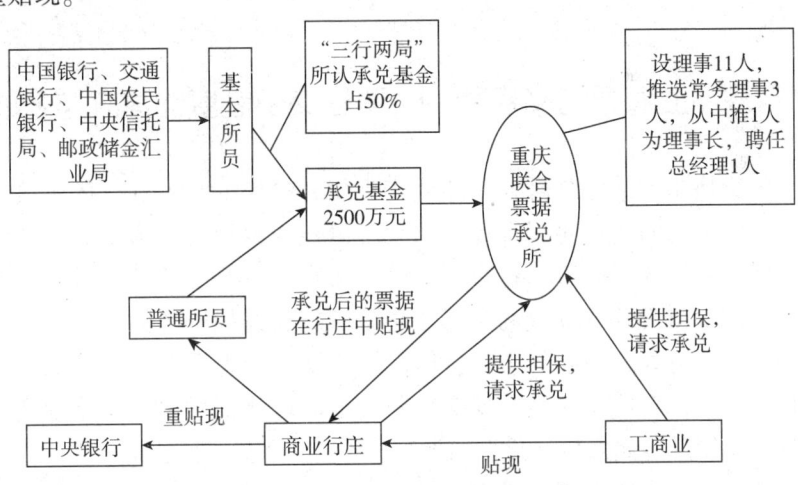

图 4-13　重庆联合票据承兑所运营示意图

（资料来源：万立明. 近代中国票据市场的制度变迁研究 [M]. 上海：上海远东出版社，2014：212）

---

① 重庆市档案馆，重庆市人民银行金融研究所. 四联总处史料（下）[M]. 北京：档案出版社，1993：594-596.

② 市闻一束 [N]. 新华日报，1944-11-29（3）.

5. 重庆联合票据承兑所的管理制度

重庆联合票据承兑所采用联合组织的形式，由政府机构发起并推动组建，其组织、运营完全掌握在政府机构手中，完全由政府主导。重庆联合票据承兑所设理事 11 人，由财政部、四联总处、中央银行及"三行两局"各派 1 人担任，其余 3 人由会员大会选举产生，在承兑所理事中，政府代表占 8 人，是集政府力量所设立的票据承兑机构；承兑所设常务理事 3 人，从中推举 1 人作为常务理事长，由孔祥熙（孔祥熙缺席期间由郭景琨代理）担任，聘任王志莘为总经理，并设置协理 2 人，秉承理事长的命令，处理承兑所的日常事务。

6. 建立重庆联合票据承兑所的意义与启示

重庆联合票据承兑所成立于抗日战争时期，通过承兑所为工商企业票据进行增信，增强了票据的流通性，对于活跃大后方资金运用，促进工商业、生产事业发展具有重要意义。重庆联合票据承兑所的成立推动了票据贴现制度的发展，扩张了中央银行重贴现的运用，成为大后方票据市场的核心，促进了重庆票据市场的繁荣与发展。

重庆联合票据承兑所是一个票据承兑专营机构，通过对符合条件的工商业票据进行承兑，实现了票据的增信，对于培育工商信用具有重要的借鉴意义。

第四节　上海票据交换所——票据交换制度的建立与发展

票据交换制度又称票据清算制度。19 世纪末 20 世纪初，伴随着钱庄与外商银行两强局面的产生，市场上出现了以钱庄票据清算为主导、外商银行票据清算并存的票据清算格局。直到 1933 年上海票据交换所成立，新型票据交换制度出现并逐渐成为市场主导。随着新式银行势力的扩张，作为新式银行票据清算总中心的中国银行以及汇划总会先后以会员身份加入上海票据交换所，自此，新型票据交换制度逐渐取代旧式票据清算制度，新旧票据交换制度开始发生转化。同年 5 月，重庆票据交换所也宣告成立。抗日战争期间，重庆票据交换所先后经历了中国银行重庆分行承办时期、四川省银行与钱庄共同维持时期和中央银行办理时期三个时期，发展十分曲折。① 1935 年,《中央银行法》虽然将"办理票据交换及各银行间之划拨结算"② 列入营业范围,但只是名义上的规定。1942 年 6 月 1 日起,中央银行设立票据业务科,开始正式主持重庆票据交换工作③,随着票据交换工作正式开展,中央银行票据清算职能得以确立。自此,重庆票据交换制度完成了由银行、钱庄共同维持到中央银行主持的转化。

1945 年以前,钱业的票据清算机构仍然是一个重要的票据清算中心。战后,上海票据交换所改组,结束了上海票据交换三分天下的局面,建立起统一的票据交换制度。解放战争时期,中央银行主持票据交换的范围逐渐扩大至全国范围内,主持全国清算事务的职能正式确立,票据交换制度完成了由直接交换制度和代理交换制度并存向直接交换制度的转变。

一、上海票据交换所成立前的交换制度

早在华商银行成立之前,钱庄和外商银行已经发展了各自独特的票据清算制度。到 1933 年上海票据交换所成立前,华商银行都必须依附于钱庄或外商银行进行票据清算,票据市场呈现出以汇划总会为中心的钱庄汇划制度和以汇丰银行为中心的外商银行票据清算制度并立的格局。

1. 钱庄票据清算制度

1890 年以前,上海钱庄曾长期实行"划"与解现的清算方法。所谓"划"就是"同业之间把自家应收应付的数目彼此相拨相抵,以免收解之烦"④,而拨剩的余数则采用现银解送的方法结清,即每晚由老司务向应收的同行分送银子。这是一种直接的清算方法,但手续烦琐,费时费力,安全性差,远远不能满足当时的需求。

1890 年前后,上海钱业公会设立汇划总会,并创造汇划制度(又称公单清算制度)。汇划总会是票据清算的中心机构,设于宁波路上海钱业公会内,是上海钱业公会的附属机关。

在上海票据交换所成立前,汇划总会一直占据着票据清算中心的地位。据统计,1925 年,汇划总会收付的银两公单约为 73 亿两,到 1931 年增长至近 166 亿两;收付的银元公单从 1925 年 11 亿余元增长至 1931 年约 40 亿

---

① 张格. 抗战时期重庆金融市场研究(1937—1945)[D]. 重庆:西南大学,2019.
② 中国人民银行总行金融研究所金融历史研究室. 近代中国金融业管理[M]. 北京:人民出版社,1990:264.
③ 中央银行兼理票据交换业[N]. 大公报(重庆版),1942-06-03.
④ 中国人民银行上海分行. 上海钱庄史料[M]. 上海:上海人民出版社,1960:493.

元，增速之快由此可见，但受到1932年"一·二八"事变的影响，汇划总会公单收付数量大幅下降。总体来看，汇划制度是近代中国票据交换发展过程中的一次制度创新，已经具备了现代票据交换的某些特征，可视为现代票据交换制度的雏形。但是，汇划制度也存在一定的局限性。

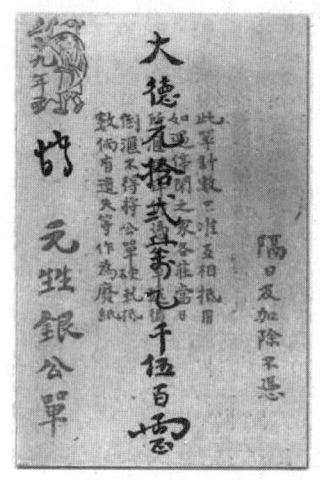

图4-14 公单

（资料来源：傅为群.九府裕民：上海钱庄票图史[M].上海：上海书店出版社，2002：106）

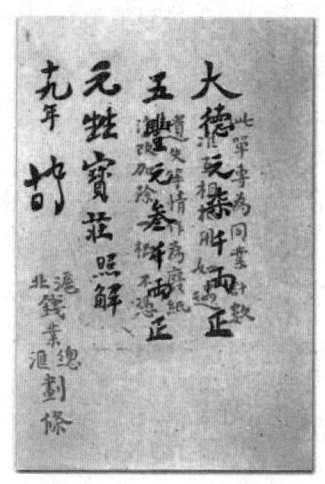

图4-15 汇划总会划条

（资料来源：傅为群.九府裕民：上海钱庄票图史[M].上海：上海书店出版社，2002：106）

表4-4 1924—1932年汇划总会公单收付情况

年份	银两公单		银元公单（千元）	共计（千元）
	银两数（千两）	折合银元（千元）		
1925	7311970	10065393	1189877	11255270
1926	9861303	13684107	1590127	15274234
1927	8092653	11318396	1506198	12824594
1928	9471590	13246979	1849292	15096127
1929	10463162	14633793	2309687	16943480
1930	13416373	18764158	2918304	21682462
1931	16622098	23247690	4066081	27313771
1932	10640504	14881824	2649704	17531528

资料来源：(1) 中国人民银行上海分行.上海钱庄史料[M].上海：上海人民出版社，1960：203；(2) 崔晓岑.中央银行论[M].北京：商务印书馆，1935：附录47.

此外，在其他地方也出现了类似的票据交换制度，如宁波的过账制度以及天津的拨码制度,其中,宁波的过账制度影响较大。①

宁波的过账制度在1843—1844年开始实行,其不使用票据,而用账簿代替,是一种将清算制度与票据交换制度结合起来的独特的制度形式。"所谓过账者,意即为与统一地域内钱庄交易者遇有金钱收解之必要时,双方可互相通知其所来往之钱庄,付款人应从自己款项下付出一笔,而以之转账于收款人有来往之钱庄,即于收款人之存款项下加收一笔,易言之即甲乙双方间之债权债务不以现银收受,而各于其往来钱庄之账簿上实行其清算也。"② 过账制度实行后取得了十分好的效果,深受客户欢迎,在宁波施行将近一百年,直到1941年宁波沦陷才被迫终止。③

2. 外商银行票据清算制度

在华外商银行又被称为"外滩银行",其发行和使用的票据称为"划头票据",当日到期,当日即可取现。外商银行之间的票据清算通过买办间来主持,付款行买办间并不支付现金,而是出给一张称为"大划条"的凭条,每晚结算差额。汇丰银行实力强劲,划头银两的清算被其控制,以汇丰银行为中心,由其买办间主持的票据清算格局得以形成。同业间每日轧账后,应解的款项,均分别开给汇丰银行"大划条",营业结束后,买办间开具当天内应收应付细数和差额清单,并把收进的"大划条"附上,交汇丰银行买办间进行核对,应收差额寄存于汇丰银行,应付差额由汇丰银行寄库于付款行。④

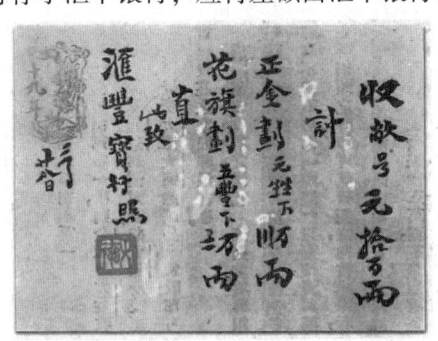

图4-16 钱庄与外商银行清算划条

(资料来源:傅为群.九府裕民:上海钱庄票图史[M].上海:上海书店出版社,2002:105)

---

① 万立明.上海票据交换所研究(1933—1951)[M].北京:中国书籍出版社,2019:12.
② 有本邦造作,陶月译.宁波过账制度之研究(一)[J].银行周报,1931,15(35).
③ 中国人民银行总行金融研究所金融历史研究室.近代中国的金融市场[M].北京:中国金融出版社,1989:212.
④ 石涛.近代中国票据交换制度演变探析[J].哈尔滨商业大学学报(社会科学版),2012(1):69-77.

图 4-17　东亚银行上海支行公司票据（划头）

（资料来源：中国金融学会，中国钱币博物馆，新华通讯社摄影部，中央文献出版社．中国金融珍贵文物档案大典（近代金融第四卷）[M]．北京：中央文献出版社，2002：34）

钱庄与外商银行之间的票据清算也由汇丰银行主持。中外贸易中，中国商人会收到外国商人开具的支票，外国商人也会收到中国商人出具的庄票。因此，外商银行与钱庄之间的票据清算通过轧抵外国银行支票与中国钱庄庄票的方法来进行，大多数情况下，双方账务轧抵后大致平衡。

由于划头银元票据素来使用现款直接收解，安全性、便利性差，经多方商议后，决议从 1931 年 1 月 5 日起，所有对外商银行的银元票据交换一律交由中国银行代理，中国银行成为划头银元票据清算中心。"废两改元"后，银两票据不复存在，中国银行成为银钱业对外票据清算的代理。1935 年 11 月法币政策实施后，中国银行正式取代汇丰银行成为外商银行总汇划。[①]

3. 华商银行票据清算制度

由于华商银行没有自己的票据清算机构，其票据清算必须通过钱庄和外商银行进行。在华商银行中，有的专用汇划票据，有的专用划头票据，

---

① 石涛．近代中国票据交换制度演变探析[J]．哈尔滨商业大学学报（社会科学版），2012（1）：69-77.

还有的两种票据并用。使用汇划票据的新式银行需委托钱庄代为清算,使用汇头票据的新式银行需委托外商银行代为清算。

二、成立上海票据交换所

20世纪二三十年代,随着中国新式银行的发展壮大,钱业开始衰退。由于清算机构的缺失,中国新式银行与钱庄之间、中国新式银行间的票据收解必须通过汇划总会进行,使得资金分散于钱庄,"在银行业的规模逐渐超过钱业而其票据清算量又十分庞大的情况下,继续委托汇划庄进行票据交换与银行的实力不相称,又增加了委托成本",不利于中国银行业的发展。[①] 1929年《中华民国票据法》颁布实施,使得票据流通更为广泛,这也进一步激发了商业银行对于票据交换制度的渴求,而1932年上海市银行业同业公会联合准备委员会的成立则直接促成了上海票据交换所的诞生。

1. 上海票据交换所的创立

为积极推动上海票据交换所筹办事宜,上海银行公会曾于1922年至1932年五次筹划组建交换所,但最终都未付诸实践。受到"一·二八"事变的影响,上海银行界深感团结同业、巩固金融的重要性。在中国银行总经理张嘉璈的提议下,1932年3月15日,上海市银行业同业公会联合准备委员会正式成立。[②] 联准会成立后不久,上海市银行业同业公会便将上海票据交换所的筹办工作委托给联准会。1932年6月,联准会开始筹划组建票据交换所;同年11月,联准会决议建立票据交换所委员会,朱博泉担任委员会主席,并开始着手置办各项规章制度。经过联准会多次周密的筹划和研讨,最终拟订兼办票据交换事宜章程草案。为使票据交换所开业后各项交换手续顺利进行,1933年1月6日、7日、9日,在朱博泉的指导下,各交换银行的交换员开始了为期三天的试验交换练习;[③] 1月10日,上海票据交换所在香港路59号上海银行公会大楼底层大厅正式开业。上海票据交换所是中国历史上第一家完全凭借商业银行自己的力量创办的正规化的票据交换所,其成立标志着上海银行家们在近代化经营活动中迈出了新的

---

① 杜恂诚. 20世纪二三十年代中国信用制度的演进 [J]. 中国社会科学, 2002 (4).
② 石涛. 近代中国票据交换制度演变探析 [J]. 哈尔滨商业大学学报(社会科学版), 2012 (1): 69-77.
③ 万立明. 上海票据交换所研究(1933—1951)[M]. 北京:中国书籍出版社, 2019: 40, 44.

步伐。

图 4-18　上海票据交换所外景

（资料来源：万立明．上海票据交换所研究（1933—1951）[M]．北京：中国书籍出版社，2019：36）

图 4-19　上海票据交换所大门

（资料来源：互联网搜集）

图 4-20　上海票据交换所内景

（资料来源：互联网搜集）

2. 上海票据交换所的初步发展

上海票据交换所成立之初，仅进行银元票据的交换，1933 年 2—3 月，才陆续加入汇划银元票据、银两票据、汇划银两票据的交换；同年4月，在"废两改元"实行后，废除银两票据收付。①

1933年2月，上海票据交换所委员会决议"各交换银行本市分支店及联属机关（如储蓄部、信托部及房地产部）应于3月16日加入交换，由交换银行各自代理"②，将交换范围由城区扩大到市区。由于当时中央银行尚未加入票据交换，此时期的票据交换由中国银行、交通银行居间办理，随着交换业务的扩大，交换银行往来户款项收付日益频繁，1935年6月，中国银行、交通银行特设立联合办事处于联准会，专门办理交换银行往来收解款项。在金融风潮的影响下，钱业发生大恐慌，开始实行票据集中交换，上海票据交换所开始代收会员钱庄票据；同年7月，联准会也加入上海票据交换所。上海票据交换所成立之初共有交换银行32家，1937年增至46家。③

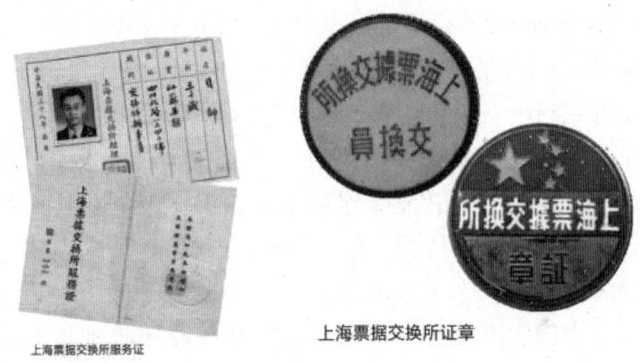

图 4-21　上海票据交换所服务证与证章
（资料来源：互联网搜集）

从票据交换数据来看，1933—1936年，上海票据交换所票据交换不论是从交换金额、交换张数还是从单张平均金额来讲，都呈现出上升的趋势，交换数据的变化充分反映了票据交换业务规模的增长。1937年受抗日战争全面爆发影响，票据交换数据有所回落，但总体变化不大。

---

① 万立明. 上海票据交换所研究（1933—1951）[M]. 北京：中国书籍出版社，2019：52.
② 票据交换所委员会第七次会议记录（1933年2月22日）[B]. 联准会档案，S177-1-18.
③ 万立明. 上海票据交换所研究（1933—1951）[M]. 北京：中国书籍出版社，2019：52-53.

表 4-5　1933—1937 年上海票据交换所票据交换统计情况　　单位：元、张

年份	交换金额	交换张数	单张交换票据平均金额
1933	1966451761.83	902660	2178.51
1934	3222116609.54	162774	1979.45
1935	3715828325.01	1859231	1998.58
1936	5984308071.10	2578913	2320.48
1937	5808128309.49	2396617	2423.47

资料来源：万立明.上海票据交换所研究（1933—1951）[M].北京：中国书籍出版社，2019：58.

注：（1）"废两改元"以前按 715∶1 的比例计算并入银元。

（2）委托代理交换的各项数字未计入总数。

3. 上海票据交换所的勉力维持

1937 年淞沪会战爆发，坚守三个月后，上海沦陷，只留下中国银行、中央银行、交通银行的三家分行在租界继续营业。① 日本企图通过设立伪银行、推行伪币等方式逐渐摧毁中国经济命脉，日伪逐步拿捏上海各金融机构，并从组织上、制度上操控整个金融市场，上海票据交换所就是在如此背景之下苦苦支撑，勉励维持。②

1941 年太平洋战争爆发后，日军侵入上海租界，原中央银行、中国银行、交通银行、中国农民银行、中央储蓄会和外商银行都被其接管。迫于日伪的高压政策，上海票据交换所被迫改以"中储券"为本位币，并规定各交换行庄将原有法币存欠折算成"中储券"进行票据交换。在更改票据交换本位币的同时，日伪开始图谋掌控票据交换存款和差额转账事宜，在联准会的据理力争之下，日伪仅获得了交换银行现钞交换差额转账办理权，而汇划交换差额转账以及代理交换银行和往来行庄收付、拆放等仍由联准会和上海票据交换所办理。除此之外，日伪还试图通过修改交换所章程将"中储行"参加上海票据交换所、成为上海票据交换所委员的当然委员和承担交换银行差额转账等事宜写进章程，并下令将上海票据交换所代理交换银行交由"中储行"代理交换，如此种种，处心积虑地通过一系列举措实现对上海票据交换所的控制。尽管上海票据交换所通过种种方式据理力争，

---

① 江西财经大学九银票据研究院.票据史[M].北京：中国金融出版社，2020：142.
② 万立明.上海票据交换所研究（1933—1951）[M].北京：中国书籍出版社，2019：60-61.

试图维持独立,但迫于形势,最终沦为"中储行"的附庸机构。①

从票据交换数据来看,此时期票据交换和代收票据金额与张数先大幅下降后持续上升,尤其是1943—1945年呈现出直线上升趋势,这一方面反映了太平洋战争爆发后,上海金融业畸形繁荣,委托代理交换银行数量猛增,另一方面印证了当时的恶性通货膨胀程度以及"中储券"的掠夺性。

表4-6 1937—1945年上海票据交换所票据交换统计情况

单位:法币元、"中储券"、张

年份		交换金额	交换张数	代收金额	代收张数
1937		5808128309.49	2396617	913549095.08	1004683
1938		2176335120.89	1423501	485851818.51	435577
1939		5031003127.92	2348770	830923121.62	515758
1940		11080089722.44	3115442	3838350611.83	1058945
1941		15290652878.94	3090149	18084467596.50	3064665
1942	1—5月	4086201619.99	645777	8055711928.82	837932
	6—12月	8397533971.62	858584	11123490927.39	1001634
1943		57709631757.11	2643758	82910560148.95	3103766
1944		258700980947.95	3422827	530600863981.71	5177398
1945		4091839382940.53	—	—	—

资料来源:朱斯煌.民国经济史:银行周报三十周年纪念刊[M].上海:银行学会、上海银行周报社,1948:514-516.

注:表中单位1942年6月前为法币元,1942年6月开始改为"中储券"。

4. 上海票据交换所的改组与拓展

抗日战争胜利后,国民政府开始通过复员、接受和清理等方式逐渐建立起以国家资本银行为主体的金融体系,上海全国金融中心的地位再度凸显。对于是否接受上海票据交换所,各派意见存在分歧,相持之下决定采取折中的办法对其进行改组。应金融管理当局的要求,上海票据交换所采取一系列措施消除日伪的影响,逐渐将票据交换单位恢复为法币。为加强金融业管理,金融管理当局借接受和清理的契机对上海票据交换所进行改组、合并,将原有的三个交换中心合为一个,并规定钱庄和外商银行也必须加入上海票据交换所,使得上海票据交换所成为全市唯一的票据交换机

---

① 万立明.上海票据交换所研究(1933—1951)[M].北京:中国书籍出版社,2019:73-84.

构,并建立起全市统一的票据交换制度。值得注意的是,改组后的上海票据交换所实则为接受中央银行的委托代为办理上海市票据交换业务。[①]

由于上海票据交换所的改组和战后上海金融业的畸形繁荣,加入上海票据交换所的行庄由1946年的133家增长到了1949年的232家,其增长以私营行庄为主。随着通货膨胀愈演愈烈,此阶段票据交换数额激增,以致朱博泉评价道"解放前夕,通货膨胀如野马脱缰,一日数涨,由此也造成信用膨胀,各种票据满天飞,交换票据的张数与金额随之激增,给交换带来困难。4月14日那天,中国银行收到的票据有21万张,派大卡车到交换所接运。办理的人员一看就吓昏,一个通宵也整理不完。交换员工作繁重,连月不得休息,精神疲惫不堪,票据根本来不及复核"[②],充分反映了当时法币和金圆券的贬值程度。

表4-7 1945年11月至1949年5月上海票据交换所票据交换统计情况

单位:法币元、金圆券元、张

时间	交换金额	交换张数	单张交换票据平均金额
1945年11—12月	286002105465.13	699815	408682.45
1946年	45732586713184.08	18834615	2428113.70
1947年	523007906496886.85	38283600	13661408.71
1948年	54020606139.50	57508979	939.34
1948年1—5月	109167228952789.09	41397940	2637020.80

资料来源:1950年票据交换所月报[B].上海票据交换所档案,Q52-2-22.

注:1948年7月以前以法币为本位,1948年8月至1949年5月为金圆券为本位,1948年数字按照300:1折合成金圆券计算。

5. 上海票据交换所的停业

上海解放前夕,国民政府自顾不暇,中央银行无心履责,便将自身职责交由上海票据交换所负责。值此非常关头,上海票据交换所独自担负交换与清算的重任。然而,1949年5月25日,苏州河以南的上海市区大部分被解放,时局动荡,上海市银钱同业都在等待当局指示,暂停收付,因此

---

① 万立明.上海票据交换所研究(1933—1951)[M].北京:中国书籍出版社,2019:97-105.

② 朱博泉.记上海票据交换所[A].陆坚心,完颜绍元.20世纪上海文史资料文库(第5辑)[M].上海:上海书店出版社,1999.

第四章 《中华民国票据法》出台后的票据

上海票据交换所也不得不宣布停业。①

6. 上海票据交换所重新复业与中国人民银行接办

1949年5月上海解放后,中国人民解放军上海市军事管制委员会下属的财政经济接管委员会金融处对上海金融业进行接管和监督。因此,上海票据交换所也快速被接收、清理,并于6月2日正式复业,规定以人民币为货币本位进行票据交换,交换准备金转存中国人民银行,交换差额转账事宜由中国人民银行负责,并规定所有解放前在该交换所的交换余额均按照10万伪金圆券对1元人民币的兑换比例进行兑换,最终汇存至中国人民银行。自此,交换行庄与原中央银行的关系彻底断绝,开始与中国人民银行上海分行建立了联系。②尽管上海票据交换所的日常管理和运作仍由交换所负责,但实际上上海票据交换所已由中国人民银行掌控。③自上海票据交换所复业以后,交换行庄骤减,从原来的230家减至81家,交换场次也由四个缩减至两个,导致人员臃肿和经费减少,致使交换所难以正常运转。④1951年2月1日,中国人民银行上海分行正式接办上海票据交换所,承担信用调节、现金管理和行庄检查等工作。

表4-8 解放后上海票据交换所票据交换统计情况　　　单位:元、张

时间	交换金额	交换张数	单张交换票据平均金额
1949年6—12月	11283015154160.03	14692144	767962.47
1950年	67016458775650.00	21119154	3173254.89

资料来源:(1)1949年上海票据交换所月报(第12期)[B].上海票据焦化过档案,Q52-2-21;(2)1950年票据交换报告书[B].上海银行公会档案,S172-4-34.

三、上海票据交换所成立后的票据交换制度变迁

虽然南京国民政府在1928年11月设立了中央银行,1935年5月颁布《中央银行法》试图将票据清算收归中央银行管理,同年11月,计划改组中央银行,担任全国票据清算任务,但这些计划都因时局所限未能成功实施。1936年1月26日,中央银行以会员身份加入上海票据交换所。上海票

---

① 万立明.上海票据交换所研究(1933—1951)[M].北京:中国书籍出版社,2019:118-119.
② 江西财经大学九银票据研究院.票据史[M].北京:中国金融出版社,2020:143.
③ 万立明.上海票据交换所研究(1933—1951)[M].北京:中国书籍出版社,2019:133-135.
④ 江西财经大学九银票据研究院.票据史[M].北京:中国金融出版社,2020:143-144.

据交换所是在中央银行主持票据清算制度缺失情况下的又一次金融创新，是中国第一家以商业银行自身之力创办的清算机构，是我国商业银行独立主持票据交换制度的开端。上海票据交换所成立后，华商银行有了自己的票据交换所，银行内部工作效率得到了提高，经营成本有所降低。1933—1936年，上海票据交换所交换总额和交换张数稳步增长，1936年分别达到59.8亿元和258万张，分别较1933年增长2倍和1.8倍多。

表4-9 1933—1936年上海票据交换所票据交换数额统计情况 单位：元、张

年份	交换总额	交换张数
1933	1966341761.83	902660
1934	3222116609.54	1627748
1935	3715828325.01	1859231
1936	5984308071.10	2578913

资料来源：万立明.上海票据交换所研究（1933—1951）[M].北京：中国书籍出版社，2019：48，81.

但是，在上海票据交换所成立后的一段时间内，华商银行与钱庄之间的票据交换仍通过汇划总会办理。直到1936年6月10日，上海钱业联合准备库加入上海票据交换所后这一局面才有所改变。此后，银行与钱庄之间的票据交换统一由上海票据交换所办理，标志着钱业票据清算中心的地位正式被上海票据交换所取代。1937年抗日战争全面爆发后，上海钱业公会决定设立票据交换所，后来因为新型票据交换制度"颇收成效，而决定成为永久性质"①。自此，存在了半个多世纪的钱庄汇划制度宣告消亡，正式被票据交换制度取代。

抗日战争时期，重庆通货膨胀严重，市面银根紧缩，为稳定金融，活跃银根，中央银行开始筹建票据交换所。1942年6月1日，中央银行设立票据业务科，开始正式主持重庆票据交换工作，揭开了中央银行主持票据交换业务的序幕。抗日战争胜利之际，中央银行副总裁陈行极力主张接收上海票据交换所，虽然遭到贝淞荪、张公权等人的反对，但在宋子文的支持下，最终决定对上海票据交换所进行改组。之后，出台改组计划，成立新票据交换所委员会，并于1945年10月18日召开第一次委员会并出台决议，决议指出中央银行委托上海银钱业两公会合组票据交换所，代办票据

---

① 中国人民银行上海分行.上海钱庄史料[M].上海：上海人民出版社，1960：541.

交换业务，规定了交换席次总额及名额分配，确立交换行庄名单，重新编订了交换和代理交换行庄号次。在选定重要职员方面，决定沿用战前直接交换与委托代理交换相结合的票据交换制度。等一切准备工作就绪后，改组后的上海票据交换所于1945年11月1日在原上海票据交换所旧址处正式成立。同年12月，外商银行相继复业，先后加入上海票据交换所，票据交换范围进一步扩大，结束了上海票据交换三分天下的局面，真正成为一个在中央银行监督下独立且为全市唯一的票据交换机构。①

抗日战争胜利后，上海票据交换所的委托代理交换行庄数量激增，大大超过直接交换行庄，委托代理交换行庄便利性不如直接交换行庄，遂对直接交换和代理交换制度产生不满，上海票据交换所于1946年10月开始设计交换方案，虽中途多次就方案可行性致函相关机构，但未得到批复。直至1947年7月才选定分组直接交换制度，并于1948年2月21日正式实施。此次制度变迁是由基层发起的渐进式的、需求探索性质的变迁方式，以现存制度结构作为出发点，更符合金融制度发展的内在规律。②

第五节　中央银行与票据发展

近代中国中央银行建设肇始于1905年清政府户部银行，其发展经历了晚清、北洋政府和国民政府三个历史时期。③ 1908年，户部银行改名为大清银行，并制定《大清银行则例》，这是中国第一部正式的中央银行法。进入民国以后，中国银行、交通银行先后发挥着中央银行的职能作用，由于中国银行、交通银行业务分工不明晰，而且营业内容多有重叠，导致竞争与矛盾出现，对国家财政金融的发展产生了严重的负面影响，④ 以致有学者评论道"吾国素无中央银行，从前中交两行，虽有代理国库，及发行纸币之特权；然事实上，究不足以当中央银行之使命"⑤。南京国民政府建立后，开始了中央银行的筹建工作，尽管国民党政权曾分别于1924年和1927年建立广州中央银行和汉口中央银行，然此二行"不过随军事而进展，仅具中

---

① 万立明. 试论战后上海票据交换所的制度变迁 [A]. 复旦大学中国金融史研究中心. 中国金融制度变迁研究 [M]. 上海：复旦大学出版社，2008：243-257.
② 万立明. 试论战后上海票据交换所的制度变迁 [A]. 复旦大学中国金融史研究中心. 中国金融制度变迁研究 [M]. 上海：复旦大学出版社，2008：243-257.
③ 石涛. 近代中国中央银行史 [M]. 北京：商务印书馆，2021：1-2.
④ 石涛. 近代中国中央银行史 [M]. 北京：商务印书馆，2021：48-96.
⑤ 杨荫溥. 杨著中国金融论 [M]. 上海：黎明书局，1932：35.

央银行之名义"①,不具有中央银行的实质。但是,值得一提的是,广州中央银行首次使用了"中央银行"这一称谓,而且对此后南京国民政府中央银行制度设计产生了重要影响,因此被不少人视为民国政府统治时期中央银行的起源。② 1928年11月,南京国民政府中央银行,即近代中国中央银行在上海正式成立。

一、中央银行筹备背景

近代中国中央银行是在世界中央银行大发展、国内币制统一、信用机构缺失,以及国民政府政权巩固等多重背景下应运而生的。

1. 第一次世界大战后金融发展的趋势

第一次世界大战爆发后,各参战国政府为筹备军费,向中央银行大举垫借,或以国库票据贴现,中央银行钞票发行量猛增,致使通货膨胀,物价上涨,进一步刺激了政府财政支出扩张,政府更加依赖中央银行钞票增发,如此恶性循环,使得战时金融极度混乱。战后,在寻求币值稳定、复兴经济的过程中,各国政府及经济学界逐渐认识到中央银行的特殊功能。1920年布鲁塞尔国际金融会议要求各国中央银行从调节金融、管理信用出发,保持相对独立性,不可盲目、无限制地为政府垫款,强调了中央银行对恢复和维持通货与银行制度稳定的重要性,呼吁尚未设立中央银行的国家尽快设立中央银行。1921年后,已成立中央银行的国家纷纷寻求中央银行改革,没有成立中央银行的国家也相继投身于中央银行的组建中,到第二次世界大战爆发前,中央银行几乎在世界各国普遍存在。③

2. 币制统一化发展的需要

鸦片战争后,五口通商,经济贸易往来推动了近代中国货币制度的发展。民国建立后,北京政府制定《国币条例》和《国币条例施行细则》,废除银两本位制,采用银本位制。然而,由于外商银行以及与之关系密切的钱庄仍采用银两为记账单位,造成了市面上银两与银钱并行的场景。在银元流通之际,各地开始铸造银角以辅助银元流通,不同铸币厂所铸银角质式、成色各有差距,造成了区域流通的局面,加剧了近代中国币值的混乱。除此之外,随着外商银行入侵,外国纸币在中国境内非法流通,使得社会

---

① 崔晓岑. 中央银行论 [M]. 北京:商务印书馆,1935:244.
② 石涛. 近代中国中央银行史 [M]. 北京:商务印书馆,2021:129-130.
③ 刘慧宇. 中国中央银行研究(一九二八——一九四九)[M]. 北京:中国经济出版社,1999:5-6.

经济秩序遭到了严重的破坏，民国建立后，纸币流通更加混乱，尽管北京政府试图将纸币发行权集中于中国银行，但收效甚微，币制的统一化发展呼吁成立一个强有力的专门主持货币发行的中央银行。①

3. 信用机构发展及其缺憾

鸦片战争后，为便利对华贸易融通，加强对华的经济掠夺，外国列强相继在通商口岸设立银行，外商银行传入，与钱庄、银号、票号等旧式金融机构一并发展成为近代中国重要的信用机构。甲午战争后，为配合在华设厂的需要，外商银行加强在华的经济金融侵略，直接或间接把持国家财政，控制基础工业，操纵交通命脉等，给中国经济金融发展带来了恶劣影响，对国家巩固和民族生存造成了极大的威胁。旧式金融机构无力与之抗衡，钱庄甚至借助外商银行的支持，左右金融市场，对中国金融业发展产生了重要影响。外商银行的入侵激发了中国自办银行的热情，19世纪末，中国新式银行逐渐兴起。然而，由于多数中国新式银行盲目仿照外商银行而设立，而且资本薄弱，实力不足，面对资力及金融实力雄厚的外商银行，中国新式银行处处受其压迫，无法与之抗衡。②

4. 国民政府巩固政权的需要

南京国民政府成立初期，政权极其不稳定，在内部派系斗争和外部日本侵略势力的夹击下，国民政府必须拥有坚实的财政和经济基础来巩固政权。然而，军费开支巨大，财政部无力筹措，入不敷出的财政困境对新生政权的巩固造成了严重的威胁，蒋介石等国民党人士深感银行对于政府的重要性。为巩固政权、发展经济、解决财政危机，1928年，蒋介石以宋子文为财政部部长，着手筹建国家银行。③

二、中央银行的发展历程

1927年南京国民政府成立后，开始筹建中央银行。1928年11月，国民政府中央银行正式在上海成立。在此后的发展过程中，中央银行业务逐渐丰富，职能逐步完善，市场地位迅速提升。④

---

① 刘慧宇. 中国中央银行研究（一九二八——一九四九）[M]. 北京：中国经济出版社，1999：8-11.

② 刘慧宇. 中国中央银行研究（一九二八——一九四九）[M]. 北京：中国经济出版社，1999：11-20.

③ 刘慧宇. 中国中央银行研究（一九二八——一九四九）[M]. 北京：中国经济出版社，1999：20-25.

④ 石涛. 近代中国中央银行史[M]. 北京：商务印书馆，2021：124.

1. 初步发展（1928—1937 年）

近代中央银行成立之初，资本薄弱，信用尚不稳定，面对着外商银行以及中国银行、交通银行等金融机构的激烈竞争，发展阻力重重。就实力而言，中央银行在成立之初与中国银行、交通银行相比存在着较大的差异，如此实力难以完成掌握调剂全国金融事业的责任。为增强中央银行的资力及地位，国民政府采取了一系列积极措施。

表 4-10　中央银行、中国银行、交通银行实力比较　　单位：亿元、%

项目	年份	中央银行		中国银行		交通银行		金额总计
		金额	占比	金额	占比	金额	占比	
实收资本	1932	0.20	37.45	0.247	46.26	0.087	16.29	0.534
	1934	1.00	74.79	0.25	18.70	0.087	6.51	1.337
资产总额	1932	2.49	18.04	8.05	58.34	3.26	23.62	13.800
	1934	4.78	25.44	9.776	51.94	4.25	22.62	18.790
发行额	1932	0.40	12.54	1.84	57.68	0.95	29.78	3.190
	1934	0.86	21.34	2.05	50.87	1.12	27.79	4.030
各项存款	1932	1.69	17.98	5.57	59.26	2.14	22.77	9.400
	1934	2.73	21.82	6.85	54.76	2.93	23.42	12.510
各项放款	1932	1.63	20.61	4.55	57.52	1.73	21.87	7.910
	1934	1.67	15.11	6.74	61.00	2.64	23.89	11.050
纯益	1932	0.12	83.91	0.018	12.59	0.005	3.50	0.143
	1934	0.15	84.27	0.019	10.67	0.009	5.06	0.178

资料来源：石涛.近代中国中央银行史［M］.北京：商务印书馆，2021：141-142.

（1）改组中国银行、交通银行

为构建国家垄断金融体系，在筹建中央银行时，国民政府开始对中国银行、交通银行进行改组，取消它们作为国家银行的地位，增加政府官股占比，并控制其人事权，国民政府希望通过此举建立以中央银行为主体，中国银行、交通银行为两翼的银行体系。经过两次增资改组，"中央银行之资力顿见雄厚，其地位亦见提高"[1]，在国民政府的控制下，中国银行、交通银行逐渐发展成为"中央银行的辅助银行"[2]，以中央银行为核心的政府银行体系正式形成。在1935年第二次增资改组之际，国民政府成立中国农

---

[1] 中国第二历史档案馆.中华民国史档案资料汇编［M］.南京：凤凰出版社，2010：331.
[2] 郭荣生.民国孔庸之先生祥熙年谱［M］.台北：台湾商务印书馆，1981：96.

民银行，设立中央信托局，改组扩大邮政储金汇业局，"四行二局"政府金融体系正式建立。①

表4-11 中央银行、中国银行、交通银行实收资本统计　　单位：元、%

银行名称	1933年		1935年	
	资本额	占比	资本额	占比
中央银行	20000000	7.97	100000000	24.97
中国银行	24712200	9.85	40000000	9.99
交通银行	8715600	3.47	19715750	4.92
三家银行合计	53427800	21.30	159715750	29.88
全国银行总计	250835332	100.00	400496027	100

资料来源：中国银行总管理处经济研究室. 全国银行年鉴1936 [M]. 上海：汉文正楷印书局，1936：10-15.

（2）颁布《中央银行法》

随着中央银行的不断发展壮大，1927年颁布的《中央银行条例》已不适用，为此，国民政府于1935年5月正式颁布实施《中央银行法》。《中央银行法》对中央银行的资本、组织、特权、业务、决算、报告等做了详细的规定，进一步明确了中央银行的职责与特权，提高了中央银行的地位。与《中央银行条例》相比，《中央银行法》将中央银行的资本额由2000万元提高到1亿元，由国库拨足；将总行设于首都，取消支行名义，设分行；扩大董事、副总裁人数；降低商股占资本总额的比例至不得超过40%。

（3）改革币制

"白银风潮"冲击下，白银大量外流，中国银本位制濒临崩溃，为应对危机，国民政府放弃银本位制，实行法币政策。作为法币政策重要的制定者和法币政策实施的主要执行者，中央银行的货币发行、外币管理、代理国库等职能得到了显著加强，中央银行的地位进一步提升，②这被视为"中央银行强大的起点"③。

此阶段，中央银行借助国民政府政治特权不断充实自身力量，资产实力得到提升，各项业务稳步开展。然而，由于种种条件所限，此时的中央银行"尚属稚弱，犹未长成而不能发挥其应尽之功能。其组织较为单纯，

---

① 石涛. 近代中国中央银行史 [M]. 北京：商务印书馆，2021：143-144.
② 石涛. 近代中国中央银行史 [M]. 北京：商务印书馆，2021：145-147.
③ 盛慕杰. 论中央银行的贴放政策 [J]. 经济评论，1947，1（5）.

业务亦较为清简，分支机构亦未遍及全国"①。

表 4-12　中央银行发展情况统计　　　　　　　　　　　单位：元

年度		1928 年底	1937 年 6 月底
资本	实数	20000000	100000000
	指数	100	500
资产总额	实数	47470796	1477147078
	指数	100	3112
各项存款	实数	15410468	923885255
	指数	100	5995
现金	实数	18358010	532298205
	指数	100	2899
发行兑换券	实数	11712923	377961513
	指数	100	3227
纯益	实数	239360	7859532
	指数	100	3284

资料来源：石涛. 近代中国中央银行史［M］. 北京：商务印书馆，2021：212.

2. 职能完善（1937—1945 年）

法币政策的成功实施需要有健全的中央银行作为通货管理工具，因此，在法币改革之际，国民政府明确提出了改组中央银行的承诺。1936 年初，孔祥熙指定专家委员会开始制订改组计划，汲取世界各国的经验，旨在将其造成职能完善的现代化中央银行，此次改组有以下几个要点。

"（1）集中准备，使各商业银行存款准备除部分库存外，以相当比例存储于中央准备银行，既可随时提用，又可作为票据交换差额之划账基金，并据存款准备率升降控制信用，松紧银根，调剂金融之缓急。

（2）主持全国银行清算，司金融转账之责。

（3）办理票据贴现及重贴现，规定重贴现利率标准，作为存放款利率及市场贴现率的依据，据以实现对金融的宏观调控。

（4）统一全国纸币发行，保证物价与汇率稳定，按社会需求控制基础货币投放。

（5）对政府垫借，以短期小额调剂为主，力求设法使一般银行与公众认购政府债券，把注财政。同时通过公开市场活动吞吐债券，伸缩货币，

---

① 张度. 中央银行二十年来之变迁［B］. 中国第二历史档案馆藏.

调剂信用。"①

经过一年多的酝酿与努力，1937年6月25日，立法院通过了《中央储备银行法草案》及《中央银行改组过渡办法》。《中央储备银行法草案》规定国民政府为调剂金融、稳定货币，将现有中央银行改组为中央储备银行，简称中央银行，然而，随着抗日战争全面爆发，中央银行改组方案被束之高阁。

抗日战争爆发后，生产力遭到严重破坏，国民经济陷于萎缩，然而此时的中央银行并未取得独家发行货币之权，库款也未完全经收，尚无力独自承担调节战时金融的重任。在此背景下，财政部函令中央银行、中国银行、交通银行、中国农民银行合组四行联合办事处，后改组为四联总处，负责办理政府战时金融政策各项特种业务。在四联总处的协助下，中央银行的主导性逐渐发挥出来，职能逐步完备，主要体现在以下几个方面。

"（1）统一代理国库。1939年10月《公库法》正式实施，从此中央银行取得集中统一经办国库款的首付调拨之权。

（2）收存和保管各银行存款准备金，集中各大城市之票据交换，办理重贴现、转抵押、转押汇等项放款业务，并核定放款利率。

（3）负责办理外汇审核事务，并逐步取得外汇管理权。

（4）监督管理商业行庄业务，使之遵从金融政策，并配合国家战时经济政策。

（5）统一法币发行权。1942年7月1日起法币发行由中央银行独占，所有法币及作为法币准备的外汇与黄金统一集中于中央银行，这样便结束了四行共同发钞、分争发行权的局面。中央银行成为发行的银行，这是完全意义上国家中央银行确定的重要标志之一。"②

1942年，四联总处拟定《四行业务划分及考核办法》《统一发行实施办法》，中央银行的金融调控能力大大加强；同年6月制定的《修正中央银行、中国银行、交通银行、中国农民银行四行联合办事总处组织章程》进一步突出了中央银行的职权。③

3. 走向衰落（1945—1949年）

抗日战争结束后，中央银行接收大量日伪金融资产，实力大大增强。

---

① 刘慧宇. 中国中央银行研究（一九二八——一九四九）[M]. 北京：中国经济出版社，1999：57.
② 刘慧宇. 中国中央银行研究（一九二八——一九四九）[M]. 北京：中国经济出版社，1999：59-60.
③ 刘慧宇. 中国中央银行研究（一九二八——一九四九）[M]. 北京：中国经济出版社，1999：60.

为解决内战时期严重的通货膨胀问题,中央银行被赋予更多的使命,其职能在制度上更趋完备,组织机构渐趋严密,业务量骤增。然而,在恶劣的环境下,金融制度无法健全,中央银行的效能难以发挥。随着通货膨胀愈演愈烈,中央银行无法行使货币职能,信用全失,无法正常运转。①

三、中央银行的主要职能

中央银行的职能随着其发展而不断完善,其主要职能体现在"发行的银行""政府的银行""银行的银行"三个方面。

1. 货币发行

作为"发行的银行",货币发行职能是中央银行最基本和最重要的职能,是近代中央银行制度形成的一个重要原因和标志,也是中央银行有别于其他金融机构的独特之处。②

2. 代理国库

作为"政府的银行",中央银行具有为政府提供服务的职能,是辅助政府推行国家财政金融政策的中枢,一切财政的收支,均由中央银行代为经理。

3. 经理公债

公债是政府为筹集资金,以其信用为基础,向国内外借款或发行债券形成的债务,包括国内公债和国外公债两大类,经理公债是中央银行作为"政府的银行"提供的另一项金融服务。

4. 集中金银与外汇管理

金银、外汇既是重要的国际储备资产,同时也是一国货币价值的体现。因此,一般而言各国政府会将集中金银与外汇管理的权利交给中央银行,这也是中央银行作为"政府的银行"的重要体现。

5. 保管存款准备金

银行在吸收一定数量存款后,为应对存户随时提取之需,必须预留一部分现款作为准备金,除留存于本行的一部分库存现金外,剩余部分准备金需存入中央银行,此即为中央银行"银行的银行"称呼的由来。

6. 作为"最后贷款人"

作为"银行的银行",中央银行有在一般金融机构日常资金周转不畅,

---

① 刘慧宇. 中国中央银行研究(一九二八——一九四九)[M]. 北京:中国经济出版社,1999:60-61.

② 石涛. 近代中国中央银行史[M]. 北京:商务印书馆,2021:190.

或是金融紧急之时履行"最后贷款人"的责任。中央银行的"最后贷款人"职能主要通过重贴现、转抵押、转押汇等业务来体现,其中,以重贴现最为重要。

7. 主持票据清算

票据清算,又称票据交换,是指同城或同一区域内,参与交换的各银行在规定时间内,在交换场所将当日收进的以其他银行为付款行的票据同其他行收进的以该行为付款行的票据进行交换,在抵销债权、债务后,差额通过各银行在中央银行的账户进行划转清算。

8. 监督和管理

一国最高金融管理当局有对该国金融体系、业务、市场、政策等宏观执行方面进行监督、检查、管理的责任,由于中央银行的独特地位及其影响力,其更有能力担负起金融监管的职责。

9. 宏观调控

中央银行作为一国政府干预、控制、调节经济和金融的重要部门,是进行宏观调控的重要窗口,负有发行货币、管理信用、调节货币流通、进行资金再分配、实施货币政策、稳定金融秩序等职责。

四、中央银行与票据清算

主持票据清算是中央银行的一项传统职能,1927年《中央银行条例》将"代银行公司收解各种票据之款项"作为中央银行的业务之一,在1928年修正后的《中央银行条例》中将其概括为"代理收解各种款项"。中央银行成立之初,各项职能尚未具备,为适应业务发展需要,各地银行自行组建票据清算机构。1935年5月,《中央银行法》正式将"办理票据交换及各银行之划拨清算"作为中央银行的业务之一,然而因时局所限,此规定未能成功实施。因此,在抗日战争全面爆发前,上海票据清算尚未统一,外商银行、钱业、中国新式银行独立经办各自的票据清算业务,中央银行也仅仅是以会员的身份加入上海票据清算所进行票据清算。

抗日战争全面爆发后,为缓解市面银根紧缩问题,1940年9月9日,四联总处颁布《四行轧账暂行办法》与《四行分区集中轧账及计息实施办法》,将办理中央银行、中国银行、交通银行、中国农民银行轧账的权利交予中央银行①，这为中央银行接管重庆票据交换工作奠定了基础。

1941年，重庆通货膨胀严重，市面银根紧缩，财政部意识到票据交换的重要性，为稳定金融，活跃银根，中央银行开始筹建票据交换所，拟定《中央银行办理票据交换办法》及《中央银行附设票据交换行庄保证准备股价委员会办事规程》。《中央银行办理票据交换办法》规定"由中央银行集中办理票据交换及转账事宜，参加交换之行庄限于银钱两业同业公会会员行庄。'凡当地银钱两业同业公会各会员行庄，经该同业公会介绍均得加入交换行庄'"，②并对参加交换的条件、交换行庄的监督管理、交换票据的种类、交换方法及规则、退票、处罚等进行了详细规定，这一办法的颁布使得中央银行在制度上成为票据交换中心。1942年1月，中央银行业务局附设票据交换科，专门办理票据交换事宜。同年5月，票据交换科开始运转。6月1日，重庆票据交换开始实行。重庆票据交换所的成立是我国中央银行主持票据交换业务的开端，为中央银行主持全国票据清算格局的形成奠定了基础。从1942—1948年票据交换总额和交换张数来看，中央银行主持重庆票据交换所后，票据交换呈明显上升趋势，1948年1—7月，重庆票据交换所票据交换总额和交换张数分别达到503万亿法币元和486万张，成效显著。

表4-13 1942年6月—1948年7月重庆票据交换数额统计

单位：万法币元、张

时间	票据交换总额	交换张数
1942年6—12月	3283529	343762
1943年	13911056	777606
1944年	58104193	1409566
1945年	261042916	2028825
1946年	510182000	1119756
1947年	3849276886	3224840
1948年1—7月	50386907776	4867747

资料来源：重庆金融编写组.重庆金融（上卷）[M].重庆：重庆出版社，1991：303.

① 孙建华.近代中国金融发展与制度变迁（1840—1945）[M].北京：中国财政经济出版社，2008：585.
② 中国第二历史档案馆，中国人民银行江苏省分行，等.中华民国金融法规选编[M].北京：档案出版社，1989：903-908.

第四章 《中华民国票据法》出台后的票据

此后，中央银行相继在成都、桂林等地开办票据交换。

表4-14 抗日战争时期中央银行办理各地票据交换统计情况

地点	开办时间
成都	1943年5月25日
桂林	1944年2月5日
西安	1944年5月16日
昆明	1944年11月27日
贵阳	1945年2月19日
兰州	1945年6月15日

资料来源：重庆市档案馆，重庆市人民银行金融研究所. 四联总处史料（上）[M]. 北京：档案出版社，1993：633.

1942年重庆票据交换所的成立是中央银行主持票据交换的开端。抗日战争胜利后，上海票据交换所进行改组，纳入中央银行清算体系中。在中央银行的大力推动下，其他地区的票据清算均由中央银行各分行办理。1947年2月12日，中央银行发布修正后的《中央银行办理票据交换办法》，对交换银行及行庄、交换行庄的处分、委托交换、交换票据的种类及交换规则进行了明确规定。该办法将参与交换的行庄分为由政府特准设立的行局和获得财政部核准注册给照的银行、钱庄两类，并将收受款项不称银行者视同银行，此规定将票据交换的范围扩大到全国银钱业，确立起中央银行全国票据交换中心的地位；要求交换行庄所收票据均应提出交换，并将转账申请书、同业借款凭证纳入交换票据的范围。① 同年3月，中央银行修正公布《中央银行各分行处办理四行两局间票据收解办法》，该办法是对《中央银行办理票据交换办法》的补充，通过此办法，中央银行加强了对国家行局票据收解的管理，中央银行票据交换制度基本完备，从而成为全国金融机构结算中心②，中央银行主持全国清算事务的职能正式确立。之后中央银行将票据交换章程推行至全国，至1948年前后，在全国范围内基本上建立了中央银行主持的票据交换制度。③

---

① 中国第二历史档案馆，中国人民银行江苏省分行，等. 中华民国金融法规选编[M]. 北京：档案出版社，1989：936-941.
② 刘慧宇. 中国中央银行研究（一九二八——一九四九）[M]. 北京：中国经济出版社，1999：214-216.
③ 石涛. 近代中国票据交换制度演变探析[J]. 哈尔滨商业大学学报（社会科学版），2012(1)：69-77.

135

表 4-15　抗战胜利后中央银行办理各地票据交换统计情况

地点	开办时间
天津	1946 年 1 月 7 日
北平	1946 年 1 月 7 日
南京	1946 年 5 月 1 日
汉口	1944 年 6 月 1 日
广州	1946 年 8 月 1 日
杭州	1946 年 9 月 2 日
青岛	1946 年 9 月 2 日
沈阳	1946 年 11 月 1 日

资料来源：中央银行1946年度营业报告［A］．中国第二历史档案馆．中华民国史档案资料汇编（第五辑）［M］．南京：凤凰出版社，2010：593-596．

然而，由于当时中国经济濒临崩溃，票据交换不容乐观，退票不断。1948 年 3 月，中央银行修订的《取缔退票办法》出台后情况虽有所好转，但仍不容乐观。同年 6 月，上海市票据交换总金额为 33.93 万亿法币元，差额为 2.77 万亿法币元，退票金额达到了约 3000 亿法币元。①

中央银行本票　金圆券伍万圆　正面　　　　中央银行本票　民国三十七年

图 4-22　中央银行本票

（资料来源：中国金融学会，中国钱币博物馆，新华通讯社摄影部，中央文献出版社．中国金融珍贵文物档案大典（近代金融第四卷）［M］．北京：中央文献出版社，2002：115，117）

---

① 刘慧宇．中国中央银行研究（一九二八——一九四九）［M］．北京：中国经济出版社，1999：216．

五、中央银行与重贴现

1927年《中央银行条例》将"国库证券及商业确实票据之买卖贴现或重贴现"作为中央银行的经营业务之一,在1928年修正后的《中央银行条例》中进一步将"商业确实期票及汇票之贴现或买入"纳入中央银行营业范围。1935年,上海商会拟创设承兑汇票,并致函中央银行予以重贴现支持。在同年5月颁布的《中央银行法》中,进一步明确国民政府发行或保证的国库证券及公债息票、国内银行承兑票、国内商业汇票及期票均可由中央银行重贴现,以此鼓励中央银行重贴现行为。

抗日战争初期,重贴现业务由中央银行、中国银行、交通银行、中国农民银行办理。由于中央银行职能的缺失,中国近代重贴现发展严重滞后。1942年四联总处颁布《四行放款投资业务划分实施办法》,四家银行的业务开始专业化发展,中央银行开始享有单独承做重贴现的权利。1943年,《非常时期票据承兑贴现办法》颁布,明确规定各行向中央银行申请重贴现,中央银行重贴现制度第一次正式地以政府法令的形式确定下来。同年7月,中央银行开始办理重贴现业务,建立重贴现审核委员会,并对重贴现手续做了具体规定,中央银行重贴现职能正式确定。然而,此时期中央银行重贴现制度仅仅是初步确立,1942—1945年,中央银行多局限于对国家行局的资金融通,很少承做一般行庄的重贴现业务,重贴现量尚微。①

表4-16 1938—1946年中央银行贴现重贴现情况   单位:法币元

年份	贴现重贴现总额	放款总额	百分比
1938	3975507	1268904473	0.31
1939	3974105	3730979405	0.11
1940	3971342	6036661462	0.07
1941	22750000	9238802413	0.25
1942	合计:71850000 贴现:68.850000 重贴现:3000000	39210025518	0.18
1943	合计:615571250 贴现:595771250 重贴现:19800000	89969662013	0.71

---

① 刘慧宇. 中国中央银行研究(一九二八——一九四九)[M]. 北京:中国经济出版社,1999:196-197.

续表

年份	贴现重贴现总额	放款总额	百分比
1944	253614500	281232667468	0.09
1945	653860000	1613289796934	0.04
1946	4271527400000	8682995375491	0.05

资料来源：刘慧宇．中国中央银行研究（一九二八——一九四九）［M］．北京：中国经济出版社，1999：196．

注：1944—1946年贴现重贴现总额仅为重贴现数额。

1947年4月，中央银行设立贴放委员会，并相继颁布《中央银行贴放委员会办理上海商业行庄贴放通则》《商业行庄向中央银行申请办理重贴现转质押转押汇须知》，以单个商业行庄作为重贴现对象，对重贴现手续、要求进行了规定，商业行庄重贴现要求有所放松。①② 1947年6月审议通过《修正中央银行法草案》，规定中央银行设立重贴现委员会，审核重贴现业务，然而，该法并未正式颁布施行。③ 1948年4月，四联总处通过《生产事业贷款方针》，规定"中央银行设置贴放委员会，审核关于各行局库经办一般业务贷款之抵押、转押汇、重贴现事宜，参酌市场情形，核定额度及利率等项。贴放委员会并得接受商业行庄转抵押、转押汇、重贴现之申请案件"④。同年3月，《生产事业贷款方针之补充方法》对重贴现利率的确定方法进行了规定，即参照市场利率计算核对一般业务的转抵押、转押汇、重贴现利率。⑤ 中央银行贴放委员会于1948年4月27日在上海重新设立，贴放委员附设工、矿、农业、出口等顾问委员会，分别负责相应的案件审核工作。⑥ 中央银行贴现委员会还专门制定《中央银行贴放委员会办理同业贴放规则》，规定申请重贴现、转抵押、转押汇以银行（包括国家银行、省

---

① 中央银行贴放委员会办理上海商业行庄贴放通则［A］．中央银行经济研究处．金融法规大全（续编）［M］．台北：台湾学生书局，1971：53-54．

② 商业行庄向中央银行申请办理重贴现转质押转押汇须知［A］．中国第二历史档案馆，中国人民银行江苏省分行等．中华民国金融法规选编［M］．北京：档案出版社，1989：1204-1206．

③ 修正中央银行法草案［A］．中国人民银行总行金融研究所．中外金融法规汇编（第3分册）［Z］．1988：89-93．

④ 生产事业贷款方针［A］．中国第二历史档案馆，中国人民银行江苏省分行，等．中华民国金融法规选编［M］．北京：档案出版社，1989：1229-1231．

⑤ 生产事业贷款方针之补充办法［A］．中国第二历史档案馆，中国人民银行江苏省分行，等．中华民国金融法规选编［M］．北京：档案出版社，1989：1231-1233．

⑥ 理事会关于核定1948年生产事业贷款方针的决议［A］．重庆市档案馆，重庆市人民银行金融研究所．四联总处史料（中）［M］．北京：档案出版社，1993：428-430．

市银行及《银行法》下的银行）单独申请为原则；放款总额以该行存款为限，重贴现最长期限设定为 15 天，以不超过原放款到期日为限；重贴现、转质押、转押汇的折扣和利率由贴放委员会随时规定。①

从上述规定可以看出，中央银行重贴现制度趋于完备，中央银行开始专门负责经办重贴现业务，重贴现利率由中央银行自行核定，与市场利率更为接近。然而，中央银行的重贴现经常与承兑、贴现及抵押放款混在一起，而且重贴现业务量所占的比例微乎其微，中央银行重贴现职能受到限制。

小 结

20 世纪 20 年代末 30 年代初，社会动荡时有发生，工商业发展面临困境，资金问题较为突出，作为解决危机较好的方法，承兑汇票及贴现业务被积极提倡。承兑汇票及贴现业务的发展为市场提供了新的信用筹码，促进了资金融通，尤其是上海银行票据承兑所以承兑所信用为各银行提供信用支持，推动了承兑汇票及贴现业务的发展，对于盘活所员银行呆滞资产、促进资金融通具有重要意义。抗日战争初期，四联总处通过联合贴放业务将大量资金投入市场，缓解了工商、金融各业资金周转困难，促进了工业企业内迁及战时物资的抢运与储备，支持了大后方生产事业的发展。国民政府在大后方积极发展票据业务，推进贴现市场的建立，一方面加强了中央银行对金融的控制，另一方面通过发展票据业务活跃战时金融，节约现钞准备，有效化解了以往信用制度下资金周转不畅的问题，扶持大后方矿、农、工商、金融等各业发展；成立重庆联合票据承兑所对工业汇票、农业汇票承兑给予信用支持，并成立联合征信机构，支持了大后方生产事业，促进工商信用发展。抗日战争胜利后，为活跃金融，协助经济增长，国民政府推行票据承兑与贴现，在战后一段时间内，票据业务对工商业发展起到了积极作用。民国建立以后，以中国新式银行为主导的票据交换制度逐步确立，这对于减少投机现象，防止资金逃避与存户挤提，保证工商业资金正常周转具有重要意义。中央银行主持全国票据清算及重贴现职能逐步确立，进一步推动了近代中国票据市场的发展。

---

① 中央银行贴放委员会办理同业贴放规定 [J]. 金融周报, 1948 (2).

第五章　革命根据地的票据

在新民主主义革命时期，中国共产党领导人民在推翻帝国主义、封建主义和官僚资本主义，争取民族独立和解放的过程中，建立革命根据地，发展期票、本票、支票、汇票等，办理票据业务。土地革命时期，为发展农民经济，湖南浏阳县金刚镇农民协会成立公有财产保管处，以公有财产作为保证发行期票；为保证红军粮食供给，湘赣省苏维埃政府发行收买谷子期票。在江西瑞金成立的中华苏维埃共和国国家银行还将票据作为业务经营品种之一写入章程。抗日战争时期，为支持根据地和解放区生产事业发展，助力根据地和解放区经济繁荣，根据地银行发行了期票、本票、支票、汇票等票据，山东革命根据地北海银行还设置票据交换所，办理票据交换业务，成立汇票交易所，办理汇票买卖，晋冀鲁豫边区发布《管理外汇的暂行办法》，对包括期票、支票、汇票在内的"外汇"进行严格规定。解放战争时期，根据地以汇票、本票为武器展开了对敌金融斗争。为调剂金融、促进市场繁荣，华中一分区建立了黄桥市汇票交易所，介绍和调剂外汇汇票、买卖票据，冀中地区也成立了外汇交易所，转换汇票经营模式为群众性经营。为缓解通货紧缩，北海银行、华中银行、苏中地区、苏北地区、东北银行发行面额不等的本票，以本票的流通代替通货，以便稳定战时金融。

第一节　土地革命时期革命根据地票据

南昌起义爆发后，中国共产党领导工农武装群众发动武装起义，创建了井冈山革命根据地、中央革命根据地等10多个革命根据地。土地革命时期，根据地银行曾发行和流通了一定数量的票据，部分根据地银行对票据业务也有所提及，然而此时期票据流通范围限制在根据地内，而且多是为了满足对农产品的需求。

第五章 革命根据地的票据

一、土地革命时期根据地的票据

（一）湖南浏阳县金刚镇农民协会期票

湖南省浏阳县南乡金刚镇是一个经济繁荣的集镇，盛产鞭炮，当地农民以做鞭炮作为重要收入来源。在农民运动高潮中，当地几家大爆竹庄的老板因惧怕农民革命，携款潜逃，导致店号关闭，工人失业，农民鞭炮销售无路，生活陷入困境。1927年初，为活跃地区金融，帮助农民解决鞭炮运销问题，湖南浏阳县金刚镇成立农民协会，协会成立公有财产保管处，保管处接收镇上所有的学产、祠堂、寺庙、桥会、路会等公有财产，以此作为发行期票的保证，并通过店员协会用此期票收购农民的鞭炮，待鞭炮售出后再将期票兑现给农民，这是目前所见最早的镇级期票。此种期票期限一般为3个月，有壹角、贰角、壹元三种固定面值，可作为农民筹集资金的凭证，因信誉良好作为货币在金刚镇和大瑶地区流通使用，深受群众欢迎。①

（二）中华苏维埃共和国湘赣省收买谷子期票

1933年下半年，蒋介石调集100万军队，对中央革命根据地及各地红军发起进攻，开始了对革命根据地的第五次"围剿"，湘赣根据地红军配合中央红军，进行了艰苦卓绝的反"围剿"斗争。②为粉碎国民党军队进攻、保障红军粮食供给，湘赣省委和省苏维埃政府开展了包括征收土地税收谷子、收集公债谷、开展借谷运动等一系列运动，积极地为红军筹钱筹粮。③然而，随着反"围剿"斗争规模及红军数量的不断扩大，粮食短缺问题日益突出，"粮食恐慌的现象已经威胁着在我们的面前，现在我们没有能够适应红军粮食的需要。红军十七师、八师在沙市与田里两次战争胜利以后，在红军驻地周围形成有钱没有米买的严重的现象"④。为保障粮食供给，湘赣省委还采取了开展收集粮食突击运动、开展节省谷子运动、征收四万元

---

① 中国人民银行. 中国共产党领导下的金融发展简史［M］. 北京：中国金融出版社，2021：16-17.
② 《中国共产党简史》编写组. 中国共产党简史［M］. 北京：人民出版社、中共党史出版社，2021：56.
③ 尹静. 中华苏维埃共和国湘赣省收买谷子期票考略［J］. 党史文苑，2013（16）：11-13，18.
④ 江西省档案馆. 湘赣革命根据地史料选编（下册）［M］. 南昌：江西人民出版社，1984：715.

公债谷、发行湘赣省收买谷子期票等一系列非常措施。① 为保证红军粮食供给，保证土地革命战争胜利，湘赣省苏维埃政府向各级政府发布指示，使用没有推销出去的其中 4 万元公债鼓励群众交纳谷子，到期准予完纳国税，于是在 1934 年 4 月 20 日发行了一期收买谷子期票，发行地点在江西永新县。此期票每张折合大洋一元，每个选民以谷子购买期票一张，四个月到期后偿付大洋一元。② 此期票为毛边纸石印版，竖式框图结构，上部冠名"中华苏维埃共和国湘赣省售卖谷子"字样，中间左右为菱形花饰，花饰中间留白一个圆圈，在留白圈内分别写有"期"字和"票"字，下部印有编号、发行期票的说明、落款和发行时间。底纹为梅花图案组成的"期票"两个大字，编号为 002243。说明有两条："1. 为着保障土地革命战争全部胜利充裕红军粮食特发行期票四万元向每个选民或每家以谷子购买一张。2. 期限四个月（八月一日起）到期后准予向企业机关或国家分行兑现以及完纳国税一概收回"，落款为"省财政部部长陈希云"，时间为"一九三四年四月二十日"，并盖"湘赣省苏维埃财政部执行委员会"椭圆形印章和陈希云内圆外方私章。这是中国历史上第一张由省级政府发行的期票，开创了政府发行期票的先河。③

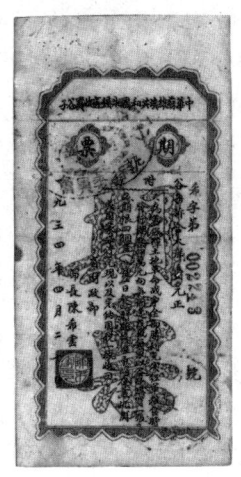

图 5-1　中华苏维埃共和国湘赣省收买谷子期票

（资料来源：洪荣昌. 红军时期的期票［J］. 中国钱币，2009（2）：39-40）

---

① 尹静. 中华苏维埃共和国湘赣省收买谷子期票考略［J］. 党史文苑，2013（16）：11-13，18.
② 中国人民银行金融研究所，财政部财政科学研究所. 中国革命根据地货币（下）［M］. 北京：文物出版社，1982：122.
③ 洪荣昌. 红军时期的期票［J］. 中国钱币，2009（2）：39-40.

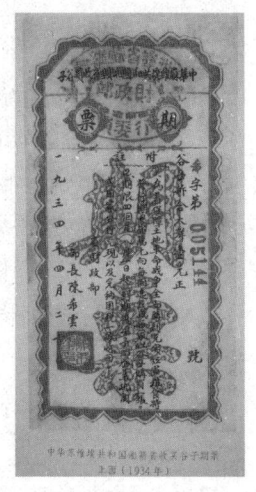

图 5-2　中华苏维埃共和国湘赣省收买谷子期票

（资料来源：中国金融学会，中国钱币博物馆，新华通讯社摄影部，中央文献出版社. 中国金融珍贵文物档案大典（红色金融第一卷）[M]. 北京：中央文献出版社，2002：140）

据史料记载，中华苏维埃共和国国家银行还发行过一种特种汇票，特种汇票为竖式框图结构，上部冠名"中华苏维埃共和国特种汇票"字样，下部印有编号、发行特种汇票的说明、落款和发行时间。

图 5-3　中华苏维埃共和国特种汇票

（资料来源：中国金融学会，中国钱币博物馆，新华通讯社摄影部，中央文献出版社. 中国金融珍贵文物档案大典（红色金融第一卷）[M]. 北京：中央文献出版社，2002：90）

二、土地革命时期根据地的票据制度

部分根据地和解放区银行对票据业务有所提及，例如，1930年，闽西工农银行在其章程中将"汇兑、买期票"列入营业范围；1932年在江西瑞金成立的中华苏维埃共和国国家银行，将"商业确实票据之买卖贴现，或再贴现""为生金银及外国货币证券或汇票之买卖"及"办理各种汇兑及发行期票"作为正常业务品种写进其章程，并从总行、分行到支行，单独设立一个"放款及贴现委员会"；① 1933年，国家银行专门制定《贴现放款暂行规则》对贴现规则进行约束。

"第一条　凡商店共产售货收入之迟期票据，未到期而急于用款者，可将该项票据得本行之许可，照章贴现。

第二条　凡票据之付款人即系贴现人或贴现人自开之店号者，不得向本行贴现。

第三条　凡票据经本行认为不能贴现者，不得贴现。

第四条　凡来本行贴现者，应觅有相当保证人，或缴纳相当之抵押品，但经本行认为可靠者，得通融办理。

第五条　贴现利息应于贴现预先缴清。

第六条　如贴现票据之付款人到期不能付款时，应由贴现人自行清偿，并由保证人负连带责任。

第七条　凡贴现人有缴纳抵押品者，对该抵押品之处理，使用抵押放款规则之办法。"②

从《贴现放款暂行规则》来看，国家银行对于票据贴现的要求较为严苛，一般贴现须有保证人或者提供相当数量的抵押物作为担保，并规定自开票不允许贴现。

第二节　抗日战争时期革命根据地票据

抗日战争时期，中央红军在陕北建立起西北苏维埃政权，陕北成为当时革命建设的核心，此时期革命根据地遍地开花，根据地或解放区银行发

---

① 中华苏维埃共和国国家银行暂行章程［A］. 中国人民银行金融研究所，财政部财政科学研究所. 中国革命根据地货币（下）［M］. 北京：文物出版社，1982：5-8.
② 中华苏维埃共和国国家银行暂行章程［A］. 中国人民银行金融研究所，财政部财政科学研究所. 中国革命根据地货币（下）［M］. 北京：文物出版社，1982：5-8.

行期票、本票、支票、汇票等以支持生产,缓解根据地法币紧缺问题,满足革命事业发展需求。此时期的票据无论是在种类方面还是在制度规定方面,相较于土地革命时期都更为丰富。

一、抗日战争时期根据地的票据

(一) 淮南银行本票

淮南银行曾发行过一种本票,从留存下来的一张使用后作废的本票来看,该本票使用手写钢板油印,分为存根和票据两部分,中间骑缝盖有方形公章,并印有票据编号,留有填写空白,左侧票据联上写有横版"淮南银行本票"字样,正文竖向排列,写有"恁条即作法币壹仟圆抵解粮赋款此据",右下方有"专员郑抱真、行长周济之、□□□□□[①]赵履清"字样,从文字内容看,有专员郑抱真的名字,可知是在路西根据地内使用,是一种以法币计值的现金支票性质的凭证。[②]

图 5-4 淮南银行本票

(资料来源:章书范. 淮南抗日根据地货币史 [M]. 北京:中国金融出版社,2004:前言 16)

(二) 浙东银行本票

为加强对敌经济斗争,发展农工商业,稳定金融,平准物价,奠定根据地经济基础,积极准备反攻,浙东银行公开发行抗币。浙东银行币有总行币和支行币之分,其中,总行币分为主币、辅币和本票三种。浙东银行

[①] 原件有 5 个字看不清。
[②] 章书范. 淮南抗日根据地货币史 [M]. 北京:中国金融出版社,2004:58.

本票分为 50 元、100 元两种面额，票面采取竖式石板印，油墨印刷。券面周边以花框装饰，框外上首拱状横列发行单位"浙东银行"四字，其下方横列笔名，印有"本票"字样，右侧竖标发行编号及面额，印有"浙东银行字第　号抗币壹佰圆/伍拾圆正"字样，其上加盖正方菱式带花边的红色篆体"浙东银行"骑缝章。框内，右侧竖印"凭票祈付"四字，其下方机盖六位数红色号码章；中部竖标面额，印"抗币壹佰圆正"或"抗币伍拾圆正"六字，其上加盖红色篆体"浙东银行"条状直戳，其左偏下处分两行竖印"总经理""副经理"六字，下方分别盖有"浙东银行总经理""浙东银行副经理"红色小官章，左侧靠边竖注发行时间，印"中华民国三十四年　月　日"字样。①

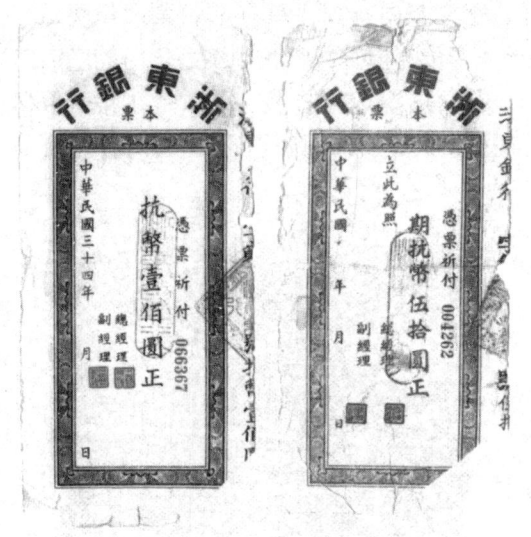

图 5-5　浙东银行本票

（资料来源：张均立. 浙东革命根据地货币史［M］. 宁波：宁波出版社，2002：227）

---

① 张均立. 浙东革命根据地货币史［M］. 宁波：宁波出版社，2002：42-43.

第五章 革命根据地的票据

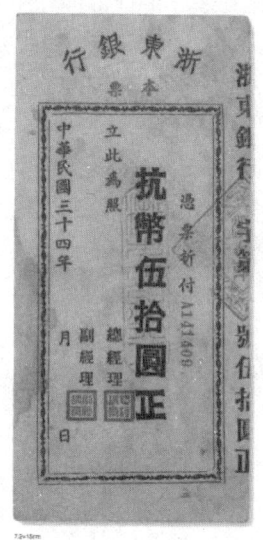

图 5-6 浙东银行本票
(资料来源：姜建清. 岁月撷珍：银行博物馆精品鉴赏集 [M]. 上海：
上海人民美术出版社，2013：156)

(三) 冀南银行本票

1941—1942 年，受日军扫荡影响，晋冀鲁豫根据地陷入极其困难的局面，加上 1942 年多县发生严重的蝗虫灾害，给根据地造成巨大损失，社会秩序混乱，物资飞缺，物价飞涨，粮食枯竭，人心惶惶。面对不断上涨的物价，冀南币购买力急剧下降，冀南票信誉受到严重影响。面对此种情形，为适应战时环境，便利使用、携带、收受点数，紧缩通货，代替一部分纸币发行，强化通货管理，便利金融市场调剂，刺激生产，防止假票，发展票据信用，促进资金周转，开展银行业务，冀南银行开始发行本票。冀南银行本票在票面设计和印刷上与冀南票风格雷同，由图景和面额数组成，在尺寸上略大于冀南票，本票背面"背书栏"中有"转让人""保证人"表格及"本票使用说明"。

"（1）本票为解决商业交易困难，便利携带，在冀南行政区可以转让使用；

（2）本票在冀南行政区各地本行十足兑换本币；

（3）转让时为防止造假可令转让人找保背书；

（4）磨损涂污不能辨认真假与数目者不予兑换；

（5）本票概不挂失；

147

（6）到期务必兑换否则不准使用。"①

冀南银行本票存根　贰佰圆（1943年）　　　冀南银行本票存根　伍佰圆（1943年）

图5-7　冀南银行本票

（资料来源：中国金融学会，中国钱币博物馆，新华通讯社摄影部，中央文献出版社. 中国金融珍贵文物档案大典（红色金融第二卷）[M]. 北京：中央文献出版社，2002：84）

（四）北海银行本票

为繁荣根据地生产贸易，山东的北海银行自1942年8月开始发行本票，以代替一部分现金流通市面，逐渐消除货币紧缩与北钞缺乏的现象。其发行及使用办法规定如下。

"（1）本票为银行发行的一种票据，代替现金流通市面，为一种流通工具与支付工具。

（2）为了计算方便，本票定为固定的票面金额，计分百元、五百元、壹仟元三种。

（3）本票为一种流通工具，与其他票据不同，故定为互相转让时不需要背书（在背面盖章或签字），凭票兑付，认票不认人。"②

由于本票面额较大，为保证顺利流通，在发行之初规定本票持票人必须记住号码，如有遗失可声明挂失，若自挂失之日起两个月内无人来兑取，失主可找妥实保证，出票行即可按照票面金额付给现款，该票即行作废。由于本票挂失容易导致流弊丛生，遂规定本票完全代替现金流通，本票遗

---

① 张转芳. 晋冀鲁豫边区货币史（上册）；晋东南革命根据地货币史[M]. 北京：中国金融出版社，1996：81-85.

② 中国人民银行金融研究所，中国人民银行山东省分行金融研究所. 中国革命根据地北海银行史料[M]. 济南：山东人民出版社，1986：557.

失不予挂失,并在票面加盖"此票遗失不挂失号"字样。据北海银行股东分行统计,该行1943年累计发行本票157.2万元,仅1944年上半年本票发行量就达到687.2万元。①

抗日战争时期,北海银行多个支行发行的本票版式略有不同,据史料记载,北海银行清河分行于1943年11月15日开始发行用宣纸印成的100元本票,该本票为长方形直式,柳黄绿色底子,蓝色字,票面顶端骑缝盖有方形图章,100元字上盖有长兴篆字图章,下面阿拉伯字上盖有椭圆形图章。与清河分行本票不同,北海银行渤海分行发行的100元本票为粉红色曲线底子,花团及字均印成黄色,号码及图章均印成蓝色,顶端骑缝图章为红色。②

(五) 北海银行支票

胶东渔季外汇(青岛汇票)需求旺盛,由于青岛渔商完全利用汇票购买鱼虾,工商管理局为了储存外汇基金与调剂其他海区外汇,率先在东海沿海各县局实行新外汇管理办法,规定出口鱼虾的外汇完全由工商管理局兑换所统一收兑,造成了对现款的大量需求。为缓解现款缺乏困难,减轻工商管理局收兑汇票完全用现金的麻烦,便实行了用支票替代现金的办法。各县银行发给工商管理局大宗支票,由各县工商管理局填发,支票票面金额固定,500元、1000元不等,以县工商管理局管辖范围为支票流通范围,银行负责兑现,认票不认人,兑进的支票可循环使用,畅通无阻。③

(六) 江淮银行本票

江淮银行第三支行发行了面值分别为新抗币20元、50元、100元三种本票,均采用木刻板印制,共发行本票90万元,从发行到收兑时间不超过1年,由于本票回收销毁较为彻底,民间留存的票券数量极少。据史料记载,江淮银行发行的100元本票,本票两字中间有一颗五角星,有经发人黄玉明印章,"照付新抗币壹佰圆整",四角均印有"银行"两字,年月日用毛笔填写。图5-8所示票据较为特殊,票面设计和图案、底纹等与史料记

---

① 中国人民银行金融研究所,中国人民银行山东省分行金融研究所. 中国革命根据地北海银行史料[M]. 济南:山东人民出版社,1986:557-559.
② 中国人民银行金融研究所,中国人民银行山东省分行金融研究所. 中国革命根据地北海银行史料[M]. 济南:山东人民出版社,1986:562.
③ 中国人民银行金融研究所,中国人民银行山东省分行金融研究所. 中国革命根据地北海银行史料[M]. 济南:山东人民出版社,1986:558.

载略有不同,该本票面值为壹佰元的江淮银行本票,咖啡色直式印制,票面上方横书"本票"二字,冠字号为手工号码机加盖的"行字第 07507 号"字样,票据中部竖式写有"凭票即付新抗币壹佰元整",底部印有纪年1945.8.6.S·M,票据左右上角为"江淮银行"字样,左右下角为"100"字样。①

图 5-8 江淮银行本票

(资料来源:姜建清. 岁月撷珍:银行博物馆精品鉴赏集[M]. 上海:上海人民美术出版社,2013:155)

(七) 其他根据地本票

为替代货币流通,多数根据地和解放区均发行了本票,抗日战争时期本票发行数量最多,而且种类较为丰富。

---

① 资料来源:银行博物珍赏;上海市银行博物馆藏品集[Z]. 2003:155.

第五章 革命根据地的票据

表5-1 全面抗战时期根据地银行发行本票统计

发行主体	面额	年份（正面）	年份（背面）	票幅（长×宽）mm	主景（正面）	主景（背面）	主色（正面）	主色（背面）	备注
陕甘宁边区银行	500元		1946		陕甘宁边区本票伍佰圆，行长朱理治，副行长黄亚光	骆驼			
	10000元	中华民国三十五年			图案，"凭票即兑换券币壹萬圆"，黄亚光，冯治国				
	50000元	中华民国三十五年			图案，"凭票即兑换券币伍萬圆"，黄亚光，冯治国				
	25元	中华民国三十三年一月二十日		146×68			红		
	50元	中华民国三十三年一月二十日		146×69			红		
北海银行	100元	中华民国三十三年		70×161			红		
	500元	中华民国三十三年					紫		
	1000元	中华民国三十三年					紫		
鲁西银行	200元			130×65	海边栽稻（右）	背书	棕	蓝	

续表

发行主体	面额	年份 正面	年份 背面	票幅（长×宽）mm	主景 正面	主景 背面	主色 正面	主色 背面	备注
冀南银行	100元	"至民国三十二年十二月三十一日前为本票使用期间"		164×80	楼（左）	本票使用6条说明			
	200元	"至民国三十二年十二月三十一日前为本票使用期间"		160×80		本票使用6条说明			
	200元	中华民国三十二年		153×73	山峦与村舍（中）	"此票在冀南区公私款项一律通用 自民国三十三年十月一起停止使用持票向各地银行及公营商店兑换冀钞"			
	200元	中华民国三十二年		172×88	水面与塔（左），"出票日中华民国三十二年九月十五日 到期日中华民国三十三年六月三十日""凭票即付 一律通用"		红		票面注[平原]

152

续表

发行主体	面额	年份		票幅(长×宽)mm	主景		主色		备注
		正面	背面		正面	背面	正面	背面	
冀南银行	500元	中华民国三十二年		159×78	水面与塔(左),"出票日中华民国三十五年九月十五日 到期日中华民国三十三年六月三十日""凭票即付 一律通用"		蓝		
	500元	中华民国三十二年		154×69	村舍(中)		蓝		
	500元	中华民国三十四年		143×73	房、亭、树(左),"出票日中华民国三十四年一月初 到期日中华民国三十二年十二月底"		紫		
	500元	中华民国三十四年		148×75	房、亭、树(左),"出票日中华民国三十五年一月初 到期日中华民国三十二年十二月底"		绿		
	1000元	中华民国三十二年	中华民国三十三年六月三十日	167×80	水面与塔(左),"出票日中华民国三十五年九月十五日 到期日中华民国三十三年六月三十日""凭票即付 一律通用"		绿		票面注[平原]

续表

发行主体	面额	年份正面	年份背面	票幅（长×宽）mm	主景正面	主景背面	主色正面	主色背面	备注
盐阜银行	100元	中华民国三十二年			城楼	注意事项			竖式
	200元								
江淮银行苏中三支行	100元	中华民国三十四年五月十八日							
江淮银行苏中四支行南办事处	5元	1945	中华民国三十四年八月	105×65	扛枪战士（右）	苏中第四行政专员梁灵光（章），兼行长马一行（章），兼副行长金迹			
	5元		中华民国三十四年九月			南通县长（章），财经局长（章），副局长（章）			
浙东银行	50元	中华民国 年 月 日		176×83	花边	说明			
	50元	中华民国三十四年 月 日		176×83	花边	说明			
	100元	中华民国三十四年 月 日		176×83	花边	说明			

资料来源：贾章旺. 新民主主义革命货币图表[M]. 北京：中共党史出版社，2018：136-269.

二、抗日战争时期根据地的票据制度

（一）山东抗日根据地的票据制度

山东抗日根据地作为革命根据地的重要组成部分，积极开展票据业务。1941年3月《山东北海银行清河分行集团股简章及组织草案》显示，北海银行清河分行将各种汇票、期票的贴现，买卖汇票有价证券及银行一切业务作为其重要营业项目。①

1942年，日伪在青岛组织票据交换所，但是业务不多，票据交换张数和金额都比较少，行庄多处于维持局面。②北海银行还办理票据交换，发布《北海银行办理票据交换办法》，详细规定了可交换票据种类及交换规则。为便利各公营企业间的资金流通，北海银行于1949年5月发布《北海银行公营企业票据交换清算办法》。③

山东地区汇兑业务开展较多，汇票是汇兑业务的重要工具，北海银行将汇兑作为其重要营业项目，在营业章程中对票汇、信汇等的手续费、办理手续、汇款限额进行了详细规定，设置营业科对汇兑股等事宜进行管理。④北海银行各分行相继开展汇兑业务，其中，胶东地区1941年8月开展汇兑工作，但尚未开展营业上的汇兑。1942年10月14日，山东根据地胶东行政区颁布《汇兑管理办法》，以汇票交易所为中心对辖区内的汇票买卖进行规范和限制，相关规定如下。

"一、各主要市镇以贸易机关及商会为中心建立汇票交易所，买卖汇票必须经过交易所。

二、凡欲卖汇票者应先在交易所登记，由交易所根据整个行情，详议价目，不得操纵垄断，高抬票价。

三、买妥汇票者必须向政府或贸易机关登记，登记簿中注明票号、数额、预购物品，并缴纳百分之十的保证金，合作社缴纳百分之五即可，货物运回保证金发还。

---

① 山东北海银行清河分行集团股简章及组织草案［A］. 中国人民银行总行金融研究所. 中外金融法规汇编（第3分册）［Z］. 1988：41-42.
② 中国人民银行总行金融研究所金融历史研究室. 近代中国的金融市场［M］. 北京：中国金融出版社，1989：306.
③ 北海银行办理票据交换办法［J］. 山东政报，1949（1）：62-63.
④ 山东北海银行营业简章［A］. 中国人民银行总行金融研究所. 中外金融法规汇编（第3分册）［Z］. 1988：48-50.

四、凡不经汇票交易所而私自活动者，予以没收归公处分。"①

1943年，山东根据地胶东地区成立汇票交易所，交易所由贸易公司负责，银行配合掌握，当地商会设一人负责登记。汇票购买手续如下。

"一、买汇须有保人，保证在一定时期内运回必需品。

二、地区商人买汇，在能运货的原则下，有税务局证明即可买汇。

三、买汇还债，须经商会证明，政府许可。

四、机关买汇，须由贸易公司批准。"②

北海银行西海支行1943年上半年打通汇兑，照付清河分行汇票58000元。汇兑的开展便利了民商，刺激了贸易，扶持了生产发展，对稳定本币、调剂流通量发挥了重要作用。据统计，鲁中区1943年总计汇入1922731元，其中汇入票汇1667171元，总计汇出409995元，其中汇出票汇115600元。

（二）晋冀鲁豫根据地的票据制度

1943年9月29日，冀南银行发布《关于发行本票问题的通令》，对本票发行及相关事项进行了解释和说明，并要求在群众观念认识上对本票的性质、优点、信用、假本票鉴别方法等内容进行深入普遍的宣传教育，该通令规定本票应与现金同等视之，随时按照现金手续记账入库。本票由冀南银行总行统一发行，流通时间为1943年9月1日至1944年6月30日。本票由存根联（票根）和本票联（主票）构成，面额固定为壹佰元、贰佰元、伍佰元、壹仟元四种，采取无记名方式，认票不认人，可由转让人于票背面背书，并遵章签名盖印，"以示财权之转移及保证作用"，主要在太行区（太北、太南、豫北、冀西、晋中）根据地、游击区、敌占区等一切冀南票市场发行，均可与本币等值自由转让。为稳定物价，防止信用膨胀，冀南银行规定本票开出需收进与面额相等的现款，其他业务如需换取本票使用，同样需要提出现款，另行入库，作为本票提存金。冀南银行本票流通一段时间后，根据地物价在一定程度上趋于稳定，群众、商人深感本票使用之便利。③

除本票相关规定外，晋冀鲁豫边区还于1942年发布《管理外汇的暂行

---

① 万立明.近代中国票据市场的制度变迁研究[M].上海：上海远东出版社，2014：92.
② 万立明.近代中国票据市场的制度变迁研究[M].上海：上海远东出版社，2014：92.
③ 张转芳.晋冀鲁豫边区货币史（上册）：晋东南革命根据地货币史[M].北京：中国金融出版社，1996：85.

办法》，对"外汇（包括汇票、期票、支票、存折、兑条等）"进行严格规定，对外汇票据的使用采取限制、登记和特许等措施，以同敌人争夺物资，保护根据地财富，稳定根据地物价。该办法规定外汇买卖须在外汇交易所进行，"除特许外，不论公私商民人等，需要使用外汇票据时，须一律事先依法向管理局领取入口货物凭单，特向外汇交易所购买外汇（无外汇交易所之地，可特向银行购买），外汇所有人出卖其外汇时，亦必须在外汇交易所出卖"。①

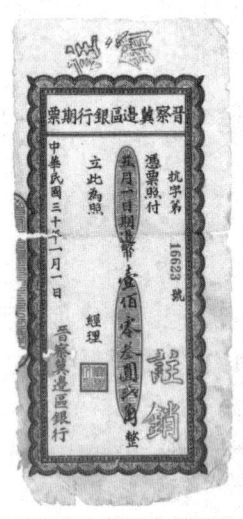
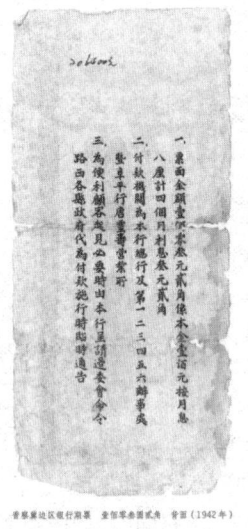

晋察冀边区银行期票　金额柒叁圆贰角　正面（1942年）　　晋察冀边区银行期票　金额柒叁圆贰角　背面（1942年）

图 5-9　晋察冀边区银行期票

（资料来源：中国金融学会，中国钱币博物馆，新华通讯社摄影部，中央文献出版社．中国金融珍贵文物档案大典（红色金融第二卷）[M]．北京：中央文献出版社，2002：22）

（三）其他根据地的票据制度

1942年10月，《陕甘宁边区银行条例（草案）》将"办理边区及其他有通汇条约之各种汇兑""办理期票、汇票等买卖及贴现""办理票据交换及划汇"作为银行业务，并规定贴现利率由边区银行参酌物价、金融状况及借贷性质对象决定，陕甘宁边区银行设置业务处，下设营业科负责存放

---

① 晋冀鲁豫边区政府公布本区管理外汇暂行管理办法[A]．邓辰西．财政经济建设（上、下册）[M]．太原：山西人民出版社，1987：765-766.

款、汇兑及贴现事宜。①

1945年4月1日颁布的《浙东银行条例》将"放款及贴现""汇兑"纳入其业务范围。②

第三节　解放战争时期革命根据地票据

解放战争时期革命根据地以汇票、本票为武器展开了对敌金融斗争。此时期根据地票据的发行是为了缓解通货紧缩，以本票的流通代替通货，间接增加货币发行量，稳定根据地的金融秩序。

一、解放战争时期根据地的票据

（一）北海银行本票

解放战争时期，随着山东解放区日益扩展，北海银行币流通范围迅速扩大，货币供应量激增，为方便支取，适应经济发展需要，北海银行于1948年12月共计发行49亿元面额为10万元的定额本票。北海银行定额本票采取竖式排布，蓝色，上方印有"北海银行""本票"字样，其下花符印有"拾萬圓"，四角处也分别印有"拾萬"面额字样，背面上部及四角处印有阿拉伯数字10000的票据面额，下方列示使用须知："一、本票只限于境内流通。二、本票只准向签发行兑换北海币。三、本票概不挂失。四、本票所载金额不计利息。五、本票涂改无效"，以及"签发行"。从北海银行徐州支行签发的本票来看，其在使用须知第一条空格处加盖红色"徐州"字样，表示该本票仅限于徐州市内流通，在"签发行"处加盖红色"北海银行徐州支行""行长黄玉明"字样。本票的发行主要是为了解决人民币现钞缺乏问题，满足市场大钞流通需求，市场一致认为定额本票即变相的大钞。③

---

① 陕甘宁边区银行条例（草案）[A]. 中共河南省委党史研究室. 纪念朱理治文集 [M]. 北京：中共党史出版社，2007.

② 浙东银行条例 [A]. 中国人民银行金融研究所，财政部财政科学研究所. 中国革命根据地货币（下）[M]. 北京：文物出版社，1982：122.

③ 《徐州纸币大观》编纂委员会. 徐州纸币大观 [M]. 北京：中国文史出版社，2003：127.

第五章 革命根据地的票据

图 5-10　北海银行本票

(资料来源：《徐州纸币大观》编纂委员会. 徐州纸币大观 [M]. 北京：中国文史出版社，2003：128)

(二) 华中银行本票

华中银行成立后，发行华中银行币，流通于华中各个解放区，后又发行大面额本票，背面印有"使用本票注意事项"四条内容。

图 5-11　华中银行本票

(资料来源：姜建清. 岁月撷珍：银行博物馆精品鉴赏集 [M]. 上海：上海人民美术出版社，2013：153)

159

1948年1月,华中银行总行发行贰仟元本票,该票据为竖式,黄色特质布纹纸印制,浅蓝色,票面上方列有华中银行行名及"本票"字样,字下方有红色号码。票面正中写有"贰仟圆",下方右左分别印有行长、副行长小型红色印章,红章下方写有"完粮纳税 一律通用"八个小字,本票四周花纹环绕,四角处有大写"贰仟"字样。根据规定,该本票可以随时持票向各地银行兑换本位币。

(三) 长城银行本票

1948年2月长城银行成立后,不仅发行了统一的长城银行币,还发行了5万元、10万元两种本票。本票为直票型,正面框内上方为长城银行行名,中间图案为古长城,下方为竖式印制的面额,印制时间为1948年,背面为"背书"和说明,设计十分简洁、大气。①

图 5-12 长城银行本票

(资料来源:姜建清. 岁月撷珍:银行博物馆精品鉴赏集 [M].
上海:上海人民美术出版社,2013:157)

---

① 银行博物珍赏:上海市银行博物馆藏品集 [Z]. 2003:156.

第五章 革命根据地的票据

图 5-13 长城银行本票

（资料来源：郭凯收藏）

（四）东北银行本票

1946年3月，东北银行发行面额为5万元、10万元、50万元和100万元的本票，通行东北全境。东北银行本票十分罕见，票样存世较少，如图5-14至图5-16所示，本票正面印有"票样"二字，为正反单面票样，主图为东北银行建筑，图案下方为直写面额，面额两侧分别是曹菊如、王企之的签名及印章，背面为使用事项，注明可流通城市。①

---

① 资料来源：银行博物珍赏；上海市银行博物馆藏品集［Z］. 2003：159.

图 5-14　东北银行本票

(资料来源：姜建清. 岁月撷珍：银行博物馆精品鉴赏集 [M].
上海：上海人民美术出版社，2013：158)

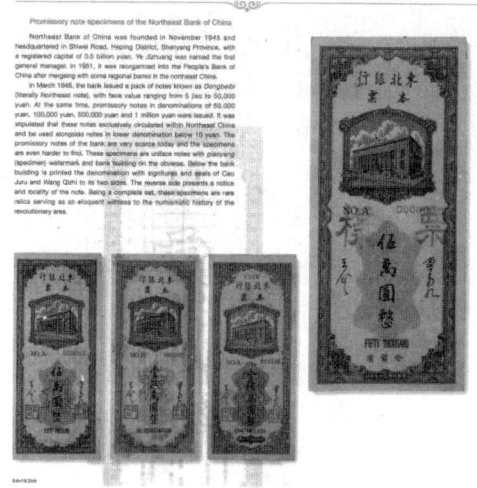

图 5-15　东北银行本票

(资料来源：姜建清. 岁月撷珍：银行博物馆精品鉴赏集 [M].
上海：上海人民美术出版社，2013：159)

第五章 革命根据地的票据

图 5-16 东北银行本票

(资料来源：郭凯收藏)

(五) 其他根据地的票据

1947年1月，苏中、苏北地区先后发行丰民贸易公司本票、淮海贸易公司本票、华中银行苏中办事处本票、华中银行本票等。

1948年1月，东北银行发行面额为5万元与10万元的本票，随着解放区的拓展，本票可流通区域进一步扩大。

陕甘宁边区银行、合作社还签发了汇票、支票等。

图 5-17 陕甘宁边区合作社支票

(资料来源：中国金融学会，中国钱币博物馆，新华通讯社摄影部，中央文献出版社.中国金融珍贵文物档案大典（红色金融第二卷）[M]．北京：中央文献出版社，2002：4)

陕甘宁边区银行汇票（1947年2月13日）

图 5-18 陕甘宁边区银行汇票

（资料来源：中国金融学会，中国钱币博物馆，新华通讯社摄影部，中央文献出版社．中国金融珍贵文物档案大典（红色金融第三卷）[M]．北京：中央文献出版社，2002：132）

二、解放战争时期根据地的票据制度

（一）华中根据地的票据制度

为调剂金融、稳定币制、促进市场繁荣，1946年2月，华中一分区建立了黄桥市汇票交易所，主要介绍和调剂外汇汇票、买卖票据。

在人民解放军大举反攻胜利的背景下，法币币值暴跌，各地人民纷纷拒用法币，欢迎华中币，致使华中币需求激增，加上秋收棉花上市，市场筹码供不应求。为解决市场筹码缺失困难，便利人民排除法币，保障人民利益，1947年10月，华中银行苏中办事处特请发行本票，并发布关于发行本票的通告。

"一、本票票面暂分壹仟圆、贰仟圆、伍仟圆叁种。

二、本票在全苏中第一、第二、第九三个行政区域范围内与华中币等价流通。

三、本票可随时向本处所辖各分支行处、各县办事处兑换小票，或抵偿银行往来债务或通汇兑，并可向各地公营商店购买货物。

四、本票由苏皖边区政府驻苏中办事处指拨今年所收公粮为准备金,准备金额超过发行总额。并可完粮纳税,缴纳公粮代金及抵缴一切公款。

五、本票系以白色光纸精印,上面横额书'华中银行苏中办事处'字样,正中为本票号码、大写金额,右有"完粮纳税 一律通用",左有本主任签字,均有浅色底纹。"①

华中革命根据地本票主要由各分区贸易公司及华中银行发行,而且规定本票与华中币等值,但不可兑换成现款,只可用于完粮纳税或到公营商店购买货物。②

为便利公私企业大量票据项收付,1949年5月,华中银行总行呈请批准办理本票业务,对本票基本情况、流通细节等问题进行了规范,主要内容如下。

"一、此本票为无息即期票据,随时可持票向原发行机关兑换与票面金额同额之款项,但非签发此票之其他地区银行,概不负责兑现。

二、此本票限地流通,非票面指定地概不使用。

三、未经加盖流通地名及签发行行名和负责人签章之本票,概作为签发本票。

四、票面额分定额、不定额二种。定额为华中币五万元、十万元二种,不定额户所需随时签发。

五、分记名式与非记名式二种,均可自由转汇流通,不记名者本行凭票即付,记名者须记名人连续背书,无误后方可付款。

六、此票不限流通时间,由流通签发行在必要时可收回。

七、此票如有遗失、焚毁或被盗情事,概不挂失。

八、此票不得刀刮皮擦,更不可涂改或书写文字,否则一律不兑现。

九、如有伪造本票及使用伪造本票者,呈请政府依法严办。"③

(二) 晋冀鲁豫根据地的票据制度

冀中地区的汇票经营可以分为银行直接吞吐和外汇交易所经营两个时期。1946年5月至1947年8月,银行主要通过买卖票据、出口贷款、定期交汇、直接组织群众出口、掌握出口货栈与出口商建立往来等形式直接经营外汇,其中,票据买卖最多,约占95%,而且以直接组织群众出口的形

---

① 高贯成. 华中银行历史资料选编 [M]. 北京:中国广播电视出版社,2003:186-187.
② 万立明. 近代中国票据市场的制度变迁研究 [M]. 上海:上海远东出版社,2014:88.
③ 尚明,白文庆,等. 金融大辞典 [M]. 成都:四川人民出版社,1992:569.

式为最好。1947年9月后，冀中地区的汇票经营转变为外汇交易所经营的形式，外汇交易所成立后将银行对汇票的独占经营转换为群众性经营，可以抽出干部资金等为农村生产服务，并可减免经营中顶票①和贬值的损失。外汇交易所通过加强对出口商的调查研究，尽量通过熟悉的出口商交易收兑汇票，奖励信用好的汇票；如出口商大量开票可先不付款，待对方付款证实后再付；划分汇票业务区，对顽区开票商人应在汇票付清后才允其回去等方法进行反顶票行动。②

为便利提款，减少垫款之烦，1947年晋察冀边区银行冀东支行颁布《本票暂行办法》，允许持票人随时到出票行提取现款。

"一、发行本票之目的为便利提款人提款，减少双方垫款之烦。

二、签发本票的机关，暂定为冀东支行及支行以下之各办事处。

三、请求签发本票人，可以本行之存单或现款换取本票。

四、本行签发之本票，在有效时间，可供公私交付款时使用。

五、本票自出票之日起，30天内有效。

六、本票可以随时到原出票行提取现款，其他银行机构不负代收之责。

七、本票如遇有遗失，本行概不负追寻之责，但及时来本行声明挂失者例外。

八、本票金额，每张不超过500万元。

九、本票上应填写之事项与印鉴须完善，不可遗漏。

十、本办法自30年4月10日颁行。"③

1948年8月，晋冀鲁豫边区发布的《华北区外汇管理暂行办法》对外汇票据（法币及支付法币的汇票、支票、本票等）进行了更为严格的规定。

"一、外汇票据买卖，均须经过华北银行，或外汇交易所，不得私相买卖，扰乱金融。

二、出口商，须于出口时向指定之工商局，依照华北解放区出入口贸易管理暂行办法规定之范围办理结汇。其规定如下：

甲，出口商于出口前开出之外汇票据，须连同工商局批准结汇之证明，向华北银行或外汇交易所登记出售。其出口商品，须于票据出售一定时间

---

① 顶票，是指奸商利用银行技术低下以及不了解出口商信用而进行各种投机活动。
② 河北省金融研究所. 晋察冀边区银行 [M]. 北京：中国金融出版社，1988：128-132.
③ 晋察冀边区银行冀东支行发行本票暂行办法 [A]. 华北解放区财政经济史资料选编编辑组，等. 华北解放区财政经济史资料选编（第二辑）[M]. 北京：中国财政经济出版社，1996：44-45.

以后，经银行或外汇交易所开给证明方准输出。

乙，出口商于结汇期内换回外汇票据者，须于口境银行兑成本币，换回金银者，须向售卖金银之华北银行出售，以上均须取得证明，连同出口证件向工商局注销。

三、凡携卖外汇票据者，除追回外汇外，并科以外汇总值20%至50%之罚金，初犯情节稍微者酌予减免其罚金，重犯三次以上者，追回外汇并科以外汇总值1倍以上之罚金外，取消申请使用外汇资格半年。"①

（三）东北革命根据地的票据规定

1948年1月28日，东北银行总行决定发行5万元和10万元的本票，具体规定如下。

"一、本票以城市流通为限。本票正面下端由各分行自行加盖地名印子。如两地通用者（如洮安、洮南），加盖两个地名印子。

二、本票发行地区，暂定为哈尔滨等七个城市。其中黑龙江解放区有哈尔滨、牡丹江、齐齐哈尔和嫩江四处，其余三处是吉林的延吉和辽北的洮安、洮南（在实际流通中，后发展为哈尔滨、齐齐哈尔、牡丹江、安东、营口、吉林、白城子、洮南八处）。

三、本票背面背书处，应有分行经理、副经理之一亲笔签字。

四、收回的本票可再发出，辗转流通。

五、非本地区发行之本票，原则上不兑换。"②

随着东北解放区范围日益扩大，为调剂城市流通，东北银行发行了新版五万元和十万元的本票，将流通范围扩大为哈尔滨、牡丹江、北安、佳木斯、齐齐哈尔、吉林、四平、长春、沈阳、抚顺、本溪、鞍山、安东、营口和瓦房店15个城市。新版本票与旧版本票正面元素完全相同，新版本票背面印有15个可流通城市的名称及注意事项。

"一、各地东北银行发出本票时，须出自接受人的自愿要求，不得强制使用。

二、凡需要本票者，可随时以现款或支票向东北银行要求兑换，并承认系列规定：

（1）本票只限在左列十五城市（见上）流通。

---

① 万立明. 近代中国票据市场的制度变迁研究[M]. 上海：上海远东出版社，2014：93.
② 黑龙江金融研究所. 黑龙江根据地金融史料（1945—1959）[M]. 1984：104-105.

(2) 持本票可随时向各地东北银行十足兑换地方流通券。

(3) 持本票可随时向公营商店买货及清理债务，但私人接受需出于对方自愿，更不得强制农村人民接受。"①

（四）山东革命根据地的票据制度

为便利各公营企业间的资金流转，恢复生产，繁荣经济，减少收支麻烦，1949年5月，北海银行发布《北海银行公营企业票据交换清算办法》，规定以北海银行总结算员为中心进行票据交换，除北海银行外，其他银行或钱庄必须经过当地政府审核批准，凡参加交换的行庄，应事先向北海银行缴纳资金数额10%的保证金，保证金在停止办理交换前不得动用，开具的保证金不得收抵押或另做他用，还需给予一分二厘的月息。②

"交换票据种类，暂以本行所制定的期票为限，期票限额、金额、收授双方议定，各公营企业间开出的期票，不能在市面流通。此项期票必须到期才能提出交换清算。为了收支方便，参加交换的公营企业，应在本行开立存款户头。各交换单位可随时将收到的到期期票，按约定日期送到本行，由本行清算完后，在各单位的存款户内分别收付。清算差额的转账，只限于参加交换各公营企业的存款余额，至于存款不敷支出的，必须事先经过本行同意，按本行公营企业放款暂行办法确定一定数额的透支，超出透支限额的转账数目，必须在清算前补足后才能转账。"③

（五）其他根据地的票据制度

1946年6月，瑞华银行在章程中明确将"贴现"作为其放款业务之一。瑞华银行还经营汇兑业务，随着市场繁荣，各行各业兴旺发展，瑞华银行的汇兑业务也取得了较大的发展。1948年上半年，瑞华银行共汇出132亿元。④

小　结

新民主主义时期，中国共产党领导的金融事业和票据发展都是本着发展信用、服务经济的目标。土地革命时期的期票作为筹资凭证服务农民经

---

① 黑龙江金融研究所. 黑龙江根据地金融史料（1945—1959）[M]. 1984：105.
② 北海银行办理票据交换办法 [J]. 山东政报，1949（1）：62-63.
③ 万立明. 近代中国票据市场的制度变迁研究 [M]. 上海：上海远东出版社，2014：89.
④ 孔祥毅. 民国山西金融史料 [M]. 北京：中国金融出版社，2013：687-688.

济发展，作为债权凭证保障红军粮食供给。抗日战争时期革命根据地发展票据业务在一定程度上抵御了敌对势力的入侵，通过发行本票替代货币流通，缓解了通货紧缩，支持了大后方商业流通和经营生产的发展，支票和汇票的发展促进了根据地贸易流通。解放战争时期革命根据地发行本票方便了企业提款，加快了工商业资金流转，促进了商品交易，稳定了战时生产，签发本票以存单或现金为抵押，降低了银行信用风险。

第三篇
新中国成立以来的票据

第六章　新中国成立至电子票据出台的票据

新中国成立之初，金融和信用发展呈现收敛的、计划的、单一的特征，商业信用没了生存的土壤。1978年改革开放以后，主要呈现建章立制、摸索试点的特征，经济建设成为我国发展的主旋律，金融经济方面展开了一系列卓有成效的改革，市场经济得到发展，企业商业信用开始提升。2001年中国加入世界贸易组织后，中国市场凭借低廉的劳动力和优惠政策吸引了大量的外资和企业涌入，迎来了经济的高速增长，国内经济的发展也迈入了新的阶段。

新中国成立之初，并没有票据市场的生存土壤。直到改革开放以后，为了促进商业发展以及解决商业信用发展过程中产生的"三角债"问题，票据重回市场经济商品流通支付结算领域。在此期间，票据市场有所发展，但总体呈现零散、小规模、混乱的特点，主要原因之一是没有全国范围纲领性的法律法规来规范票据市场，相关办法和规章绝大多数属于行政规章，不能适应越来越开放活跃的市场经济。1995年《中华人民共和国票据法》的颁布，让票据市场摆脱了无法可依的尴尬处境，随后出台的一系列相关配套法律，进一步完善了票据市场的制度建设。进入21世纪，随着经济的迅猛发展，票据市场也呈现出快速发展的势头。商业银行对于票据业务也逐步重视起来，商业银行票据业务分散经营的模式已不再适应市场环境的变化，中国工商银行率先在2000年成立票据营业部，开始了票据专业化、集约化经营。随后其他商业银行纷纷效仿，开启了专业化、集约化的票据经营之路。此外，不仅有官方的机构在票据市场耕耘，民间中介机构也开始纷纷入场。民间中介机构于票据市场而言有利有弊，一方面，票据掮客以及伪造票据等的背后有它们的身影；另一方面，民间票据中介对票据市场的发展起到了一定的推动作用。票据市场在此期间呈现区域性的特征，没有一个完整的票据市场，"中国票据网"在2003年由中国外汇交易中心暨全国银行间同业拆借中心推出，实现了公开的报价平台功能、历史报价数据查询功能、部分政策法规和票据丧失信息共享功能以及会员市场研究交流功能，在一定程度上解决了票据市场信息不对称的弊端。票据市场业务量呈现出迅猛发展的态势，1995—2008年，商业汇票承兑发生额由2424亿元增加到7.1万亿元，占GDP的比重由3.95%上升到22.10%；贴现发生额由1412亿元增加到13.5万亿元，占GDP的比重由2.30%上升到42.06%；商业汇票承兑余额由865亿元增加到3.2万亿元，占人民币贷款余额的比重从1.71%上升到10.56%；商业汇票贴现余额从150亿元增加到3.2万亿元，占人民币贷款余额的比重从0.30%上升到6.27%。票据市场在推动经济发展以及服务实体经济方面发挥了重大作用。

第一节　从票据业务重启到票据助力化解"三角债"

新中国成立之初，票据曾短暂存在于中国金融体系中。从"一五"计划开始，信用开始集中管制，票据退出历史舞台。改革开放以后，为了发展商业信用以及化解"三角债"，票据市场重启。

一、新中国成立初期的商业信用与票据

1949年10月1日，中华人民共和国成立，中国人民迎来了一个崭新的社会主义时代。新中国成立前，由于长期以来遭受列强侵略和战争破坏，我国的社会体系和国民经济几近崩溃，新中国成立后，建立新中国的社会体系和恢复国民经济发展成为当时刻不容缓的工作。

在新中国金融体系的建立过程中，采取了一系列卓有成效的措施，并没有沿袭对资产阶级进行剥夺、实行资本主义银行国有化的路径，而是选择了一条独具特色的建设之路。新中国成立初期，在对民族资本的金融机构进行整顿和改造进程中，国家允许银行信用和商业信用存在。在推动票据支持经济发展方面，中国人民银行接受私营银钱业的转存款及开办票据承兑业务。当时，上海私营工厂资金困难，而私营行庄虽有资金，但为慎重自保，不敢轻易放款，于是，中国人民银行上海分行于1949年12月开办票据承兑业务，由需要资金的私营工厂签发商业票据，由人民银行审核承兑后，向私营银行、钱庄贴现。①巧妙地运用商业汇票承兑和贴现，调剂资金，辅助私营企业恢复和发展生产，恢复和发展国民经济，引导民族资本把资金投向正确的方向。自开办这项业务到年底的近一个月时间内，中国

---

① 王汉强. 商业信用与商业汇票［M］. 北京：中国财政经济出版社，1986.

人民银行上海分行做了 95 笔，总金额为 576.6 万元，支援了一批企业，使它们重新获得生机。

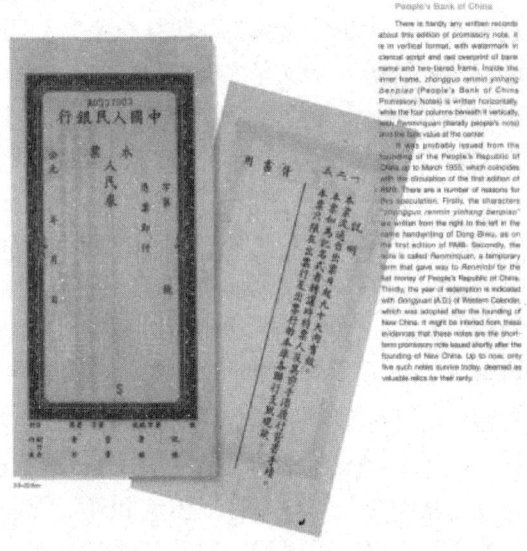

图 6-1　中国人民银行本票

（资料来源：银行博物珍赏：上海市银行博物馆藏品集［Z］.2003）

图 6-2　中国人民银行信用放款借据

（资料来源：银行博物珍赏：上海市银行博物馆藏品集［Z］.2003）

新中国成立不久，国家为了进行大规模经济建设，要求对资金进行集中管理和计划分配。当时国营企业间的商业信用占企业流动资金的10%~20%，国家认为这既不利于资金的集中管理和计划分配，也不利于国家银行对企业的监督，必须取消商业信用，集中信用于国家信用。1952年9月，中国人民银行通过了《综合信贷计划编制办法（草案）》，该办法提出的信贷计划编制办法可以简要概括为"统存统贷"；1953年5月，商业部和中国人民银行联合发出《关于中国人民银行办理国营商业短期放款暂行办法中若干问题的具体规定》，指出除少数情况外，商业单位不允许再存在商业信用关系；[1] 次年3月又共同清理了国营商业系统内部的商业信用，规定国营商业企业的商品购销贷款和资金往来一律通过中国人民银行办理结算；1953年9月，中央人民政府财政经济委员会发布《关于加强现金出纳计划工作的指示》，要求把现金出纳计划工作统一管理起来；1954年6月，中国人民银行撤销了各大行政区的区行，直接面向各个省、自治区、直辖市设立分支机构，加强了对银行的垂直管理，也进一步强化了中国人民银行及以中国人民银行为主导的其他金融机构对金融活动的统一领导和集中管理。随后，我国进一步建立了集中统一的利率管理体制和外汇管理制。[2] 1955年3月，根据国务院的指示，中国人民银行和财政部通过与有关部门共同研究，一致同意统一步调取消商业信用。[3]

"大跃进"时期，为了改变大一统金融体系下中国人民银行对信贷权限管理过多过死的弊端，进一步贯彻国务院关于改进银行管理体制的要求，充分发挥各地组织和运用信贷资金的积极性，1959年，中国人民银行进行了信贷管理体制改革，下放了信贷计划权限，但相应地带来了信贷失控、财政虚收和信用膨胀等问题。国家为了维护计划经济体制的资金运行机制，在"大跃进"带来商业信用泛滥的情况下，一再强调取消商业信用的基本政策，并密集出台政策要求国营企业不得预收、预付货款，不得赊销商品。

"文革"时期，金融工作受到破坏。"文革"结束以后，国家开始调整经济发展布局，企业间的相互拖欠问题越发严重。为了解决这些"非法"商业信用问题，1977年，中国人民银行出台相关办法，要求各单位不准相互拖欠，不得赊销商品，除国家规定允许者外，不得预收、预付货款。尽管如此，在计划经济体制时期，某些经济领域由于客观需要，商业信用无法根除，比如在农产品生产流通领域，允许商业信用合法存在。

---

[1] 姚遂. 中国金融史 [M]. 北京：高等教育出版社，2007：453.
[2] 江西财经大学九银票据研究院. 票据史 [M]. 北京：中国金融出版社，2020.
[3] 姚遂. 中国金融史 [M]. 北京：高等教育出版社，2007：453.

1953年至1978年，由于我国实行高度集中的计划经济管理方式，商品经济没有得到发展。全国实行信用集中，取消商业信用，银行结算以划拨为主，有零星的支票结算，汇票和本票作为商业信用和银行信用的载体在计划经济的大背景下无法发挥其支付结算和信用扩张的功能作用。

二、"三角债"的由来

1978年党的十一届三中全会召开，拉开了我国经济体制改革、对外开放的序幕，中央明确提出我国仍处于社会主义初级阶段，号召全体干部群众解放思想，一切以经济建设为中心，计划和市场都是实现经济发展的手段，在思想上扫除了改革开放的障碍。改革开放以后，党的十二大报告明确肯定个体经济、私营经济是社会主义公有制所必要的、有益的补充成分。

1979年4月，中共中央召开工作会议，提出对整个国民经济实行"调整、改革、整顿、提高"的方针，指出经济建设必须适合我国国情，符合经济规律和自然规律。国民经济各产业部门在调整中有保有调，有升有降，原有的产业结构、产品结构、资金结构、销售渠道等发生了一系列重大变化。有些企业和行业日子很不好过，特别是机电行业，因基建订货减少，服务方向的转变受制于产品结构，产品销售大受影响，面临的困难更大。企业为渡过暂时困难，在调整生产的同时，不得不用各种办法处理积压，推销产品。但是，产品越是滞销，商业信用所发生的占款越大，在信贷控制的条件下，因资金回笼速度缓慢，现实需用的资金更是紧张，企业正常的进货也受到影响，又需要利用赊购方式补进原材料。这样，在一部分企业中赊销和赊购便同时发展起来。

1980年8月，中国人民银行分行行长座谈会上，传达了国务院领导同志的意见：银行的一些传统业务做法，凡是有利于社会主义现代化建设的都可以办。综合座谈会上讨论的意见，中国人民银行总行指出："要根据新的情况，改进信用制度。信用仍应集中于银行，但要有控制地、有条件地开放某些商业信用。过去我们强调信用必须集中于银行，除了国务院特别批准的以外，不允许商业信用存在。现在要搞市场调节，情况有了很大变化。为了把经济搞活，对生产周期长、需要资金多的大型设备，可以预收定金，或分期预付货款；对有原材料或半成品，而生产任务不足的企业，如果别的单位需要购买它的设备，但又暂时没有资金，可以分期付款；处理积压产品，可以允许赊销；对企业有多余设备、资金，愿与国内其他单位搞补偿贸易的，只要对双方生产有利，银行也应支持。"这次会议使商业信用的禁区开始被突破，传统的票据信用业务提上了社会主义信用制度的议事日程。

1981年5月，国家经济委员会等10个部门联合下发《贯彻落实国务院有关扩权文件，巩固提高扩权工作的具体实施暂行办法》，规定："为了疏通渠道，搞活经济，在征得银行同意后，对长期积压的机电产品，企业确实需要而资金又一时无来源，在不拉长基建战线的原则下，一两年内能够付清货款的，可以用赊销或分期付款的办法处理。"随着扩权工作的开展和资金供应管理方面的变化，实际工作中发生的这类商业信用，比当时规定的更广泛。

1982年是市场情况发生重大变化的一年。由于国民经济调整的顺利进行和日用消费品的大幅度增产，相当数量的商品出现了买方市场的可喜景象。为了开拓市场，扩大销售，1982年9月，商业部决定对一部分价格较高、库存较大、销售不快的耐用消费品，如电视机、收录音机、高档收音机、高档乐器、高档照相机、洗衣机、电冰箱等，开展"提前付货、分期收款"的业务，其他部门也采取了类似的措施，商业信用随之迅速扩大。根据人民银行当时对北京、内蒙古、辽宁、吉林、上海、福建、安徽、河南、湖北、贵州、陕西、重庆12个省份调查材料的统计，抽样调查的5450户工商企业中，有4320户发生了商业信用，占调查总户数的79.3%。在这些企业中，1982年共发生商业信用50.56亿元，占其本身购销总额370.44亿元的13.6%；年末余额为14.77亿元，占商业信用发生总额的29.2%。商业信用范围之广、规模之大、形式之多、影响之深，都是新中国成立以来少有的。

随着经济体制改革的推进及市场因素的不断引入，经济增长潜力开始释放，人民生活水平明显改善。但由于这一时期传统计划经济体制的弊端没有完全消除，新的体制还有待建立和完善，新旧体制之间存在剧烈摩擦，导致经济运行中的矛盾十分突出，主要表现为总需求与总供给失衡、经济结构扭曲严重，地方政府和企业盲目追求没有质量效益的产值和速度，在一定程度上形成了生产越多、积压越多、亏损越多的不正常局面。随着1989年经济进入治理整顿阶段以及财政信贷"双紧"政策的实行，总需求受到抑制而结构调整滞后，这些矛盾开始集中暴露，经济中出现了不同类型、不同形式的大量货款拖欠，越来越多的企业卷入"三角债"链条。1989年全国企业间的相互拖欠约为500亿元，至1990年初猛增至2000多亿元，约占1990年国内生产总值的10.5%。规模庞大的"三角债"使企业无

三、金融机构用票据解决清欠所采取的措施

为了避免重蹈挂账式商业信用的覆辙,在恢复商业信用后,以票据作为商业信用的载体,中国人民银行和各级政府尝试出台推动商业信用票据化的政策措施。

1979年,中国人民银行开始筹划试办企业签发商业承兑票据业务。1980年8月,中国人民银行分行行长座谈会上,明确提出要根据新的情况,改进信用制度。这次会议使商业信用的禁区开始被突破,传统的票据信用业务提上了社会主义信用制度的议事日程。由于商业信用问题涉及面广,人民银行总行批准上海先行试点,待取得经验后,再逐步推开。

上海市金融学会积极响应人民银行总行关于在上海先行试点的安排,成立了"票据贴现研究会"。为了把理论与实际结合起来,还深入工厂和商店,召开各种座谈会,对商业信用的现状和治理方法,以及在搞活经济中运用票据贴现的可行性等问题,进行调查和论证。通过学习和实践,思想获得了初步解放,对票据的性质和作用有了新的认识。②

1981年,上海市草拟了票据承兑和贴现办法,人民银行上海分行作出了先在两个区办试点的决定。1981年2月,在杨浦和黄浦两个区办事处的协作下,试办了第一笔同城商业承兑汇票贴现。③ 这是将一个钢厂被拖欠了很久的货款,转换成一张以欠款单位为付款人的三个月期商业汇票,欠款单位承兑了汇票以后,感到有压力,就积极处理积压,扩大销售,终于如期清偿了票款。同年10月,在徐汇区办事处和安徽天长县支行的合作下,试办了第一笔跨省市银行承兑汇票贴现。当时上海有一批水泥船亟待处理,天长有一个单位想承购而无现钱,当地银行虽同意贷款但资金不足,于是就以当地银行承兑、上海银行贴现的办法促使了这笔交易的成交。这表明票据承兑贴现业务首次跨越省市界限,由同城开始向异地扩展。这两笔票据贴现业务的成功办理,标志着票据市场的重启,充分体现了票据支持实体经济发展的作用,对于货款拖欠问题提供了很好的解决思路,同样,在银行信贷额度紧张的情况下,票据业务可以另辟蹊径解决资金紧张问题。

---

① 范小仲.20世纪90年代初清理"三角债"的考察及启示[J].湖北经济学院学报,2019(11):29-31.

② 王汉强.商业信用与商业汇票[M].北京:中国财政经济出版社,1986:3.

③ 赵学军.中国商业信用的发展与变迁[M].北京:方志出版社,2008:179.

也正是这两笔票据业务的开展,向市场释放出票据业务再次出现在历史舞台上的信号,随后在此种情况的激励下,票据业务开始被企业和银行接受,企业开始运用票据来支付结算,各家银行也开始启动票据业务。

1981年5月,中国人民银行总行批复了上海分行提出的《关于恢复票据承兑、贴现业务的请示报告》。为了防止企业之间的赊销、预付行为造成相互拖欠而影响资金正常周转,上海率先推出了银行汇票承兑贴现业务,试行商业银行信用票据化。上海市金融学会把调查研究和试点的成果,编写成《票据承兑与贴现》一书,向金融界和企业界广为宣传,并于1981年中国金融学会首届年会上提出了"商业信用票据化"的倡议。

1982年5月,人民银行总结上海的试办经验,开始在辽宁、四川等地试办商业汇票承兑贴现业务。但由于在计划经济体制下政府习惯用行政手段干预金融市场,于是在商业信用票据化过程中更多地选择了银行信用。另外,由于国家和银行对票据的限制过多,不少银行员工的专业能力不强,导致商业信用票据化推进不够理想。

1983年8月,人民银行总行金融行政管理司主持召开了有上海、天津、重庆、福建、湖北、陕西、吉林、辽宁八个行处参加的商业信用调查会。在会议期间,中国人民银行总行负责同志多次听取了汇报和讨论,并在会议结束前做了专门的长篇发言。他指出,采用以银行信用为主体的多种信用形式,试办商业信用和商业票据,是党的十一届三中全会以来银行改革的一项重要内容。银行对于这项工作,不是要不要抓的问题,而是一定要抓好,要作为银行的重要工作之一。要调查研究,总结经验,采取相应的改革措施,经过一段时间以后,逐步完善中国的社会主义信用制度。搞好这项改革,是适应整个经济管理体制改革的需要,是适应现代化建设的需要。对此,各家银行要研究,作为中央银行的人民银行更要研究。他认为,我国经济发展过程中的商业信用,都是在商品与货币之间发生矛盾时发生的,而银行信用又不能完全取代它。因此,对待商业信用应按照再生产过程资金循环的规律和体制改革的新变化,加以疏导,并加强管理。他指出,商业信用的代表是汇票,正常的商业信用必须有票据。

1984年12月,中国人民银行颁布了《商业汇票承兑、贴现暂行办法》,决定从1985年开始,在全国推行商业票据承兑贴现业务。《商业汇票承兑、贴现暂行办法》是中国人民银行在总结了近三年上海、重庆等地试办情况后下发的全国统一执行的票据办法。《商业汇票承兑、贴现暂现办法》的颁发意味着各地票据市场分散不一的票据制度发生了改变,中国人民银行从顶层设计的票据制度让全国各地开展票据业务有法可依。这有利于加强对商业信用的引导和管理,更好地发挥商业信用的积极作用;有利于企业之间清理拖欠货款;有利于银行、企业逐步建立新的信用关系及经济体制改革的不断深化;有利于票据市场的发展壮大,有利于票据推动经济发展、搞活经济目标的实现。

1986年4月,中国人民银行和中国工商银行联合颁布了《关于实行商业汇票承兑、贴现办法清理拖欠货款的通知》,并在北京、上海、天津、广州、重庆、武汉、沈阳、哈尔滨、南京等城市进行试点。为了推动票据贴现市场的发展,同年,中国人民银行颁布了《中国人民银行再贴现试行办法》。

1988年12月19日,中国人民银行针对全国范围的货款拖欠情况,进行银行结算制度改革,要求大力推行商业票据,并颁布《银行结算办法》和《银行结算会计核算手续》;同年又下发了《关于加强商业汇票管理促进商业汇票发展的通知》。同年,国家体改委提出关于深化经济体制改革的总体方案,明确指出要大力推广商业票据,健全商业票据贴现与再贴现制度。今后要减少人民银行对专业银行的信用放款,增加中央银行再贴现抵押贷款和通过票据、债券融通资金的比重,人民银行要进一步把推广使用商业汇票作为改革银行结算制度和完善商品流通体制的重要措施来落实。

1989年4月,《银行结算办法》正式实行,允许票据流通转让、贴现、转贴现和再贴现,全面推行结算票据化;同年,中国人民银行又推出"三票一卡",即汇票、本票、支票和信用卡业务。

1990年3月26日,国务院发出《关于在全国范围内开展清理"三角债"工作的通知》,成立了国务院清理"三角债"领导小组,按照"企业主动收款,银行协助清理,多方筹集资金,结合商业票据"的原则,开始在全国范围内开展清理"三角债"工作。在清理拖欠中,除各地和专业银行注入一部分资金外,中国人民银行先后安排了300多亿元专项贷款规模和210亿元贷款资金用于清欠。对"三角债"的清理,帮助了企业生产。但由于形成"三角债"所涉及的财政、金融、产业结构、企业体制等深层次问题没有解决,特别是没能在治理产生"三角债"的源头上下功夫,清的主要是消费资料生产企业的拖欠,"三角债"前清后欠的问题仍很严重。①

1991年,国家针对商品交易中拖欠资金十分严重的现象,决定对承担指令性计划的"双保"企业和商业、外贸、物资供销企业收购运销对路工

---

① 王汉强. 商业信用与商业汇票 [M]. 北京:中国财政经济出版社,1986:3.

业品推行商业票据，银行对其办理贴现和再贴现，组织各个方面的力量清理"三角债"。同年9月，中国人民银行颁布了《关于加强商业汇票管理的通知》，进一步规范商业汇票的使用和银行票据承兑、贴现市场的行为。次年，中国人民银行在《中国人民银行对金融机构贷款管理暂行办法》中，将中国人民银行对金融机构的贷款按发放方式的不同划分为信用抵押贷款和再贴现两种，规定在具体操作中再贴现有限办理，利率优惠，从而使商业汇票的承兑和贴现市场有了更好的发展基础。

1994年，中国人民银行实施新的《信贷资金管理暂行办法》，将再贴现作为货币政策工具加以运用。同年7月，中国人民银行报经国务院同意，在煤炭、电力、冶金、化工、铁道五个行业推行商业汇票结算，同时颁发《商业汇票办法》和《再贴现办法》，规定在购货单位资金不足时，可以凭承兑的汇票款项购买商品；销货单位资金不足时，可以将承兑的汇票向银行申请贴现；商业汇票允许背书转让。同年10月，中国人民银行首次专门安排100亿元再贴现资金，专项用于上述五个行业以及棉花、烟叶、生猪、食糖四种农副产品的票据再贴现。[①]

四、票据业务开展缓慢的缘由

在这一时期内，虽然相关部门出台了政策鼓励票据业务的开展，但整体而言票据业务发展较为缓慢，与经济的快速发展不相匹配，这其中存在多个方面的问题。

（一）宣传力度不够，缺乏业务素质，假票风险较高

大力推广票据业务，需要一批懂票据、懂银行、懂经济的专门人才。所有这些，只靠银行的自身努力还不行，还需要社会各部门、各企业的密切配合与合作。一是社会及银行没有对票据业务的优点及其特点进行大力宣传，因此企业没能充分认识使用票据的优越性，对传统方式还依依不舍。二是银行和企业对实行票据结算缺乏必要的业务素质准备。当时银行和企业的会计人员无论是数量和质量还是人才结构，都难以适应开展票据业务的需要。多数人都没有接受过专业的培训和考核，对票据知识知之甚少，不能及时、准确、迅速、安全地办理票据业务，差错、事故时有发生，影响票据业务的开展。同时，由于商业银行在操作和管理上缺乏经验，票据

---

① 江西财经大学九银票据研究院.票据史［M］.北京：中国金融出版社，2020.

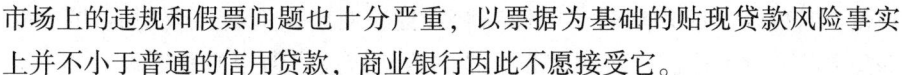

市场上的违规和假票问题也十分严重,以票据为基础的贴现贷款风险事实上并不小于普通的信用贷款,商业银行因此不愿接受它。

(二) 联行体制的影响

各专业银行自成系统的联行体制,往往容易形成结算资金的系统垄断和地方割据。"本行直接通汇,跨行相互转汇"的办法,无形中增加了联行结算资金的运转环节,延长了结算资金的在途时间。再加上各专业银行为了本系统的利益各行其是、各自为政,在人民银行统一制定的结算制度外,另有本系统的规定,导致制度不统一,结算秩序混乱。例如,在开展银行汇票这一最受企业欢迎的结算业务中,各专业银行做法各异,有的用钢印、压数机,有的盖联行章、编密押,对大额度汇票有些行规定加拍票根,而且金额起点也不尽一致。这样就经常发生人到、票到、票根不到,钱不能用的现象,既违背了银行汇票"人到、票到、款到"的要求,也侵害了持票人和受票人的利益,损害了银行声誉。有些行处,在自身利益的驱动下,为了维护信贷规模,弥补资金缺口,就乱拉资金,占用联行应付汇差,对异地票据不愿解付,找种种借口,人为压票、退票,致使结算渠道阻塞,汇路不畅。上述情况都给推广票据业务带来不利影响。①

(三) 企业信誉观念淡薄,"三角债"问题突出

当时我国信用制约机制不健全,企业信用度不高,信誉观念淡薄,"欠债有理、欠债有利、欠债出效益"的思想相当严重。一些企业产品滞销,资金短缺,票据到期不能承付。有的企业为了应付生产上的燃眉之急,只顾签发票据以得到原材料,而不考虑是否能到期承付。阻碍中国商业票据市场发展的最主要原因是信用制度遭到严重破坏,票据当事人担心出现金融"三角债"之类的问题,拒绝将它作为支付手段来使用。这也部分解释了中国票据市场一直以汇票为主导、银行承兑汇票又远远多于商业承兑汇票的原因。

(四) 票据法规不健全,票据流通缺乏法律保障

票据法是规定票据种类、形式、内容以及当事人权利义务关系的法律

---

① 张映雪,肖云,贾永申.推广票据结算办法十分必要 [J].经济工作通讯,1992 (6):13-15.

规范。它可以保证票据的安全和顺利流通，使票据的转让流通有法可依，保障合法，打击违法，维护票据关系的合法权益。但当时我国没有一部票据法和具有法律意义的票据条例，使票据在为商品经济服务时缺乏应有的法律保障。一旦出现票据纠纷，司法部门不能依法进行公正处理，票据当事人的合法权益得不到保证。因此，银行和企业对推广票据业务缺乏信心。

第二节 《中华人民共和国票据法》
——奠定新中国票据市场法律基础

《中华人民共和国票据法》出台前，票据市场的规章制度比较零散，缺少一部根本大法，因此票据市场发展受到一定的阻碍。《中华人民共和国票据法》的出台，奠定了中国票据市场法律基础，自此票据市场摆脱了无法可依的尴尬境地。

图6-3 《中华人民共和国票据法》封面
(资料来源：互联网搜集)

一、《中华人民共和国票据法》出台的历史背景

在《中华人民共和国票据法》（以下简称《票据法》）出台前，各地方、各部门的规定不统一，而且绝大多数属于行政规章，票据市场没有一个可以统一参照执行的纲领性文件，票据市场发展受阻。此外，经济的快

速发展对票据市场提出了更高要求,迫切需要纲领性规章制度的诞生。针对这些情况,急需制定法律,规范票据活动,进一步发挥票据作为支付、结算、汇兑和信用工具的作用,保障票据当事人的合法权益,制止和打击票据活动中的违法犯罪行为,维护社会经济秩序,促进社会主义市场经济的发展。

二、《票据法》的诞生之路

(一) 出师未捷——票据立法工作的开启与暂停

1986年9月,根据国务院的指示,中国人民银行主持召开了票据立法会议,并拟出《中华人民共和国票据法暂行条例(草案)》,向金融界、法律界征询意见。当时,国内的票据活动虽然已逐步开展,但人们对票据的认识尚不深刻,也不统一,这项工作遂告暂停。

(二) 功不唐捐——《票据法》终告落地

直到1990年,在全国人民代表大会上,一些代表提出抓紧制定票据法的提案。在这年年底,中国人民银行正式成立票据法起草小组,经过研究讨论,于11月草拟了《中华人民共和国票据法(讨论稿)》。1991年9月,票据法起草小组又主持召开座谈会,形成了《中华人民共和国票据法(修改稿)》。后又经深入调查,总结实践经验,广泛征求各界意见,多次修改,于1993年将草稿提交国务院。国务院法制局在一年多的时间里,对草案进行了一定的修改,主要是删除了草案中带有行政管理色彩的内容,补充了国外先进的票据制度,于1994年12月5日经国务院总理签署提请全国人大常委会审议。全国人大法律委员会、财经委员会等权威机构对国务院的草案又进行了广泛深入的研究讨论,终于在1995年5月10日,《中华人民共和国票据法》由第八届全国人民代表大会常务委员会第十三次会议通过,并于1996年1月1日起实施。①

三、《票据法》的主要内容与特点

(一)《票据法》的主要内容

《票据法》包括总则、汇票、本票、支票、涉外票据的法律适用、法律

---

① 王小能. 票据法教程[M]. 北京:北京大学出版社,2001:7.

责任、附则共 7 章 110 条,其中第一章、第二章为核心章节。第一章介绍了立法目的和适用范围,对票据种类、本票、支票、汇票的特征,票据的记载事项,票据关系与票据基础关系,票据委托代理,票据丧失等作出了规定。第二章又细分为 6 个小节,分别对汇票的出票、背书、承兑、保证、付款、追索权做了详细解释。

(1) 票据种类和适用范围。《票据法》第二条规定:"在中华人民共和国境内的票据活动,适用本法。本法所称票据,是指汇票、本票和支票。"

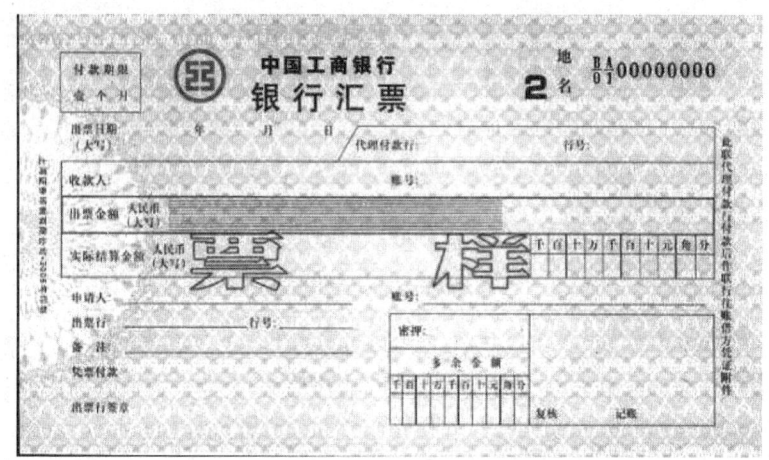

图 6-4　银行汇票票样

(资料来源:互联网搜集)

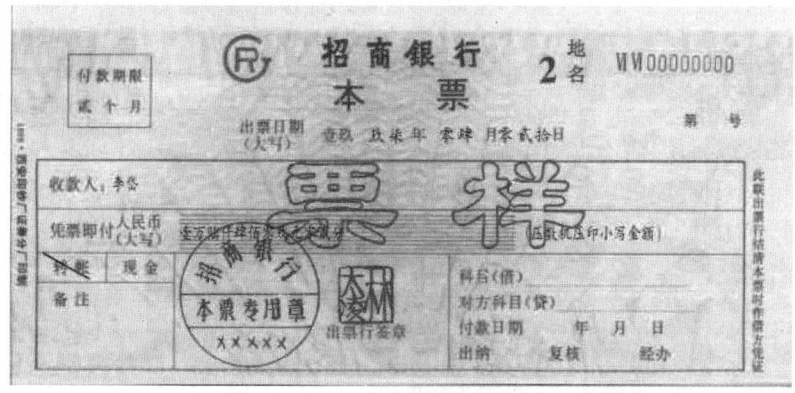

图 6-5　本票票样

(资料来源:互联网搜集)

第六章　新中国成立至电子票据出台的票据

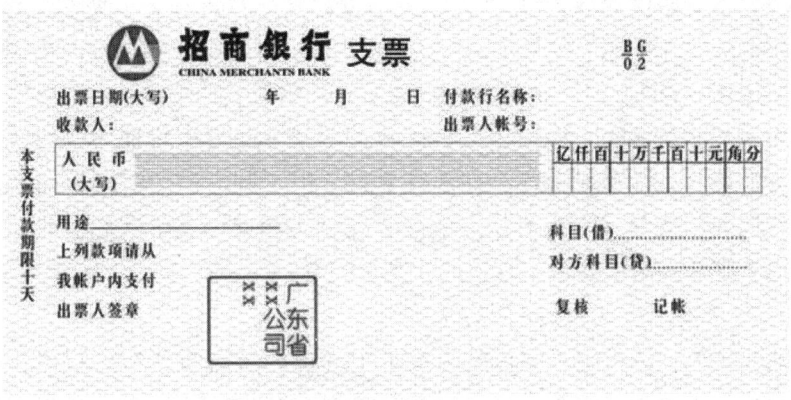

图 6-6　支票票样

(资料来源：互联网搜集)

(2) 委托代理问题。《票据法》第五条规定："票据当事人可以委托其代理人在票据上签章，并应当在票据上表明其代理关系。没有代理权而以代理人名义在票据上签章的，应当由签章人承担票据责任。"

(3) 真实交易和给付对价。《票据法》第十条规定："票据的签发、取得和转让，应当遵循诚实信用的原则，具有真实的交易关系和债权债务关系。票据的取得，必须给付对价，即应当给付票据双方当事人认可的相对应的代价。"第十条也是引起广泛争议的一条。

(4) 票据抗辩问题。《票据法》第十三条规定："票据债务人不得以自己与出票人或者与持票人的前手之间的抗辩事由，对抗持票人。但是，持票人明知存在抗辩事由而取得票据的除外。票据债务人可以对不履行约定义务的与自己有直接债权债务关系的持票人，进行抗辩。本法所称抗辩，是指票据债务人根据本法规定对票据债权人拒绝履行义务的行为。"

此外，《票据法》对票据具有的流动性、文义性、设权性、无因性、独立性、要式性作出了规范。

(二)《票据法》的特点

1. 强制性

票据是金钱债权证券，有支付功能、信用功能，而且为流通之物，如果允许当事人完全依自己意思进行出票、转让、承兑、保证等票据行为，势必会给不良之辈造成许多可乘之机，诈欺营利，坑害他人，扰乱交易及金融秩序。

为安全、便捷起见,《票据法》在票据权利义务的形成（实质）方面尊奉私法自治,在票据行为（形式）方面则采用强制规范的规则,构成强制性规范体系。《票据法》的各项规定都不允许当事人违反或者变通。在票据活动中,凡是不适法之举措或疏忽之过失,就不能发生预期的票据法律效果,其结果,或是票据无效,或是行为人承担不利后果,断无协商解决的可能。例如,《票据法》第八条规定,票据金额以中文大写和数码同时记载,二者必须一致,二者不一致的,票据无效。

2. 技术性

法律规范,依其立法原旨是为维护伦理道德还是授予行为技术,可以分为道德性规范和技术性规范。《票据法》的主要内容,是规定如何实施票据行为,怎样行使、保全、保护票据权利,从立法意图上讲,侧重于规定票据使用、流通和保全票据权利的方法,是由立法者专门设计出来的,而不是基于一般的道德理念,或者遵循一般的法律原则而规定的,相对而言,属技术性规范。

3. 实行"严格的形式主义",即统一性

《票据法》注重票据和票据行为的形式,只要票据和票据行为的形式符合规定,就受到保护,相反,如果形式不符合规定,即使作成票据的原因是合法有效的,票据和票据行为也属无效。

四、《票据法》的司法实践

《票据法》规范了汇票、本票、支票当事人的权利与责任,对促进票据市场发展作出了极大的贡献。在《票据法》颁布后,司法部门都依照此法处理各类票据纠纷案件。

如××银行文昌支行与中建某公司华东分公司票据追索权纠纷一案。亚融公司以案涉商业汇票向××银行文昌支行提供最高债权额为2000万元的质押担保,汇票显示出票日期为2012年9月18日,票面金额为2500万元,出票人与承兑人均为中建某公司华东分公司,汇票到期日为2013年3月18日。2012年9月18日,亚融公司因资金需求,将案涉商业汇票进行了质押背书,被背书人为××银行文昌支行。该支行通过背书取得该汇票后,确认"原件已收,如保理支付,则此票作废"。2012年9月24日,××银行文昌支行作为保理商与卖方亚融公司签订2001号《国内商业发票贴现协议》,同日,亚融公司向××银行文昌支行提交国内商业发票贴现融资申请书,2012年9月24日,××银行文昌支行扣除手续费20万元后,实际向亚融公司发放贴现款 1980 万元。

2001 号《国内商业发票贴现协议》项下发票所涉应收账款到期后，××银行文昌支行先后两次向中建某公司华东分公司提示付款，中建某公司华东分公司以供货商未供货为由，分别于 2013 年 4 月 22 日、5 月 30 日出具拒绝付款理由书。××银行文昌支行又于 2013 年 6 月 6 日发出律师函，要求中建某公司华东分公司支付案涉票据款 2500 万元。因中建某公司华东分公司拒绝履行票据付款义务，××银行文昌支行诉至法院，要求其承担票据责任。

在本次案例中，法院没有支持债务人的主张。在已查阅的文件中，各级法院均认为在涉及已转让的票据权利实现中，当持票人不是从债务人处直接取得且与其无直接前后手关系，债务人以《票据法》第十条中的基础关系为由进行抗辩时，法院应依据《最高人民法院关于审理票据纠纷案件若干问题的规定》第十四条作出判决，明确基础关系与票据关系之间的独立性，即便基础关系的效力有瑕疵，也不应影响票据关系的效力，阻碍票据权利的实现。因此，除法定情形外，持票人取得票据时符合法律规定，债务人以基础关系主张抗辩，不应也不会得到支持。

五、《票据法》颁布的意义与局限性

（一）《票据法》颁布的意义

1. 解决了票据发展无法可依的首要难题

在当时，票据流通中存在着使用混乱、管理不严、信誉较差、欺诈犯罪和各个地方部门的规章制度不统一等问题。《票据法》的出台，正式将票据行为上升到国家法律层面，改变了以前无法可依的局面，具有权威性和稳定性，能够维护票据关系当事人的合法利益，为推动票据市场的稳健发展提供了法律保障。《票据法》对规范票据行为提出了非常明确的法律尺度，规定了各种票据的行为及其效力，规定了票据的权利及其行为的条件和程序，对票据的义务和责任也做了比较具体的规定，对严肃结算纪律，维护银行结算程序，扩大融资，发挥资金最大效益，稳定协调发展我国经济具有重要的意义。[1]

2. 让企业更放心地开票收票

《票据法》不仅对金融业的发展有着重要影响，也为企业的票据行为提

---

[1] 罗勇. 知法懂法守法用法　确保"二法"有效实施 [J]. 金融与经济，1995 (6)：9, 18.

供了法律保障；为企业的票据提供了资信保证；为企业的资金提供了安全保证；加速了企业的资金划拨和周转；推动了企业以票代币的资金使用流通；在规范企业信用，防止企业贷款拖欠等方面发挥了积极作用。①

3. 填补了我国民商事法律的空白

制定《票据法》是健全我国民商事法律的需要。票据有其自身的特征和运行规律，需要专门的法律制度来调整和规范。许多国家都把票据法作为调整商品经济关系的一部重要法律。我国由于缺乏票据法律制度，只能依据民法等其他法律的一般原则从事票据活动和处理票据争议，这样难以正确地调整票据关系。因此，《票据法》是我国金融法制建设的又一重要战果，标志着我国社会主义金融事业的发展进入了一个新时期，金融业步入了规范化、法制化的管理轨道。

（二）《票据法》存在的局限性

1. 时代的局限性

一般而言，经济发展是法律修改的根本动因。《票据法》颁布实施于20世纪90年代我国由计划经济向市场经济转型的过渡期，《票据法》在出台后的一段时间内表现出与我国当时的经济水平尤其是票据实务的适应性。然而，随着我国经济发展和票据业务创新，票据肩负的职责已经远远超过《票据法》当初设定的汇兑、支付功能。《票据法》对新出现的电子商业汇票、数字票据等存在立法缺位，其本身部分条文可操作性不强，需要部门规章、行业条例进行补充规定。随着票据实务及司法实践的发展，其滞后性日渐凸显，《票据法》仅在2004年做过修改，删除了第七十五条。但是在支付手段多样化、票据业务高度市场化的今天，《票据法》的部分条款与票据市场的实践存在矛盾，这使得《票据法》的修改成为必然趋势。

2. 《票据法》的价值追求是其局限性的根本所在

纵观票据形成与发展的整个历史进程，流通是票据的根本价值所在。这一点在英美法系的票据法和日内瓦票据法公约中都可以体现出来，票据的流通性是现代票据法的核心价值追求。然而，我国《票据法》通篇将支付、汇兑功能作为票据立法的理念，在这一思想指导下，我国《票据法》的制度设定与实际业务不相适应，也使得《票据法》第一条规定的立法宗旨"促进社会主义市场经济的发展"受到挑战。因此，我国应该以促进票

---

① 杜德清.《票据法》——促进票据发展的法律保障[J]. 中国工商，1995（7）：42-43.

据的流通作为票据立法的理念,这将涉及票据的无因性、流通方式和流通媒介问题。①

3. 从立法角度看《票据法》的缺陷

从立法理念上看,以《票据法》第十条为代表的有因性规定,实际上违背票据法促进票据流通和确保票据支付的理念;从立法政策上看,限制个人汇票,排斥商业本票的使用,影响了票据功能的发挥;从立法技术上看,较多概念、立法表达、逻辑关系等存在讹错,不当模仿、臆想式创新、越位规定其他部门法规则等问题广泛存在。

第三节 票据市场发展——改革开放至电子票据出台

从改革开放到《票据法》出台前这三十年间,票据市场经历了从无到有、从有到大的过程,在业务量、基础设施建设、制度建设、市场创新、风险防控方面都取得了长足进步。

一、票据市场业务概览

1979年,我国金融界开始探索银行信用与商业信用相结合,并以银行信用引导商业信用。1981年,人民银行上海分行试办了第一笔同城商业承兑汇票贴现以及第一笔跨省市银行承兑汇票贴现。

1981年中国人民银行上海分行恢复商业票据承兑、贴现业务后,商品交易中的商业票据规模很小,至1983年7月底,仅仅办理承兑汇票552笔,共计4092万元,平均每笔仅为7.4万元。此后,中国人民银行更多地区的分支机构加入票据业务试点,到1984年,全国已经有23个以上的省、自治区、直辖市分行办理了规模不等的票据承兑、贴现业务。1984年6月,人民银行上海分行办理的承兑汇票增加到2668笔,共计20370万元,但平均每笔仅为7.6万元。辽宁、四川、河北、浙江、福建、湖北、陕西等省陆续试办票据承兑、贴现业务后,到1984年上半年,全国共办理票据贴现2.6亿元。②

1986年,辽宁省在沈阳市实行商业汇票承兑、贴现试点,11月,在13市办理银行承兑汇票1927笔,共计63317万元;办理贴现3331笔,共计

---

① 左志方,王成涛,钟俊. 修订《票据法》:逻辑与建议 [J]. 金融纵横,2015 (11):92-98.

② 江西财经大学九银票据研究院. 票据史 [M]. 北京:中国金融出版社,2020.

55490万元；办理再贴现1280万笔，共计38568万元。①

1990年底，全国共签发商业承兑汇票37.9万笔，金额为507亿元；签发银行承兑汇票57.7万笔，金额为1716亿元；银行办理承兑汇票贴现24.8万笔，金额为804亿元；专业银行间办理转贴1159笔，金额为2.7亿多元；中国人民银行对专业银行办理再贴现3万笔，金额为187亿元。整个票据承兑贴现市场到1990年底共融通资金3216.7亿元，相当于1990年GDP的17%。②

图6-7　中国人民银行广东省分行本票

（资料来源：互联网搜集）

1991年，票据市场的发展进入了低谷。以全国主要票据市场——上海票据市场为例，1991年贴现总额为232亿元，1992年降至150亿元，降幅超过35%；1991年再贴现总额为73亿元，1992年降至66亿元，降幅为9.6%。截至1993年底，全国再贴现余额仅为48.66亿元。③

1994年，全国商业汇票市场有了较大的发展。中国人民银行再贴现余额达到202.56亿元，相比1993年增加4.16倍④，占当年中央银行贷款增量的20%左右，占当年GDP的比重为0.42%。

---

① 中国人民银行，中国工商银行辽宁省分行．组织开展商业汇票承兑、贴现业务的几点做法[J]．中国金融，1987（3）：38-39．

② 阙方平．中国票据市场制度变迁[M]．北京：中国金融出版社，2005．

③ 再贴现业务[A]．中国金融年鉴编辑部．中国金融年鉴（1995）[M]．北京：中国印刷总公司，1996：34．

④ 李杨．新中国金融60年[M]．北京：中国财政经济出版社，2009．

1995年到1999年末,全市场承兑发生额、贴现发生额实现了成倍增长,承兑发生额从2424亿元增长到5076亿元,承兑发生额占GDP的比重从3.95%增长到5.60%;贴现发生额也从1412亿元增长到2499亿元,贴现发生额占GDP的比重从2.30%增长到2.76%。年末承兑余额和贴现余额同步实现了翻番,贴现余额由1995年末的150亿元增长至1999年的552亿元,增长了268%[①];交易规模与承兑业务和贴现业务高度一致,实现了总体稳步增长,但1998年业务量大幅萎缩,主要是因为中国人民银行发布《关于加强商业汇票管理促进商业汇票发展的通知》,指出了银行办理业务过程中存在的问题,并首次开展商业银行票据业务专项检查。在《票据法》出台后的五年内,转贴现业务开始出现。随着票据市场初见规模,票据再贴现也有所增长,1999年,全国再贴现发生额为1150亿元,较1995年增长36%,再贴现余额为502亿元,较1995年增长56%。

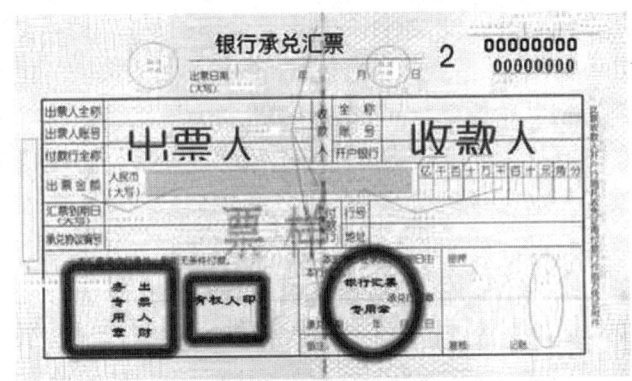

图 6-8 银行承兑汇票票样
(资料来源:互联网搜集)

2000—2008年,全市场承兑业务和贴现业务总体实现了高速增长,其中,承兑发生额由7445亿元增长到71000亿元,承兑发生额占GDP的比重从7.42%增长到22.24%;贴现发生额由6447亿元增长到135000亿元,贴现发生额占GDP的比重从6.43%增长到42.29%;2008年末承兑和贴现余额均实现了同步高速增长,贴现余额由1535亿元增长至19279亿元,增长了11.56倍,贴现余额占GDP的比重从1.53%增长到6.04%。

---

① 江西财经大学九银票据研究院. 票据史 [M]. 北京:中国金融出版社,2020.

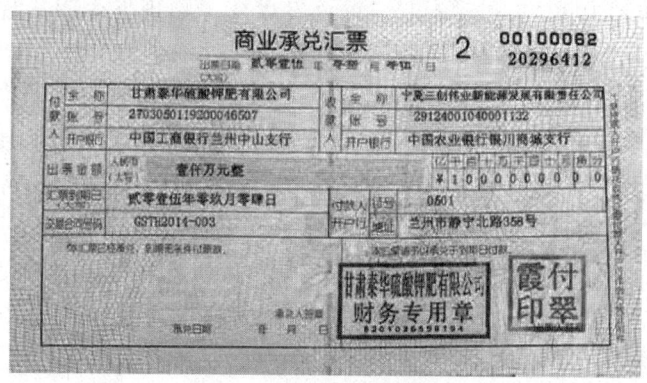

图6-9 商业承兑汇票票样

（资料来源：互联网搜集）

  2003年，由于中国人民银行取消了"办理银行承兑汇票业务实行总量控制，其承兑总量不得超过上年末各项存款余额的5%"的承兑风险控制指标，承兑业务增长率同比大幅提升。但2004年中国人民银行提高了再贴现利率，并上调了存款准备金率，实行差别准备金制度，有针对性地控制货币信贷总量过快增长，全市场票据业务增速明显放缓，贴现发生额增速降至1.35%，交易量增速降至9.57%。2005年以后，随着中国农业银行票据营业部成立及上海银行间同业拆放利率（Shibor）机制正式运行，票据市场恢复高速增长的态势。2006—2007年票据市场规模持续走低，2006年人民银行三次上调存款类金融机构人民币存款准备金率共计1.5个百分点，2007年人民银行十次上调存款准备金率共计5.5个百分点，六次上调金融机构人民币存贷款基准利率。2008年票据市场规模恢复增长，上半年五次提高存款准备金率共计3个百分点对冲流动性，但在下半年，为应对国际金融危机，人民银行五次下调存贷款基准利率，四次下调存款准备金率，明确取消对金融机构信贷规划的硬约束。

表6-1 中国票据市场发展情况（1995—2008年）　　　　单位：亿元、%

年份	累计承兑		累计贴现		交易规模		未到期承兑余额		贴现余额	
	金额	年增长率	金额	年增长率	金额	年增长率	金额	年增长率	金额	年增长率
1995	2424	278.75	1412	200.43	3836	245.59	865	—	150	—
1996	3898	60.81	2264	60.34	6162	60.64	1285	48.55	505	236.67
1997	4600	18.01	2740	21.02	7340	19.12	1335	3.89	581	15.05
1998	3841	-16.50	2400	-12.41	6241	-14.97	1595	19.48	547	-5.85

续表

年份	累计承兑		累计贴现		交易规模		未到期承兑余额		贴现余额	
	金额	年增长率	金额	年增长率	金额	年增长率	金额	年增长率	金额	年增长率
1999	5076	32.15	2499	4.13	7575	21.37	1873	17.43	552	0.91
2000	7445	46.67	6447	157.98	13892	83.39	3676	96.26	1535	178.08
2001	12699	70.57	17645	173.69	30344	118.43	5110	39.01	2795	82.08
2002	16139	27.09	23073	30.76	39212	29.22	7347	43.78	5200	86.05
2003	27700	71.63	44400	92.43	72100	83.87	12800	74.22	8167	57.06
2004	34000	22.74	45000	1.35	79000	9.57	15000	17.19	10000	22.44
2005	44480	30.82	67508	50.02	111988	41.76	19574	30.49	13837	38.37
2006	54300	22.08	84900	25.76	139200	24.30	22100	12.90	17200	24.30
2007	58700	8.10	101100	19.08	159800	14.80	24400	10.41	12818	−25.58
2008	71000	20.70	135000	33.60	206000	28.91	32000	30.90	19279	50.40

资料来源：中国人民银行。

二、票据市场基础建设

这一时期，《票据法》这一根本大法出台，配套法律法规落地，我国票据市场的法律框架基本形成。同时，再贴现利率与贴现利率形成机制进一步完善，促进了票据市场的进一步发展。

1995年5月10日，第八届全国人民代表大会常务委员会第十三次会议审议通过《票据法》，自1996年1月1日起施行。以《票据法》出台为起点，中国人民银行先后出台了一系列相关法规。1996年，中国人民银行颁布了《贷款通则》，规定将票据贴现计入贷款口径和信贷规模管理；1997年，中国人民银行又印发了《票据管理实施办法》《支付结算办法》《商业汇票承兑、贴现与再贴现管理暂行办法》等一系列制度，加强对商业汇票的宏观管理和制度建设，填补了国内票据市场的法律空白。至此，商业银行开展票据业务的法律法规初步确立。

改进和完善再贴现及贴现业务的利率定价机制。1998年以前，我国商业汇票的贴现利率和再贴现利率分别与贷款利率和再贷款利率相关联，即在后者的基础上分别下浮5%与10%。1998年3月，票据业务的利益驱动机制基本形成，价格形成机制也逐渐建成，中国人民银行基本建立了以再贴现利率为基准，间接引导贴现利率、转贴现利率的价格机制。1998—1999年，中国人民银行多次下调再贴现利率，将再贴现利率由1998年初的6.03%逐步下调至1999年6月的2.16%，总下调幅度达到64%。再贴现利率的大幅下降，有利于引导商业银行相应降低企业贴现利率。由于再贴现利率、贴现利率的下降，票据业务的价格优势进一步显现，也推动了该时期票据业务的发展。与此同时，再贴现也发展成为货币政策操作的重要工具之一，这又给票据业务赋予了传导货币政策、调控宏观市场的新的意义。

2000年以后，票据市场的参与主体不断扩大。部分城市商业银行、信用社、外资银行也开始加大票据业务拓展力度，并以此为敲门砖开拓其他信贷市场。这一时期，参与票据市场的金融机构纷纷利用票据承兑业务的优势，达到拓展客户、吸收保证金存款、增加承兑手续费等多个目的。

票据市场的经营模式开始向集约化转型。中国工商银行票据营业部的成立实现了票据业务的集约化经营管理，并将分散的票据业务集中于总行一级部门进行统筹管理，为市场发展提供了新的业务模式，避免了分支机构由于专业能力不强而带来的风险，并极大地提高了全行的资源利用效率。2003年6月，中国外汇交易中心建成"中国票据报价系统"，即"中国票据网"，为金融机构之间的票据转贴现和回购业务提供报价、撮合、查询等服务。"中国票据网"解决了信息不畅问题，改变了银行费力找票源、找资金，企业费力找银行的局面[1]。不过，为了进一步提高票据市场的交易频率、流转速率及商业银行票据资源利用率，各个商业银行也开始成立专门的票据管理机构，探索专业化经营的道路。

票据市场利率定价机制更加完善。2007年1月，上海银行间同业拆放利率（Shibor）机制正式运行，中国人民银行鼓励各大商业银行积极研发以Shibor为基准的票据贴现利率定价模式。同年4月，工商银行率先推出以Shibor为基准的票据转贴现和回购报价利率，11月又推出与Shibor挂钩的票据贴现利率定价机制，票据业务定价方式开始由固定利率向浮动利率转变。[2] 2008年1月18日，时任中国人民银行副行长易纲称，存贷款利率的格局还要维持一段时间，但利率市场化从贴现利率与Shibor挂钩开始，打开了一个突破口。中国人民银行上海总部于2008年组织上海的金融机构规范统一了《票据转贴现合同》，规定票据转贴现利率以合同约定日Shibor为基准加点生成，并率先在长三角地区推广使用。[3] 2008年前后，票据市场上多家金融机构共同签署《银行承兑汇票转贴现标准合同》《商业承兑汇票转贴现标准合同》，后续又签署了《票据承付公约》，这说明票据交易迈向标准

---

[1] 林毓琍．建立现代化的票据市场电子服务体系［J］．中国金融，2003（18）：19．
[2] 荆海龙．2009年青海省利率政策调控效应实证分析［J］．青海金融，2010（8）：14．
[3] 于学鹏．兴业银行票据业务集中差异化竞争战略研究［D］．上海：复旦大学，2009．

化、自律化，也从侧面反映了统一规范的票据交易规则是市场所需要的。

三、票据市场制度建设

1981年5月，中国人民银行总行批复了上海分行提出的《关于恢复票据承兑、贴现业务的请示报告》。

1984年12月，中国人民银行颁布《商业汇票承兑、贴现暂行办法》，决定从1985年开始，在全国推行商业票据承兑、贴现业务。

1986年4月，中国人民银行和中国工商银行联合颁布《关于实行商业汇票承兑、贴现办法清理拖欠货款的通知》。同年，中国人民银行颁布了《中国人民银行再贴现试行办法》。

1988年12月19日，中国人民银行颁布《银行结算办法》和《银行结算会计核算手续》；同年又下发了《关于加强商业汇票管理促进商业汇票发展的通知》。同年，国家体改委提出关于深化经济体制改革的总体方案，明确指出要大力推广商业票据，健全商业票据贴现与再贴现制度。同年，上海市人民政府发布了《上海市票据暂行规定》，这是我国第一部比较完整的有关票据的地方性法规。

1989年，中国人民银行推出"三票一卡"，即汇票、本票、支票和信用卡业务。

1990年3月26日，国务院发出《关于在全国范围内开展清理"三角债"工作的通知》，在全国范围内开展清理"三角债"工作。

1991年，国家针对商品交易中拖欠资金十分严重的现象，决定对承担指令性计划的"双保"企业和商业、外贸、物资供销企业收购运销对路工业品推行商业票据，银行对其办理贴现和再贴现，组织各个方面的力量清理"三角债"。同年9月，中国人民银行颁布《关于加强商业汇票管理的通知》。次年，中国人民银行在《中国人民银行对金融机构贷款管理暂行办法》中，将中国人民银行对金融机构的贷款按发放方式的不同划分为信用抵押贷款和再贴现两种，规定在具体操作中再贴现有限办理、利率优惠，从而使商业汇票的承兑和贴现市场有了更好的发展基础。

1994年，中国人民银行实施新的《信贷资金管理暂行办法》，将再贴现作为货币政策工具加以运用。同年7月，中国人民银行报经国务院同意，在煤炭、电力、冶金、化工、铁道五个行业推行商业汇票结算，并同时颁发

---

① 王汉强. 商业信用与商业汇票[M]. 北京：中国财政经济出版社，1986.

《商业汇票办法》和《再贴现办法》。①

1995年5月10日,第八届全国人民代表大会常务委员会第十三次会议审议通过《票据法》,自1996年1月1日起施行。

1996年,中国人民银行颁布《贷款通则》,规定将票据贴现计入贷款口径和信贷规模管理。

1997年3月,中国人民银行发布《中国人民银行对国有独资商业银行总行开办再贴现业务暂行办法》。同年9月,中国人民银行发布《支付结算办法》,自1997年12月1日起施行,同时废止1988年12月发布的《银行结算办法》。至此,商业银行开展票据业务的法律制度基础初步确立。

1998年3月,中国人民银行决定改进和完善再贴现利率和贴现利率形成机制,将再贴现利率单列为中央银行的一项法定基准利率,与再贷款利率脱钩,贴现利率由再贴现利率加点形成,与同期贷款利率脱钩,贴现利率的浮动幅度得以扩大。这项政策对后来的票据市场发展起到了积极作用,为票据市场利率市场化打下了基础。同年6月,中国人民银行发布《关于加强商业汇票管理促进商业汇票发展的通知》,指出了银行办理票据业务过程中存在的问题,首次开展商业银行票据业务专项检查,要求商业银行集中办理再贴现业务,严格控制基层行的再贴现,促进其通过向上级行转卖票据和转贴现融通资金;对持有符合政策要求的企业签发的票据优先办理再贴现,以发挥再贴现合理引导信贷资金流向、促进结构调整的作用。

自1999年6月起,中国人民银行多次下调再贴现利率,并增加对各分行的再贴现额度。同年9月,中国人民银行发布《关于改进和完善再贴现业务管理的通知》,提出要选择并重点支持一些资信情况良好、产供销关系稳定的企业签发使用商业承兑汇票,支持企业扩大票据融资,促进商业信用票据化。

进入21世纪,票据业务的流通性不断强化,但随之而来的是大量的票据纠纷。2000年2月,最高人民法院通过了《关于审理票据纠纷案件若干问题的规定》,该文件从司法审判的角度对有关票据保全、票据背书、票据法律责任等方面的内容做了补充规定,并增加了诸如票据公示催告等。

2001年7月,中国人民银行发布《关于切实加强商业汇票承兑贴现和再贴现业务管理的通知》,要求商业银行单独设立会计科目核算和反映票据贴现、转贴现和再贴现业务;提出中心城市要适度集中商业汇票业务的经

---

① 江西财经大学九银票据研究院. 票据史 [M]. 北京:中国金融出版社,2020.

营管理，提高业务效率和规模效应，防范票据风险，为后期票据业务集约化经营管理改革提供了政策依据。

2002年11月，中国人民银行发布《关于办理银行汇票及银行承兑汇票业务有关问题的通知》，决定取消此前规定的"办理银行承兑汇票业务实行总量控制，其承兑总量不得超过上年末各项存款余额的5%"的承兑风险控制指标。

2005年9月，中国人民银行颁布《关于完善票据业务制度有关问题的通知》，规定转贴现、再贴现不再审查票据的交易背景材料。这一举措大大提高了转贴现与再贴现的业务处理效率。

2006年11月，中国人民银行发布《关于促进商业承兑汇票业务发展的指导意见》，提出建立有效推广商业承兑汇票的良性机制、充分发挥企业信息基础数据库的作用、增强企业受理商票的信心、建立有效的违约支付惩戒机制、做好商品业务风险防控、加强商品业务宣传培训等措施，引导和鼓励商业信用有序发展。

2008年，国际金融危机发酵，为保证国内企业正常运行，12月，中国人民银行发布《关于完善再贴现业务管理支持扩大"三农"和中小企业融资的通知》，提出注重发挥再贴现窗口引导票据融资业务发展的职能作用，注重通过再贴现引导信贷投向，促进涉农行业和中小企业融资，再贴现开始发挥定向调控的政策作用。

四、票据市场创新

《票据法》的出台，从长远来看，是票据市场发展的重要转折点，解决了票据发展无法可依的首要难题，吸引了更多的参与主体，市场创新能力得到释放，在票据功能、定价机制和区域市场方面均取得了突破。

转贴现业务的出现打破了票据业务"老三样格局"。《票据法》出台后，监管部门也推出了一系列相关的法律法规，使票据业务得以在合法、合规的前提下开展。比如，当年工商银行郑州分行华信支行便率先以票据业务为专营方向，通过转贴现市场融资和获利，经营产品包括银行承兑汇票贴现、转贴现，商业承兑汇票贴现、转贴现（对于未经银行承兑的商业汇票，我国许多商业银行基于风险考量一般不办理相关业务，工商银行郑州分行华信支行却在防控风险的前提下，主动介入），票据代保管，短期融资与投资理财服务、会员客户服务制度等,形成了比较完整的业务体系①。到1999年,短短两年时间内该支行的票据贴现量就达到137亿元,转贴现13亿元,业务量占据河南省票据业务量的三分之一以上。

区域性票据平台逐渐形成。中国工商银行郑州分行华信支行利用自身在票据业务方面的优势,逐步将业务范围扩展到周边省份乃至全国,当时华信支行比较固定的客户已有1500多家,其中不乏像鞍钢、首钢、天津汽车工业集团这样的国有大型企业。由于良好的示范效应,不少商业银行纷纷将目光由单一的信用放款业务转向开拓票据贴现、转贴现及相关业务。到20世纪末,以重庆、广州、郑州、南京等中心城市为依托的区域性票据市场已基本形成。区域性票据市场和商业银行票据专营支行、票据中心的出现,为后期票据市场集约化管理积累了经验,夯实了基础。

民间票据中介开始兴起。这主要是因为随着票据业务逐渐规范,企业票据融资遭到一定的抑制,加上银行贴现规模的限制和手续烦琐等因素,民间票据交易兴起并逐渐形成较为庞大的民间票据市场。一些个人或企业为满足市场中票据交易的需求,自发形成了票据中介,如浙江永康在20世纪末出现的由拥有闲散资金的民营企业和经营户构成的以套利为目的进行票据交易的中介主体。进入21世纪,民间票据中介发展迅速,票据市场活跃度上升。此时的票据中介数量庞大,专业化程度较高,业务创新能力强,特别是2002年5月上海普兰投资管理有限公司成立,其经营范围涉及票据经纪、票据咨询等业务,推动票据业务朝着精细化分工发展。一方面,票据中介不断提升自身业务竞争力;另一方面,为适应市场需求变化,票据中介不断创新票据融资形式,商业银行推出了票据贴现、票据理财、票据资产管理等业务。

产品创新促使市场更加活跃。一方面,票据电子化产品问世。20世纪,票据市场处于纯纸票时代,全国市场被割裂为多个相对独立的市场,信息查询查复手段落后,缺乏统一的信息平台。2003年"中国票据网"的出现实现了票据交易的信息查询功能,提高了市场信息的时效性。从2005年开始,部分商业银行为提高竞争力,推出了新的交易方式,招商银行、民生银行、工商银行等相继推出了基于行内系统的电子票据产品。比较典型的产品有招商银行推出的"票据通"网上票据业务,以及工商银行开发的

---

① 王桂堂,李映辉. 从一个金融机构票据业务看我国票据市场的发展取向[J]. 金融理论与实践,2000(5):11-15.

"易保付"电子化信用票据。① 另一方面,商业银行针对客户的实际情况,量身定制个性化的票据服务模式和票据产品。例如,工商银行推出"商业承兑汇票部分放弃追索贴现业务";民生银行开发出"厂商一票通业务"和"票据包买业务";中信银行针对大型企业普遍存在大额应收账款的问题,推出"商业发票贴现方案";深圳发展银行向联想集团等客户营销了以票据为核心的"企业短期融资解决方案"。此外,针对大型企业集团国际和国内物流业务的迅猛发展,国内金融机构相继推出动产(仓单)质押、票易票(票据拆分)、商票保贴、委托代理票据贴现、买方(协议)付息票据贴现、应收账款票据化等特色票据产品。② 在服务内容上,除了满足企业的票据融资需求外,有的金融机构已经在为企业提供票据保管、票据鉴定、票据查询和到期托收等整体票据服务。

五、票据市场风险防控

随着票据支付在支付结算结构中的比例不断提高,部分票据风险案件有所抬头,主要表现为信用风险和欺诈风险。信用风险主要表现为商业承兑汇票承兑人到期无款支付汇票金额,使票据受益人遭受资金损失③。欺诈风险通常是利用假冒或虚构他人名义制作票据和更改票据要素等手段,达到骗取他人钱物的目的。最常见的手段是变造银行汇票申请书套取银行资金、伪造汇票解讫通知联诈骗资金、变造票据诈骗及"克隆"票据诈骗。《票据法》出台初期,票据市场处于纸票时代,缺乏全国互通的票据信息查询平台,加上国内通信手段落后,信息的查询查复甚至通过邮寄或者固定电话进行,这使得欺诈风险成为主要的风险点。

当票据市场风险开始集聚时,票据诈骗案件时有发生,维护市场健康发展成为每位市场参与者的重要使命。为防范诈骗风险,商业银行开始重塑业务流程,并与企业签订合作协议,明确双方的权利和职责;设立专职的查询、验票岗位,提高自身的风险抵御能力,为专业人员配备先进的设备和审验工具,实行双人交叉验票机制等。为了降低信用风险,商业银行采取更严格的资质审查,对客户真实经营状况进行更全面、更及时的调查了解。风险防范措施的执行,显著降低了风险发生的概率,切实维护了市场的健康发展。

---

① 舒雄. 我国电子票据市场的现状、制约因素和发展路径 [J]. 广西金融研究,2008 (6):37.
② 于学鹏. 兴业银行票据业务集中差异化竞争战略研究 [D]. 上海:复旦大学,2009.
③ 陆宝江. 试论票据风险及防范 [J]. 广西农村金融研究 (半月刊),2001 (3):63.

进入21世纪，票据市场基础设施跟不上业务发展的势头。部分商业银行违规承兑、保证金管理不规范等行为客观上已存在，部分银行采取了先发放贷款，再要求企业将贷款存入本行作为保证金开立票据的模式，这样一来，银行既完成了贷款存款指标，还能赚取承兑费作为中间业务收入。市场中伪假票据与融资性票据大量存在，危害较大。此外，企业还通过串通对开票据、虚构贸易背景开票贴现、滚动签发滚动贴现等方式签发融资性票据，贴现资金大规模流入股市、楼市和期市等高风险领域。

资料显示，2001年，涉嫌伪造金融票据、违法票据承兑的犯罪案件达8000起，涉及金额52亿元；2002年，某银行上海分行发生3亿元票据诈骗案，广东河源发生特大票据诈骗案；2003年，某银行河北分行定兴县支行发生1.7亿元票据诈骗案；2005年，某省发生金融诈骗案，涉案人员利用票据套取银行资金6.7亿元。

违规票据中介深度介入票据业务是票据市场风险案件频发的重要原因。票据中介凭借自身的信息获取能力在票据市场上异常活跃。初期，票据中介以撮合民间交易为主，后来为获取更大的利润空间，从开设虚假同业账户"消规模"，发展到一票多用、勾结银行人员诈骗获利。不合规的票据中介过多地参与票据市场业务使得银行的内部控制相形见绌，从而加大了道德风险和操作风险。

第四节　票据专营机构——票据业务市场化发展的尝试

随着票据业务量的增长，商业银行开始逐步重视票据业务对自身经营利润的贡献。其中中国工商银行率先在2000年成立票据营业部，票据营业部作为总行直属机构，实行独立结算。自此，商业银行票据业务开始走向集约化、专业化、规模化。

一、中国工商银行票据营业部

（一）成立背景

自1989年开始，为抵御亚洲金融危机的影响，以及以金融带动国内经济增长，中国人民银行加大了对再贴现政策的运用力度，先后4次调低再贴现利率，极大地激活了商业银行办理票据贴现业务的积极性，票据市场进入快速发展阶段。在此形势下，中国工商银行发挥对国内工商企业服务、联系紧密的优势,在强化风险防范的前提下,确立票据业务专业化、集约化、规模化改革努力方向,率先迈出了票据经营体制改革试点的第一步,成立了国内首家总行级票据专营机构。它的创立,成为票据专营机构兴起的最主要标志。[1]

(二) 筹办过程

1997年,从华信资金市场演变而来的工商银行河南省分行华信支行成立。在经营过程中,华信支行逐渐发现票据业务具有流转快、信誉高、盈利能力强等优势,开始将其作为一项融资产品重点经营,成为国内第一家以经营票据为主的商业银行专业分支机构。华信支行的探索和实践,催生和带动了一批商业银行票据中心的成立。[2]

进入2000年,随着票据业务蓬勃发展,商业银行票据业务分散经营的模式已不再适应市场环境的变化,而前期票据经营窗口和专业机构的运营实践,也为总行级票据专营机构的设立提供了宝贵经验。2000年11月9日,国内首家经中国人民银行批准设立的票据专营机构——中国工商银行票据营业部在上海正式成立。中国工商银行票据营业部是总行直属一级分支机构,实行相对独立核算。经中国人民银行批准,其经营范围包括:办理银行承兑汇票的贴现、转贴现、再贴现和回购业务;办理商业承兑汇票的贴现、转贴现、再贴现和回购业务;办理商业票据代保管业务;办理票据咨询、见证等中间业务;办理经中国人民银行批准的其他业务。[3]

(三) 发展情况

2000年11月9日,国内首家经中国人民银行批准设立的票据专营机构——中国工商银行票据营业部在上海正式成立。

2002年,工商银行票据营业部在上海发起成立"中国城市金融学会票据研究会"(现名为"中国城市金融学会票据专业委员会"),并创设全国首个票据专业期刊——《票据研究》。

2002年11月,工商银行票据营业部正式启动ISO9001质量管理体系认证工作,并于2003年高质量通过了认证,成为国内首家通过ISO9001质量

---

[1] 中国工商银行票据营业部,中国人民银行上海总部金融市场管理部.中国票据市场发展报告(2008) [M]. 北京:中国金融出版社,2009:109.

[2] 张立洲.票据革命 [M]. 北京:中信出版集团,2019.

[3] 详见中国工商银行官网。

管理体系认证的票据专营机构，努力打造票据专业的"流程银行"。

2002年底，工商银行票据营业部以全国主要地区的中心城市为立足点，先后在沈阳、广州、西安、重庆、天津、郑州、北京、上海等地设立了8个直属分部，构建起了总部立足上海、分部辐射全国、总分部一体化的经营运作模式和票据营销网络，为后续深耕国内票据市场奠定了坚实的基础。

2003年，在全国性经济金融专业报刊上正式发布全国第一个票据价格指数——"工银票据价格指数"。它的编制参考了国内外的指数理论和股票、债券与基金市场指数的编制方法，并结合了我国票据市场的实际情况，具有较高的代表性。

2004年，工商银行票据营业部对各项风险控制制度进行了梳理整合，并出台了我国第一个《商业汇票买入业务办理标准》。

2005年，工商银行先后在长三角、珠三角、环渤海和东三省等重点经济区域发起成立了4家票据沙龙，搭建了由当地商业银行、财务公司等金融机构和专家自愿参加的沟通交流平台，成为当地人民银行、银监会及时了解当地票据市场经营状况、掌握票据市场动向的重要渠道。

2007年，工商银行票据营业部率先在"中国票据网"上推出以Shibor为基准的票据交易报价制度，引导票据市场参与主体按货币市场价格走势进行报价，提高了票据市场交易效率。

2008年起，工商银行票据营业部建立了三大票据业务联席会议，并发布了全国第一个权威的区域票据市场价格指数——"长三角票据贴现价格指数"，建立起反映长三角票据市场价格动态演变的"风向标"。经过八年的发展，年均票据交易量由开业之初的1000亿元迅速扩大到2008年的6000亿元左右，累计实现票据交易量近110万笔，金额超过4.2万亿元。

2010年初启动利润中心改革试点以来，加快构建适应利润中心的经营发展模式，积极推动风险、内控、科技、信息等一体化管理机制，盈利能力得到显著提升。从改革启动到2011年第一季度末的15个月内，工商银行票据营业部累计实现利润13.27亿元。其中2010年实现利润10.37亿元，人均创利超400万元，2011年第一季度又实现利润2.9亿元，同比增长超过30%。同年，与全国性商业银行总行票据业务经营（管理）机构共同发起了商业银行票据业务联席会议，牵头制定银行业票据业务规范，以推动票据市场产品创新。

2016年，工商银行从拓展全行票据业务经营定位、强化票据产品线建设出发，全面推进票据业务管理体系改革，持续完善经营管理体制和业务运营机制,将票据营业部打造成为全行票据产品线的运营中心、创新中心、风控中心和利润中心。自 2016 年票据产品线改革以来,票据营业部实现年均票据贴现量突破万亿元大关,直接或间接服务各类企业超 9 万家,牢牢占据贴现业务全市场第一的领先地位。

2018 年以来,工商银行票据营业部以"大票据"理念推动全行票据产品链条的上下贯通及全产品体系的协调发展,提高对客户的票据业务综合服务水平,更好地发挥服务实体经济发展的作用以及"ONEICBC"集团优势,进一步提升自身的市场竞争力。①

此外,工商银行票据营业部自主研发并推出我国银行业首款基于供应链的票据一体化组合产品"付款票据通"及国有银行第一款自助式贴现产品"工银 e 贴",适时推出其创新子产品"普惠专享贴",精准对接普惠政策,极大地提升了"工银票据"的市场竞争力。同时,在票交所时代,工商银行票据营业部配合总行带头支持国家金融基础设施建设,投入大量人才和技术力量,完成了上海票据交易所交易系统委托开发和运维工程,并成为全国首家完成与上海票据交易所交易系统全面对接的大型银行。

2020 年,工商银行票据营业部累计实现票据交易量逾 30 万亿元,直接交易客户数由成立之初的 87 户发展到 2000 余户。

2021 年末,工商银行银票承兑余额为 4491 亿元,同比增长 30.86%。2021 年,票据贴现业务量为 17082.23 亿元,同比增长 15.80%,市场排名第一。

(四) 成立意义

1. 为推动和规范票据市场发展作出贡献

票据专营机构在激烈的市场竞争中不断谋变,积极发挥票据市场重要参与者和全国主要转贴现中心的作用,成为中国人民银行、中国银保监会对票据市场进行窗口指导和监管指引的重点联系单位,并以专业化优势,为票据市场积极传导风险防控和业务办理标准,在票据市场规范建设中起到了市场引领作用,为票据市场的稳健发展作出了突出贡献。

2. 对商业银行票据业务的带动

票据专营机构在服务和支持商业银行票据业务稳健发展、促进和推动信贷结构有效调整等方面显示出独特而重要的机构功能。以中国工商银行

---

① 详见中国工商银行官网。

票据营业部为例，在自身快速发展壮大的同时，中国工商银行票据营业部还以举办票据融资业务培训班、巡回讲课等方式，为行内培训和培养了一批票据业务骨干。同时，发挥积极示范效应，协助各分行组建票据中心，构建全行票据经营网络，推广票据产品创新，提高风险防控技术，积极带动全行票据业务开展。①

3. 对国内金融改革的积极参与推动

票据市场是金融市场的重要组成部分，是货币政策传导的重要渠道，是当前我国货币市场中唯一与企业融资直接联系的子市场，在票据专营机构的引领下，在各类型票据市场从业机构的共同努力下，票据市场已发展成为我国金融市场的重要组成部分，成为货币市场最重要的子市场之一。同时，票据专营机构作为商业银行经营机制改革的成功探索，为以业务为条线实施事业部制改革积累了经验。

4. 引领票据市场创新

工商银行票据营业部自成立以来，一直走在票据市场创新的前沿。2002年，工商银行票据营业部在上海发起成立"中国城市金融学会票据研究会"（现名为"中国城市金融学会票据专业委员会"），并创设全国首个票据专业期刊——《票据研究》。2003年，推出中国金融业首个票据价格指数——"工银票据价格指数"。2007年，率先在"中国票据网"上推出以Shibor为基准的票据交易报价制度，引导票据市场参与主体按货币市场价格走势进行报价，提高了票据市场交易效率。2008年起，建立了三大票据业务联席会议，并发布了全国第一个权威的区域票据市场价格指数——"长三角票据贴现价格指数"，建立起反映长三角票据市场价格动态演变的"风向标"。先后实现了全市场首笔上海票据交易所场内票据业务交易、首笔区块链数字票据业务等多个行业第一。自主研发并推出我国银行业首款基于供应链的票据一体化组合产品"付款票据通"及国有银行第一款自助式贴现产品"工银e贴"，适时推出其创新子产品"普惠专享贴"，精准对接普惠政策，极大地提升了"工银票据"的市场竞争力。

---

① 中国工商银行票据营业部，中国人民银行上海总部金融市场管理部．中国票据市场发展报告（2008）[M]．北京：中国金融出版社，2009：113．

二、其他主要票据专营机构简介

（一）中国农业银行票据营业部

中国农业银行票据营业部于 2005 年 5 月经中国银监会批准正式在上海成立，这是继工商银行之后第二家成立总行直属票据营业部的银行。

农业银行票据业务经营范围涉及商业汇票承兑、贴现、转贴现、回购和再贴现，信贷资产回购，同业间存放等和与票据相关的业务。2011 年，同业交易量占比提高 12 个百分点：同业交易量为 1519 亿元，占全部交易量的 81%。同业收入贡献率提高 4 个百分点：同业业务利息收入为 33.3 亿元，占全部利息收入的 79%。票据营业部累计办理业务 1855 亿元（含电票 3 亿元），其中买断 551 亿元，逆回购 1304 亿元。截至 12 月末，票据资产余额为 632 亿元，其中，买断余额为 199 亿元，逆回购余额为 433 亿元。全年实现利息收入 42.40 亿元，其中票据业务利息收入为 42.04 亿元；实现营业利润（拨备后利润）18.39 亿元。

截至 2016 年第三季度末，农业银行票据营业部累计实现交易量达 3.7 万亿元，实现拨备后利润 136 亿元，资产总量突破 1800 亿元，已与全国 500 多家金融机构客户建立了业务关系。近年来，农业银行票据营业部先后推出转贴现组合交易产品"票远通""票据资产包转让及代保管业务"和"放弃追索权的转贴现买断业务"等多项新产品新模式，通过不断创新适应市场发展趋势。

截至 2020 年第三季度末，农业银行票据营业部累计实现交易量 9.4 万亿元、业务收入 644 亿元，已与全国 600 多家金融机构建立了业务关系。2020 年，农业银行回购交易量超 1 万亿元，票据交易量超 2 万亿元。

2021 年，农业银行票据贴现业务量为 4243.29 亿元，同比增长 8.95%。

农业银行票据营业部是"中国票据网"首批以 Shibor 为基准的票据业务报价行之一，完成市场首笔基于 Shibor 定价的转贴现交易，积极推动利率市场化；作为中国银行业协会票据专业委员会副主任单位，历年来承担和参与了多项重要课题；积极组织和参加全国及区域票据业务联席会议，与同业机构深入探讨票据业务重点问题；积极配合监管部门开展票据业务调研和市场建设工作。上海票据交易所成立后，农业银行票据营业部完成市场首单场内票据交易，业务量一直位居市场前列；农业银行成为四大行中首家以全直连方式接入中国票据交易系统的商业银行；发起筹建中国票据研究中心，成为首批理事单位，并积极承担年度课题，探讨市场热点问题。2017—2021 年，农业银行连续获得上海票据交易所颁发的"优秀会员单位""优秀银行类交易商"等荣誉称号。

（二）招商银行票据业务部

2002—2008 年，招商银行成立了一批区域性票据中心，奠定了体制优势，并持续推进票据业务管理体制改革。

2005 年，招商银行创新推出"票据通"网上票据业务，并在 2005 年末与 TCL 合作开立了国内第一张电子银行承兑汇票。

2009 年，人民银行电子商业汇票系统（ECDS）上线，招商银行参与系统研发，并夺得"全国第一张电子银行承兑汇票签发、全国第一张电子商业承兑汇票签发、全国第一张电子银行承兑汇票贴现"三项第一，获得人民银行多项荣誉，一举奠定全国领先优势。

2010 年，招商银行推进票据业务会计核算体制改革，率先将票据买卖利差核算为非利息收入，真实准确反映票据交易价差收入属性。由此，招商银行客户经理营销票据业务的积极性一飞冲天。

2013 年，招商银行自主研发的票据电子跟单影像系统得到全国商业银行票据联席会议成员单位的一致认可和推广应用，招商银行成为票据电子化交易创新的引领者。

2016 年，招商银行累计直贴业务量排名市场第一，票据业务在同业中市场占比更是高达 20%。同年，招商银行成为上海票据交易所股东、中国票据研究中心首批理事单位。

2017 年，招商银行票据交易能力、风控能力、盈利能力连续六年居同业前列。同年，招商银行率先创新推出"票据大管家"统一平台，为企业提供一站式票据结算、融资、风控、管理等全生命周期服务，并通过不断的产品创新、流程优化和系统迭代，成为以线上化、智能化和个性化为突出特点的票据综合服务平台。具体的服务有在线贴现、在线承兑、票据池、贴现通、票据管理报表等。

2018 年贴现量 10255 亿元中，民营企业贴现客户数占比为 86%，贴现量占比为 75%；中小微企业贴现客户数占比为 91%，贴现量占比为 76%。

2020 年，招商银行票据直贴业务量为 11784.80 亿元，同比下降 4.67%，但业务量排名仍是行业第二，表内票据规模飙升到 3307 亿元，较上年增加 1040 亿元，表内票据资产占比也飙升到 6.58%，同比上升 158 个基点。2020年末，招商银行银票承兑余额为2672亿元，同比下降2%，贴现余额为3307亿元，同比增长46.3%。

2021年末，招商银行银票承兑余额为3456.29亿元，同比增长29.36%；票据贴现余额为4291.05亿元，同比增长31.03%。2021年，招商银行票据直贴业务量达到12507.87亿元，同比增长6.14%，排名市场第二；转贴现买断业务量达到12488.31亿元，同比增长28.07%，排名市场第二；再贴现业务量达到1771.89亿元，同比下降8.17%。2021年末，招商银行再贴现余额为654.13亿元，排名市场第一。

（三）民生银行票据业务部

从2000年开始，民生银行对票据业务进行了专营，不再下放到每个支行、每个营业网点。在每个分行都设立票据事业中心，进行集中化管理。

2003年10月，民生银行的票据业务通过了ISO9002质量管理体系认证。

从2001年的买方付息票据业务，到2002年的协议付息业务，2003年的包买业务，2004年的代理票据贴现业务，2005年的企业票据管理业务，都是民生银行票据业务的一代又一代新产品，适应客户对风险控制、融资的全方位需要的新产品。2005年民生银行专门为大客户推出了票据管理系统，这个管理系统使得民生银行在票据业务竞争中一下子从靠票据拉存款的"票贩子"，变成了高端的综合票据管理者。

截至2005年11月，民生银行票据业务的毛利超过了7亿元，加上其他收入达到了14.8亿元，市场份额占到了全国的12%，有1900个票据客户，对于这1900个票据客户，民生银行制定了5个商业模式。2005年的利差收入翻了一番，业务规模相当于上年的1.2倍。

2006年，民生银行与美的集团开展的票据池业务合作开创了我国商业银行开展票据池业务的先河。2016年8月8日，民生银行成功发行全国首单银行保贴类票据资产证券化产品"中信民生融聚1号"。

2012年，民生银行票据直贴业务量为10056.92亿元，其中商票直贴业务量为1908.22亿元，同比增幅分别达到了140.37%和47.92%。2013年上半年增速远不及2012年，但半年内票据直贴业务量为7000亿元，真正出现转折性变化是从2013年第三季度开始的，民生银行的同业资产、同业负债出现明显下降，2013年下半年，民生银行开始对票据业务进行新的规划，压缩票据规模。

2020年10月16日，民生银行广州分行成功办理国内首笔供应链票据线上贴现业务，民生银行同时也是市场首批实现上海票据交易所供应链票据平台系统直连的金融机构。

2020年末，民生银行票据承兑余额为4035亿元，同比下降25.6%，贴现余额为2279亿元，同比增长37%。

2021年末，民生银行票据贴现余额为2806.05亿元，相比上年末增加527.96亿元，增幅为23.18%。

（四）浦发银行票据营业部

2005年12月9日，浦发银行票据营业部作为总行直属的一级分支机构经中国人民银行批准在上海成立。

2014年9月至12月，浦发银行在全国建立了7个营业分部（包括北京、天津、重庆、广州、西安、郑州、沈阳），从而开始进行跨区域的票据业务经营。

2013年末，上海市经济和信息化委员会授牌浦发银行设立上海市小额票据贴现中心，受理小微企业的小额票据贴现业务。

2014年前9个月，浦发银行上海分行单张票面金额100万元以下的小额票据贴现额同比增长72%，贴现笔数同比增长135%。在业务量快速增长的同时，小额票据贴现笔均贴现额有所下降，单张票面金额100万元以下的笔均贴现额为30万元，而上年同期为41万元，体现了浦发银行长期以来服务小微、普惠民生的决心与成果。

2019年末，浦发银行票据贴现资产规模已达到4151亿元，相比2018年增加了66%，成为前十大银行中票据贴现规模增速最快的银行。浦发银行表内票据贴现余额已占信贷的10.45%左右，是全国资产规模5000亿元以上的银行中票据资产占比最高的银行。

2020年末，浦发银行承兑余额为5535亿元，同比增长16.9%，贴现余额为4359亿元，同比增长5.0%。全年交易量合计4.52万亿元，同比增长7.52%。其中转贴现业务发生量为3.51万亿元，同比增长16.55%；回购业务发生量为1.02万亿元，在同业机构中排名前列。

2021年末，浦发银行银票承兑余额为6177.35亿元，同比增长11.60%；票据贴现余额为4876.92亿元，同比增长11.88%，在贷款中的占比为10.19%。

(五) 兴业银行票据中心

2018年，兴业银行对全行的票据经营组织机构进行了改革，成立总分行票据中心，将贴现、转贴现业务统一纳入票据中心管理和经营。

2019年，兴业银行票据业务各项发展指标均位居市场前列，开出银行承兑汇票超万亿元，服务企业超2万户；办理票据池融资超千亿元，服务企业超5000户；办理贴现5700亿元，服务企业超1万户；承担二级市场做市商角色，开展各类型交易业务2.4万亿元；实现年末再贴现余额480亿元。2019年8月，兴业银行推出秒贴产品——"兴e贴"，该产品采用系统自动审核替代人工审核，真正实现了贴现全流程线上作业、贴现资金实时到账。2019年，兴业银行获得上海票据交易所优秀承兑机构、优秀贴现机构、优秀银行类交易商、优秀科技工作机构等8个奖项。

2020年，兴业银行票据交易量达到5.8万亿元，较2017年（票据中心成立前一年）增长270%，票据交易价差收入在票据业务净营运收入中的占比超过50%。

2021年末，兴业银行银票承兑余额为8354.18亿元，同比增长1.59%；票据贴现余额为3243.56亿元，同比大幅增长56.16%。2021年，兴业银行票据贴现平均收益率为2.64%，较2020年下降16个基点，略低于2021年全市场贴现加权平均利率（2.85%）。

(六) 交通银行票据中心

2013年，交通银行进行了事业部制改革，票据业务中心正式挂牌。当年交通银行票据贴现利息收入为37.41亿元。

2017年7月13日，交通银行广东省分行"小额票据贴现中心"正式成立。

截至2019年末，交通银行使用商业承兑汇票，协助6000多家企业（绝大多数为普惠客户）盘活25200多笔应收账款，金额合计约400亿元。2019年11月13日，"聚智交融·和合共生"商业票据高峰论坛在南京举行，100多位来自悦达集团、河钢集团、徐工集团和巨化股份等公司客户的嘉宾共同见证了"蕴通票据大掌柜"的正式发布，"蕴通票据大掌柜"是交通银行打造的一站式票据服务平台。

2020年，交通银行办理票据承兑和贴现近9000亿元，服务企业近3万户。

交通银行是市场首批实现回购业务专营的机构之一，近年来不断加大回购业务拓展力度，截至 2021 年 10 月票据回购交易量近万亿元，较 2016 年增长 25 倍，为满足同业客户多元化票据融资需求贡献了"交行力量"。2021 年末，交通银行票据贴现余额为 1367.22 亿元，较上年末减少 233.49 亿元，降幅为 14.59%；票据买入返售交易量为 135.12 亿元，同比上升 268%；票据贴现收入为 44.81 亿元，同比下降 18.27%。

第五节　票据中介——民间票据机构的实践

票据市场一体两面，除了以银行为代表的官方票据市场，也存在着以票据中介机构为代表的民间票据市场。民间票据中介机构在中国票据市场发展过程中发挥了一定作用，其中普兰金服具有一定的代表性。

一、普兰金服简介

普兰金服的全称是上海普兰金融服务有限公司，前身是上海普兰投资有限公司，成立于 2002 年。在过去近 20 年里，普兰金服为中国票据市场整体的超常规发展提供了很多积极的助推力量。上海普兰金融服务有限公司不仅可以说是我国民间票据市场的主要缔造者，而且至今仍对该市场保持着较大影响力，保持着对民间票据市场主流业务模式的正面引导。

经过多年的发展和沉淀，由于其规范和专业，经上海市政府和浦东新区政府批准，上海普兰金融服务有限公司于 2012 年 5 月获准成立，成为国内首家持有"票据中介"营业范围的创新型金融服务公司。

普兰金服目前拥有员工千余人，在全国拥有 35 家分公司，服务实体企业客户 8 万余家，商业银行及其他金融机构客户 5000 余家，在转贴撮合市场上巅峰时可达到一天超百亿元的量。其涉及的业务也不只是最开始的票据业务，现在普兰金服为市场参与者提供撮合、咨询、数据、软件、知识流程外包等多方位的金融服务，范围涵盖票据、债券、资金、同业、科技等交易品种，并在积极探寻将服务扩展至外汇、衍生品等领域。[①]

[①] 详见普兰金服官网。

二、普兰金服转型之路

(一) 规范化转型

票据中介直接参与票据交易一向不被有关方认可,主要原因是该类交易涉及法律模糊地带,很多行为的定性还需法律进一步明确,而且民间票据中介机构参与交易多为谋求短期高额利润,快进快出只为套利,交易手段通常比较激进,其自身抵御风险的能力也较差,直接参与交易极易引发金融风险,损害相关主体的经济利益,阻碍市场的规范发展。普兰金服在成立之初也曾短暂地直接参与过票据交易,但其很快便意识到这种模式虽然在短期内可以为公司带来很大收益,但只适合短期牟利,很难长期持续经营下去,要想使公司能够持续稳定地经营下去,就必须要进行规范化转型,选择符合法律法规要求的经营模式。经过对市场形势的认真思考,普兰金服很快便确定了票据交易撮合的经营模式,并于2012年顺利拿到票据中介的经营牌照,成为全国首家获得"票据中介"牌照经营许可的创新型金融服务公司。经过规范化转型,得益于票据市场的繁荣发展,加上普兰自身业务模式的正确选择,普兰金服的票据交易经纪量提升迅速,其撮合模式在推出后也一度成为行业标杆,成为民间票据中介机构转型的先行者。

(二) 多元化转型

企业经营多元化,有利于充分发挥企业潜能、实现资源的优化配置、形成范围经济、分散经营风险并最终提高企业的核心竞争力。多元化转型在一定程度上可以说是企业做大做强的必经之路,普兰金服也不例外。2012年,上海普兰金融服务有限公司开始探索多元化转型之路。

除了票据经纪业务以外,普兰金服结合自身优势,将其多年经营票据经纪业务的成功经验应用到货币市场其他领域中,陆续开展了债券、资金、存单、资产、存款等多种金融产品经纪业务,在交易平台上及时发布交易信息并进行高效撮合,逐步向货币经纪公司方向转型。此外,随着票据市场竞争越来越激烈,直贴和转贴利差不断缩小,票据业务也越来越需要专业化的经营,票据市场经营主体对于第三方相关专业服务的需求越来越强烈,于是,普兰金服陆续开通了货币市场咨询、数据、科技、培训等服务。在咨询方面,普兰金服通过研究院、票据投顾部、债券投顾部、投资营地等专门机构为客户提供各金融市场的政策分析、风险评估及策略建议以及货币市场业务运营等一体化解决方案。

(三) 市场形势新变化下的第三次转型

2009年,由中国人民银行牵头建设的电子商业汇票系统(ECDS)建成投产,ECDS是我国金融电子化进程中的一大里程碑,自它建成之后,电子票据成为票据市场中新的交易品种。2016年8月,中国人民银行发布《关于规范和促进电子商业汇票业务发展的通知》(银发〔2016〕224号),通过官方法规的形式进一步推动了电子票据的广泛应用,目前中国票据市场已全面进入电子化时代。

在票据电子化时代和发展农村金融的大背景下,普兰金服也积极适应市场形势变化,进行了"互联网+"和"'三农'银行服务商"转型。在"互联网+"转型方面,普兰金服于2015年开始上线"金融村"电子经纪平台,将以前的线下撮合服务逐步转移到线上,相比之前的线下撮合模式,线上撮合效率更高,中间流程更简化,客户可以通过平台直接联系交易对手,从而降低了经纪人从中套利的风险。在"'三农'银行服务商"转型方面,普兰金服于2017年11月上线"艳阳天"服务平台,这是一个"互联网+"下县域经济、金融、文化三位一体的绿色生态平台,也是一个集计划、风控、营销、操作、评估于一体的流程银行系统,旨在服务于"三农"银行发展,服务于县域经济进步。

三、票据中介机构面临的问题

(一) 票据中介行业缺乏统一的制度规范

票据中介行业没有设置明确的准入门槛。目前我国票据中介行业尚未形成统一的准入标准、业务流程和规章制度。这就直接导致票据中介机构鱼龙混杂,票据中介机构人员素质良莠不齐,进入行业的大部分人都想赚快钱,对法律规范和道德约束较为漠视,风险意识严重不足,从而导致很多风险事件的发生,非常不利于票据市场的规范发展。

(二) 民间票据中介机构内外部监管缺失

一是部分票据中介机构动机不纯,希望通过银行内控体系的漏洞从中套利。二是与票据中介机构合作的金融机构通常是部分地方商业银行、农村信用社等中小银行,它们自身缺乏完善的内控机制,风险控制能力较弱。

三是部分票据中介机构会利用银行转贴现交易中的制度漏洞进行一票多卖，从而利用多获得的票据贴现款项用于投资，若投资出现损失导致不能到期及时回购票据，则会导致相关金融机构的巨额资金损失。四是民间票据中介机构没有明确的监管部门，也没有行业自律组织，其票据交易行为基本处于自控状态，没有监管部门的约束，票据中介的行为偏差便不能被及时有效地监管并予以纠正，长此以往，就会导致行业乱象丛生，风险事件频发。

(三) 部分票据中介行为缺乏法律认可

票据中介的很多行为尚处于法律灰色地带，还需要法律进一步明确。第一，为了满足《票据法》第十条真实贸易背景的要求，很多票据中介注册空壳公司，虚构贸易背景和增值税发票，将企业持有的票据背书转让至空壳公司，再向银行贴现，风险较大。票据中介通过操纵部分农信社等中小金融机构同业户进行转贴现交易牟利的行为以及在进行转贴现过程中的一票多卖行为等，都涉嫌违规，都会给金融系统的正常运行带来极大的风险。①

第六节 "中国票据网"——首个票据官方报价互联网平台诞生

在"中国票据网"诞生之前，票据市场长期处于条块分割、信息不畅的状态，"中国票据网"的出现极大程度地缓解了票据市场信息不对称的问题，是中国票据市场重要的基础设施。

一、"中国票据网"简介

"中国票据网"是经中国人民银行批准、由中国外汇交易中心暨全国银行间同业拆借中心承办的为票据市场提供交易报价、信息查询和监管服务的专业网站，"中国票据网"实行会员制，实现了公开的报价平台功能、历史报价数据查询功能、部分政策法规和票据丧失信息共享功能以及会员市场研究交流功能。于 2003 年 6 月 30 日正式启用，截至 2017 年 5 月末，"中国票据网"会员机构数为 2890 家。2017 年 5 月，共有 184 家金融机构发送票据转贴现报价。这 184 家金融机构共发送报价 1025 笔，环比增长 6.22%；

---

① 肖小和. 规范票据经纪行为 促进票据市场发展 [N]. 上海证券报，2016-11-25 (009).

金额累计 3722.4 亿元，环比下降 3.17%。由于"中国票据网"由中国外汇交易中心暨全国银行间同业拆借中心主办，其会员均为银行业金融机构。"中国票据网"涵盖了全国各个区域及绝大多数的银行业金融机构，具有较强的市场代表性和公信力。①

二、"中国票据网"诞生的意义

（一）有利于提高市场效率

过去，票据专营机构只能依靠打电话、发传真、寄送资料等手段进行票据信息的交换和索取，信息量小、耗时费力、效率低下。现在，所有入网成员都可以从网上直接获取和发出信息，选择合适的交易对象、票据品种和交易方式。金融机构拓宽了业务领域，实现了信息资源共享，降低了经营成本，解决了票据市场长期以来条块分割、信息不畅等问题。"中国票据网"作为官方平台受到市场广泛认可，票据市场条块分割的局面成为过去。

（二）有利于防范市场风险

信息不对称在很大程度上威胁着票据市场的安全，特别是在办理票据转贴现业务时，金融机构备受交易对手信誉准确度难以确定的困扰。票据市场服务平台推出后，凡申请成为网络成员的，必须提交营业执照、金融机构业务许可证、票据业务授权书等一系列真实、可靠的资料和证件，经审查认证后，方能成为成员。这在一定程度上增加了交易对象的信誉度和透明度，为票据市场筑起一道"防火墙"。

（三）有利于加速票据利率市场化进程

票据市场利率是利率体系中对市场资金供求和企业资信状况最直接、最敏感的反映，也是货币市场中各种利率关系及变化的动态综合反映。"中国票据网"开通后，通过建立票据市场有关综合价格指标体系，定期公布利率走势并进行分析，指导商业银行开展业务，为中央银行实施宏观调控提供真实的操作信号和决策依据，使票据利率成为短期利率市场化的突破

---

① 中国工商银行股份有限公司票据营业部，中国人民银行上海总部金融市场管理部. 新世纪中国票据市场发展报告（2000—2011）[M]. 北京：中国金融出版社，2013：5.

口,对推进我国利率市场化改革产生了积极作用。

(四)有利于提高市场操作效率和改进监管手段

"中国票据网"建立后,市场操作手段的科技含量得到提高,彻底改变了我国票据业务中的承兑、转让、贴现、转贴现和再贴现业务手工操作的局面,防止出现纸质票据所带来的伪造票据、变造票据等犯罪现象。"中国票据网"具有的信息统计、分析等功能,可以使管理层对票据来源及流向、资金运用及投向、风险状况进行实时分析和监测。①

(五)传递重要信号,人民银行十分重视票据市场

票据市场作为货币市场的重要子市场,承担了人民银行货币政策的一部分重担,三大货币政策工具之一的再贴现利率就是针对票据而设立的。而"中国票据网"是经中国人民银行批准设立的,这背后所传递的信息可以提振票据市场的信心,代表了人民银行对票据市场的重视和支持。

三、"中国票据网"的退出

(一)自身存在的缺陷

"中国票据网"本身虽然提供了很多有效信息,但缺少议价、撮合、对接中国人民银行征信、清算、电子票据系统和商业银行的支付、交易等关键功能,存在一定的不完整性。以银行会员为主的"中国票据网"缺少基金、证券、财务公司等新的市场参与者的报价信息。此外,还缺少市场研究与预测相关信息。这些不完备给深入研究票据市场整体情况及价格情况带来了阻碍,使用者仅登录该平台所获取的信息极其有限,不利于信息数据的整合,造成全流程的信息出现割裂。②

(二)完成历史任务,进入票交所时代

2017年6月20日"中国票据网"发布信息,将于2017年6月30日下线。至此,上线14年的"中国票据网"落下帷幕。虽然"中国票据网"没有公布下线的原因,但有理由相信是它完成了历史任务,为上海票据交易

---

① 李军.稳步建设统一的中国票据市场[J].中国货币市场,2003(9):46-47.
② 肖小和,余蓓.加快建立全国统一规范的票据信息平台[N].上海证券报,2015-04-11(006).

所和电子商业汇票让路。众所周知，在2016年票据市场相继爆发了震惊票据圈的大案要案，为了加快推动电子商业汇票发展成为防范票据风险的重要举措，2016年8月，中国人民银行颁布《关于规范和促进电子商业汇票业务发展的通知》，进一步明确了票据电子化的发展方向。上海票据交易所是按照国务院决策部署，人民银行总行牵头组建，由中国人民银行批准设立的全国统一的票据交易平台，2016年12月8日开业运营。上海票据交易所是具备票据交易、登记托管、清算结算、信息服务多项功能的全国统一的票据交易平台。而全国统一的票据交易平台的上线运行为电子商业汇票的发展提供了广阔的空间。所以，从2016年12月8日起，票据市场正式进入票交所时代。

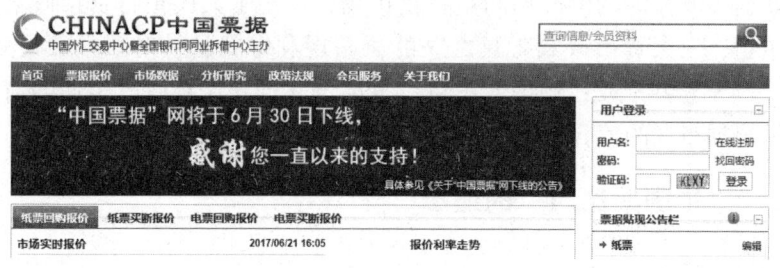

图6-10　"中国票据网"下线公告

（资料来源：互联网搜集）

小　结

解决"三角债"问题和发展商业信用是票据恢复使用的特殊背景，用票据承兑置换债权债务关系和商业信用票据化，是票据承兑业务发生的推动因素。因此对票据而言，信用发展是源头，票据的信用功能是最基本也是最重要的功能。随着商品经济的快速发展，支付和结算的金额越来越大，全部使用现金支付和结算难以满足现实需求，因此票据支付结算功能作用明显。伴随着票据市场的不断发展，商业承兑汇票也在慢慢兴起，企业不再单一地依靠银行承兑汇票，这使得企业可以凭借自身的信用及资本获得新的融资方式，票据的融资功能也走入人们的眼帘。《商业汇票承兑、贴现与再贴现管理暂行办法》的下发进一步明确了再贴现这一货币政策工具的指挥棒作用，票据也进一步发挥了调控功能。

票据对经济发展的作用体现在以下几个方面。首先，票据很好地化解了经济转型期中的"三角债"问题；其次，票据有力地支持了实体经济和改革开放大发展，对实体经济的支持作用逐步增强；最后，票据是改善企业经营状况的有力武器，票据融资也成为重要的短期融资渠道。

票据对金融发展的作用体现在以下几个方面。首先，再贴现逐步成为中央银行调控的重要工具，能够发挥最后贷款人的职能，能够针对特定区域或产业进行再贴现扶持；其次，票据凭借低风险、高流动性成为商业银行的"宠儿"，有效提升了我国商业银行的资产质量。

第七章　电子票据出台后至上海票据交易所成立前的票据

票据市场的发展与经济金融形势息息相关，2009—2015年，在国际金融危机、我国经济发展转型等因素的影响下，我国货币政策先宽松后稳健，金融环境相对宽松，承兑、贴现业务进入高速增长阶段。在此期间，纸票发展空前繁荣，进入最后的黄金期。但由于纸质商业汇票在业务开展过程中隐藏着较大的风险和弊端，如伪造变造票据、违规办理票据业务、无理拒付已承兑的汇票、妨碍票据正常流通、利用票据内外勾结诈骗银行资金导致案件时有发生、不利于形成全国统一的票据市场等。这些问题阻碍了票据业务的健康发展，票据市场参与主体需要更加安全、高效的票据流通载体，票据电子化前期探索由此开始，随着我国金融电子化水平的不断提高和金融基础设施的完善，2007年，全国支票影像交换系统建立，实现了纸质支票处理的部分电子化；2009年10月28日，由中国人民银行建设并管理的电子商业汇票系统（ECDS）正式建成运行。

2009年10月16日，中国人民银行发布《电子商业汇票业务管理办法》，因此，2009年成为我国电子商业汇票元年。电子商业汇票的创设对企业、商业银行、中央银行和票据市场的发展意义重大，电子票据的出现不仅便利了市场主体的交易，推动市场业务朝着多元化、创新化发展，而且在安全性、效率性、风险性方面，电子商业汇票较纸质商业汇票有大幅提高。但在问世之初的几年，电子商业汇票发展较为缓慢。直至2016年，因为票据市场乱象丛生，票据大案要案频频发生，人民银行开始加强对电子票据的推广，商业银行出于稳健经营的要求也主动选择电子票据，此时电子票据才迎来了真正的发展机遇。与此同时，在当时的宏观背景下，票据市场迎来了繁荣期，2009年票据市场累计承兑量一举突破10万亿元大关，累计贴现量更是扩展到20万亿元以上，此后票据市场迎来了快速增长。

在票据市场近十年的高速成长过程中，在过度追求空转套利的大环境下,风险也在快速堆积,一票多卖、以假换真等市场事件开始出现,甚至部分银行机构员工与中介内外合谋套取巨额票据资产等案件开始集中出现,2016年票据市场大范围的风险事件频频发生,如N银行39亿元票据案件、X银行10亿元票据案件、T银行7.86亿元票据案件、安徽某银行5亿元异地同业投资诈骗事件、辽宁抚顺4亿元票据诈骗案、J银行13亿元电票欺诈案等风险事件,严重扰乱了金融市场的稳定发展。频繁暴雷的后果就是监管机构重拳出击整治票据市场乱象,2016年4月,中国人民银行和银监会联合发布《关于加强票据业务监管促进票据市场健康发展的通知》,数月后银监会接连发布了《中国银行业监督管理委员会办公厅关于开展银行业"违法、违规、违章"行为专项治理工作的通知》《中国银监会办公厅关于开展银行业"监管套利、空转套利、关联套利"专项治理工作的通知》《中国银监会办公厅关于开展银行业"不当创新、不当交易、不当激励、不当收费"专项治理工作的通知》等金融市场治理的政策文件,票据市场迎来前所未有的监管加码,并迅速进入寒冷期。

第一节　纸电票双轨运行——纸票最后的黄金期

21世纪以来,票据市场发展与国内经济形势密切相关,逐渐发展成为货币市场乃至金融市场的重要组成部分,尤其是随着电子票据的正式诞生、发展,票据市场迅猛发展,规模不断扩大。

一、国内经济金融形势

2009年,根据党中央、国务院的决策部署,我国实施适度宽松的货币政策,为扭转我国经济增速下滑的趋势提供了强有力的资金支持,金融环境相对宽松,货币供应量增长较快。

2010年,全球经济以继续复苏回升为主调,欧洲的主权债务危机增加了未来更多的不确定性。面对国内外的复杂多边的经济环境,我国继续坚持应对危机的一揽子计划,金融市场发展环境依旧较为宽松,但人民银行加强了流动性管理,年内六次上调存款准备金率,由于我国货币政策的灵活性与针对性明显提高,金融市场震荡幅度较大,票据市场利率也呈现阶梯式震荡上升。

2011年开始,我国货币政策开始转为稳健政策,但是就市场存量来看,其结构发生了明显的变化,信用产品的占比持续上升,其中规模增加最多的是中期票据。为增强中小企业直接债务融资的可持续性，首次发行区域集优模式下的中小企业集合票据。2012年，我国在利率市场化方面迈出重要步伐，人民银行允许金融机构存贷款利率上浮，为金融机构提供了更大的自主定价空间，有利于促进金融机构加快完善定价机制建设。

2013年，金融市场进一步发挥其支持实体经济的核心功能，商业银行发行募集资金专项用于小微企业的金融债券数量大幅增加。直至2014年，银行体系流动性合理适度，信用总量总体增长较快，贷款结构有所优化，货币总量增速放缓。2009年至2015年，我国直接融资比重大幅增加，有效地便利了企业融资需求。

二、纸质票据大发展

2009年到2016年，票据市场成为货币市场的重要交易主体，票据融资为实体经济提供了便捷的融资渠道。票据不但可以通过直贴的方式向企业注入流动资金，还可以通过转贴现帮助企业融通资金。票据是连接货币市场与实体经济的桥梁，在商业银行经营管理中起着"调节器"的作用，成为增强宏观调控、提高货币政策实效的工具。

从票据业务发生额来看，全国金融机构票据累计签发量从2009年的23.2万亿元增长至2016年的102.1万亿元，全国金融机构票据累计贴现量从2009年的8.49万亿元增长至2016年的84.5万亿元。从余额数据来看，全国金融机构票据承兑余额从2009年末的2.21万亿元增长至2016年末的9.0万亿元，贴现余额受到信贷规模的调控影响有涨有跌，2016年末贴现余额增长至5.5万亿元。与此同时，票据签发量占GDP的比重由2009年的29.55%上升到2014年的34.34%，在2015年有所下降，2016年票据签发量占GDP的比重跌至24.25%；票据贴现量占GDP的比重由2009年的66.57%上升到2016年的113.21%，表明票据在货币市场中的规模在不断扩大；票据签发量占金融（贷款余额）的比重由2009年的25.77%上升到2013年的28.24%，再逐步下降到2016年的16.98%；票据贴现量占金融（贷款余额）的比重在2009年到2012年震荡浮动，再从2013年的63.56%逐步上至2016年的79.27%。

表 7-1　2009 年至 2016 年全国票据业务发展概况　　　　单位:%

年份	票据签发量占 GDP 的比重	票据贴现量占 GDP 的比重	票据签发量占贷款余额的比重	票据贴现量占贷款余额的比重
2009	29.55	66.57	25.77	58.05
2010	29.60	63.09	25.46	54.26
2011	30.95	51.24	27.56	45.62
2012	33.24	58.67	28.42	50.17
2013	34.23	77.07	28.24	63.56
2014	34.34	94.32	27.06	74.32
2015	32.52	148.22	23.84	108.67
2016	24.25	113.21	16.98	79.27

资料来源：根据中国人民银行官网数据整理。

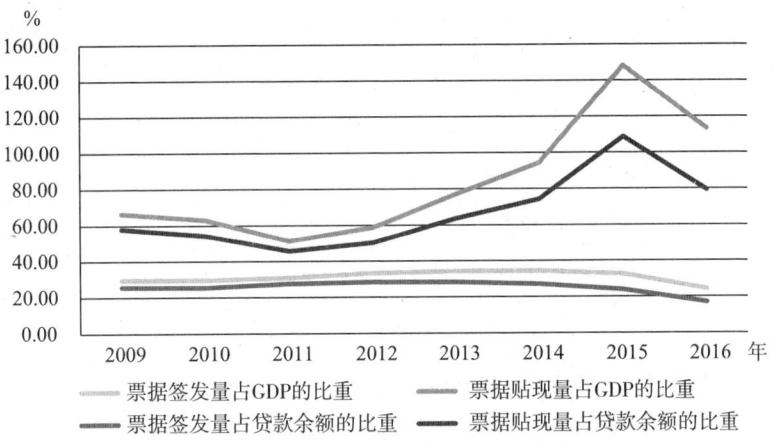

图 7-1　票据业务占比指标

在经济上行和电子票据兴起的双重作用下，纸质票据的业务规模不断扩张，但是增长速度逐渐放缓，在全部商业汇票的业务中占比不断下降。2010 年纸票承兑量为 11.9 万亿元，在全部票据承兑中占比为 97.7%，占 GDP 的比重为 28.9%；纸票累计贴现量为 25.8 万亿元，在全部票据贴现中占比为 99.2%，占 GDP 的比重为 62.6%。在此后的四年里，票据的贴现量和承兑量不断上涨，2014 年，纸票承兑量达到了 19 万亿元的高点，在 GDP 中的占比为 29.6%，相较 2010 年上升了 0.8 个百分点，但是年增长率却从 2011 年的 22% 锐减至 1.9%，在全部票据承兑中的占比从 2017 年的 97.7% 下降至 86.1%；纸质票据的贴现量达到 54.4 万亿元，相比 2010 年增长了

1.2 倍，在市场中占比为 89.6%，相较 2010 年下降了 9.6 个百分点；占 GDP 的比重为 84.5%，相较 2010 年上升了 11.9 个百分点。2016 年，受到经济探底、企业信用风险上升、监管趋严等因素的影响，纸票风险案件频频发生，纸票的承兑和贴现量骤降，全年纸票的承兑量为 9.5 万亿元，同比下降 42.7%，贴现规模为 29.5 万亿元，同比下降 61.2%，承兑量和贴现量在市场中的占比分别为 52.6% 和 42.9%，相比 2010 年分别下降 45.1 个百分点和 64.3 个百分点；占 GDP 的比重分别为 12.8% 和 39.6%，同比分别下降 11.3 个百分点和 70.9 个百分点。

表 7-2　2010 年至 2016 年纸质票据业务发展概况

年份	承兑量（亿元）	同比（%）	市场占比（%）	GDP 占比（%）	贴现量（亿元）	同比（%）	市场占比（%）	GDP 占比（%）
2010	119226		97.7	28.9	257845		99.2	62.6
2011	145512	22	96.4	29.8	246133	-4.5	98.5	50.4
2012	169272	16.3	94.6	31.4	305998	24.3	96.7	56.8
2013	186702	10.3	92	31.5	430936	40.8	94.3	72.7
2014	190280	1.9	86.1	29.6	543926	26.2	89.6	84.5
2015	166127	-12.7	74.2	24.1	761377	40.0	74.7	110.5
2016	95200	-42.7	52.6	12.8	295300	-61.2	34.9	39.6

资料来源：根据中国人民银行官网数据整理。

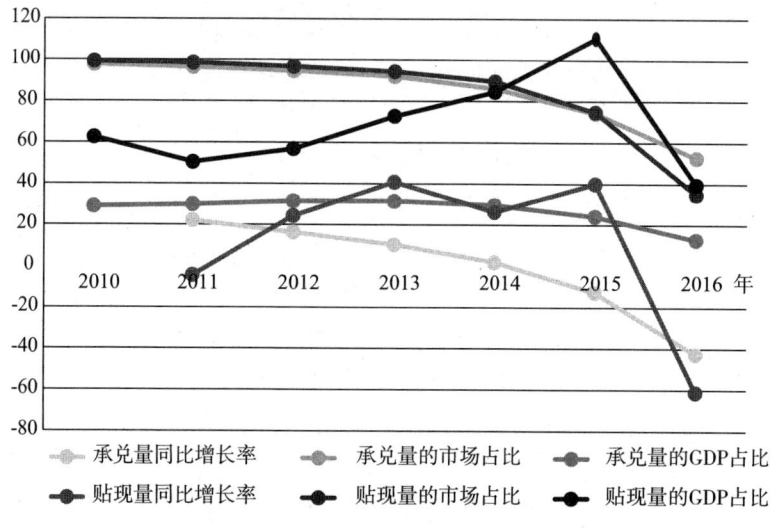

图 7-2　纸票业务增长率与占比指标

纸质票据在操作中存在较多风险点，市场发展过程中票据安全问题日益突出。很多银行认为转贴现等同业票据业务是"低风险"业务，风险由承兑行承担，从而放松管理，通过抽屉协议、代理代持、资管转移等方式腾挪贷款规模、虚增存贷款规模、减少资本占有的问题非常严重。例如，银行通过各种方式利用票据转贴现业务转移信贷规模、削减资本占用。商业银行将信贷业务腾挪成资金管理类业务以实现套利，可以理解为一种"票据代持"方式。回购加买断，是发生在金融机构之间的承兑汇票贴现业务，收票方因自身业务需要，与卖票方先签订回购协议，再于回购到期日当天签订买断协议，通过买入返售业务，达到信贷资产双双出表的目的。在银行承兑汇票的转贴中，"一票两押"和伪造清单是比较常见的违规行为。在买入返售业务和票据代持业务中，容易出现"一票两押"。在代持的保管环节中，以某国有银行票据事件为例，原本应该进入保险柜的票据被换成了报纸，而票据却被给到了中介贴现。部分农村金融机构和地方金融机构甚至会将代持的票据转贴出去，然后伪造清单，把融进的资金另作他用。2014—2015年，大多数城商行的非标业务都增长很快，其中一项就是票据的买入返售。

2016年初，多家金融机构相继爆发票据风险事件，造成重大资金损失，因此，加快推动电子商业汇票发展成为防范票据风险的重要举措。2016年8月，中国人民银行颁布《关于规范和促进电子商业汇票业务发展的通知》，进一步明确了票据电子化的发展方向。上海票据交易所的上线运营进一步加快了电票替代纸票的速度。2016年12月8日，上海票据交易所正式挂牌成立，全国统一的票据交易平台就此问世。作为票据市场基础设施，上海票据交易所对所有纸质票据和电子票据进行统一登记、托管、报价、交易、清算和托收。电子商业汇票签发、承兑、质押、保证、贴现等信息可以通过电子商业汇票系统同步传送至上海票据交易所交易系统，票据流转效率大幅提高。相比之下，纸质票据进入上海票据交易所需要解决纸票电子化问题。从实践来看，上海票据交易所一期上线以纸质票据为主，市场交易并不活跃。随着上海票据交易所二期上线，电子商业汇票相对于纸质票据的优势更加明显，电子商业汇票将成为票据交易的主流品种。

三、票据电子化前期探索

2009—2015年，在国际金融危机、我国经济发展转型等因素的影响下，我国货币政策先宽松后稳健，金融市场的流动性十分充裕，票据市场也空前繁荣，承兑、贴现业务进入高速增长阶段。

作为兼具支付结算和短期融资功能的金融工具，商业汇票在满足企业支付需要、拓宽融资渠道、降低财务费用、提高商业银行支付服务水平、强化资产负债管理以及丰富中央银行货币政策手段等方面都具有非常重要的作用。但纸质商业汇票在业务开展过程中隐藏着较大的风险和弊端，如伪造变造票据、违规办理票据业务、无理拒付已承兑的汇票、妨碍票据正常流通、利用票据内外勾结诈骗银行资金导致案件时有发生、不利于形成全国统一的票据市场等。这些问题制约了票据业务的健康发展，市场参与者呼唤更加安全、高效的票据流通载体。

与此同时，金融电子化水平的提高为商业汇票实现电子化奠定了技术基础。随着我国金融电子化水平的不断提高和金融基础设施的完善，在银行票据业务方面，银行汇票、银行本票和支票都不同程度地实现了电子化，安全性和效率得到极大改善。2007年，全国支票影像交换系统建立，实现了纸质支票处理的部分电子化；2008年，银行本票和华东三省一市银行汇票的业务通过小额支付系统进行清算，实现了电子化处理；但相对而言，商业汇票的电子化步伐比较滞后，其业务处理基本上采用传统的手工、纸质方式，效率低、风险高。从2005年开始，招商银行、民生银行、中信银行等国内部分商业银行在票据电子化和电子票据应用方面进行了积极探索和尝试，为推广电子票据积累了宝贵的实践经验。此外，不少专家学者对电子票据进行了较为全面深入的研究，形成了一定的研究成果，《电子签名法》的颁布实施也为电子票据发展提供了重要的法律保障。以上这些，为人民银行建立电子商业汇票系统提供了理论支撑、法律保障、技术手段和实践经验。

第二节 电子商业汇票——票据市场的创新

2009年10月16日，中国人民银行发布《电子商业汇票业务管理办法》；同年10月28日，由中国人民银行建设并管理的电子商业汇票系统（ECDS）正式建成运行，2009年也成为我国电子商业汇票元年。ECDS的建成运行是票据市场电子化进程中的一个重要里程碑，电子商业汇票相对于纸质商业汇票而言安全性、效率性、风险性都有了很大的提高。

一、电子商业汇票系统的建设

在当时国内经济形势及票据市场发展的背景下，人民银行经过反复调查研究和充分论证，于 2008 年 1 月作出建设 ECDS 的决策。ECDS 于 2009 年 10 月 28 日在北京、上海、山东和深圳四地试运行，并于 2010 年 6 月 28 日推广至全国。

2014 年 6 月 9 日，根据人民银行统一部署，包括宝钢财务公司、上汽财务公司在内的 7 家试点财务公司顺利加入了大额支付系统，完成了电票行内系统改造工作，成为首批允许与各商业银行直接进行电票资金清算业务的财务公司。

2015 年 4 月 20 日，电子商业汇票系统进行了升级改造，以二代身份加入大额支付系统，并顺利投产上线。电子商业汇票系统以二代身份加入大额支付系统，标志着支付系统全国性推广工作取得圆满成功。此次改造工作极大地提升了电子商业汇票系统业务处理能力，提高了电子商业汇票的安全性与稳定性。

电子商业汇票系统由一个核心功能模块（电子商业汇票业务处理）和两个辅助功能模块（纸质商业汇票登记查询和商业汇票转贴现公开报价）组成。初期，电子商业汇票系统只开通了电子商业汇票业务处理和纸质商业汇票登记查询两个功能。电子商业汇票业务处理功能模块是电子商业汇票系统的核心模块，可为各行客户签发的电子商业汇票实行集中登记存储，并提供互联互通的流通转让平台，实现电子商业汇票出票、承兑、背书、保证、提示付款、追索等业务流程的电子化。同时，与银行、财务公司行内系统及人民银行的现代化支付系统相连接，可实现电子商业汇票贴现、转贴现、再贴现等融资交易和提示付款的即时转账结算，同步完成票据融资交易的交割，实现票款对付（DVP）。纸质商业汇票登记查询功能模块是系统参与者必须参加的模块，它能够为纸质商业汇票承兑、贴现、转贴现、再贴现、质押、质押解除、挂失止付等票据行为提供登记查询服务，实现纸质商业汇票票面信息的集中登记存储，便利纸质商业汇票的贴现、质押业务查询。

2009 年 10 月，为满足电子商业汇票业务处理需要，促进电子商业汇票流通，保障电子商业汇票当事人各方权利，《中国人民银行关于发布电子商业汇票系统相关制度的通知》（银发〔2009〕328 号）发布，该文件包括《电子商业汇票系统管理办法》《电子商业汇票业务处理手续》《纸质商业汇票登记查询管理办法》《电子商业汇票再贴现业务处理手续》《电子商业汇票系统运行管理办法》《电子商业汇票系统数字证书管理办法》《电子商业汇票系统危机处置预案》《电子商业汇票业务服务协议指引》8 个规范性制度，为促进我国电子商业汇票业务健康发展、推动我国电子商业汇票广泛使用和流通提供了制度保障。

二、电子商业汇票的创设

2009 年 10 月 16 日，中国人民银行发布《电子商业汇票业务管理办法》（中国人民银行令〔2009〕第 2 号）。中国人民银行在进行电子商业汇票相关制度设计上遵循了我国《票据法》对票据的出票、承兑、贴现、背书、付款、追索等票据行为的定义，并以《中华人民共和国中国人民银行法》《中华人民共和国票据法》《中华人民共和国电子签名法》《票据管理实施办法》等有关法律法规为依据。随着《电子商业汇票业务管理办法》正式出台，中国人民银行真正意义上创设了电子商业汇票这一金融工具。

显示日期：

电子商业汇票系统
Electronic Commercial Draft System

电子银行承兑汇票

出票日期　票据状态：
汇票到期日　票据号码

出票人：全称　账号　开户银行
收票人：全称　账号　开户银行
出票保证信息：保证人名称：　保证人地址：　保证日期：
票据金额：人民币（大写）　十 亿 千 百 十 万 千 百 十 元 角 分
承兑人信息：全称　账号　开户行行号　开户行名称
交易合同号
能否转让
承兑信息：出票人承诺：本汇票请予以承兑，到期无条件付款
承兑人承兑：本汇票已经承兑，到期无条件付款
承兑日期
承兑保证信息：保证人名称：　保证人地址：　保证日期：
评级信息（由出票人、承兑人自己记载，仅供参考）：出票人　评级主体：　信用等级：　评级到期日：
承兑人　评级主体：　信用等级：　评级到期日：

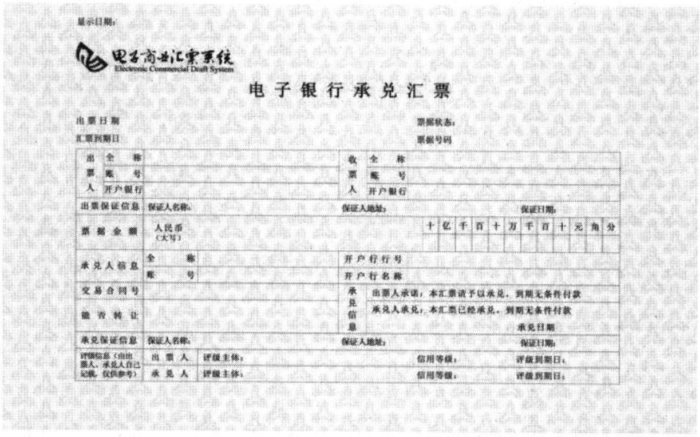

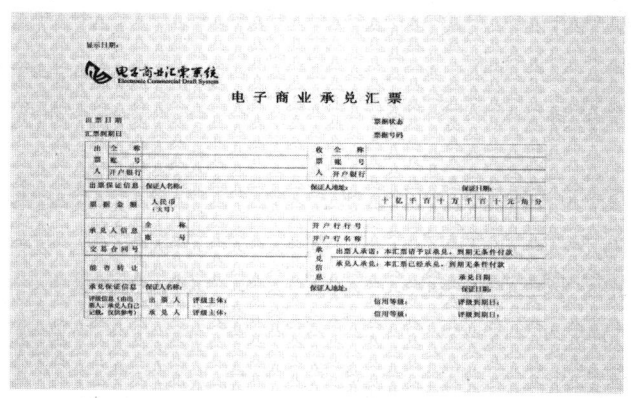

图 7–3　电子银行承兑汇票

（资料来源：上海票据交易所官网）

显示日期：

电子商业汇票系统
Electronic Commercial Draft System

电子商业承兑汇票

出票日期　票据状态
汇票到期日　票据号码

出票人：全称　账号　开户银行
收票人：全称　账号　开户银行
出票保证信息：保证人名称：　保证人地址：　保证日期：
票据金额：人民币（大写）　十 亿 千 百 十 万 千 百 十 元 角 分
承兑人信息：全称　账号　开户行行号　开户行名称
交易合同号
能否转让
承兑信息：出票人承诺：本汇票请予以承兑，到期无条件付款
承兑人承兑：本汇票已经承兑，到期无条件付款
承兑日期
承兑保证信息：保证人名称：　保证人地址：　保证日期：
评级信息（由出票人、承兑人自己记载，仅供参考）：出票人　评级主体：　信用等级：　评级到期日：
承兑人　评级主体：　信用等级：　评级到期日：

图 7–4　电子商业承兑汇票

（资料来源：上海票据交易所官网）

2016年8月，人民银行下发《关于规范和促进电子商业汇票业务发展的通知》（银发〔2016〕224号），明确取消电票贴现贸易背景审查，企业申请电票贴现不再需要提供合同、发票等资料；金融机构转贴现操作无须再签合同（如需签合同，只需使用线上的电子合同）；自2017年1月1日起，单张出票金额在300万元以上的商业汇票应全部通过电票办理；自2018年1月1日起，原则上单张出票金融在100万元以上的商业汇票应全部通过电票办理；除银行业金融机构以外的、作为银行间债券交易主体的其他金融机构可以通过银行业金融机构代理加入电子商业汇系统，开展电票转贴现（含买断式和回购式）、提示付款等规定业务（但限制承兑、贴现和再贴现等业务权限）。

电子商业汇票的主要创新有五个方面：一是全面革新了商业汇票的操作模式，以数据电文取代纸质凭证、以电子签名取代实体签章，使票据业务从手工、传统的操作模式转换到通过计算机网络技术实现其签发、流转和结清的现代化操作模式；二是将财务公司定位为票据市场的直接参与者，扩大了票据市场参与主体，提高了财务公司参与票据市场建设、提供电子商业汇票业务服务的积极性，有利于降低企业集团财务成本，提高集团综合竞争力，繁荣、活跃票据市场；三是将电子商业汇票的最长付款期限定为1年，对吸引企业选择电子商业汇票作为支付和融资工具，激励金融机构深度开发票据业务，促进一年期以内各档期票据市场利率的形成，增加票据市场交易品种等都具有深远的意义；四是明确了贴现、转贴现、再贴现的概念以及赎回的操作方式，大大降低了票据交易风险；五是在票据融资交易和票据结清业务中，引入了票款对付（DVP）方式，通过电子商业汇票系统与大额支付系统的实时连接，在实现票据权利的同时实现资金的交割，消除了票据交易中可能存在的信用风险和流动性风险。

三、电子商业汇票创设的意义

电子商业汇票的创设及电子商业汇票系统的建成运行，是我国金融信息化、电子化进程中的又一个重要里程碑，标志着中国现代化支付体系基本建成，标志着我国商业票据业务进入了电子化时代，对促进电子商务和票据市场发展将产生深远的影响。

电子商业汇票的创设对企业、商业银行、中央银行和票据市场的发展意义重大。对企业来说，电子商业汇票不仅提供了纸质票据的所有功能，更重要的是企业在使用过程中不受时间和空间的限制，交易资金在途时间大大缩短,资金周转效率明显提高。对商业银行来说,电子商业汇票能够实时、跨地区流通使用,节省了纸基票据业务的人工成本,节约票据印制成本,降低票据保管成本,规避票据遗失风险,增强了业务的安全性,加快了结算速度,从而有效提高银行的金融服务效率。对中国人民银行来说,电子商业汇票能使得人民银行成为电子商业汇票市场的一个经常性交易主体,未来将成为人民银行公开市场操作的一个主要手段,增加中央银行货币政策操作的弹性和力度,提高中央银行调控货币市场的能力,畅通货币政策传导机制。

电子商业汇票系统为电子票据业务提供了安全高效、互联互通、标准统一、方便快捷的多功能、综合性业务处理平台。与纸质商业汇票相比,电子商业汇票的签发和流转都采用电子化方式,以数据电文来完成。电子商业汇票系统的建成将从根本上解决纸质商业汇票交易效率低下、信息不对称、风险较大等问题。同时,通过电子商业汇票系统,中央银行能够全面监测商业汇票的各种票据行为,准确了解资金流量流向,为宏观经济决策提供重要的参考依据。

四、电子票据发展情况

2009年至2015年,票据市场发展十分繁荣。从发生额来看,全国金融机构承兑量从2009年的10.3万亿元增长至2015年的22.4万亿元,年均增长率为13.8%;全国金融机构贴现量从2009年的23.2万亿元增长至2015年的102.0万亿元,年均增长率为28%。从余额数据来看,全国金融机构票据承兑余额从2009年末的4.0万亿元增长至2015年末的10.4万亿元,贴现余额受到信贷规模的调控影响有涨有跌,2015年末贴现余额增长至4.6万亿元。

表7-3 票据市场业务发展情况(2009—2015年)   单位:亿元、%

年份	年累计承兑量		年累计贴现量		承兑余额		贴现余额	
	金额	年增长率	金额	年增长率	金额	年增长率	金额	年增长率
2009	103000	45.07	232000	71.85	40387	26.21	24000	26.32
2010	122000	18.45	260000	12.07	56000	38.66	15000	-37.50
2011	151000	23.77	250000	-3.85	67000	19.64	15000	0.00
2012	178900	18.48	316400	26.56	83000	23.88	20400	36.00
2013	203000	13.47	457000	44.44	90000	8.43	20000	-1.96

续表

年份	年累计承兑量		年累计贴现量		承兑余额		贴现余额	
	金额	年增长率	金额	年增长率	金额	年增长率	金额	年增长率
2014	221000	8.87	607000	32.82	99000	10.00	29000	45.00
2015	224000	1.36	1020000	68.04	104000	5.05	46000	58.62

2009年，票据市场累计承兑量一举突破10万亿元大关，累计贴现量更是扩展到20万亿元以上，此后票据市场迎来了快速增长。商业银行积极开展票据承兑业务，其中中小股份制商业银行、城商行、农商行是票据市场的主要承兑方。

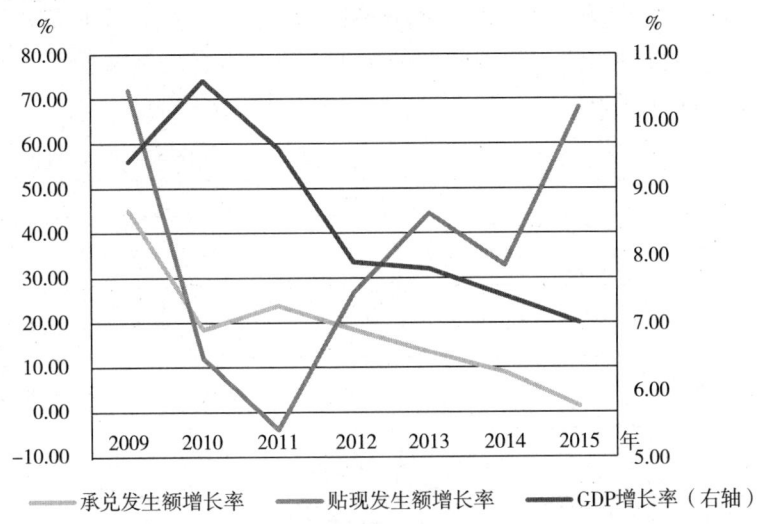

图7-5 2009—2015年票据市场指标与GDP年度增速

票据市场高度繁荣期，票据市场承兑发生额总额与增速明显分化，承兑发生额总额不断创阶段新高，增速却显著放缓，由2009年高点的45%降至2015年的1.36%，而且弱于同期的GDP表现。贴现发生额增速走出了明显的独立行情，在2011年降至-3.85%后，迅速反弹至2015年的68.04%，实现了总额与增速的双增，显著强于同期GDP的走势。

2010年开始，由于人民银行开始从适度宽松的货币政策转向执行稳健的货币政策，受到信贷规模开始趋紧和资金较为宽裕的影响，商业银行越来越青睐不占信贷规模的回购交易，从而有效地释放信贷规模，调控信贷业务。2011年，票据市场整体平稳发展，票据承兑和贴现业务相对活跃，票据交易受到监管的影响有所回落。由于2011年中央银行货币政策转为执行稳健，主要商业银行在平衡信贷资金和票据资产的同时，积极开展了票据回购交易，其中逆回购交易尤受市场青睐。2014年，由于监管部门针对金融行业连发文件，金融机构对票据回购业务的意愿有所下降。随着信息技术的快速发展，部分金融机构将电子化服务与差异化服务的策略相结合，拉开了"互联网+票据"的金融创新序幕。

与此同时，在问世之初的几年里，电子商业汇票发展相当缓慢。经过四年的发展，截至2013年末，电子商业汇票系统参与者共359家。2013年，电子商业汇票系统出票金额为15864亿元，承兑金额为16298亿元，贴现金额为6405亿元，转贴现金额为19510亿元，电票承兑金额占全部票据承兑金额的比例仅为8%，交易金额占全部票据交易金额的比例仅为5.7%。直至2016年，伴随着票据市场大案要案频繁发生，人民银行加强对电子票据的推广，商业银行出于稳健经营的要求也主动选择电子票据，此时电子票据才真正迎来了发展的机遇。

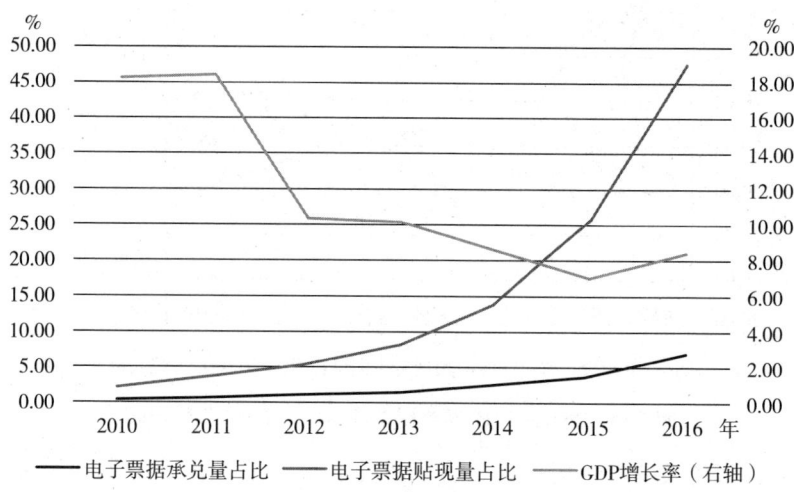

图7-6　2010—2016年电子票据指标与GDP年度增速

2010—2016年，票据市场高度繁荣，电子票据也在迅速发展，电子票据的承兑量和贴现量逐年提高，尤其是2015年电子票据承兑量和贴现量占比增速明显，电票承兑发生量占比由2015年的25%升至2016年的47%，显著强于同期GDP的走势，电子票据贴现量占比增速走出了明显的独立行情。

表 7-4　电子票据的市场规模变化情况（2010—2016 年）　　单位：亿元、%

年份	承兑量	年增长率	贴现量	年增长率
2010	2774		2155	
2011	5488	97.84	3867	79.44
2012	9628	75.44	10402	168.99
2013	16298	69.28	26064	150.57
2014	30720	88.49	63074	142.00
2015	57873	88.39	258623	310.03
2016	85800	48.26	549700	112.55

2009 年，我国首次推出电子票据，刚开始由于相应的基础设施建设还不够完善，相关制度建设滞后等因素的制约，电子票据市场未能立刻形成规模；2010 年，我国电子票据的承兑量仅为 2774 亿元，累计贴现量（包括贴现量和转贴现量）仅为 2155 亿元，整个电子票据的市场规模只占票据市场规模的一小部分。但是随着电子票据市场不断深化发展，电子票据由于安全高效而逐渐受到市场青睐，从 2010 年开始，电子票据市场发展势头迅猛，经过 6 年时间的发展，电子票据市场已初具规模，2016 年电子票据的承兑量为 85800 亿元，2010—2016 年电子票据承兑量的年均增速为 77.17%；2016 年电子票据的贴现量为 549700 亿元，2010—2016 年电子票据贴现量的年均增速为 151.83%。

五、电子票据发展存在的问题

（一）电子票据发展过程中的法律缺失问题

《票据法》出台于 1995 年，其颁布对于早期票据市场稳定发展起到了关键作用。《票据法》颁布于纸质票据时代，其中没有关于电子票据的相关规定，电子票据发展存在核心立法缺失的问题。虽然我国《电子签名法》2005 年就已生效，但是电子签名在《票据法》中却没有合法地位；除签名以外的电子票据流通规则也处于空白状态，造成现行的电子票据缺乏规范；《票据法》中的某些规定，在一定程度上阻碍了电子票据的发展，比如《票据法》规定"票据出票人制作票据，应当按照法定条件在票据上签章，并按照所记载的事项承担票据责任"，而电子票据是没有签章的，只是通过电子信息发出支付指令，导致现行的《票据法》不承认经过数字签章认证的电子票据的支付和结算方式。由此可见,相关法律法规间的内涵并没有统一。

(二)电子票据发展存在的实践问题

(1)电子票据业务处理模式使得电子票据的流通性存在局限。从 ECDS 投产运行实践看,电子票据业务处理模式使得电子票据的流通性有所局限。

(2)业务管理缺乏统一规范。票据电子化为票据融资业务的发展带来了巨大的便利,但银行的电子票据贴现业务暂时没有与此相配套的便捷操作指南,只能采用纸质票据贴现业务的操作指南。企业通过网上银行进行贴现申请,仍需提供纸质的贴现凭证、贴现申请书和贴现协议,便利程度并没有显著提高,电子票据的运用范围受限。

(3)企业对电子商业汇票业务的认知度低。由于各金融机构网上银行系统流程不同,银行经办人员很少接触到他行的网上银行系统,对本行签发他行接收或他行签发本行接收等网银操作流程并不了解。因此,企业推广电子票据业务时比较被动,不利于电子商业汇票业务的发展。

(4)电子商业汇票业务存在风险。不论是有意攻击还是无意的误操作,都会给电子票据网络系统带来巨大损失,增大企业、银行的经营风险。同时,由于网上银行电子票据业务在办理过程中涉及 ECDS、企业网上银行系统和独立的金融机构内部票据电子系统三大电子系统的对接运转,任一系统的不稳定均会对电子票据业务处理的及时性和准确性带来影响,并由此产生安全隐患。此外,我国电子商务以及电子票据基础法律制度尚不完善,对电子票据行为因各类电子信息安全问题带来较高的法律风险和较大的诉讼成本。

第三节 票据理财与票据 ABS——票据投资功能初现

电子票据的出现便利了市场主体的交易,推动市场业务朝着多元化、创新化发展,交易模式更复杂、交易链条更长的创新型产品不断出现,颇具代表性的有票据理财、票据 ABS 等。

一、票据理财

票据理财产品在这一时间段迅速兴起,初期的票据理财产品大多以银信合作的模式开展,即商业银行和信托公司合作推出信托计划,商业银行向投资者发行理财产品,将募集到的资金投资于信托计划,信托计划再用于购买票据资产。但是在 2009 年底至 2011 年初,银监会连续下发多个监管文件，明确银信合作的表外资产需要转入表内，并且不得投资于票据资产，使得银信合作模式下的票据理财发展阻力较大，直至2012年2月，银监会下发文件，禁止信托公司与商业银行开展任何形式的票据资产受让业务，正式宣告票据信托业务模式的结束。但是票据理财业务并没有就此终止，而是搭乘上了互联网金融这一快速列车。2014年初，从P2P平台到线下票据服务公司，再到电商巨头，甚至是传统银行机构，都顺应"互联网+"趋势，相继加入在线票据理财的阵营。

互联网票据理财是指线上平台借助大数据、云计算等互联网技术，实现票据融资企业和大众投资者投融资需求的直接对接。具体而言，票据融资企业将所持票据质押于互联网平台，互联网平台据此设计、发布理财产品，投资者在网上购买理财产品，投入的理财资金即为企业提供融资。互联网票据理财，从融资方式看，是一种质押融资；从产品分类看，属于借款类理财产品；从业务实质看，是民间借贷的网络化和平台化。

从主导互联网票据理财平台运营的企业来看，主要有以下三种类型。

第一类是专业的互联网票据理财平台，即以销售互联网票据理财产品为主营业务的企业，如金银猫、票据宝、银票网、投储在线等。其中，金银猫公司主要销售"银企众盈""商票贷"等票据理财产品，票据宝公司主要发行"票据宝"产品，银票网平台主要发布"银票理财"产品，投储在线平台主要销售"票宝盈家"产品。

第二类是银行系平台，其在网上销售的理财产品中包含票据理财产品，如民生银行、招商银行、平安银行等。其中，民生电商旗下民生易贷，销售的票据理财产品主要有"e票通"，招商银行"小企业e家"的票据理财类产品主要是"e+稳盈融资"系列产品，平安银行陆金所发行的票据理财类产品主要是"安盈–票据"。

第三类是互联网或电商企业平台，其在网上销售的理财产品中包含票据理财产品，一般采取与前两类机构合作的方式经营。主要有阿里巴巴、新浪、京东、苏宁等。其中，阿里巴巴旗下招财宝销售过"票据贷"产品，新浪旗下微财富主要销售"银票理财""票金所""票据客""票据宝""合拍票据盈""钱生钱票据"等产品，京东金融销售了"小银票"系列产品，苏宁云商主要销售"企业票据贷""金银猫票据""金票通"等产品。[①]

---

① 王红霞，曾一村，汪武超. 互联网票据理财业务的现状及发展建议［J］. 上海金融学院学报，2015（3）.

互联网票据理财业务兴起的原因主要有以下几个方面。一是融资端的需求，解决小微企业小面额票据融资难题。该时期，利用互联网票据理财产品进行融资的主要是小微企业，用于质押融资的票据多为小面额票据。小微企业历来存在融资难融资贵的问题，其持有的小面额票据，一般较难通过正常渠道在银行办理贴现融资，而互联网票据理财产品的出现，正好为其提供了一个新的融资渠道。二是投资端的需求，提供低门槛、高收益、"低风险"的投资渠道。一方面，互联网票据理财产品多采用"1元起购"的运作模式，相比市场上银行理财产品一般5万元或更高的投资门槛而言，具有明显的优势，可以大量吸收个人投资者手中的"闲散资金"；另一方面，投资收益高，据不完全统计，票据理财产品的年化收益率一般高于常见的货币性基金产品以及主流的银行理财产品的预期年化收益率，同时，票据理财往往宣称"零风险"，大多数互联网票据理财平台宣传其产品时表示"唯一的风险是银行倒闭"，而我国商业银行发生破产倒闭的概率是极低的，这种宣传方式尽管带有一定的误导性，但也确实吸引了广大投资者的眼球。三是监管相对空白。互联网票据理财业务作为市场的创新型产品，相关法律法规尚不完善，监管措施还处在制定阶段，因此此时的互联网金融业务还处于监管真空期。2013年11月才出现的互联网票据理财同样处于监管缺失状态。互联网平台企业正是抓住传统商业银行票据贴现与新兴互联网票据理财"一紧一松"的监管不平衡，通过票据质押融资避开了商业银行贴现环节，避开对跟单资料的审查，而直接与投资者实现资金对接，满足了融资企业利用票据获取资金、加快应收票据周转的需求，解决了小额票据贴现难、贴现贵问题，从而增强了互联网票据理财对融资企业的吸引力。

互联网票据理财业务的存在具有一定意义，一是为小微企业票据贴现提供了新的解决方案。互联网平台充分利用互联网技术，将投资者资金供给信息提供给借款企业，企业只需凭借其持有的票据以及可靠担保，即可获得融资支持，实现资金来源和实体经济的直接对接，为企业提供了一种新的票据融资方案，省去银行贴现过程中需要打通的诸多环节，并且为具有真实贸易背景但跟单资料不完整的票据提供了一种可行的融资途径。二是降低了企业票据融资成本。互联网平台充分利用数据优势和平台优势，利用大量的个人投资者数据与小微企业融资需求进行匹配，通过大数据、云计算等技术处理，快速为小微企业匹配合适的"对手"，增强投融资双方的信息透明度，降低信息搜索成本，从而间接降低了融资企业的融资成本。

由于互联网金融的虚拟性以及票据业务自身的特性,互联网票据理财产品既具有互联网金融的普遍性问题,也存在一些个性化风险,主要在于平台风险、产品风险和法律风险。一是平台公司本身的资质风险。互联网票据理财平台公司一般规模较小,成立时间较短,其信誉资质相对差一些。具体而言,互联网票据理财平台公司在运作上不规范的可能性相对较大,比如将已质押的票据进行二次质押融资或代付等活动,或者挪用理财资金,甚至不排除携款"跑路"的可能性。二是理财投资标的的兑付风险。相比货币基金所投资的货币市场工具,票据在兑付时遭遇拒付或延迟支付的可能性较大。票据本身就存在假票、克隆票等虚假票据风险,即使票据本身是真实的,承兑行认为票据存在瑕疵,或者出于自身经营需要不及时兑付的情况时有发生,这就形成了兑付风险。三是发生纠纷时投资者利益受损的风险。互联网票据理财平台公司还处于初步发展阶段,在制度、流程、风控等多个方面尚不完善,特别是相关法律法规和投资者保护力度较薄弱,容易导致投资者利益受损。

二、票据 ABS

由于我国《票据法》规定票据签发、取得和转让应遵循诚实信用的原则,具有真实的交易关系和债权债务关系,因此,实际上在票据资产证券化过程中票据不能作为基础资产,其本身是不能直接转让的。我们现在看到的票据资产证券化,严格来讲是票据收益权资产证券化。得益于2015年开始爆发增长的资产证券化业务,票据资产证券化成为一个有益尝试,尽管2016年票据资产化开始了尝试,但由于诸多原因并没有得到普遍推广。相对于票据资产本身规模,票据资产证券化规模还非常小。比较有代表性的票据资产证券化产品有融银1号2016-1、橙鑫橙e1号2016-1、民生票据1号2016-1、融元1号2016-1。[1]

---

[1] 肖小和,胡军.资管新规下我国票据资产证券化业务探讨[J].金融与经济,2019 (3).

表 7-5 票据资产证券化产品基本信息

产品简称	特色	管理人	产品成立日	原始权益人	总金额（亿元）	资产池票面金额（万元）	持票人个数（个）	票据笔数（笔）	发行利率（%）
融元1号	首单票据收益权资产证券化产品	华泰证券（上海）资产管理有限公司	2016-03-29	14家公司	6.44	6.56	14	14	3.6
橙鑫橙e1号	首单以储架模式发行的票据资产证券化产品	博时资本管理有限公司	2016-03-30	平安银行股份有限公司	5.33	5.50	3	3	3.6
融银1号	首单银票收益权资产证券化产品	华泰证券（上海）资产管理有限公司	2016-07-27	12家公司	4.96	5.82			2.8
民生票据1号	首单获批及发行的银行保贴类票据资产证券化产品	中信证券股份有限公司	2016-08-08	中国民生银行股份有限公司	4.7				2.6

该时期票据资产证券化可能存在较多问题，一是破产隔离的有效性存疑。票据资产证券化是把票据资产收益权作为基础资产入池，尽管大多数票据资产证券化都设计了如票据质押担保、全额保证金等措施，但以票据资产收益权作为基础资产入池并不能完全实现破产隔离。正如涂晟（2017）所指出的那样，这种转让仅是从金融或会计的角度出发界定的，而非严格的法律概念。二是含有实质刚性兑付条款。初期市场增信措施采用出票人全额保证金质押、银行信用、为票据承兑人提供无条件的连带保证担保等。这些增信措施或风险缓释手段都过于简单粗暴，而且可能构成实质上违反资管新规中的刚性兑付要求。三是商业模式不具有可持续性。尽管票据资产不属于资管新规中的标准化债权资产，但实际上票据资产几乎是银行非标资产中流动性最高的。就目前的国内情况而言，票据资产本身的流动性远远高于资产支持证券本身。如果说资产证券化是为了将流动性差的资产转化为流动性强的证券，那么显然票据资产证券化实现了相反的目的。至

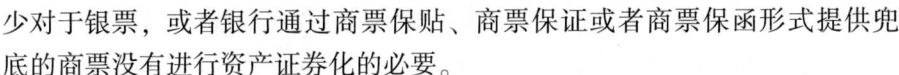

第七章 电子票据出台后至上海票据交易所成立前的票据

少对于银票,或者银行通过商票保贴、商票保证或者商票保函形式提供兜底的商票没有进行资产证券化的必要。

三、创新与监管

伴随着票据市场的不断繁荣,各个参与主体的产品、业务模式同质化现象严重,此时参与主体更加注重票据业务创新带来的利润,因此在市场上一度出现票据产品创新走在监管前面的现象,直至2016年票据市场出现了风险案件全面爆发的现象,票据参与主体开始冷静思考其发展模式,监管也从市场基础建设、法制建设等多个方面重塑市场。

2010年开始,监管部门对票据市场的监管开始逐渐趋严,开始对发展蒸蒸日上的票据理财和票据信托加强监管,先后发布了《中国银监会关于进一步规范银行业金融机构信贷资产转让业务的通知》《中国银监会关于进一步规范银信理财合作业务有关事项的通知》等监管文件,要求金融机构审慎开展信贷资产转让业务,规定银信合作理财资金不得投资于银行自身的信贷资产或票据资产,从源头上打击了通过票据理财形式进行监管套利的行为。此后,监管部门对票据市场中存在的违规操作、同业操作、买入返售等业务中存在的问题进行了重点检查,多个监管文件不断下发,针对票据业务监管套利导致的系统性风险上升,以及票据风险事件中暴露出的商业银行内控体系缺陷,银监会等监管机构监管治理的措施不断升级,对金融机构违规票据业务开出了天价罚单。仅2015年一年,各地银监局对违规票据业务开出上百份罚单,强有力地遏制金融机构的违规票据业务,以规范票据市场的经营。

第四节 票据案件频发——"严监管时代"来临

2016年,票据市场大案频发,以牵涉机构多、金额大、道德风险问题突出为主要特点,一时间震惊国内。票据市场近十年的野蛮生长态下,利润追逐与职业底线在从业人员心中常常处于失衡的状态。激情狂奔的市场参与者在创新逐利的同时,在风险防控方面与监管要求背道而驰、渐行渐远,最终在2016年左右出现大范围的风险事件,频繁暴雷的后果就是票据市场迎来前所未有的监管加码,票据市场"严监管时代"来临。

一、票据案件介绍

N银行39亿元票据案件:2016年1月25日,N银行票据买入返售业务发生重大风险事件，经核查，涉及风险金额达 39.15 亿元。两名银行工作人员因涉嫌挪用交易款项投入股市，被公安机关立案侦查。据媒体披露，N 银行与 A 银行进行银行承兑汇票转贴现业务，在回购到期前，相关纸质银票应存放在 N 银行的保险柜里，不得转出。但此笔业务涉及的银票在回购到期前，就被某重庆票据中介取出，本应存放在 N 银行保险柜中的银票被替换成报纸。票据中介持偷换出的银票与 B 银行进行了回购贴现交易，资金并未回到 N 银行的账上，而是非法进入了股市，后因投资失败导致资金损失，无法进行票据回购最终导致案件爆发。

X 银行 10 亿元票据案件：2016 年 1 月 28 日，X 银行发生票据业务风险事件，涉及风险金额为 9.69 亿元，公安机关已立案侦查。2015 年 5 月至 7 月，犯罪嫌疑人伙同 X 银行工作人员，利用伪造的银行存款单等文件，以虚假的质押担保方式在银行办理存单质押银行承兑汇票业务，并在获取银行承兑汇票后进行贴现，贴现资金用途之一是进行配资炒股，最终该案伴随着 2015 年第四季度资本市场波动暴露出来。

T 银行 7.86 亿元票据案件：2016 年 1 月，T 银行与 C 银行开展一笔 9.86 亿元银行承兑汇票买入返售业务。2016 年 4 月 6 日业务到期日，T 银行收到张家港某贸易公司（该公司由票据中介汇通金融实际控制）划付的 2 亿元，其余 7.86 亿元未到账，而票据包提前释放。T 银行员工张某勾结多名票据中介人员，在明知交接的票据包内无票据的情况下，于 2016 年 1 月 13 日在非指定场所单人与票据中介进行票据包交接（未拆包验票），再安排票据复核岗员工在未见证验票的情况下共同在封包上签字、填写业务跟单资料并办理入库手续。2016 年 4 月 6 日，张某谎称对手银行要求提前取票，电话指挥复核岗员工办理票据提前出库并交给一名票据中介。

安徽某银行 5 亿元异地同业投资诈骗事件：犯罪嫌疑人丁某等冒充 A 银行某分行（以下简称 A 银行）工作人员，以推荐高收益理财产品的名义与 B 银行某分行（以下简称 B 银行）取得联系，双方商定通过 C 资产管理公司（为 B 银行旗下同业业务专营子公司，以下简称 C 公司）购买 A 银行理财产品 5 亿元。丁某等利用事先骗取的 C 公司开户资料及伪造的 C 公司印章，在 A 银行开立了同业活期账户，并获得账户的实际控制权，进而将 B 银行的 5 亿元资金骗至该账户。后期，B 银行在核对同业投资回单时，发现回单上的银行账号与 C 公司实际开立的账号不符，遂向公安机关报案，对 C 公司账户予以紧急止付，风险事件得以堵截。

辽宁抚顺 4 亿元票据诈骗案：2016 年 3 月，辽宁抚顺警方查获票据诈骗案，犯罪嫌疑人陈某伪造银行承兑汇票，以票面500万元实际2万~3万元的价格卖给众多犯罪嫌疑人，层层加价，最后以20余万元的价格卖给犯罪嫌疑人梅某。1月上旬至2月上旬，梅某在购得4张总面额为1900万元的伪造银行承兑汇票后，从辽宁抚顺某公司先后骗取3200吨总价值为620万元的钢材，将进价为2080元每吨的钢材以1500元至1600元不等的低价变现，共获赃款447万元。该公司在将其中1张400万元的承兑汇票背书至下一家企业到银行贴现时，发现承兑汇票系伪造。公安机关查明犯罪嫌疑人之间交易了大量伪造记账式国债、伪造银行承兑汇票，票面金额累计达4亿多元。

J银行13亿元电票欺诈案：J银行一离职员工伪造该行的资料和印鉴，在G银行开办电票代理承兑业务，并开立了虚假电子银行承兑汇票，贴现后又通过H银行过桥卖出，涉案金额约13亿元。此案于2016年8月被H银行发现。

二、案件频发的原因

在市场高速成长的过程中，在规避监管目标的驱动下，票据业务创新逐渐偏离了其本源属性，其信贷属性日益被淡化乃至淡忘，而市场套利目标驱动的资金业务属性则日渐增强。在过度追求空转套利的大环境下，社会逐利资金快速向票据市场汇聚，推动票据市场规模飙升，同时风险也在快速堆积。

首先，基础票据资产创造的合规性及其质量是风险的源头。2012年以后，中国经济增速呈显著放缓之势，在金融市场资金脱实向虚的大趋势下，实体经济不断失血，同时其有效资金需求明显不足。因此，具有真实交易背景的合规性票据的增长潜力不断下降，导致银行承兑业务增长乏力，业务量增速自2015年开始出现明显下降。根据人民银行统计数据，2015年，企业累计签发商业汇票22.4万亿元，同比仅增长1.3%，增速同比下降了7.6个百分点；期末商业汇票未到期金额为10.4万亿元，同比增长5.4%，增速同比下降3.9个百分点。正是在这样的背景下，大量具有融资性特征的票据被"创造"出来，遍地开花的票据中介机构更是推波助澜，成为票据资产创造的主力。一些注册资金不到1千万元的空壳企业，却签发了巨额票据。票据监管规则所要求的贸易背景真实、基础交易关系真实等成为众人皆知的表面文章。这与2008年美国次贷危机爆发前，金融机构为不具备偿还能力的借款人提供融资有很大的相似性，狂飙的市场正在形成巨大的金融风险。事实上,在金融活动中,不管如何创新,如果在基础资产端出现大量违规行为,甚至是主动"造假"行为,那么离危机爆发往往就只有一步之遥了。

其次,在货币政策宽松的金融环境下,流动性宽裕使票据业务借助基础资产的膨胀,逐渐发展成为具有空转特征的快速套利业务。在这样的交易逻辑及追求短期利益的经营模式驱动下,票据市场交易量不断攀升。统计数据显示,在金融机构的票据业务经营模式开始转向加速票据创造、高流转和交易套利后,二级市场转贴现交易量不断创出历史新高,票据流转也不断加快。票据市场成了一个具有内生动能的巨大雪球,不断壮大。

再次,激烈的市场竞争使得票据市场业务创新逐渐偏离服务实体经济的轨道,转向与监管进行博弈,规避监管规则,甚至"打擦边球",以"消规模、省资本、同业空转"为特征的发展趋势加剧。复杂交易结构和不规范套利使得票据业务的操作风险显著提高,交易环节乱象丛生,层次参差不齐的参与者不断涌入,也加剧了潜藏的交易链条和交易对手风险。

在票据市场大扩表的时期,同质化的业务产品,叠加利率市场化带来的利差收窄使得商业银行面临着巨大的业绩压力。部分商业银行为规避监管违规做大票据规模,完成考核利润,与内控制度薄弱、会计制度落后的农信社合谋创新业务模式,搭建起消规模、同业户交易等新交易模式,使得整体交易链条拉长,交易模式更加复杂,巨大的收益吸引民间资本迅速涌入,也带来了大量新进从业者,行业整体的道德风险日益严峻。一票多卖、以假换真等市场事件开始出现,甚至部分银行机构员工与中介内外合谋套取巨额票据资产等案件开始集中出现,严重扰乱了金融市场的稳定发展。

最后,票据中介在票据案件发生中起了负面作用。在前文票据案件介绍中,银行相关案件均存在内外勾结现象,外部人员尤其是票据中介在其中发挥了关键作用,一时间票据中介被推上风口浪尖。

我国《票据法》规定,票据的签发、取得和转让,应当遵循城市信用的原则,具有真实的交易关系和债权债务关系,票据市场的参与者应该主要是有实际经营主业的企业及金融机构。然而实际上,随着票据市场的不断发展,银行等正规金融机构的票据业务发展不够,导致民间企业的融资需求无法得到及时的满足,从而滋生了大量的民间中介机构,民间票据中介能够有效利用自身信息优势,通过在资金需求者和资金持有者之间以票据为交易对象促成交易并赚取佣金。可以说民间票据中介是市场中不断发展壮大的企业资金需求和银行等正规金融机构资金业务供给二者之间矛盾的必然产物。

民间票据中介之所以能在不被监管当局认可的情况下长期存在，除现行票据制度未能满足企业融资需求外，其自身独特的商业模式也为其快速发展奠定了基础。票据中介的运作模式主要分为以下两种。一种是直接参与票据交易，赚取票据价差。这种模式是目前票据中介经营的主流模式，占比在90%以上。这种模式下，票据中介不仅给银行介绍票源，还直接参与票据的买卖。另一种是提供咨询和买卖信息，收取佣金。这种模式下，票据中介不直接参与票据交易，只是提供交易信息以及交易撮合等服务，范围包括直贴和转贴。

随着票据市场的不断发展，票据业务操作的灵活性及各方面法律法规的监管空白给民间中介机构营造了巨大的创汇空间和利润诱惑，导致其无所不用其极地铤而走险，确实严重影响了正常金融秩序，主要体现在变造伪造票据和一票多卖，以上风险在票交所时代已经得到缓解，目前民间票据中介市场的主要风险在于"打飞"票款，即票据中介在票据买卖的过程中挪用资金甚至卷款潜逃。

民间票据中介机构衍生于市场，在为市场各个主体服务的同时又由于各方面条件的限制"作恶"于市场，然而在我国市场化程度不断提升的今天，市场的"需求"作用应该始终大于其负面效应，各家监管机构和商业银行针对民间金融中介的态度，也应该是正面应对、规范操作、互促互进，而非"视而不见"甚至"谈中介色变"，综观金融市场上的各项创新业务及产品，应积极应对、顺势而为，方能更好地促进我国金融市场长远发展。

三、"严监管时代"来临

一系列风险事件集中爆发后，票据市场迎来剧烈波动，监管机构快速反应祭出重拳整治票据市场乱象。

2016年4月，中国人民银行和银监会联合发布《关于加强票据业务监督促进票据市场健康发展的通知》，要求严格审查贸易背景真实性，严格管理同业账户。数月之后银监会接连发布了《中国银行业监督管理委员会办公厅关于开展银行业"违法、违规、违章"行为专项治理工作的通知》《中国银监会办公厅关于开展银行业"监管套利、空转套利、关联套利"专项治理工作的通知》《中国银监会办公厅关于开展银行业"不当创新、不当交易、不当激励、不当收费"专项治理工作的通知》等金融市场治理的政策文件。针对银行业金融机构同业业务、投资业务、理财业务等跨市场、跨行业的交叉性金融业务中存在的杠杆高、嵌套多、链条长、套利多等问题进行专项治理，票据业务是其中的检查治理重点。在监管趋严、金融机构内控制度完善、经营模式转变等多重因素作用下，票据市场迅速进入寒冷期，也进入了"严监管时代"。

小　结

2009—2016年，纸票进入最后的黄金发展期，因纸票业务存在较多操作风险，票据安全问题日益突出，票据市场乱象丛生案件频发，加快推动电子商业汇票发展成为防范票据风险的重要举措。电子商业汇票系统的诞生是国内票据市场的重要事件，极大地推动了票据业务创新，短期内互联网票据理财、票据资管等产品不断涌现，为后续票据市场的快速繁荣奠定了基础。但在过度逐利的大环境下，在票据市场规模膨胀的同时，社会风险也在快速堆积，并最终引发了大范围的风险事件，但从另一角度来看，这也直接催生了上海票据交易所的成立，加快了票据市场从乱到治的过程，在某种意义上，2016年是中国票据市场"不破不立"的一年。

第八章 上海票据交易所成立后的票据（一）

2016 年，中国票据行业爆发式增长所积累的风险快速集聚、爆发，票据市场剧烈震荡，票据市场亟待深入改革和治理。在票据市场萎靡之际，治理和防范票据风险成为上海票据交易所成立的初心和使命。本章围绕上海票据交易所的成立及其成立以来的成就展开叙述，介绍了上海票据交易所成立的背景、建设过程及主要工作内容，并对上海票据交易所的票据创新产品进行了逐一介绍。

在上海票据交易所成立以前，我国票据市场缺乏统一的组织管理和顶层设计，票据市场基础设施建设滞后，法律法规制度体系不健全等诸多因素导致票据市场风险事件频发。上海票据交易所成立后，在风险防控方面不断发力，有效发挥了票据市场风险防控中枢的作用。在制度建设方面，上海票据交易所陆续制定发布了《票据交易规则》等制度，规范票据市场交易行为，提升交易效率。在系统建设方面，上海票据交易所作为票据市场最大的基础设施，不断推进系统建设，实现纸电票据交易融合及线上化，降低票据交易操作风险，并将风险防控融入系统设计，压缩违规操作空间。在长效机制建设方面，在中国人民银行的指导下，上海票据交易所上线商业汇票信息披露平台，推动企业开展信息披露，形成信用风险防范的市场化约束机制。

经过五年的不懈努力，我国票据市场风险得到了有效防控，建设了全国统一、安全高效的票据市场基础设施及先进的票据交易系统。票据交易效率和透明度提升，市场环境得到净化，机构参与票据交易的积极性提升，票据交易量稳步提高。2017 年至 2021 年，上海票据交易所成立后的票据市场回归理性发展，我国稳健偏宽松的政策环境营造了资金规模及信贷规模双宽松的氛围，中国票据价格指数逐步回落，企业票据融资成本下降，票据支持实体经济的能力进一步增强，中国票据发展指数不断增长，2021 年末中国票据发展指数上升至 17011 点，相较 2018 年增长 24%。据上海票据交易所统计，2017年至2021年，票据市场业务总量年均增长14.8%。2021年票据市场业务总量超过167万亿元，其中承兑金额为24.15万亿元，背书金额为56.56万亿元，贴现金额为15.02万亿元，转贴现金额为46.94万亿元，回购金额为22.98万亿元。上海票据交易所的成立为跌宕的票据市场注入了一股向上发展的力量，为票据市场多年积累的大量不稳定因素提供了解决方案，使得在经历非理性爆发和急速衰退后的票据市场再次向阳而生，活力焕发。

进入活力焕发的票交所时代，上海票据交易所所扮演的角色不仅是票据市场的基础设施建设者和顶层设计师，上海票据交易所以创新为帆，引领着票据市场的创新发展。票据市场是货币市场与实体经济连接的重要桥梁，票据市场产品创新为货币市场更好地服务实体经济提供了切入点。成立五年来，在做好基本业务服务的基础上，上海票据交易所以实体经济的需求为导向，顺应票据支付电子化、融资线上化趋势，创新产品服务，构建涵盖票据全生命周期的创新产品体系，不断提升票据服务实体经济的功能作用。在签发端，上海票据交易所建设供应链票据平台，实现供应链票据全生命周期线上处理，推动应收账款票据化。在支付端，推出票付通产品，在B2B电商、供应链场景下提供票据线上支付功能。在贴现端，推出贴现通产品，提供贴现自主询价、系统撮合、线上清算服务，打破贴现市场信息壁垒。在融资端，推出标准化票据，提供以票据产生的现金流作为偿付支持创设受益证券相关服务，打通票据市场和债券市场。

第一节　上海票据交易所——新中国票据市场发展的里程碑

2016年12月8日，由中国人民银行牵头筹建的上海票据交易所正式成立，上海票据交易所的成立为中国票据市场带来了全新的票据系统、票据制度、票据模式和参与主体，这是中国票据市场发展历程中具有里程碑意义的事件，标志着中国票据市场进入了新时代——票交所时代。

一、上海票据交易所成立的背景

进入21世纪以来，得益于我国经济的快速发展，票据市场进入了高速发展的阶段。2008年9月，国际金融危机全面爆发后，我国推出了4万亿元的宏观经济刺激政策，票据市场规模在2009年至2015年疯狂增长，票据交易空前活跃，为2016年票据风险事件的集中爆发埋下了祸因。2016年票据风险的快速集聚和爆发，使票据市场进入了行业严冬，市场规模大量萎缩。上海票据交易所的成立不仅是针对当时票据市场风险事件的应对措施，更是我国针对票据市场交易效率低下、信息渠道闭塞等问题的重大改革。在上海票据交易所成立以前，我国票据市场主要面临着以下三大问题。

（一）票据市场基础设施建设不够完善

自改革开放后我国票据市场得到重新发展以来，虽然我国在部分经济较为发达的地区形成了区域票据中心，但我国缺少一个全国统一、信息透明、以电子化方式进行业务处理的现代票据市场交易平台。我国票据市场一直处于割裂状态，不同地区、不同金融机构之间的割裂阻碍了票据市场的信息流通，制约了票据市场的资源配置，提高了票据交易和监管的成本，增加了市场参与主体所面临的风险。我国票据市场基础设施建设滞后，导致票据市场缺乏统一的组织管理和顶层设计，参与主体获取信息、交易及其他票据行为无法得到保障。只有建立一个统一的全国性票据交易平台，才能从根本上解决票据分散、割裂的交易状态。

（二）票据市场法律法规不够健全

《票据法》颁布至今已有 20 多年，其立法的根本立足点是票据的支付与汇兑功能，立法理念有时代局限性。进入 21 世纪以来，科技不断地运用到金融中来，使支付电子化日益普及，票据电子化、数字化大幅推进，《票据法》的滞后性也越来越凸显。《票据法》中的一些与市场实践不协调、不适应的规定，已经限制了票据市场的进一步发展。由于立法时的时代局限性，我国《票据法》缺乏对于电票的相关规定，电子商业承兑汇票发展存在核心立法缺失问题，《票据法》中关于票据丧失救助制度的规定无法适用于电子商业汇票，《票据法》中也没有关于电子商业承兑汇票电子签名的规定。随着中国经济的高速发展，票据的流通及交易功能越发凸显，票据的金融属性不断加强。《票据法》中有关"真实交易"的规定制约了融资性票据的发展，成为发展融资性票据的法律阻碍。我国金融市场对融资性票据的排斥，严重抑制了票据市场为企业提供短期直接资金融通的功能。除此之外，我国《票据法》中还有许多争议及不足之处，如关于票据的无因性原则问题等，有的争议不仅存在于法理层面，还存在于市场实践和票据实务中。

(三) 金融机构内控管理不够严格

金融机构在爆发式增长的票据市场中唯利是图，内控管理混乱，主要体现在以下两个方面。一是银行业金融机构内控制度存在缺陷。由于票据交易利差极低，金融机构需要进行大量的票据交易来实现利润，银行对票据实物的随意管理增加了一票多卖、不见票代持等票据违规行为的风险。在缺失统一交易场所的情况下，票据的转贴现以场外交易的方式进行，票据转贴现业务分散在各个分支行，不利于票据风险的集中管控，各个分支机构风控水平的差异增加了票据风险。除此之外，一些农村银行、农信社沿用老式会计记账方法，票据卖断和卖出回购业务在会计上不做区分，使得商业银行利用农信社模式把票据贴现占据的信贷规模从资产负债表中腾挪削减掉。二是民间票据中介机构普遍缺少合规和风控意识，道德风险、操作风险诱发的案件时有发生，扰乱了市场秩序。在没有统一规范的票据交易平台的情况下，票据中介机构本应凭借信息优势，在票据的发行和流通领域发挥重要作用，但票据市场的空前繁荣导致票据中介机构良莠不齐，很多不合规的票据中介机构在利益的驱使下铤而走险，增加了票据市场风险。

二、上海票据交易所的建设过程

2016年1月，N银行北京分行39亿元票据大案爆发。中国票据市场经过几年非理性繁荣所积累的风险开始集中爆发，票据风险案件频频登上热搜。在国家强化金融治理、防范金融风险的背景下，票据市场势必迎来翻天覆地的改革。

2016年3月，中国人民银行支付结算司向银行下发了《关于就促进电子商业汇票业务发展开展书面调研的函》，内容涉及电票管理办法、改进电子商业汇票系统（ECDS）等问题，还涉及是否应采取强制措施来推广应用电票。2016年3月9日，全国政协委员、中国人民银行副行长潘功胜在接受《上海证券报》采访时表示，中国人民银行正在抓紧推动建设全国统一的票据市场，这是中国人民银行下一步的工作计划之一。潘功胜认为，建设电子票据交易系统，有利于提高票据市场交易效率，降低票据市场交易成本和交易风险。

在中国人民银行首次公开表示将建设全国统一的票据交易市场后，中国人民银行开始加强与商业银行的沟通联系，并组织各家银行共同论证上海票据交易所的构建方案。2016年5月25日,中国人民银行牵头成立了关于筹建全国统一票据市场(上海票据交易所)的筹建小组,筹建小组由中国人民银行金融市场司、支付结算司等司局和处室牵头,成员包括商业银行票据领域专业人士,全国统一票据市场的构建工作正式启动。

2016年9月,为了加快电子票据推广应用和配合上海票据交易所开业运行,中国人民银行下发《关于规范和促进电子商业汇票业务发展的通知》,大力推广电子商业汇票,为上海票据交易所正式运行奠定了基础。

2016年11月2日,中国人民银行办公厅向各地人民银行分行、商业银行等机构下发《关于做好票据交易平台接入准备工作的通知》,推进纸票电子化,明确表示为防范票据市场风险,提高票据交易效率,票交所交易系统(一期)将于12月8日正式上线试运行。该通知按接入方式和实现功能将上海票据交易所的建设安排分为两期,票交所交易系统一期由会员通过客户端接入,实现纸质商业汇票交易功能,二期由具有技术实力的会员直接接入,实现纸质商业汇票和电子商业汇票功能。第一批参与试点的会员包括35家商业银行、2家财务公司、3家证券公司、3家基金公司。

2016年12月6日,在上海票据交易所正式试运行的前夕,中国人民银行出台了《票据交易管理办法》。该文件对上海票据交易所的职能进行了说明,对票据市场的参与者、票据市场基础设施、票据信息登记与电子化、票据登记与托管、票据交易、票据交易结算与到期处理等进行了规范。由此可见,该文件是中国人民银行关于票据市场基础建设的一份重要的制度性文件。

2016年12月8日,由中国人民银行牵头筹建,历时一年之久的上海票据交易所股份有限公司正式开业。开业当日,时任中国人民银行行长周小川在贺信中说,上海票据交易所应深刻认识自身使命,积极借鉴国际成熟市场发展经验,以实体经济需求为导向,推动票据产品和交易方式创新,丰富和增强票据市场功能,进一步优化金融资源配置效率,加强交易系统建设和内部管理,完善业务规则,切实防范风险,加强投资者教育,做好研究监测,提升票据市场专业化水平。中国人民银行副行长潘功胜在上海票据交易所开业仪式上指出,上海票据交易所要切实发挥好全国统一的票据平台在完善中央银行金融调控、改进货币政策传导机制、防范金融风险、服务实体经济发展等方面的应有作用,要牢固树立大局意识、服务意识和风险意识,积极完善公司治理结构,加强票据人才队伍建设,全面提高规范化、市场化、专业化水平,不断增强票据市场服务实体经济的能力。

三、上海票据交易所成立后的主要工作内容

(一) 规范了票据业务开展

上海票据交易所为包括但不限于纸质或者电子形式的银行承兑汇票、商业承兑汇票等可交易票据提供票据业务处理、登记托管、清算结算和信息服务等服务。依托电子商业汇票系统和票据交易系统两大业务处理系统和数据通信网络，上海票据交易所可以支持电子商业汇票的全生命周期票据行为和票据交易，包括签发、背书、质押、保证、贴现、付款确认、保证增信、转贴现、质押式回购、买断式回购、再贴现、提示付款、追索、再追索等。

表 8-1 上海票据交易所业务概览

业务种类		内容	
票据业务处理	票据交易	交易种类	转贴现、质押式回购、买断式回购
		交易方式	询价，分为对话报价和意向询价；点击成交；匿名点击
	再贴现	贴出人（金融机构）依托中国票据交易系统向贴入人（人民银行或其分支机构）申请再贴现，人民银行再贴现窗口审批通过后，即达成再贴现业务并完成票据质押登记	
	提示付款	持票人在提示付款期内（一般为票据到期日起 10 日内）可以向承兑行或承兑人开户行进行提示付款，承兑人应当在提示付款当日进行应答或者委托其开户行进行应答，同意付款或拒绝付款（未应答的视为拒绝付款）	
	追索、再追索	对贴现后票据来说，根据上海票据交易所《票据交易主协议》对追索规则的规定，持票人在承兑人不付款的情况下，只可按照保证增信行（若有）、贴现人、贴现保证人（若有）的顺序进行追索，放弃二级票据交易市场环节对前手的追索权利。持票人可自票据到期日后的次一工作日起在票交所交易系统发起线上追偿，上海票据交易所按上述顺序自动扣款，再追索操作需分情况来看。 对未贴现票据来说，持票人只可线下对出票人、承兑人、背书前手及票据的其他债务人进行追索，可以不按照汇票债务人的先后顺序，对其中任何一人、数人或者全体进行追索。被追索人清偿后，可以继续线下向其他票据债务人进行再追索	

第八章　上海票据交易所成立后的票据（一）

续表

业务种类		内容
登记托管	权属初始登记	系统参与者将票据权属在上海票据交易所电子簿记系统中予以记载，增加其票据托管账户余额
	变更登记	因交易、非交易等原因导致系统参与者票据权益变动的，上海票据交易所在其票据托管账户中办理变更
	注销登记	因提示付款、追偿、除权判决等情况导致票据结清或作废的，上海票据交易所对所涉票据进行注销并相应减少票据托管账户余额
清算结算	清算路径	大额支付系统，若未开通则通过上海票据交易所非银资金账户和上海票据交易所在人民银行开立的清算账户办理票据业务的资金清算结算
	清算类型	全额清算：交易双方达成交易后，票交所交易系统实时逐笔办理资金清算和结算。票交所交易系统（一期）只支持全额清算。 净额清算：交易双方达成交易后，票交所交易系统实时办理资金轧差清算，并在指定时点以轧差后的应收或应付资金办理资金结算
	清算速度	票据业务的清算速度包括 T+0 和 T+1，一般是 T+0，仅票据交易类业务可由交易双方协商从中选择
	结算方式	票款对付（DVP），是指结算双方同步办理票据过户和资金支付并互为条件的结算方式。 纯票过户（FOP），是指结算双方的票据过户与资金支付相互独立的结算方式
	财务公司线上清算	通过上海票据交易所资金账户或人民银行清算账户实现线上清算
信息业务	信息登记	票据交易系统可为纸质票据提供除票据交易以外票据业务的信息登记服务，包括承兑、未贴现票据的质押、未贴现票据的保证、贴现、库存移库、保证增信、付款确认、止付、结清业务，实现纸质票据的电子化、线上化
	信息披露	通过商业汇票信息披露平台，按日披露每张已签收承兑票据的主要票面信息，包括出票日期、承兑日期、票据号码、出票人名称、承兑人名称、承兑人开户行名称、票面金额、票据到期日；按月披露承兑信用信息，包括承兑发生额、承兑余额、累计逾期发生额、逾期余额
	市场监测	市场数据：市场概览、统计日报、统计月报，数据字段包括承兑量、贴现量和交易量，月报数据细分为商业承兑汇票和银行承兑汇票；收益率曲线，目前包括 2018 年 12 月 6 日开始发布的国股银票转贴现（BAEX-1）收益率曲线及 2019 年 12 月 6 日开始发布的城商银票转贴现（BAEX-2）收益率曲线；票据状态查询，可公开查询在上海票据交易所进行登记托管的票据状态信息。 市场分析：月度、季度、年度的市场运行报告，提供多维度的承兑、贴现、交易业务开展情况及趋势解读

续表

业务种类	内容
收费定价	上海票据交易所制定了《上海票据交易所票据有偿服务收费办法》和《上海票据交易所票据服务价格一览表》,于2019年1月1日起实施

总的来说,贴现前电票业务在电子商业汇票系统线上进行,纸票业务实质上还在企业间线下流转,但需通过开户行在票据交易系统进行线上信息登记;贴现后纸票和电票均由贴现行进行权属初始登记后进入票据交易系统,开展电子化线上票据业务。

(二)统一了票据交易平台

上海票据交易所的成立标志着全国统一、信息透明、以电子化方式进行业务处理的现代票据市场框架初步建立。2016年以来,中国人民银行加快推进全国统一的票据市场建设,上海票据交易所的成立是我国票据市场基础设施建设取得重大突破的标志性成果,为今后我国票据业务深化发展提供了强有力的支撑。上海票据交易所成立后,大力推广电子商业汇票各项业务,提高电票业务占比,仅在上海票据交易所成立后的第一年,电票承兑发生额增加至13.02亿元,同比增长51.75%。

作为票据市场基础设施,上海票据交易所是人民银行指定的提供票据交易、登记托管、清算结算和信息服务的机构,同时承担着中央银行货币政策再贴现操作等政策职能。上海票据交易所成立以来,不断优化交易系统建设,在交易系统架构设计中引入分布式技术,提高了直连业务中的信息传输性能及可用性,编制了一套覆盖登记托管、交易、清算结算、会员管理的全业务流程的标准化 API 接口规范。目前,上海票据交易所正在人民银行的指导下,持续优化完善核心系统功能,制定行业标准,加速系统融合,力争在未来2~3年内完成系统融合工作,建设更加全面完善的票据市场基础设施。中国票据交易系统是上海票据交易所的核心业务系统,获得"2016年度上海金融创新成果奖特等奖"和"2017年度银行科技发展奖一等奖"。上海票据交易所响应市场需求不断完善和丰富系统功能。截至2018年底,该系统完成9次升级,新增交易品种和交易方式,优化交易和非交易功能模块,推出托管账务子系统和特殊场景业务处理功能等,不断满足市场需求。

(三) 推动了票据制度发展

上海票据交易所坚持目标导向和问题导向，通过对票据业务链条的全面系统梳理，按照"集中登记、独立托管、场外交易、票款对付"的业务逻辑，发布数十项业务规程，实现了信用主体唯一化、交易主体多元化、交易标的标准化、票款结算同步化、合同文本统一化、票据托收无纸化等制度创新，建立起电子化业务处理模式，有效抑制了票据业务中的不规范行为。上海票据交易所成立后，陆续发布《票据交易管理办法》《票据交易主协议》《纸质商业汇票业务操作规程》《票据登记托管清算结算业务规则》等几十项配套管理制度，有力地支持了各项创新业务的发展，对现有票据法律法规体系形成了有效补充。尤其是《票据交易管理办法》，作为票据市场的顶层设计，与《票据法》一同对票据交易作出解释。

总的来说，上海票据交易所成立后，围绕票据市场发展痛点及难点不断进行制度创新，为票据市场发展打造了良好的制度条件。一是促进票据业务电子化，降低操作风险，进一步整合电子商业汇票系统（ECDS），统一纸票和电票业务规则，不断完善电子商业汇票规章制度。二是对清算制度进行创新，上海票据交易所通过统一电子平台实现直通式处理和票款对付（DVP）结算，消除了时间和空间的不对称性，提高了结算效率，降低了道德风险和操作风险。三是对交易制度的创新，提供转贴现、质押式回购、买断式回购等交易品种，引入询价交易、点击成交、匿名点击等多种交易方式，有助于促进票据市场的对手方发现和价格发现，显著提升票据交易效率。四是对信用主体制度的建设，在《票据法》确定的票据付款责任框架下，在《票据交易管理办法》和《票据交易主协议》的保障下，上海票据交易所将贴现后票据的信用主体明确为承兑行、贴现行、保证增信行中信用级别最高的主体，实现"票据信用主体"的唯一性，便利票据定价，促进交易员的交易判断和决策。五是建立票据交易规则体系，上海票据交易所发布了一系列业务操作规范，明确了票据市场参与者进行准入、登记、托管、清算、结算等行为的相关要求，建立了票据市场监测指标体系和管理框架。

(四) 加快了票据市场创新

在票据市场向全国统一、安全高效、信息透明、电子化操作模式逐步转型的基础上，上海票据交易所立足新起点，围绕党中央、国务院提出的服务实体经济、防控金融风险、深化金融改革的要求，推动票据市场高质量发展，推出一系列创新产品和服务，包括数字票据交易平台、票据收益率曲线、票付通产品等。这些创新产品和服务立足于实体经济发展需求，满足了企业和金融机构在互联网技术、金融科技、大数据等高速发展时期进行支付、融资、交易的新需求，同时前瞻性地考虑到未来票据业务更加标准化、线上化、透明化的发展趋势，对引领票据市场规范创新起到了重要作用。

一是建设数字票据交易平台实验性生产系统，实现票据市场应用金融科技的突破进展。作为我国金融市场的重要基础设施，上海票据交易所自成立以来，持续关注区块链技术等金融科技的发展变化并积极探索应用。2016年开始，根据人民银行的部署，上海票据交易所与人民银行数字货币研究所牵头，组织中钞信用卡产业发展有限公司杭州区块链技术研究院及工商银行、中国银行、浦发银行、杭州银行共同建设数字票据交易平台。继2016年底数字票据交易平台原型系统建设取得进展之后，2018年1月，数字票据交易平台实验性生产系统正式上线运行，实现票据全流程业务功能。数字票据交易平台实验性生产系统结合了区块链技术前沿和票据业务实际情况，具有业务功能完善、系统性能提高、安全防护加强、隐私保护优化、实时监控管理、服务生产应用等特点，实现了金融市场基础设施应用区块链技术的重要突破。

二是研究推出票据收益率曲线，为票据资产估值提供有效参考。上海票据交易所作为票据市场基础设施，有责任和义务为市场提供良好的数据信息服务，以此推动市场的透明度建设，优化市场价格形成机制，提高市场运行效率。上海票据交易所从建立之初就将提供票据市场数据信息服务提到工作日程中，并着手研究编制票据收益率曲线。2018年5月，上海票据交易所编制的首条收益率曲线——信用主体为国有银行和股份制银行的电子银行承兑汇票转贴现收益率曲线——开始在10家市场主要机构试运行。经过试运行，试点机构一致反映曲线和市场真实价格走势高度吻合，准确性、稳定性、平滑性和适用性都达到了应用要求。2018年12月6日，上海票据交易所正式发布该收益率曲线。票据收益率曲线的发布填补了票据资产定价估值参考方面的空白，为市场参与者提供了公平透明的交易价格参考与风险管理工具，促进了票据资产的标准化进程，为票据市场建设打下了又一坚实基础。

三是推出票付通创新产品，提升票据支付服务实体经济的能力。《关于开展供应链创新与应用试点的通知》提出，发挥上海票据交易所等金融基础设施的作用，在有效防范风险的基础上，积极稳妥开展供应链金融业务，为资金进入实体经济提供安全通道，为符合条件的中小微企业提供成本相对较低、高效快捷的金融服务。根据文件精神，在充分调研的基础上，上海票据交易所于2019年1月正式推出票付通产品，为符合条件的中小微企业提供成本相对较低、高效快捷的线上票据支付模式。通过将票据支付嵌入供应链平台，将票据的线下支付转移到线上，确保票据支付和B2B平台交易完成互为前提条件。票付通产品解决了票据支付过程中的"打飞"问题，提高了企业支付效率，盘活了中小微、民营企业的存量票据，进一步提高了票据支付服务实体经济的能力。票付通产品上线一年后，已有招商银行、中信银行、平安银行、江苏银行、宁波银行5家合作金融机构和20多家平台试点接入该业务，绑定用票企业700家，合计发起6500笔票据支付，支付金额约为60亿元。

四是推出贴现通创新产品，打破贴现市场信息不对称的现状。2019年5月，上海票据交易所上线贴现通业务，旨在解决票据贴现市场信息不对称、资源分布不均匀等问题。贴现通业务是指票据经纪机构受贴现申请人委托，在中国票据交易系统进行贴现信息登记、询价发布、交易撮合后，由贴现申请人与贴现机构通过电子商业汇票系统办理完成票据贴现的服务机制安排。贴现通系统包括信息登记、询价交易、清算结算、参数管理四个功能模块。贴现通信息登记、询价发布、交易撮合等业务操作通过贴现通子系统办理。贴现通业务将通过构建银企互通平台，来优化小微企业贴现服务。贴现通的推出，将打破贴现市场信息不对称的现状，打通贴现服务"最后一公里"，提高贴现融资效率，降低贴现融资成本。

五是推出供应链票据平台，推动我国供应链创新发展。2020年4月24日，供应链票据平台成功上线试运行。供应链票据是由上海票据交易所推出的票据创新产品，企业通过直连上海票据交易所的供应链平台（如简单汇、中企云链等），可办理供应链票据的签发、承兑、背书、到期处理、信息服务等业务。票据通过科技赋能嵌入供应链场景，实现了开票快捷、场景真实、可拆分流转等优势，显著提升了企业票据融资便捷性。供应链票据平台是推动应收账款票据化的重要措施之一，有利于企业间应收账款的规范化和标准化，优化企业应收账款结构，提高中小企业应收账款的周转率和融资可得性。

六是推出标准化票据创新产品，助力中小企业融资及供应链金融发展。

标准化票据是指由存托机构归集承兑人等核心信用要素相似、期限相近的票据，组建基础资产池，进行现金流重组后，以入池票据的兑付现金流为偿付支持而创设的面向银行间市场的等分化、可交易的受益凭证。标准化票据的问世，打破了过去票据交易标的标准化程度较低的尴尬局面，解决了单张票金额相对较小且不可拆分的痛点，使票据交易可以像债券一样进行标准化交易，拓宽了中小企业的融资渠道。

七是建设跨境人民币贸易融资转让服务平台，推动人民币跨境融资贸易发展。2020年2月14日，人民银行等4部门和上海市政府联合发布《关于进一步加快推进上海国际金融中心建设和金融支持长三角一体化发展的意见》（"30条意见"），明确提出依托上海票据交易所建设平台，促进人民币跨境贸易融资业务发展。2020年7月6日，跨境平台建设正式启动，在人民银行和上海总部的指导下，上海票据交易所顺利完成跨境平台的建设及机构接入工作，平台于2020年11月3日正式上线。跨境平台提供包括业务参数控制、业务权限管理、贸易融资信息登记、同业代付交易、福费廷转让等功能，实现跨境人民币贸易融资转让业务全流程线上化，提升信息集中度，提高交易效率。同时，通过设定业务参数有效控制跨境人民币贸易融资转让业务规模、资金流动方向等要素，有助于人民银行从宏观层面管理人民币跨境流动的方向和规模。

八是构建商业汇票信息披露平台，规范商业承兑汇票信息披露。为加强票据市场信用体系建设，根据人民银行关于开展商业汇票信息披露试点的有关要求，上海票据交易所于2020年1月16日上线试运行商业汇票信息披露平台，商业汇票承兑机构可通过该平台披露票据相关信息。参与企业与机构可通过商业汇票信息披露平台，按日披露票据承兑信息，按月披露承兑信用信息；市场机构可通过商业汇票信息披露平台查询参与企业与机构披露的票据相关信息。为加强商业承兑汇票信用体系建设，完善市场化约束机制，保障持票人合法权益，2020年12月23日，人民银行发布《关于规范商业承兑汇票信息披露的公告》。同年12月30日，上海票据交易所制定了《商业承兑汇票信息披露操作细则》，自2021年8月1日起施行，鼓励商业汇票承兑企业和财务公司在公告发布日至实施日的过渡期内积极主动开展信息披露。

九是开通票据账户主动管理服务功能，防范伪假票据风险，提升票据业务服务质量。票据账户主动管理服务是指上海票据交易所提供的，由客户（金融机构以外的法人及其他组织）委托一个具有电票功能的结算账户的开户机构（开户银行或所属集团财务公司）在上海票据交易所相关系统登记该客户所有可办理电票业务的结算账户信息的服务。企业开通了票据账户主动管理服务，可有效减少伪假票据风险的发生，即使不法分子伪造文件，冒用其名在他行开立账户，也无法办理票据的签发、背书、贴现等业务，从根本上解决了一直困扰企业的伪假电票问题。

十是上海票据交易所成立后，市场各参与主体创新活力不断激发，票据创新产品如雨后春笋般涌现，票据创新欣欣向荣。在票据服务产业链方面，2016年10月31日"军工票"项目启动是央企"三去一降一补"的积极创新和尝试，提高了集团产业链的支付效率，降低了财务成本，推动了军工产业链的发展。在票据贴现方面，为降低企业融资成本，提高企业融资效率，各金融机构加快金融数字化建设步伐，纷纷推出"票据秒贴""e贴""快贴"等票据贴现服务，如工商银行的"工银e贴"、京东的"京票秒贴"等服务和产品，使票据贴现业务呈现线上化、自助化创新发展的趋势。在票据平台建设方面，有如"企票通"这样的商业票据流通平台的建设，为票据创新提供了新思路。"企票通"平台聚合中央企业、商业银行、产业链中小企业等多方联合共建央企商业承兑汇票流通平台，推动央企应收应付双降，有效优化资产负债结构，并通过产业链实现信用传导，助力化解中小企业融资难融资贵问题。

(五) 强化了票据风险防控

自成立以来，上海票据交易所在人民银行的指导下，制定了多项规则，推动业务标准统一，保障了市场参与各方责任履行和权利实现的有效性，使整个市场的风险进一步降低。上海票据交易所围绕防控票据市场风险、夯实长期发展基础展开工作，重点推动了完善制度建设、优化系统功能、推进纸电票据融合、建设直连接口项目、建设再贴现系统等方面的工作，有效实现了防控市场风险的目标，推动票据市场从区域分割、信息不透明、以纸质票据和线下操作为主的传统市场向全国统一、安全高效、信息透明、电子化的现代市场转型。

具体来说，上海票据交易所在风险防控方面做了以下几项工作。一是不断提升票据业务的电子化水平，实现纸质票据电子化。纸质票据贴现后的交易、清算、托收、追索全部在线上完成，避免了一票多卖、清单买卖、期限错配等不规范操作，有效克服纸质票据自身的缺陷，防范风险。二是实现了统一的电子平台交易。将原先分散的、线下的票据交易集中在统一的电子交易平台上进行，大大提升了信息透明度，消除了机构间、地域间的信息不对称，抑制了票据业务中的不规范行为。三是探索建立票据市场风险一线监测机制。通过票据市场风险监测与预警指标体系、监测模型和分析机制的建立和不断完善，票据市场一线监测将在维护票据市场秩序和稳定中发挥越来越重要的作用。四是建设票据信息披露平台，为票据信息披露机制的建立完善迈出了重要一步，有助于提高票据业务透明度，有效揭示票据业务风险，促进商业汇票的流通，提升票据市场活力。五是开通票据账户主动管理功能，从源头上解决了主体伪造问题，防范伪假票据风险，提升票据业务服务质量。

四、上海票据交易所成立的历史意义

（一）有助于推动票据市场深化发展

上海票据交易所成立前，由于我国缺少一个全国性的票据交易平台，票据市场长期分割、票据行为不规范、票据信息不透明问题严重，票据市场参与者面临着严峻的信用风险、操作风险、合规风险。上海票据交易所正是在票据市场乱象频发的背景下诞生的，以往的票据改革已经难以满足中国票据市场长远发展的需要，只有建立一个全国统一的票据交易平台才能从根本上推动中国票据市场的深化发展。作为票据市场的重要金融基础设施，上海票据交易所通过制度统一、规则统一、标准统一和平台统一，既完善了我国票据市场的上层建筑，又填补了我国票据市场基础设施建设的空白，提高了票据流转效率，也有助于风险防控；同时，上海票据交易所通过有效缩减交易中间环节，有助于缩短融资链条，降低企业在票据签发、贴现时的成本和难度，进一步帮助中小微企业缓解融资难融资贵问题。

（二）有助于增强服务实体经济的能力

票据市场作为我国金融市场的重要组成部分，在提升金融市场流动性、支持民营企业和中小微企业融资、发挥货币政策工具功能等方面起到了重要作用。一是票据已经成为金融机构进行流动性调节的主要手段之一。2018年，已贴现银票转贴现交易平均换手率为2.62%，而债券市场现券交易平均换手率为0.83%，已贴现银票的流动性处于较高水平，充分发挥了其货币市场工具功能。二是票据融资相比一般贷款手续简便。办理银行承兑汇票只需要存放一定比例的保证金和缴纳少量手续费，就可以获得一定期限的银行信用担保,是民营、中小微企业融资的重要渠道。据上海票据交易所统计,2020年全年企业用票金额合计82.7万亿元,同比增长4.27%,用票企业家数合计270.58万家,同比增长11.22%。其中,小微企业用票金额为44.03万亿元,占比为53.24%,小微企业用票家数为250.31万家,占比达92.5%。三是票据再贴现作为传统的货币政策工具之一,一方面,通过再贴现利率引导市场利率水平,推动利率市场化;另一方面,通过对不同种类再贴现票据的选择,引导信贷资金在不同产业、不同行业间的投向,有效促进信贷资源优化配置。

(三) 有助于票据价格的深度发现

票据价格即票据利率,票据利率体系是信贷市场重要的短期基础利率之一,对金融机构和企业的资金配置具有重要指导意义。票据资产同时具有资金和信贷属性,由市场化集中竞价交易所形成的票据利率能够反映实体经济资金需求和金融机构信贷供给的状况。票据流动性高、获利能力较强、风险相对较低且交易量巨大,进入票交所时代后,票据实现集中、公开、透明交易,市场参与主体也逐渐壮大,票据交易的中间环节不断减少,资金价格、供求关系、时间窗口等影响票据价格的因素得到充分体现,有利于票据价格的深度实现,从而准确地反映资金市场价格,形成公允的票据基准利率,提高贴现利率的市场化程度。

(四) 有助于我国企业信用环境的构建

我国企业信用环境建设落后,企业信用意识淡薄。票据是一种基于信用的金融工具,上海票据交易所的成立有助于构建企业信用环境,能有效推动商业信用价值化的演进过程。首先,上海票据交易所本身具备信息透明度高和集成化处理的优点,在大数据技术的加持下,充分发挥上海票据交易所汇集所有票据行为人的交易大数据的优势,针对商业汇票的承兑人、出票人、保证人的兑付履约行为向票据受让人提供充分的、客观的资信信息披露,并引入社会征信服务机构,为企业信用评估分析提供有效手段,推动票据信用与企业信用良性互动发展。其次,上海票据交易所的建设使基于商业信用的商业承兑汇票迎来发展契机,有利于推动商业信用价值化发展。对企业而言,商业承兑相较于银行承兑来说成本更低,效率更高,承兑企业由此会特别注重自身的商业信用建立。上海票据交易所交易系统上线后,更多企业将加入票交所交易系统中进行票据交易,企业要想在票据市场上立足，就必然自觉推动我国商业信用环境建设。

(五) 有助于票据产品创新的推进

上海票据交易所成立前，票据业务的创新更多地集中在监管套利、交易方法等方面，实质性的产品创新并没有得到市场的接受，与资本市场的融合也进展较慢。上海票据交易所的成立无疑为票据产品创新从理念上奠定了基础。一方面，未来上海票据交易所可以将信用证、保理大额存单等货币市场产品挂牌交易。另一方面，上海票据交易所可以建立平准基金制度，在票据市场供求出现特殊情况时通过平准基金进行调节。在业务品种方面，上海票据交易所可以加大跨业、跨界创新的力度，探索与货币市场子市场、保险投资资管市场、信托证券资管市场、票据资产证券化市场的联动创新，以及资本市场中掉期、远期、期权等衍生品的创新。此外，上海票据交易所的建设不仅更新了银行票据业务传统经营理念，而且丰富了票据市场的参与主体。上海票据交易所作为票据市场运行模式的重大制度创新，在引入非银行金融机构参与主体、商业承兑汇票发展等方面采取了诸多新举措，使得票据业务的产品链在一定程度上向上游企业票据信用增级市场和下游票据资产管理市场延伸，从而更新了银行对票据业务主要集中于"承兑、贴现、转贴现"老三样的传统经营理念，开始用更加宽广的资产业务视角来规划票据业务的创新转型。票据市场体系的完善更有利于推动金融创新，市场参与主体更趋多元化，使得非银行金融机构对票据创新业务和产品的参与力度和深度不断加大，跨界、跨市场、跨区域的发展趋势愈发显著，企业、银行、信托、基金、证券公司、财务公司等新市场主体将会更多地参与票据市场，为银行多元化和综合化票据业务创新发展提供了合作平台和市场空间。

(六) 有助于货币政策传导效应的提升

票据市场是中央银行进行公开市场操作的渠道之一，为中央银行的货币政策实施提供了平台。票据市场与实体经济联系十分紧密，对货币政策的反应也更加敏锐，能够更好地实现货币当局的政策目标。上海票据交易所的建设有助于中央银行更好地实施再贴现政策。一方面，上海票据交易所的建设有助于拓宽再贴现政策工具的操作空间。如前所述，上海票据交易所的建设将极大地提升票据市场发展的广度、深度以及交易效率，从而使得中央银行运用再贴现政策时具有更多的票据品种和交易主体可供选择。

在票交所内实施再贴现操作,将使中央银行作为核心参与者便捷地在全市场筛选符合政策的票据,同时,透明化的操作方式将更有效地引导社会资金流向,优化资源配置。另一方面,上海票据交易所的建设可以提升再贴现政策工具调控的灵活性和有效性。票据电子化操作方式使得隔夜的再贴现操作成为可能,可以显著提高货币政策的灵活性,使得票据在货币政策传导、增强货币政策实施效果、促进信贷机构调整、引导扩大中小企业融资范围等方面发挥了重要作用,从而实现了宏观经济调控、稳定货币供应的核心目的。中央银行不仅可以使用再贴现利率这一货币政策工具来调节金融市场,还可以在票据市场上直接进行票据的买卖,从而引导市场利率走势,调节市场资金状况,最终实现政策目标。随着上海票据交易所的成立,票据市场更加规范和统一,使上海票据交易所成为人民银行可选择的重要实施平台之一。上海票据交易所为人民银行货币政策提供了更加便捷有效的传导通道,能够更好地贯彻落实中央有关促进实体经济发展的方针政策,可以通过对复杂的金融市场信息进行大数据分析,使宏观经济政策的决策和实施更加精准有效。

第二节 上海票据交易所交易系统建设
——票据市场的基础设施

票据市场作为我国货币市场中与实体经济、信贷市场和资金市场紧密联系的重要短期融资市场,具备调整信贷结构、引导资金流向的功能。长期以来,票据市场处于纸质票据时代,票据的支付结算、流转都是使用纸质票据,票据的交易完全依靠电话、传真、面谈等传统的交易方式,实物票据及手工交易方式使票据的操作风险成为制约票据市场发展的重要因素之一。2009年电子商业汇票系统(ECDS)诞生后,虽然在一定程度上缓解了纸质票据所带来的风险问题,但由于技术条件、地域限制、交易特点、行为习惯等原因,短时间内电票无法完全将纸票取代,纸票和电票仍双轨运行。上海票据交易所成立前,由于缺乏清晰的顶层设计、统一的业务平台和明确的业务规则,票据市场很不透明、很不规范,导致票据案件频发,因此上海票据交易所成立后,为实现票据市场报价交易、登记托管、清算结算、数据信息的集中统一,提高市场运行效率,推出了全新的票据交易系统——中国票据交易系统(CPES)。

一、上海票据交易所交易系统的建设上线过程

2016年11月2日,中国人民银行办公厅向各地人民银行分行、商业银行等机构下发《关于做好票据交易平台接入准备工作的通知》,推进纸票电子化,明确表示为防范票据市场风险,提高票据交易效率,上海票据交易所交易系统(一期)将于12月8日正式上线试运行。该通知按接入方式和实现功能将上海票据交易所的建设安排分为两期,票交所交易系统一期由会员通过客户端接入,实现纸质商业汇票交易功能,二期由具有技术实力的会员直接接入,实现纸质商业汇票和电子商业汇票功能。第一批参与试点的会员包括35家商业银行、2家财务公司、3家证券公司、3家基金公司。

2016年12月8日至2017年2月26日为系统试运行阶段,2017年2月27日至7月31日为推广阶段,2月27日分批安排参与者上线,5月底前,所有参与者法人机构加入一期,7月底前所有会员加入一期,推广工作完成。

2017年3月27日,为建立全国统一的票据市场,人民银行发布银发〔2017〕73号通知,决定将电子商业汇票系统(ECDS)移交上海票据交易所运营,ECDS移交切换工作由上海票据交易所在人民银行指导下牵头组织实施,ECDS移交切换时间拟定为2017年10月1日至7日。10月9日,上海票据交易所顺利完成ECDS移交切换工作,310家ECDS接入点机构(含2722家法人机构,90038家系统参与者)已全部切换至上海票据交易所,电子商业汇票相关的出票、承兑、贴现、转贴现等所有业务均顺利开展。

2017年7月,人民银行作出重要决策部署,计划分步实现纸质商业汇票与电子商业汇票业务的全面融合,明确于2018年10月实施纸电票据交易融合。在中国人民银行的指导下,2017年8月28日,上海票据交易所联合中国人民银行清算总中心,同步在中国票据交易系统和电子商业汇票系统推出纸电票据交易融合第一阶段的相关功能,以多边形式的《票据交易主协议》及成交单替代线下双边交易合同,以买断式回购、质押式回购、转贴现等交易品种替代现有交易品种,统一了纸电票据的交易品种和交易规则。2018年10月1日至5日,按照中国人民银行的统一部署,在369家接入点机构的积极配合下,上海票据交易所顺利完成纸电票据交易融合工作,真正实现了纸质票据和电子票据的同场交易,全国统一、安全高效的电子化票据交易平台基本建成,中国现代化票据市场发展驶入快车道。

在人民银行的指导下，上海票据交易系统上线后不断进行系统升级和优化，逐步推进一期、二期系统建设，不仅实现了电票系统迁移以及纸电融合，还根据中国人民银行的要求，依托票交所交易系统开发了再贴现业务模块，为中央银行精准实现再贴现政策提供了有力保障。

二、上海票据交易所交易系统简介

中国票据交易系统是由上海票据交易所建设并管理的，依托网络和计算机技术，向交易成员提供询价、报价、成交及登记、托管、清算、无纸化托收等其他交易辅助服务的计算机业务处理系统和数据通信网络。中国票据交易系统一期项目主要以客户端模式为各会员和系统参与者提供服务，包括机构管理、纸票登记、票据交易、登记托管、清算结算、计费缴费、U盾管理7个子系统。随着系统的不断升级和完善，目前中国票据交易系统优化为机构管理、纸票登记、票据交易、登记托管、清算结算、再贴现、通用查询、电票业务、托管账务、U盾管理10个子系统。中国票据交易系统各子系统各司其职，下文将简要介绍几个重要子系统的主要功能。

机构管理子系统负责会员管理、系统参与者管理、场务管理、参数管理，为其他子系统提供基础数据和参数支撑。纸票登记子系统可以实现纸票的电子化，是纸票进行场内交易的基础。票据交易即核心交易子系统，负责可交易票据询价、报价、成交，通过与登记托管子系统、清算结算子系统的数据交互，完成票据交易。核心交易子系统通过设立询价、点击成交、匿名点击等多样化的交易方式，引导市场参与者达成票据交易，从而实现纸质及电子商业汇票的转贴现、质押式回购、买断式回购等业务产品的实时线上交易。登记托管子系统负责票据生命周期及权属管理，根据票据的交易行为与非交易行为完成票据权属、票据状态、票据流转阶段、风险票据状态以及簿记账务的变更。清算结算子系统负责接收和处理票据转贴现、质押式回购、买断式回购、回购到期、再贴现、提示付款、追索、费用扣收等结算指令，采用纯票过户（FOP）、票款对付（DVP）等清算方式完成资金清算。再贴现子系统主要包括再贴现、机构管理、登记托管、清算结算和通用查询五个业务模块，人民银行各级机构作为再贴现受理窗口在系统中电子化处理再贴现业务申请，同时可对再贴现业务实行额度控制和参数管理。金融机构可查询再贴现业务受理情况和额度使用情况等业务信息。电票业务子系统负责电票贴现前业务处理，向上海票据交易所提供可交易的电子票据，实现上海票据交易所票据标的全覆盖。

三、上海票据交易所交易系统建设的意义及展望

上海票据交易所交易系统建设的意义体现在以下两个方面。一是打破市场分割，提高交易效率。自2017年10月ECDS由人民银行清算总中心平稳迁移至上海票据交易所运营后，上海票据交易所于2018年10月完成了纸电票据交易融合，实现了纸票和电票的同场交易。纸电票据交易融合将电子票据贴现后的交易、托管、清算、结算等业务从电子商业汇票系统迁移至中国票据交易系统，纸质票据和电子票据采用相同的业务规则和交易平台，交易功能更加丰富，交易效率、透明度及风险防控能力将大幅提升，有利于进一步促进市场活跃，极大地提高了票据交易效率，从而扩大了票据市场业务量。据上海票据交易所统计，2017年至2020年，票据市场业务总量年均增长15.4%，2020年，票据市场业务总量超过148万亿元，其中，交易量达64.09万亿元，相较2017年增长22.83%。二是推动票据电子化，支持实体经济发展。ECDS与中国票据交易系统一起组成完整的票据电子化交易系统，推动了我国票据市场电子化交易的转型升级。票据市场的诸多乱象在一定程度上与传统的纸质票据易造假、易遗失、易损坏以及在传递过程中易造成资金结算延后等缺点有关。电子票据以数据电文代替纸质票据，采用电子签名代替实体签章，付款期限最长为一年，大大提高了企业资金周转的安全性与效率，畅通了企业融资渠道，为实体经济发展提供了有力支持。

目前，虽然票交所交易系统实现了纸电融合，但票据市场成员在办理电票全生命周期业务时，按贴现前、后区分，需分别在ECDS和中国票据交易系统两个系统办理。两个系统受限于历史原因，业务规则、功能架构以及与市场成员互联的接口规范、运行维护机制不尽相同，不仅增加了市场成员业务处理的复杂度，也增加了系统建设与运维投入成本。未来，上海票据交易所将致力于推进新一代票据业务系统建设，为票据全生命周期业务提供一个更强大、高效、稳定的业务处理平台，实现一个业务系统、一套接口功能兼容纸电票据的全生命周期业务，从根本上解决当前两个系统并存导致的重复投入、系统割裂等问题。随着新系统的建设，未来票据市场业务效率将进一步提升，票据综合风险防控水平将进一步提高，票据市场服务实体经济高质量发展将进入全新篇章。

第三节　票据信息披露平台——建立票据信息披露机制

票据信息披露平台是中国人民银行认可的、由上海票据交易所建设运营的披露票据业务相关信息的平台。票据信息披露平台为承兑人披露商业汇票承兑信息、承兑信用信息提供服务支持，为金融机构、持票企业或其他社会公众查询相关披露信息提供服务。

上海票据交易所自成立以来，高度重视票据市场信用体系建设，不断优化市场生态，防范信用风险。在中国人民银行和上海票据交易所的共同推动下，票据信息披露平台自2020年1月16日起上线运行，在上海票据交易所的宣传和推广下，企业和财务公司积极参与票据信息披露工作。2021年8月1日，票据信息披露经过一年多的试点由过渡期正式全面实施，为推动我国票据市场信用体系建设打下了坚实的基础，这对我国票据市场规范化发展具有重要意义。

一、票据信息披露平台的建设背景

上海票据交易所成立以后，我国票据市场在管理效能、交易效率、信息登记、风险防范等方面日趋完善，为商业承兑汇票提供了良好的发展环境，商业承兑汇票规模持续增长。据上海票据交易所统计，2020年，商业承兑汇票累计承兑量为3.62万亿元，同比增长19.77%，占全市场累计承兑量的16.39%，相比上年提高1.55个百分点。同期商业承兑汇票累计贴现量为1.03万亿元，同比增长9.85%，占全市场累计贴现量的7.70%。虽然从规模来看，银行承兑汇票仍然在支付阶段和融资交易中占主导地位，但是从增长率来看，凭借其独有的特点，不论是在承兑端还是在贴现端，商业承兑汇票的增长率都要高于银行承兑汇票。商业承兑汇票的承兑和贴现规模不断增长，二级市场的商票交易量也有了较为明显的提升，商票转贴现的市场规模占总转贴现量的比例稳步提升。

供应链的发展以及应收账款票据化是我国商业承兑汇票市场规模快速增长的两大因素。当前，我国应收账款规模高企，应收账款的积压严重制约了中小企业和供应链的发展。应收账款票据化是解决企业应收账款问题的有效方式之一，将流动性差、信息不透明的应收账款转化为商票，不仅能使应收账款成为流动性更强的商票，还能让企业获得更有效的法律保障。商票凭借凭证法定、账期固定、签发便利、融资简便、成本低廉等特点，在企业结算和融资中的使用频率越来越高，对中小企业和供应链发展作出了重要贡献。

虽然商票规模快速增长，但在我国商业信用体系不健全、商票市场发展起步慢的大环境下，商票在支付性和融资性上都远不如银行承兑汇票。首先，基于企业信用的商票天生就在流通性和市场接受度上劣于银票，导致商票难以在企业之间或金融机构之间流转；其次，商票的贴现比例很低，企业难以通过商票贴现来获得融资，商票的融资属性难以充分发挥；最后，商票市场不透明，持票人所面临的信用风险很大，合法权益难以得到保障。以上问题归根结底还是商业信用体系建设落后的问题，经济主体之间相互拖欠账款，违约等失信行为普遍，企业信用意识薄弱，商业信用信息不透明，我国商业信用体系诟病多直接制约了商业承兑汇票的发展。

一方面是供应链和应收账款票据化的驱动，另一方面是商业信用体系不健全的制约，商业承兑汇票既有发展的动力，也面临着发展的阻力。为了提高票据业务透明度，降低票据市场信息不对称程度，有效防范票据业务风险，增强市场约束机制，促进商业汇票的流通，使得商业汇票更好地服务实体经济，建立健全商业承兑汇票信息披露机制刻不容缓。

二、票据信息披露工作的开展情况

（一）制度建设情况

2020年1月15日，票据信息披露系统上线试运行前夕，根据人民银行有关要求，上海票据交易所发布《关于商业汇票信息披露平台试运行有关事项的通知》（票交所发〔2020〕9号），指导试点机构参与商业汇票信息披露。2020年6月5日，人民银行发布《关于规范商业汇票信息披露的公告（征求意见稿）》。6月7日，上海票据交易所发布《商业汇票信息披露操作细则（征求意见稿）》，面向社会公开征求商业汇票信息披露相关意见。2020年12月23日，人民银行发布公告（中国人民银行公告〔2020〕第19号），规范商业承兑汇票信息披露工作，定于2021年8月1日起正式施行，明确了票据信息披露约束机制。2020年12月30日，上海票据交易所发布《商业承兑汇票信息披露操作细则》，为信息披露提供具体操作指引。

（二）票据信息披露平台的工作开展情况

票据信息披露平台自上线以来，不断完善平台系统建设，优化平台各项系统功能,并积极推广和宣传,号召企业、机构积极参与票据信息披露工作。

2020年2月28日,为便利商业汇票承兑人披露票据相关信息,上海票据交易所发布《关于商业汇票信息披露平台自主注册功能上线的通知》(票交所发〔2020〕21号),上线商业汇票信息披露平台自主注册功能,试点范围逐步扩大。2020年4月30日,上海票据交易所发布《关于商业汇票信息披露系统(2020年5月版本)升级的通知》(票交所发〔2020〕63号),对财务公司票据业务账户认证、用户披露信息推送、企业基础信息展示、用户上传信息即时披露、票据承兑信用信息披露查询等相关功能进行优化。

上海票据交易所在不断优化系统流程,密切关注业务运行情况,提升企业用户的使用体验的同时,还积极开展票据信息披露平台宣传推广。上海票据交易所和各地人民银行相互协调配合,在各地积极开展票据信息披露业务的培训和推广工作,在山东、广东、黑龙江、山西、福建、深圳、重庆、天津、北京、陕西、河南等十余个省市开展了背景数据分析、信息披露业务培训、信息披露平台技术支持等方面的有关工作。

培训和推广工作强化了金融机构和相关企业对票据信息披露工作有关制度和流程的了解,在引导商票承兑企业完成平台注册和信息披露方面初显成效。截至2020年12月31日,票据信息披露平台注册用户数达到418家,其中企业387家、财务公司31家,覆盖全国24个省份,披露承兑信息的票据约15万张,披露金额超1000亿元,累计公众查询量约28万次。

三、票据信息披露平台的意义

票据信息披露平台的建设运行,为商业汇票信息披露机制的建立完善迈出了重要一步,随着平台的不断发展,越来越多的票据信息通过平台披露和展示,更加有助于提高票据业务透明度。票据业务风险的有效揭示,有利于促进商业汇票的流通,提升票据市场活力,更好地支持实体经济发展。票据信息披露平台的意义主要体现在以下两个方面。一方面,商业汇票信息披露可以在很大程度上消除票据操作风险。冒名企业开户办理业务、电子商票虚假信息记载、伪造票据等票据市场典型风险都可以通过票据信息披露系统解决,极大地降低了票据市场的操作风险。另一方面,票据信息披露平台可以为承兑人提供商票信用信息,包括最近一期和历史所有的商票业务量情况、逾期情况,用于基本判断企业是否滥用商票工具、承兑人风险等,为商票业务的信用风险管理提供帮助。

第四节　票付通——票据在收付场景中的创新

票付通业务是交易双方在 B2B 平台约定以电子商业承兑汇票作为支付方式，付款人通过合作金融机构发起线上票据支付指令，由合作金融机构、收（付）款人开户机构调用上海票据交易所接口服务完成票据线上签发、提交、锁定、解锁、签收等行为的线上票据支付业务。上海票据交易所依托电子商业汇票系统，建设和运营承载票付通业务功能的线上票据支付系统。线上票据支付系统负责以接口方式处理票据线上签发、提交、锁定、解锁、签收、信息通知等业务。

票付通产品提供两项功能。一是票据支付见证功能，即通过票据锁定、解锁服务，解决了票据支付"打飞"问题，进而为互联网平台"陌生"企业之间的交易创造信用环境，弥补了票据支付的安全性短板。二是互联网线上处理，可以实现票据签发和企业背书全线上、一站式处理，弥补了票据支付的便捷性短板。

一、票付通业务推出的背景

随着互联网的发展，实体企业将供应链向线上发展，企业的购、产、销等经营活动逐步由线下向线上转移，平台经济快速发展，越来越多的企业间交易需要在线上完成。随着平台线上采购交易规模的不断扩大，过往依靠单一的现金支付结算的问题逐步暴露出来，一方面，供应商先供货后付款的采购运营模式，导致平台供应商交易账期长、回款慢；另一方面，平台采购方的应收票据需要变现才能支付，大大增加了客户的融资成本。B2B 平台面临着如何帮助企业提高资金使用效率，盘活、用活存量金融资产及如何解决陌生人交易场景下的结算信任等问题。虽然互联网支付方式不断创新，但却难以解决 B2B 场景下的支付痛点。为响应商务部、人民银行等 8 部门印发的《关于开展供应链创新与应用试点的通知》（商建函〔2018〕142 号），大力推动供应链创新发展，满足供应链平台、B2B 电商平台的线上票据支付需求，实现"票货对付"，2019 年 1 月 26 日，上海票据交易所票付通产品成功上线投产。招商银行携手云筑网和石化 e 贸，中信银行携手银耐联，江苏银行携手国网商城成为票付通产品首批上线机构。

二、票付通业务的发展情况

票付通上线投产首日，共计办理票付通产品业务 24 笔，涉及票据 30

张、金额 7192.63 万元。首单业务由云筑网发起，付款人为中建八局第二建设有限公司，收款人为五矿钢铁厦门有限公司，票据支付金额为 1000 万元；首日累计票据支付业务量最大的为银耐联，共办理票付通产品业务 15 笔、金额 5473.51 万元；首单票据组包支付业务由国网商城办理，其平台签约用户灵谷化工有限公司单笔组包支付 6 张票据、金额 558.78 万元。

票付通上线并试点半年后，为更好地发挥票付通业务服务实体经济的效能，上海票据交易所在风险可控的基础上适当扩大了参与试点的金融机构范围。随着接入机构类型不断丰富，业务规模不断扩大，票付通陆续推出了"同一法人支持下挂多家平台""信息服务接口"等功能。同时，为规范票付通业务管理，更好地发挥票付通业务功效，经中国人民银行同意，上海票据交易所于 2020 年第三季度制定了《上海票据交易所"票付通"业务规则（暂行）》《上海票据交易所"票付通"业务申报接入规范（暂行）》《"票付通"业务直连系统参与者互联规范 v2.1》和《"票付通"业务接入测试及接入验收规范 v1.0》等制度，以规范票付通业务的发展。

截至 2021 年 12 月底，累计有交通银行、招商银行、中信银行、浦发银行、平安银行、江苏银行、兴业银行、宁波银行、中石化财务、宝钢财务、海尔财务等合作金融机构携手 44 家 B2B 平台上线投产票付通业务，累计签约企业 3025 户，合计发起支付超过 2.1 万笔，累计支付金额近 610 亿元，相较 2020 年末增长 283.71%，涉及制造、交通运输、电力、热力、批发和零售业、科学研究和技术服务业等多个行业。

三、票付通业务的实践意义

（一）支持小微企业和民营企业发展

票付通产品旨在响应国家支持供应链、支持小微企业和民营企业发展的要求，通过扩大票据支付应用场景，部分替换企业融资需求。目前有逾 5 万亿元的未贴现票据和逾 6 万亿元的已贴现票据，一方面，未贴现票据流动性不强，企业需要通过票据质押、票据池来解决支付需求；另一方面，已贴现票据中有相当部分是为了经营性支付。通过票据支付可以盘活票据存量，缓解小微企业和民营企业融资难题，进而降低其不必要的融资成本。

（二）支持供应链、B2B 平台发展

供应链是当代企业发展的核心，B2B 电商可能是未来企业经营方式转

变的趋势。但供应链、B2B 平台线上账期支付工具的缺失制约了其发展进程，而票付通产品正好可以填补这方面的空白，助推其加速发展。

（三）推动票据货币化发展

票据发展的最高阶段就是逐步等同于货币资金，企业间可以把票据作为大额现金进行支付。票据货币化发展可以大幅降低信贷投放和金融杠杆，以近乎为零的成本满足企业正常经营需要。票付通产品的广泛使用是票据货币化发展的必要前提，上海票据交易所将继续探索票据在支持实体经济方面更高质量、更高层次的发展路径。

第五节　贴现通——官方票据贴现撮合的尝试

贴现通业务是指票据经纪机构受贴现申请人委托，在中国票据交易系统进行贴现信息登记、询价发布、交易撮合后，由贴现申请人与贴现机构通过电子商业汇票系统办理完成票据贴现的服务机制安排。贴现通业务参与主体包括贴现申请人、票据经纪机构和贴现机构。贴现申请人为合法持有票据，而且在中国境内合法注册经营、有效存续的企业法人或其他经济组织。票据经纪机构试点范围为中国工商银行、招商银行、浦发银行、浙商银行、江苏银行。贴现机构为在中国票据交易系统具有贴现权限的机构。

贴现通业务提供两项主要功能：一是撮合贴现业务信息。通过搭建全国性的贴现服务平台，为贴现申请人和贴现机构提供贴现意向的发布、搜寻、匹配服务，拓宽贴现业务选择面，破解贴现市场信息不对称问题。二是贴现业务线上化。探索贴现申请资料、贴现合同、贴现凭证的电子化、信息化，打造标准化、线上化的贴现业务流程，降低贴现业务比价成本，实现贴现业务降本增效。

一、贴现通业务推出的背景

长期以来，贴现市场未能形成全国统一市场，在传统的贴现业务中，企业获得价格信息和实际融资的渠道局限于少数合作银行，银企之间存在严重的信息不对称，导致票据贴现市场供需匹配效率不高。票据贴现市场中存在部分公司垄断企业票源，利用贴现信息不对称赚取融资点差的行为，不仅增加了企业融资成本，也给票据市场发展带来风险隐患。除此之外，各金融机构在贴现申请资料、审核要求方面存在差异，企业通过不同金融机构办理贴现,需要重复递交申请资料、签订贴现协议,甚至接受实地调查、开立结算账户等,贴现业务办理效率不高。这种低效率的传统票据贴现市场给产业链末端处于弱势的广大小微企业带来了极为不好的票据融资体验,阻碍了票据服务实体经济的发展。

2019年2月14日,中共中央办公厅、国务院办公厅印发《关于加强金融服务民营企业的若干意见》,要求加大对民营企业票据融资支持力度,简化贴现业务流程,提高贴现融资效率。上海票据交易所在人民银行指导下,于2019年5月成功上线了贴现通业务,旨在建成全国统一的贴现服务平台,使得持票企业申请票据贴现时,可以委托票据经纪机构在贴现通平台登记贴现信息、发布贴现意向,并帮助其在全国范围内寻找合适的贴现银行,进而实现贴现融资。

二、贴现通业务的发展情况

2019年5月27日,上海票据交易所贴现通业务成功投产上线,投产上线首日,共计通过贴现通业务发布贴现询价86笔,金额9509.3万元,达成意向成交47笔,金额4476.8万元,涉及票据49张,平均金额为91.4万元。在上海票据交易所的推动下,贴现通业务市场机制建设不断加强,贴现企业、票据经纪机构和贴现机构的积极性不断提升。

得益于全程线上化、无接触的特点,贴现通业务在新冠疫肺炎情暴发的2020年迎来了较快增长,帮助抗疫企业在足不出户的情况下顺利高效地获得生产经营所需的资金,在助力企业全面复工复产工作中作出了重要贡献。2020年,贴现通业务新增5100家贴现申请企业,全市场注册企业数近8000家,融资业务量超过400亿元,贴现机构法人超过40家,接受委托报价票据21512张,票面金额合计374.64亿元,相较2019年增长2.8倍,其中17604张票据达成贴现意向,票面金额合计323.18亿元,相较2019年增长3.3倍。

三、贴现通业务的意义

(一)完善了票据市场基础设施功能

贴现通业务进一步丰富了票据市场基础设施的功能,上海票据交易所为贴现通业务的运行制定了完善的制度,建设了方便快捷的系统,从而显著增强了票据的融资功能。贴现通业务通过疏通银企之间的信息沟通渠道,实现了由"企业与银行点对点沟通"向"企业与银行点对面沟通"的转变，彻底打破了企业贴现信息不对称的现状，充分提高了市场运行效率。对企业来说，可以通过贴现通来为难以贴现的"三小一短"票据寻找市场，提高票据融资的可能性；对中小银行来说，可以在市场上获取更多的客户和业务，降低获客成本；对票据经纪机构试点银行来说，可以积累票据经纪业务经验，为未来的票据经纪业务打下坚实基础，完善票据市场基础设施功能。

（二）缓解了小企业融资难融资贵问题

中小微企业持有的票据具有金额小、信用等级低等特点，贴现难、贴现贵问题较为突出。一方面，贴现通整合全国金融机构资源，将企业贴现选择面由合作银行拓展至全市场机构，打破供需间、机构间、区域间信息壁垒，有效盘活沉淀票据资产，提高贴现市场有效性。另一方面，通过公开询价和议价的方式，票据经纪机构能为贴现企业争取更多利率优惠，从而降低企业的融资利息负担。截至 2020 年底，参与贴现通业务的贴现申请企业中，7243 家为民营企业或小微企业，占比达 93%；委托票据主要为小额票据，平均票面金额为 168 万元，贴现通在小微企业票据贴现融资中发挥了巨大的作用。

（三）防范了票据市场风险

《全国法院民商事审判工作会议纪要》明确指出，票据贴现属于国家特许经营业务，合法持票人向不具有法定贴现资质的当事人进行"贴现"的，该行为应当认定无效。贴现通业务的开展不仅具有上海票据交易所和各票据经纪机构、贴现机构完备的业务制度基础作为保障，而且基于中国票据交易系统，具有安全可靠的特点，在满足企业融资需求的基础上，能够进一步规范市场、净化市场和促进市场有序发展，将在防范票据市场风险方面发挥重要作用。

（四）支持了区域经济协调发展

2019 年 6 月，中国人民银行行长易纲在第十一届陆家嘴论坛上指出，支持上海票据交易所在长三角地区试点推广贴现通业务。在长三角地方政府和金融监督管理部门的大力支持下，贴现通试点推广纳入《长三角地区一体化发展三年行动计划（2021—2023 年）》《上海国际金融中心建设

"十四五"规划》《2021年上海国际金融中心建设工作要点》《虹桥国际开放枢纽建设总体方案》等重要文件，以更好地支持长三角地区一体化发展和上海国际金融中心建设。贴现通业务量中，长三角地区占比达到46%，显著高于贴现市场平均水平。

第六节　标准化票据——尝试搭建公开市场融资渠道

一、标准化票据的创设背景

票据是中小企业重要的融资渠道之一，也是金融机构资金交易和资产负债管理的工具。受我国票据市场发展制约及其他多种因素约束，中小企业票据融资的可得性和效率还有待提升。从金融机构资产交易的角度来看，票据个性化特征比较明显，价格形成机制较为复杂，标准化程度不够高。从标准化票据的创设目的来看，《关于申报创设2019年第1期标准化票据的公告》和《标准化票据管理办法》都明确了标准化票据的创设是为了加大对中小金融机构的流动性支持及服务中小企业和供应链融资。标准化票据创设的动因主要体现在以下两个方面。

一是票据资管"非标转标"动力增强。在金融去杠杆、防止金融空转的大背景下，票据资管作为"非标"业务，因存在规模过大、难以控制、规避信贷要求、削弱调控力度等问题，受到监管层越来越多的限制。自《关于规范金融机构资产管理业务的指导意见》于2018年4月27日出台以后，非标资产的投资主体受到极大的限制，票据资管业务的前景变得灰暗，票据从业人员一直在努力探索票据资产的"非标转标"路径。此外，"非标"时间跨度大，需要流动性支持，在市场资金面趋紧及银行业不良压力持续上升的背景下，"非标"业务占比过大存在流动性风险。2019年8月15日，为了解决因包商银行接管事件带来的中小金融机构融资成本因信用风险溢价而高企、票据贴现市场及转贴现市场出现的流动性断层问题，为对流动性压力较大的金融机构提供流动性支持，上海票据交易所发布《关于申报创设2019年第1期标准化票据的公告》，正式创设标准化票据，为票据资产从"非标准化资产"向"标准化资产"转变作出了积极的探索。

二是票据回归服务实体经济本质，票据与供应链金融成为解决中小企业融资问题的重要抓手。在规模以上工业企业应收账款规模上升压力大的背景下，供应链末端大量小微企业的融资困境难以得到有效缓解。将票据嵌入供应链场景，从源头上促进应收账款票据化，通过对供应链票据的标准化，可以实现供应链与广阔资金市场的对接。依托供应链上的真实贸易背景签发的供应链票据，有核心企业信用作为保障，可以降低以供应链票据为基础资产创设的标准化票据的信用风险；同时，标准化票据的交易市场更加广阔，极大地提高了供应链票据的流动性，能为供应链融资提供大量的资金来源，从而促进供应链票据的创造。

二、标准化票据的发展历程

2018年4月27日，资管新规出台后，非标资产的投资主体受到极大的限制，票据资管业务的前景变得灰暗，在金融去杠杆、防止金融空转的大背景下，"非标"受到越来越多的限制，商业银行将票据资管"非标转标"的动力愈发增强。

为了解决因包商银行接管事件带来的中小金融机构融资成本因信用风险溢价而高企、票据贴现市场及转贴现市场出现的流动性断层问题，为对流动性压力较大的金融机构提供流动性支持，经中国人民银行同意，上海票据交易所于2019年8月至9月开展标准化票据创新业务试点，共创设4期标准化票据，累计创设金额约13.8亿元。其中，前3期的基础资产均为锦州银行承兑的已贴现银行承兑汇票，产品期限为2~3个月，认购利率分别为4.9%、4.6%、3.6%，第4期的基础资产为江苏银行承兑的未贴现银票，产品期限为349天，认购利率为3.02%。标准化票据的创设引起了市场的高度关注和积极响应，被认为对缓解中小银行流动性困境、支持中小企业和民营企业融资具有积极意义。

2020年1月26日，全国银行间同业拆借中心、上海票据交易所、银行间市场清算所联合发布《标准化票据存托协议（2020年版）》。

在总结前期试点工作的基础上，2020年2月14日，中国人民银行发布《标准化票据管理办法（征求意见稿）》，并于2月14日至3月14日按程序向社会公开征求意见。截至公开征求意见截止日，共收到47家机构和个人的有效意见17条（扣除重复意见）。公开征求意见结束后，人民银行对反馈意见逐一进行研究分析，对意见比较集中的问题与法律专家、市场机构进行研讨论证，最终采纳意见9条，部分采纳意见3条，未采纳意见5条。

2020年6月29日，中国人民银行正式发布《标准化票据管理办法》，自2020年7月28日起实施。《标准化票据管理办法》明确了标准化票据的定义、参与机构、基础资产、创设、信息披露、投资者保护、监督管理等，以规范标准化票据业务发展。

自《标准化票据管理办法》施行之日起首周内，共有12家金融机构作为存托机构开展标准化票据业务，累计创设27只标准化票据，截至2020年8月3日均已创设成功，创设总额约24.53亿元。标准化票据的成功创设将进一步推进票据市场与债券市场的联动，为金融支持稳企业保就业增添新动力。

2020年7月3日，中国人民银行、银保监会、证监会、国家外汇管理局联合发布《标准化债权类资产认定规则》，明确了标债资产与非标资产的界限、认定标准及监管安排。标准化票据需申请认定通过后才能成为标债资产。

2020年7月28日，经中国人民银行备案同意，上海票据交易所会同全国银行间同业拆借中心以及银行间市场清算所联合发布《标准化票据信息披露规则》。《标准化票据信息披露规则》共五章23条，明确了标准化票据的信息披露义务人、信息披露平台、信息披露方式等，规范了创设前、创设后和存续期信息披露的相关要求，并附有8个附件，包含信息披露材料模板和信息披露操作指南。同日，为规范标准化票据基础资产托管结算业务，经中国人民银行备案同意，上海票据交易所发布《标准化票据基础资产托管结算规则》，对标准化票据业务中存托机构接入、基础资产登记托管和清算结算等相关业务作出了规定。

2020年10月9日，为丰富中国信用债指数产品体系，并向市场参与者提供标准化票据价格指标工具，银行间市场清算所正式发布标准化票据指数系列。

自2020年7月《标准化票据管理办法》正式实施以来，2020年全年共成功创设标准化票据产品57只，创设规模为61.18亿元，已完成兑付31只，兑付金额为32.26亿元。但好景不长，2021年以来标准化票据无新发行。

2021年第一季度，标准化票据连续3个月暂停发行，在此期间有9只标准化票据产品集中到期。2021年以来标准化票据发行暂停，与监管口径趋严有关，存托机构相关管理制度也在整改，其间监管部门已发布存托协议范本，预计后续完成标准化债权认定后，发行会重启。其间共有13.05亿元产品到期，存量规模持续下降，从期限分布来看，2020年7月和9月创设的4~6个月期限标准化票据合计到期9只，为2021年第一季度标准化票据集中到期的主要品种。首批创设的以未贴现商票为基础资产的标准化票据集中到期后，存量产品中基础资产类型仍以已贴现商票和已贴现银票为主，占比分别为45.36%和26.88%。

三、标准化票据的运作模式

（一）前期阶段

存托机构（熟悉票据和债券市场业务的商业银行或证券公司）初步确定标准化票据基本要素。

（二）基础资产（票据）归集阶段

（1）存托机构直接向原始持票人或间接委托票据经纪机构归集票据；

（2）原始持票人应持有真实、合法、有效的票据，提交申报资料，提供基础资产清单，存托时以背书方式将基础资产权利完整转让，票据背书转让委托至存托机构，上海票据交易所对清单内票据进行锁定。

（三）标准化票据创设与认购阶段

（1）存托机构应在标准化票据创设前至少1个工作日，向投资人披露存托协议、基础资产清单、信用主体的信用评级、认购公告等信息；

（2）存托机构自行组织标准化票据认购或委托金融机构承销，投资人直接认购或通过承销机构认购标准化票据，认购资金入标准化票据资产池，原始持票人获得融资资金；

（3）存托机构在认购结束之日起1个工作日内披露标准化票据创设结果；

（4）标准化票据认购成功的次一工作日前，票据市场基础设施（上海票据交易所）应对基础资产进行登记托管，标准化票据登记托管机构（银行间市场清算所）对标准化票据进行登记托管。

（四）标准化票据存续阶段

（1）标准化票据可以在银行间债券市场和票据市场交易流通，而且适用于现券买卖、回购、远期等交易品种；

（2）存托机构应及时披露基础资产兑付信息、信用主体涉及的重大经营问题或诉讼事项等内容，发生任何影响基础资产价值的重大事件，存托机构应自获得相关信息之日起 3 个工作日内向投资者披露；

（3）发生存托机构变更或解任、存托协议变更、基础资产逾期追索、法院诉讼等事件以及存托协议中约定的应由标准化票据持有人大会作出决议的其他情形时，应召开标准化票据持有人大会审议决定。

（五）标准化票据到期阶段

标准化票据到期，上海票据交易所将本期标准化票据最终收到的托收款及追索资金分配至对应投资人在银行间市场清算所的托管账户中。

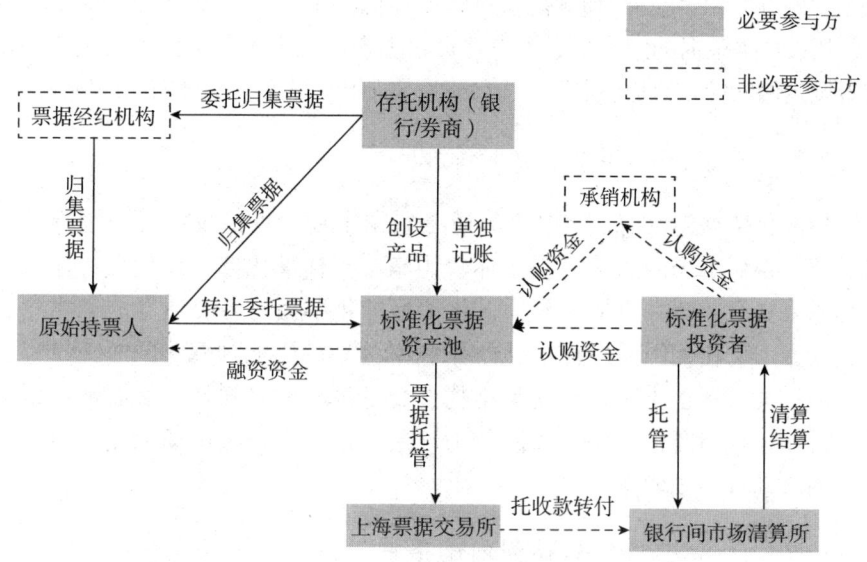

图 8-1　标准化票据流程图

四、标准化票据的创设意义

（一）扩大票据投资者范围

我国票据市场在发挥融资功能时因票据的非标准化债权资产性质而受到制约，金融机构参与投资票据资产受限。标准化票据具有五大特征：（1）等分化、可交易；（2）信息披露充分；（3）集中登记，独立托管；（4）公允定价，流动性机制完善；（5）在银行间市场、证券交易所市场等交易市场交易，符合资管新规关于标准化债权资产的相关要求。标准化票据投资机构为银行间债券市场参与者，非银行金融机构和各类资管产品将会参与产品投资，扩大了票据资产的投资者队伍，若标准化票据能被认定为标准化债权资产，将进一步吸引理财资金、公募基金等资管产品参与投资。

（二）解决票据市场流动性断层问题

由于底层资产较好的票据本身就具备较好的流动性，因此较难成为票据标准化市场的主体。相反，底层资产可能存在信用风险的标准化票据可能成为该市场的主体。因此，标准化票据业务的发展有利于盘活原本票据市场上"网红"银票、商票、财票等流动性较差、信用主体风险较大的票据资产，拓展这类票据的应用场景，将这类票据资产推入参与主体范围更广、投资者风险偏好更多的货币市场，有效解决当前票据市场流动性断层问题。

（三）提高票据市场抗风险能力

标准化票据创设前，票据仅流通于票据市场，直接投资者为银行及持牌券商，票据市场的风险承受主体较为集中。标准化票据创设后，标准化票据进入银行间债券市场交易，强化了标准化票据与各类债券的市场相关性，债券市场相关因素对标准化票据利率波动的影响加深。同时，投资者范围的扩大有利于丰富市场交易结构、交易策略的多样性，从而平抑票据市场波动，提高票据市场抗风险能力，票据市场、资金市场和债券市场三者间的联动进一步增强。

（四）为供应链金融服务创造条件

上海票据交易所建立供应链票据平台后，供应链企业签发基于供应链场景的商业承兑汇票更加便捷，除了持票企业将手中的供应链商票进行贴现融资外，标准化票据为供应链商票提供了新的融资渠道。首先，以基于供应链场景签发的商业承兑票据为基础的基础资产，发行利率比银票更具吸引力，商票是比银票更具有优势的标准化票据基础资产。其次，"供应链票据+标准化票据"融资模式的融资利率要比商票贴现低，可以有效降低企业融资成本。标准化票据市场有望成为供应链融资中解决小微企业融资问题的重要产品。

第七节　供应链票据——票据发展新方向

供应链票据平台是依托于电子商业汇票系统，与各类供应链金融平台对接，为企业提供电子商业汇票的签发、承兑、背书、到期处理、信息服务等功能的票据平台。

一、供应链票据平台推出的背景

2017年10月，国务院办公厅发布《关于积极推进供应链创新与应用的指导意见》，明确指出要积极稳妥发展供应链金融。之后，人民银行、商务部等部门先后发文，对供应链金融规范、发展和创新提出了具体要求。上海票据交易所自成立以来，通过制度建设和系统建设，重构了票据市场的生态环境，推动票据市场从区域分割、信息不透明、以纸质票据和线下操作为主的传统市场向全国统一、安全高效、电子化的现代市场转型，为深化票据在供应链金融中的应用奠定了坚实的基础。

近年来，经济增速放缓，市场竞争加剧，大型企业凭借自身在供应链中的优势地位，对上下游中小微企业拖欠账款，企业间应收账款快速增长。2019年6月，中国人民银行行长易纲在陆家嘴论坛上提出要将"支持上海票据交易所在长三角地区推广应收账款票据化"作为上海国际金融中心建设的重点推进事项。在此背景下，为了进一步发挥好票据在供应链金融中的作用，提升票据服务实体经济效能，破解中小企业支付和融资难题，支持供应链金融规范发展，在中国人民银行的指导下，上海票据交易所积极探索建设供应链票据平台。

二、供应链票据平台建设情况

2020年4月24日，供应链票据平台成功上线试运行。同日，上海票据交易所发布《上海票据交易所关于供应链票据平台试运行有关事项的通知》（票交所发〔2020〕58号），公布了供应链票据平台试运行期间的接入标准。首批参与试运行的4家供应链金融平台中的企业覆盖制造业、软件和信息技术服务业、电力、热力生产和供应业、批发和零售业等行业。当日，共有17家企业签发票据17笔、金额104.42万元，2家企业背书流转票据3笔、金额5.1万元。

2020年6月18日，首批供应链票据贴现业务成功落地，9家企业通过供应链票据贴现融资 10 笔、金额 506.81 万元（其中，中企云链 2 家、欧冶金服 4 家、简单汇 3 家），贴现利率为 2.85%~3.8%，贴现票据全部为商业承兑汇票。贴现申请企业均为制造业、批发业、金属加工业等行业供应链上的中小供应商，分布在上海、广东、安徽、江苏、福建、陕西、辽宁等省份，中信银行、招商银行、马鞍山农商银行、宝钢财务公司、TCL 财务公司 5 家金融机构为其提供贴现服务。

2020 年 7 月 30 日，上海票据交易所"供应链票据平台"入选上海自贸试验区第十批金融创新案例。2020 年 9 月，人民银行等 8 部门联合印发《关于规范发展供应链金融支持供应链产业链稳定循环和优化升级的意见》（银发〔2020〕226 号），对供应链票据平台建设提出了明确要求。

为贯彻落实国家关于规范发展供应链金融的决策部署，加强供应链金融配套基础设施建设，2021 年 1 月 28 日，经中国人民银行备案同意，上海票据交易所制定了《供应链票据平台接入规则（试行）》，明确了供应链平台的接入标准和流程规则，大幅提高了供应链金融平台接入的门槛和标准，运营平台注册资本金要求提升至 3 亿元，并对运营平台的股东背景、信用评级进行了具体规定，以鼓励具有产业背景的运营平台接入。同时，《供应链票据平台接入规则（试行）》对供应链平台的监测评估也提出了相应要求，规定了异常情况处理措施，这对于促进供应链票据业务健康发展具有重要意义。

三、供应链票据的优势

（一）推进应收账款票据化

票据是更为规范的应收账款表现形式，有专门的《票据法》作为约束，而且供应链票据依托于真实的贸易背景，签发流转更加便捷，融资渠道更为畅通，市场接受程度也更高。供应链票据平台的推出，将加速推动应收账款票据化，供应链票据平台为企业提供了办理票据业务的新渠道，企业无须经过银行网银，直接通过供应链平台完成供应链票据的签发、承兑、背书流转和融资，为企业将应收账款转化为票据提供了极大的便利，可从源头上促进应收账款票据化。

（二）解决持票金额与支付金额不匹配的痛点

供应链票据平台通过技术手段创新实现了票据的等分化签发，目前最小金额是 1 分钱。票据签发等分化使企业使用票据更加灵活，企业可以对任意金额背书转让，无须支付额外费用，极大地提高了票据使用的灵活性，加快了企业资金周转，解决了企业持票金额与付款金额不匹配的痛点，票据的支付和融资功能得到充分发挥，为企业的资金运营和管理提供了更加广阔的操作空间。

（三）降低融资成本，提高融资效率

优质企业的信用可以通过供应链票据传递到链上的每一个企业，包括供应链末端的中小微企业。供应链票据的开具是基于供应链平台上的交易数据，其贸易背景更加真实和透明，容易取得金融机构的授信或者优惠融资价格，通常贴现利率较同期贷款利率低 100~150 个基点，有效降低了企业融资成本；同时，在供应链票据平台上，票据的签发、流转、承兑速度很快，中小微企业可以线上贴现或者标准化票据融资，有效提高了企业融资效率。

（四）有利于促进商业承兑汇票市场发展

商业承兑汇票在破解中小微企业融资难方面具有独特优势，但由于信息不对称，目前商票的流动性和接受度还不高。供应链票据通过供应链平台的连接形成了独特的运行机制和业务模式，引入核心企业的信用优势和第三方物流企业的专业服务优势，通过技术解决方案和金融服务的结合有效弱化了信息不对称，大大提高了其签发商票的可接受度，从而有助于促进商业承兑汇票市场的发展。

小　结

上海票据交易所的成立是中国票据市场发展历史中具有里程碑意义的大事，标志着中国票据市场进入了票交所时代。上海票据交易所为票据市场构建了健康、规范的基础性平台，建设了新系统、新制度、新主体、新模式等票据市场新环境。自上海票据交易所成立以来，我国票据市场业务稳步发展，票据支付规模和票据贴现规模快速发展，票据交易类型和品种结构更加多元且均衡，票据市场业务创新活跃。上海票据交易所成立后的票据在促进我国经济高质量发展中意义重大，一是票据的支付功能和交易功能显著增强，二是票据的融资功能充分发挥。一方面，上海票据交易所为票据的交易提供了全国性的交易平台，提高了票据交易的效率，同时票付通、供应链票据的诞生促进了票据的签发及支付，票据的签发量及交易量不断提高，成为我国企业日常支付结算的重要工具。另一方面，上海票据交易所的成立为人民银行实现再贴现政策提供了平台，以票据为载体的货币政策工具，在服务民营企业和小微企业、引导优化信贷结构、扶持国民经济薄弱环节和重点领域发展、支持中小金融机构流动性等方面发挥着不可或缺的重要作用。标准化票据、贴现通也成为票据融资的重要途径，增强了票据的融资属性，降低了持票人的融资成本，提高了票据的融资效率，从而推动了实体经济高质量发展。

第九章　上海票据交易所成立后的票据（二）

伴随上海票据交易所的成立和发展，票据市场发生了巨大的变化，完成了从区域分割、信息不透明、以纸质票据和线下操作为主的传统市场向全国统一、安全高效、电子化的现代市场的转型。票据市场生态环境得以重塑，市场深化发展的基础进一步夯实，市场业务总量稳步增长，市场创新活跃。票据具有支付、结算、投资、融资、信用等功能，票据的全生命周期包括签发、承兑、背书、质押、贴现等环节。票据的每个功能和环节的发展和创新要与法律法规、基础设施、参与主体相匹配，上海票据交易所的成立极大地推进了法律法规的健全、基础设施的建设以及参与主体的丰富，因此，上海票据交易所成立后的票据市场能够不断创新发展。本章介绍了在金融科技普及和供应链金融不断发展的背景下，票据市场中各参与主体主导的票据业务创新。

票据市场参与主体主导的票据创新主要集中在贴现端和融资端，如各类线上"秒贴"产品等，不仅便利了企业办理业务，还推动了票据业务的普及，票据融资的简便使得更多的企业愿意通过票据来进行支付结算，越来越多的参与主体进入票据市场中来。票据也因自身的特点与供应链金融高度匹配，被广泛运用到供应链中，帮助供应链上的企业实现应收账款票据化，从而增强整个供应链的竞争力，如军工票和企票通，正是通过票据来传递军工企业、央企的信用，提高供应链运作效率。上海票据交易所是在我国供应链发展上升为国家战略的背景下成立的，但我国票据市场发展的滞后性，导致我国票据难以广泛运用于供应链中。随着我国金融科技的不断进步，许多供应链服务企业尝试自建供应链平台，开发类似于票据的金融产品，在自建的供应链平台中进行签发、流转、交易和融资。这就产生了如"金单""云信""通宝"等类票据产品，也成就了简单汇、中企云链、欧冶金服等供应链服务企业，它们在供应链金融创新中的探索也启发了票据在供应链金融中的运用，推动了供应链票据的发展。票据创新在于优化票据的功能和全生命周期的各个环节,金融科技的加持使得一切都成为可能。近年来,区块链技术也被运用到票据领域,票据的特性与区块链的特点高度相似,区块链技术能够弥补票据交易中的各种风险点和痛点。

上海票据交易所为票据市场发展打开了新的篇章,金融科技的参与让票据市场充满可能。但票据市场风险也发生了深刻的转变,票据市场迎来了翻天覆地的变化,这也使得更多的研究机构参与到票据市场的理论研究中来,票据市场的发展离不开票据理论的研究,票据市场的改革与发展要与理论密切结合。新时代的票据市场如火如荼,票据市场研究也在欣欣向荣的票据市场中紧锣密鼓地进行着。

第一节 秒贴、军工票、企票通
——金融科技赋能票据服务实体

上海票据交易所成立后,市场各参与主体创新活力不断激发,票据创新产品如雨后春笋般涌现,票据创新欣欣向荣。

一、票据秒贴产品

近年来,现代科技不断被运用到金融市场,金融科技已经开始深深影响到票据市场的发展。在票据贴现端,金融科技的运用使得票据贴现简便快捷,改变了过去票据贴现业务中存在的多个痛点。在传统贴现业务模式下,企业在办理传统票据贴现业务时面临着询价流程长、操作步骤多、到账时间久、财务成本高等问题。持票企业为了找到满意的票据贴现价格,需要在各家银行之间奔波,查询授信、提交资料、开通账户、审核放款等全流程走下来需要耗费巨大的时间成本和人力成本,为企业进行贴现融资增加了不少困难。

得益于金融科技的发展,票据秒贴凭借无须开户、当天到账、互联网超强扩展性等特点,给企业客户带来前所未有的贴现体验,也给银行票据业务带来一种全新的方式和思路。票据秒贴是由客户线上自助发起贴现申请,后续银行系统全自动完成放款的互联网时代的高科技产品,主要服务于中小企业银票和商票贴现业务。在秒贴业务中,客户从发起申请操作到放款成功用时不足一分钟,真正实现了秒贴业务的秒级放款,而且秒贴业务具有价格透明、操作简便、时间灵活、安全可靠等特点,在支持普惠金融、发展绿色信贷、助力小微企业等方面具有独特优势。票据秒贴自动化的运营模式是对传统业务流程的重大突破，极大地提高了小微企业融资效率，降低了成本负担，是推动普惠金融的有力抓手。

自2018年国内第一个秒贴系统上线以来，已经有数以百计的票据秒贴平台上线，票据秒贴成为票据贴现市场的独特风景。以中信银行2018年9月上线的"信秒贴"自助式贴现业务为例，"信秒贴"自助式贴现业务具备智能定价、线上询价、点击成交、分秒到账、实时交易的优点，有效弥补了传统票据贴现业务中询价流程长、操作步骤多、到账时间久、财务成本高的不足，从客户发起贴现业务需求，到贴现资金到账只需2分钟，让客户想融资不用跑银行，足不出户，一点即融。

二、军工票、企票通

2015年，中央经济工作会议提出去产能、去库存、去杠杆、降成本、补短板五大任务，即"三去一降一补"任务。2016年以来，国家大力发展供应链，相关部门出台了一系列直接推动供应链金融发展的专项政策，以促进金融"脱虚向实"，为实体经济服务。票据是一种兼具支付结算和融资等多种功能的金融工具，与企业的需求和供应链融资的特点高度匹配，非常适合运用于供应链中。首先，票据能满足企业日常经营所产生的支付结算需求。其次，票据本身具有信用和融资功能，能为企业提供融资保障。最后，票据权利具有法律保障。《票据法》为票据提供了法律保障，其中规定票据到期后必须支付。在国家相关部门和央企的共同推动下，基于商业承兑汇票的军工票和企票通平台建立起来，以期通过商业承兑汇票来减少供应链中的应收应付账款，优化央企财务管理，发挥产业供应链整体集群效益，促进供应链健康发展。

军工票是十大军工集团所属财务公司在一致行动的基础上，为成员单位签发的纸质商业承兑汇票、电子商业承兑汇票和电子银行承兑汇票的统称。其核心内涵为统一签票理念、统一风控标准、统一增信渠道、统一协调中心。成员单位之间进行票据互认，为军工票的流转和变现提供了便利。同时，各军工财务公司与合作银行开展军工票业务合作，签订票据增信相关协议，为军工票增信，使持票人可在合作银行办理票据贴现等业务。通过票据互认与票据增信后，军工票的支付结算、融资功能大大增强，从而提高军工集团公司产业链运行效率，促进财务公司票据业务发展，推动建立军工票生态圈，有利于票据市场发展。

企票通是中国国新按照"共建、共享、共担、共赢"理念建立的央企商业票据流通平台。该平台以央企为核心，以运营企业信用为目标，以央企应收应付账款为优化对象，以商业承兑汇票为工具，可为客户提供商业承兑汇票一站式信息服务方案。企票通平台聚合中央企业、商业银行、产业链中小企业等多方联合共建央企商业承兑汇票流通平台，致力于建立"信用共享、风险共担"的机制。企票通一端连接央企，一端打通商业银行，并通过商业银行接入人民银行电子商业汇票系统，实现商票的出票、承兑、背书、质押、拆分、贴现、付款等一站式操作服务，同时利用平台的信用互认和增信机制，率先在央企间丰富支付手段，有效发挥央企商业信用价值，降低央企产业链融资综合成本。

第二节　可转让电子凭证——供应链上类票据的兴起

狭义的票据一般是指由出票人签名于票据上，无条件约定由自己或另一人支付一定金额，可以流通转让的证券，即以支付金钱为目的的证券，包括本票、汇票和支票。票据是集支付、结算、融资、投资、交易等功能于一体的信用工具。顾名思义，类票据就是类似于传统票据，但具备传统票据所不具备的一些特性，而且同样能发挥支付结算、融资等功能的信用工具。类票据的出现弥补了传统票据不可拆分、不易融资等短板，是我国互联网金融发展到一定程度的产物，基于先进的信息技术，能够解决传统票据在日常支付和融资等票据行为中的痛点问题。目前我国发展较好的类票据平台有简单汇、中企云链、欧冶金服等供应链金融科技服务企业。

一、类票据的发展背景

（一）中小企业融资困难

中小企业在我国经济中占据着重要地位，根据国家统计局的统计，2017年，我国规模以上工业企业中中小企业数量占总企业数的97%以上。中国经济转型升级必须依托于中小企业的健康发展，而阻碍中小企业发展的最大问题就是得不到有效资金支持。首先，中小微企业规模小、资产轻，难以获得担保和融资。众多处于起步初期的小微企业因为规模小、实力弱、资产轻，通常无法获得银行的贷款支持，同时由于自身资产较少，也难以找到担保人为其提供担保。其次，中小微企业贷款利率高、成本高、费用多。银行利率普遍较高，部分银行还需支付担保费、资金使用费用。最后，银行贷款手续繁、资料多、流程长。银行贷款所需提供的资料多，流程节点多，有的银行需半个月甚至更长时间才能完成审批。中小微企业的资金需求特点就是金额小、周期短、频率高，很多订单所需要的融资都是迫在眉睫的事情，无法接受长时间的审批环节，这也导致了中小微企业融资困难。

（二）票据功能难以发挥

受到我国信用体系建设落后的制约以及票据操作风险的影响，票据功能难以得到充分发挥，票据很难满足企业的日常结算及融资需求。我国金融体系建立在银行系统的基础上，银行信用占据了市场主导地位，由于中小微企业自身存在规模小、资产轻等问题，其签发的票据难以得到银行的承兑，造成中小企业难以通过银行承兑汇票进行直接融资。而我国商业信用发展滞后，我国商业承兑汇票的市场规模要远低于银行承兑汇票，中小微企业签发的商业承兑汇票市场接受度更低，甚至一些大型企业签发和承兑的商业承兑汇票都难以在市场上进行背书流通。另外，传统的纸质票据存在较大操作风险。纸票容易被伪造、变造，"克隆票据"、变造票据、瑕疵票据层出不穷，纸质票据的操作风险不仅会给企业带来财务损失，还可能对企业的名誉造成损害。同时，使用纸票的支付结算没有电子化支付手段便捷，使企业使用票据的便利性大打折扣。

（三）供应链金融的兴起

供应链金融发展在促进降本增效、供需匹配和产业升级中的作用显著增强，成为金融供给侧结构性改革的重要支撑。政府相关部门也陆续出台了相关政策大力支持供应链的创新与应用，2017年10月国务院办公厅发布的《关于积极推进供应链创新与应用的指导意见》，2018年商务部、工业和信息化部等8部门联合出台的《关于开展供应链创新与应用试点的通知》，均明确提出推动供应链核心企业与商业银行、相关企业等开展合作，创新供应链金融服务模式。除了为供应链创新与应用营造了良好的政策环境，还在全国各地积极开展试点示范并鼓励各高校加快培养供应链金融人才。这为供应链金融的发展营造了前所未有的良好政治环境、社会环境和经济环境，我国供应链将迎来跨越式发展的机遇。中小企业是我国供应链体系中的主体，解决中小企业融资问题是供应链金融发展的核心问题之一，在票据功能不能充分发挥的条件下，创造一种与票据类似的信用工具，使之成为票据的替代品,这就是类票据诞生的大背景。在供应链金融大力发展的背景下,"产业链+金融科技"的模式让类票据在各供应链金融科技平台迅速发展,用于解决供应链金融中资金周转率低、风险控制难等棘手问题。

二、类票据的发展情况

(一) 简单汇的"金单"

2015 年,TCL 为降低产业生态圈内合作企业资金成本,优化生态圈融资环境,构建合作共赢、互利互惠的伙伴关系,建成简单汇供应链金融信息科技平台,同年 6 月,在全国开出第一张电子应收账款确权凭证"金单"。"金单"是一种基于已签订的真实交易订单并在线上操作的应收账款权利凭证,具有可拆、回购、融资等特点。

简单汇供应链融资平台所打造的"金单"主要从两个方面来解决传统票据的弊端。一方面,简单汇平台的"金单"模式在传统商票的基础上进行改进,打破了纸质商票不能拆分的局限性。中小微企业可以在线上生成"金单",面向所有资金供给者出售,大大提升融资效率,盘活应收账款。利用"金单"融资便利的特点,可增强企业资本周转率,提升企业经营效率,降低企业运营成本。另一方面,电子版的"金单"破除了原有商票验证烦琐、易造假的弊端。核心企业可以在网上取得具有唯一性的电子凭证,加上 TCL 在线上供应链金融应用中引入区块链技术,使得安全性大大提高。对融资企业而言,"金单"能促进资金周转效率提高,对银行等资金供给者而言,"金单"降低了核查资料所需的时间与操作风险等。因此,简单汇在提升整条供应链融资效率的同时,也扩大了银行服务范围,沉淀的融资信息也提升了核心企业供应链管理能力。截至 2021 年 9 月,简单汇以"供应链+科技创新"双轮驱动,逐渐形成了以"金单"(应收账款多级流转电子债权凭证)为底层,以智能信贷、智能风控为延伸,集供应链数字管理、智能风控、线上运营于一体的综合服务体系,向超过 25000 家供应链企业提供供应链融资服务,其中小微企业占比超过九成。

(二) 中企云链的"云信"

中企云链(北京)金融信息服务有限公司成立于 2015 年,是由中国中车集团牵头,联合中国铁建等 11 家中央制造企业,中国工商银行等 2 家金融机构,北京首钢、紫金矿业等 6 家地方国有企业,金蝶软件等 4 家民营企业共同注资成立的一家国有控股混合所有制互联网金融公司。其宗旨是建立产业互联网金融平台，为大型企业和其供应链上的中小企业和银行、保理公司等金融机构提供供应链金融管理服务。

"云信"是中企云链平台上流转的企业信用，是由大型企业集团通过中企云链平台，将其优质企业信用转化为可流转、可融资、可灵活配置的一种创新型金融信息服务。"云信"具有安全、高效、实时的特点，而且具有期限，产业链上的中小企业在"云信"期限内通过中企云链平台，可将其接收的"云信"进行转让、融资或持有。"云信"为产业链上的广大企业提供了全新的债务清理工具，通过利用大企业的优质信用资源，盘活闲置在供应链上的企业"三角债"，促进整个产业链上的企业资金流动，促进企业发展提质增效，实现供应链上企业共同繁荣发展，既大大提高债务清理效率，也为中小企业提供了一个便捷、低成本融资的新通道。自2015年上线以来，中企云链已注册企业用户50623家，"云信"确权1193亿元，保理融资632亿元，累积交易3494亿元，其中86%以上都是为中小企业提供融资支持。

(三) 欧冶金服的"通宝"

上海欧冶金融信息服务股份有限公司（以下简称欧冶金服）是中国宝武钢铁集团有限公司（以下简称中国宝武）旗下的供应链金融服务平台企业，成立于2015年2月，下设欧冶保理、欧冶典当、欧冶担保、诚融动产4家子公司。欧冶金服的诞生是为了给钢铁生态圈参与方提供供应链金融解决方案，以现代科技赋能，"产业金融+金融科技"双轮驱动，打造集金融科技研发、生态圈金融服务、金融数据与风险信息于一体的金融服务平台。

"通宝"是买方（核心企业）基于应付账款，向其卖方（供应商）签发的电子债权凭证，具有可差额流转、便捷融资等特点。欧冶金服开发的"通宝"平台，可为"通宝"的签发、接收、转让、到期收款、向金融机构发起融资申请等提供全流程在线服务。"通宝"对供应商来说具有拆分灵活、无追流转、在线操作等优势，支持供应商收到"通宝"后进行差额流转，按其需求进行融资，而且约定以无追索权的形式进行流转，流程便捷简单。对核心企业来说，"通宝"可拆分、可融资、易流转的特点使核心企业的信用能够向上级供应商传递，通过金融和科技结合的双重力量，实现自身生态圈的可视化，在为钢铁行业供应链上的中小企业提供全新的融资渠道的同时，也改善了自身的采购交易条件。截至2021年1月25日，经过两年的发展，中国宝武旗下欧冶金服"通宝"业务已覆盖全国28个省市，累计交易规模成功突破1000亿元，进一步推动了供应链金融数字化转型发展，促进了"金融创新+科技服务"的融合发展。

三、类票据的优势

（一）可拆分、易流转

"金单""云信""通宝"等类票据产品具有可拆分、易流转的特点，解决了传统票据不可拆分、难以流转的问题，具有更加强大的支付结算功能。类票据的可拆分性可以实现企业根据实际需求拆分任意次数、任意金额进行融资，满足中小企业"小、频、急"的个性化资金需求，形成对现有信贷产品的良好补充。在这些供应链金融平台发行的类票据产品单笔融资金额可以做到几十万元，最小额度甚至可以为几百元，能够充分满足中小企业小额、低息、便捷的融资需求。企业在接收类票据后可以对其进行拆分，以满足金额不同的支付需求和融资需求，类票据在供应链平台注册的企业之间进行流通，能够消除企业之间的信息不对称，使得类票据的流动性高于传统票据。根据简单汇平台数据，"金单"流转最远已达第九级供应商，最多涉及126家供应商，可见类票据在供应链上的流动性之强。

（二）易融资、降成本

首先，类票据具有可拆分性，企业可以根据需求进行融资，得到与需求相应的融资金额，从而避免了资金浪费。其次，供应链平台可以提供多种多样的融资模式，包括合作银行直接出资、应收账款保理、供应链ABS等，使得企业可以根据自身情况来选择最适合自己的融资方式，优化资金管理，降低融资成本和经营成本。最后，类票据的融资可以直接在线上完成，免去了线下贷款的繁杂手续，T+0的到账体验是传统信贷所不能比拟的，为企业省下了大量的时间成本，高效的放款也能提高企业对现金的管理空间。以欧冶金服的"通宝"为例，"通宝"平台直接与宝武财务公司、工商银行、农业银行、建设银行、招商银行、中信银行、光大银行、徽商银行等金融机构对接，为生态圈客户提供全在线、T+0快速融资服务。除此之外，欧冶金服还搭建了"保理通"平台，为供应链中的应收账款提供更多融资解决方案，降低钢铁生态圈企业的资金管理运营成本。

(三) 传信用、解决"三角债"

类票据的流通实现了供应链企业的信用传递和共享。类票据通过拆分流转，解决了传统商票难追踪、难贴现及难流转的问题。类票据的可拆分性使得签发类票据的优质企业的信用量化、碎片化及流通化，实现产业链上各参与主体整体财务成本的全面下降、银行融资风险的有效降低，将优质融资服务穿透给最需要钱的中小企业。

与传统票据的结算功能一样，类票据也能通过结算功能将债务进行抵销。供应链平台上的企业可以通过签发类票据给供应商来抵销应付账款，同时也可以通过接收类票据来抵销应收账款，这样就能使供应链上的应收账款和应付账款转换为流动性更高的类票据，从而可以帮助产业链上的企业清理"三角债"，既提高了债务清理效率，又优化了企业财务管理。

四、类票据对票据市场的启示

类票据的诞生源于企业在使用传统票据过程中的痛点，虽然在上海票据交易所供应链票据平台上线后，传统票据不可拆分、难流转等痛点将成为过去式，但票据在融资端的问题还需要重视，同时要解决类票据平台不互通问题，加强制度和法律法规建设。首先，要推动上海票据交易所供应链票据平台建设进入新阶段。可以依托上海票据交易所推出的供应链票据平台，鼓励符合条件的大型核心企业自建供应链平台、第三方供应链服务平台接入上海票据交易所系统，并且为核心企业自建供应链平台、第三方供应链平台提供票据质押融资、贴现、转贴现、再贴现、供应链票据跨供应链平台流转等功能，使供应链票据能够跨平台流转，进一步增强票据的流动性。其次，积极发展票据在产业链、供应链、贸易链上的运用，增强产业链、供应链、贸易链上企业使用票据进行支付、结算、汇兑、融资、交易等日常经济活动的积极性。同时，为企业提供融资保障，缓解链上企业融资难融资贵问题，促进产业链、供应链、贸易链上商业信用的发展。最后，在规则制定和风险防范方面，可以以上海票据交易所为主导，在供应链票据实践中不断完善规则的制定，并积极完善供应链票据风险防范机制，把握好供应链票据平台准入门槛，做好供应链票据的信息披露，学习和借鉴简单汇、中企云链等供应链金融服务平台的风险管理经验，吸收市场的建议，聆听市场的声音。

第三节 区块链票据——区块链技术的应用

自票据诞生以来，其形态不断与时俱进，不同历史时期和技术环境孕育了多种多样的票据形态。以我国改革开放后恢复的票据市场为例，我国票据从最初的纸质票据形态到电子票据形态，其间经过了几十年的时间跨度，其中便蕴含着我国信息技术发展及普及的历史背景，技术不断驱动着票据形态的发展。随着互联网的发展，电子票据又不断适配互联网环境的需求，电子票据形态也发生了改变。随着大数据、人工智能等现代科技的发展，票据的数字化成为票据发展的必然趋势，尤其是在近年以比特币为代表的基于区块链技术的金融应用在市场上掀起热潮的背景下，基于区块链技术的数字票据正在被不断探索和实践。

一、区块链与票据的适配性

虽然中国票据市场逐渐完善，票据规模日益增长，但我国中小微企业利用票据进行融资仍然存在许多桎梏。中小微企业持有的很多金额比较小、期限比较短、由中小银行承兑的票据始终难以得到有效融资。传统金融机构因该类票据风险高、业务办理成本高等因素一直对具有类似融资需求的中小微企业缺乏足够的支持与服务。与此同时，近年来票据风险案件频发，多家银行因违规开展票据业务而受到监管部门的处罚。为控制票据业务风险，提高效益和创新性，各大商业银行纷纷参与到区块链金融科技的大浪潮中。

票据是一种可转让证券，作为一种价值凭证，具备支付和融资双重功能，具有价值高、承担银行信用或商业信用等特点。票据一经开立，其票面金额、日期等重要信息不得更改。票据还具备流通属性，在特定生命周期内可进行承兑、背书、贴现、转贴现、托收等交易，交易行为一旦完成，交易就不可被撤销。因此，其在流转过程中始终需要除了交易双方以外的第三方来保证参与交易者的安全性。票据的特点决定了其票面信息和交易信息必须具备完整性和不可篡改性。与一般的金融交易相比，票据交易金额一般较大，因此安全性要求更高。

区块链是指一个分布式可共享的、通过共识机制可信的、每个参与者都可以检查的公开账本，但是没有一个中心化的单一用户可以对它进行控制，它只能够按照严格的规则和公开的协议进行修订。其通过去中心化的、无须信任积累的信用建立范式，并集体维护一个可靠数据库，形成一种几乎不可能被更改的分布式共享总账（Distributed Shared Ledger）。从数据的角度看，区块链能实现数据的分布式记录（系统参与者集体维护）和分布式存储（所有节点可以或者选择保存数据）；从效果的角度看，区块链可以生成一套按照时间先后顺序记录的、不可篡改的、可信任的数据库，而且这套数据库不是存储在某一个中心服务器上。所以，区块链技术就是通过去中心化、去信任和加密算法来维护这套分布式数据库运转的技术。相较于传统的中心化技术，区块链有其独有的特点：一是区块链采用去中心化的信任机制，区块链网络上的参与者可以进行可信交易，无须担心交易对手伪造信息或身份抵赖；二是区块链通过密码学算法保护数据的安全性、完整性和不可篡改性；三是区块链运用多种隐私保护策略，可实现参与者在区块链上的匿名性；四是区块链提供可编程的智能合约，参与者很容易进行查看和发布合约。

区块链的特点决定了它与票据业务的高度匹配。区块链使用非对称加密算法、共识机制使网络节点之间达成信任，这种信任来源于算法而非第三方金融机构。区块链可实现智能合约编程，并自动成交，将其应用于票据领域可以优化票据业务流程，提高票据市场运行效率。区块链上的每笔交易完成后都要加盖时间戳，然后由记账者将交易数据发送至网络中的其他所有节点。时间戳可精确标示交易发生的先后顺序，因此区块链具有可追溯性和公开透明性，可以降低票据市场的风险。分布式传播、分布式记录的公共账本有助于监管部门调阅票据交易信息，为金融监管提供了一种新的思路。因此，区块链技术将在很大程度上改善票据市场。2017年3月15日赣州银行与深圳区块链金服公司联合推出了票链产品，2018年1月25日上海票据交易所成功实验了区块链数字票据。

二、上海票据交易所对区块链技术的探索——数字票据区块链平台

2016年，在中国人民银行总行领导下，上海票据交易所会同中国人民银行数字货币研究所，组织中钞信用卡产业发展有限公司和试点商业银行进行了基于区块链的数字票据的全生命周期登记流转的研究，当年12月15日实现原型系统并在模拟运行环境中试运行成功。2017年，上海票据交易所和人民银行数字货币研究所继续牵头，在原型系统上进一步开展工作，积极推动数字票据交易平台实验性生产系统的研发和投产上线，于2018年

1月25日投入生产环境并成功运行。

区块链数字票据是基于区块链技术，结合现有的票据属性、法规环境和市场实际而开发的一种全新票据形态。区块链数字票据与现有电子票据相比，在技术架构上完全不同，它既具备目前电子票据所有的特点和功能基础，又融合了区块链技术的新优势，从而成为一种更安全、更智能、更便捷、更具发展前景的票据形态。尽管票据自身的属性与区块链高度契合，但票据交易不同于比特币交易，不能过于强调去中心化和匿名交易，因此，不能简单地将比特币的交易机制运用到票据等需要身份管理、业务监管等机制的金融资产交易中来。所以在数字票据平台的建设中，充分考虑了区块链和票据本身的特点，打造了一套依托区块链技术、以智能合约为载体的数字票据技术基础设施。每张数字票据，都是一段包含票据业务逻辑的程序代码及对应的票据数据信息，这些运行在区块链上的数字票据拥有独立的生命周期和自维护的业务处理能力，可支持票据承兑、背书转让、贴现、转贴现、兑付等一系列核心业务类型，各种业务规则可通过智能合约编程的方式来实现。

与电子票据相比，区块链数字票据拥有巨大的核心优势。第一，系统搭建和数据存储不需要中心服务器，也不需要中心级应用，省去了中心应用和接入系统的开发成本，减少传统模式下的系统维护及优化成本，降低系统中心化带来的风险。第二，在区块链技术下，数据的完整性、透明性和通过时间戳的可验证性，使任何价值交换都可以追踪和查询，同时可以通过相应的技术实现对涉及商业秘密（如出票人、承兑行等）的屏蔽。第三，区块链的智能合约形式使票据在整个生命周期中具备了可编程性和可控制性。一是交易的控制方式更加多样化，例如，在实际交易中会存在票据代持（双买断）的模式，可以在交易一开始就将约定买回的日期通过代码的形式写入智能合约，待到期后票据将自动完成赎回买断。二是智能合约通过代码来实现，其硬控制性使票据的交易不再需要线下合同作为保证，避免执行中存在违约现象。新型数字票据平台试点运行过程中充分体现了其优越性，增强了业务透明度，提升了监管效率。新型数字票据平台试点也为票据业务创新带来了新的可能。除了传统的票据贴现、转贴现业务，票据质押业务、票据池业务、大面额票据打散成小面额票据交易等在票据法允许的范围内都可以做业务的试点创新。

数字票据交易平台是区块链技术应用于金融市场基础设施的一项重要举措。实验性生产系统的成功上线试运行实现了数字票据的突破性进展，对于票据市场发展具有里程碑意义。首先，实验性生产系统的成功上线试运行，是区块链技术首次在票据业务真实生产环境中的实践，证明区块链技术应用于票据业务场景可行。其次，通过实验性生产系统的建设，上海票据交易所积累了区块链开发应用经验，培养了一支专业队伍，为深入探索区块链技术在票据市场的应用打下了坚实的基础。最后，以实验性生产系统研发为契机，上海票据交易所将继续秉承以创新促发展、以创新促服务的精神，结合区块链技术，不断创新服务和产品，推动数字票据业务规范高效开展，为票据市场增加活力。

三、区块链票据存在的问题

（一）容量和效率问题

容量和效率问题一直制约着区块链技术在金融领域的正式商用。在区块链系统上发生的每一笔交易都要被记录，并且参与进来的每个节点都要下载存储并实时更新数据区块。一方面，每个参与节点的数据都完全同步容易造成较大的网络压力；另一方面，每个参与节点的存储空间容量要求可能会成为制约其发展的关键问题。票据市场的交易规模巨大，对短时间内的交易处理能力要求较高，一旦每秒产生的交易量超过系统的设计容纳能力，或者超过最弱节点的容纳能力，那么交易就自动进入队列进行排队，给使用者带来不良体验。要解决这个难题，除了采用工程优化、算法创新等手段持续提升单链性能，还需要系统整体架构上的创新。

（二）缺少加密机制

公有链通过"假名"机制实现匿名，但交易记录全局可见，缺少隐私保护，而真实的商业应用对于隐私有着多样和严格的要求，因此，真正的大规模应用需要密码技术的配合才有可能实现。此外，在区块链技术中并不存在加密机制，通常可以将自定义功能设置于区块链的节点上，但若是自行添加的信息中含有病毒的话，整个网络就会受到攻击从而陷入瘫痪状态。

（三）存在技术风险

基于区块链技术的去中心化的智能合约的应用需要复杂的程序代码，技术难度大，因此，即使再优秀的团队和完备的代码复核机制，仍然无法保证不存在任何安全漏洞。技术上存在的操作风险将可能成为黑客攻击的漏洞。另外智能合约正处于初始阶段，未来会发生什么风险难以预料。此外，法律和监管的空白也增加了区块链及智能合约的应用风险。

第四节　绿色票据——票据助力绿色发展

2016年8月，经国务院同意，中国人民银行、财政部等七部门联合发布《关于构建绿色金融体系的指导意见》，对绿色金融进行了定义并初步构建了绿色金融体系，指出了构建绿色金融政策体系的重要意义。虽然我国绿色金融产品种类日趋多样化，绿色信贷、绿色债券规模快速增长，绿色保险、绿色基金等产品也较快发展，但是产品结构还不均衡，各类产品的发展速度存在较大差异，有的产品发展规模较小。

目前，绿色票据的发展有限，国内外尚没有针对绿色票据的定义。根据《关于构建绿色金融体系的指导意见》对绿色金融的定义，绿色票据是指为气候、环保、资源优化配置等绿色项目开发、绿色企业项目发展、绿色项目产品创新、营运及风险管理提供的各类票据业务产品与服务的总称。绿色票据是由符合规定条件的绿色企业签发或者申请贴现的票据，包括绿色银行承兑汇票和绿色商业承兑汇票。政府部门、人民银行、银保监会等监管部门及各金融机构均已针对票据支持绿色产业发展开展了实践和理论探索，国内绿色票据的实践有以下三类：一是新疆克拉玛依的绿色票据实践，二是兴业银行的"绿票通"业务，三是人民银行深圳市中心支行的"绿票通"业务。

一、绿色票据的发展背景

2006年，我国进入"十一五"时期后，提出了降低能耗、减少污染的约束性指标，我国绿色金融开始起步。2008年，银监会、保监会、国家环境保护局发布多个环境保护及节能减排指导意见，绿色信贷、绿色保险以及绿色证券的基本规则初步形成。

"十二五"时期，绿色金融进入快速发展阶段。党的十八大首次将生态文明建设纳入中国特色社会主义"五位一体"总体布局，提出"绿水青山就是金山银山"的理论。《绿色信贷指引》《绿色信贷统计制度》等绿色金融制度密集出台，形成了包括业务指引、认定标准、统计制度、考核评价在内的政策体系。

2016年8月，中国人民银行、财政部等七部门联合出台了《关于构建绿色金融体系的指导意见》，全面阐述了构建绿色金融体系的要求，对绿色金融的发展给出了顶层设计，标志着绿色金融步入深化实施阶段，绿色金融正源源不断地为"美丽中国"建设提供金融支持。绿色信贷、绿色债券规模快速增长，绿色票据开始萌芽。

二、绿色票据的发展情况

2018年6月，兴业银行北京分行"绿票通"业务成功落地，在为中小绿色企业解决融资难、融资贵问题上实现了创新突破。首批享受"绿票通"服务的企业以低于当日市场贴现利率的价格完成了绿色票据的贴现，帮助企业以较低的财务成本实现了日常资金周转，得到了企业的一致推崇和好评。同月，人民银行克拉玛依中心支行成功办理新疆首笔绿色票据再贴现业务，实现货币政策工具支持绿色金融改革创新试验区新的突破，绿色票据资金主要投向克拉玛依市石油石化传统产业绿色化升级、落地原油等污染物无害化处理等改造项目。

2018年10月，人民银行深圳市中心支行设立首批规模为10亿元的"绿票通"专项再贴现额度，对由人民银行深圳市中心支行和深圳绿色金融委员会共同审定的"绿色企业名录"内的企业优先办理再贴现业务，为绿色小微企业提供了一个便捷、低成本的融资渠道。

2018年至2020年，全国各地商业银行分支行、中国人民银行各支行陆续开展绿色票据贴现、再贴现业务，受益绿色企业数量不断增长，绿色资金精准投放至绿色企业、绿色项目，绿色票据市场规模不断扩大，市场活跃度稳步提升。同时，有的地区已经开始为绿色票据的规范发展制定相关配套指导意见和规定，市场各方对绿色票据的研究也不断深入。

2019年，广东银行同业公会与中央财经大学绿色金融国际研究院发布的《绿票标准研究》认为，绿色票据标准的认定应遵循可识别、可操作、可计量和可推广的原则，首先需要在"标准设置环节"和"标准设置要素"两个方面进行统一，在综合考虑绿色相关目录的情况下，厘清绿色产业和项目的边界问题。2019年10月22日，在九江银行承办的绿色金融政银企对接会上，中央财经大学绿色金融国际研究院宣讲了由九江银行联合发起的全国首个绿色票据标准研究成果。

2020年3月25日，中国人民银行南昌中支正式出台并印发《江西省绿色票据认定和管理指引（试行）》，规范绿色票据认定标准。2020年4月

27日，中国人民银行南昌中支出台《关于运用再贴现工具支持绿色票据发展的通知》，安排相应比例限额专门保障绿色票据再贴现，为绿色票据再贴现开通"绿色通道"，不受单张票据金额限制，提供见票即办的专享服务。

2020年9月19日，中央财经大学绿色金融国际研究院在"2020中国金融学会绿色金融专业委员会年会暨中国绿色金融论坛"上发布国内首个绿色票据识别认证系统。绿色票据识别认证系统有助于商业银行准确识别绿色票据，提高申请便利性；对于第三方认证机构，可以通过业务处理留痕，防范"漂绿"风险；对于监管部门，便于绿色票据统计，也可为进一步决策提供数据支持。

三、绿色票据推广的意义

（一）落实国家绿色发展战略

党的十九大报告提出"建设生态文明是中华民族永续发展的千年大计，功在当代，利在千秋"。加强绿色金融创新，发展绿色票据可以推动金融机构合理配置金融资源，加大对绿色产业、绿色项目的信贷支持，促进经济与环境协调发展，加快推进生态文明建设，落实国家战略方针。

（二）扶持中小企业绿色融资

绿色金融体系目前遇到的一个突出问题是对各类非金融市场主体的渗透率不高，尤其缺少涉及中小微企业的渠道。近年票据市场的规模不断攀升，对中小企业的支持作用尤为明显，目前中小微企业在票据融资中的占比超过六成。票据签发便利。流动性高，以及交易过程标准化，可满足中小企业融资"短、频、急"的需求，而绿色票据可根据标准筛选出绿色中小企业，进行货币政策支持的"精准滴灌"。

（三）完善商业信用体系建设

票据尤其是商业承兑汇票，在构建商业信用体系方面具有明显的优势，其既是企业的结算及融资工具，也是商业银行资产负债调节的主要手段。绿色票据（尤其是绿色商业承兑汇票）的发展，可以进一步扩大商业承兑汇票的签发主体，丰富商业承兑汇票应用场景，推动票据信用评级体系建设，为进一步优化国内的商业信用环境创造条件。

（四）提高货币政策传导效率

一方面，绿色票据直接作用于实体经济，提供贸易结算、投融资功能；另一方面，人民银行可以通过控制再贴现总量、价格、行业、种类以及对象等要素定向、定量投放货币、引导市场预期，大大提升了货币政策的有效性和灵活性。

四、绿色票据发展面临的困难

（一）绿色票据基础设施有待完善

绿色票据的发展离不开基础设施建设，我国绿色票据基础设施有待完善。首先，我国有关绿色票据的各项规章制度还不完善。我国现有的规章制度没有对绿色票据的定义、特点及流程作出明确规定，绿色项目评估的基本要求尚不清晰，难以为绿色票据发展提供制度支撑。其次，我国缺少绿色信息平台。我国的绿色金融信息化水平不高，绿色项目信息化程度低，难以实现绿色金融融资信息共享，导致绿色票据融资效率低。最后，我国缺少绿色票据考核指标及监管要求。我国尚没有绿色票据业务的推进及监管的具体实施计划，绿色票据业务发展还处在尝试和摸索阶段。

（二）绿色票据缺乏激励性

由于现有绿色债券标准难以直接用于绿色票据的认证，票据高频次的背书流转增加了绿色票据认证的难度，绿色票据的发展受到了极大的限制。正是由于绿色票据的认证及监管在实践中存在一些操作上的问题，绿色票据的认证比绿色债券的认证更为复杂，绿色票据的风险防控要求也相对更高，因此在没有具体激励政策的情况下，绿色票据的市场规模难以得到充分的增长。

（三）银企关系中难以兼顾的盈利和风控

相较于一般的票据业务，绿色票据需要靠商业银行自行确定一个认定标准，这增加了商业银行的内部管理负担和业务压力，成本高于一般的票据业务。除此之外，各分支机构的客户经理有可能会为了完成业绩指标而存在故意"标绿"的行为，或与企业联合捏造虚假的"绿色背景"来获得绿色资金的支持，从而带来风险隐患。在目前的绿色票据发展环境下，银企之间难以兼顾盈利和风控。

第五节 票据应用理论研究——票据研究百花齐放

一、中国工商银行票据营业部

2000年11月9日，全国首家经中国人民银行批准的全国性、专业性票据经营机构——中国工商银行票据营业部在上海成立。中国工商银行票据营业部自成立以来，勇担"服务实体、助力普惠"的社会责任，秉承"专营、专业、专家"的大行气质，累计实现票据交易量逾30万亿元，直接交易客户数由成立之初的87户发展到2000余户，专业服务逐步覆盖了票据资产持有、票据交易运作、票据资产服务和票据产品创新等多个领域。

（一）打造智库，创办期刊

中国工商银行票据营业部成立后，为推进票据理论与业务实践的深入发展，成立了当时我国票据业界唯一的专业学术团体和研究智囊机构——中国城市金融学会票据专业委员会。中国城市金融学会票据专业委员会自成立以来，在中国城市金融学会的关心指导下，在人民银行、银保监部门的支持和外部媒体、高校及金融同业的帮助下，突出战略规划支撑作用，组织高层学术研讨，促进票据市场交流合作，开展课题研究活动。2002年3月28日，中国工商银行票据营业部联合中国城市金融学会票据专业委员会共同主办了当时国内唯一的票据专业期刊——《票据研究》，为服务票据业务经营、推动我国票据市场发展作出了积极贡献。《票据研究》自创刊以来，积极宣传票据业务政策，探索票据理论，开展票据实务研究，交流先进经验，传播票据业务知识，成为我国票据业界对外展示学术形象和研究成果的重要园地，是我国票据同业进行交流的重要平台。2008年、2012年，中国工商银行票据营业部与人民银行上海总部金融市场部两度合作出版了《2008年中国票据市场发展报告》和《新世纪中国票据市场发展报告（2000—2011）》。截至2020年9月，《票据研究》共发刊72辑，不断展现票据业务理论和实务研究的新成果，为我国票据事业的发展作出了积极贡献。

（二）中国金融业首个票据指数——工银票据价格指数

2003年5月，中国工商银行票据营业部推出中国金融业首个票据指数——工银票据价格指数,该指数于同年11月9日即中国工商银行票据营业部成立三周年之际正式对外发布。工银票据价格指数分为票据转贴现价格指数和票据回购价格指数两大类,发布周期为每周一次,目前工银票据价格指数对外发布的指定媒体为《国际金融报》和《金融时报》,对内则在工商银行网讯上发布。该指数客观地反映了票据市场的整体走势,对研究分析我国票据市场的利率变化具有重要参考价值,能全面、准确、及时地反映票据市场中票据交易的总体价格水平和变化趋势,为人民银行和各商业银行、票据业务机构提供了票据利率走势信息,是票据市场实现集中交易迈出的重要一步。

(三) 中国第一个权威性区域票据市场价格指数

2008年起,中国工商银行票据营业部先后牵头建立了上海、长三角地区和全国商业银行三大票据业务联席会议,并发布了全国第一个权威性区域票据市场价格指数——长三角票据贴现价格指数。该指数是反映长三角地区票据贴现市场在一定时期内平均价格水平和总体变化趋势的一个票据专业指数,具有科学性、代表性、公信性的特征,建立了反映长三角票据市场价格动态演变的"风向标"。

二、中国票据研究中心

2017年12月,上海票据交易所会同上海财经大学,联合中国工商银行、中国农业银行、招商银行、上海浦东发展银行、兴业银行、中国民生银行建立了中国票据研究中心。中国票据研究中心自成立以来,本着"优势互补、资源共享、互惠共赢"的原则,加强市场各参与方的沟通交流,提升市场参与者在理论研究和人才培养等方面的协同创新能力,推动中国票据市场改革发展,构建票据市场发展的学术高地和研究成果转化平台。

(一) 汇聚专家学者,搭建交流平台

上海票据交易所每年举办票据市场高峰论坛,邀请市场主管部门、地方政府、金融机构、企业与高校等各界人士参会,如"票据市场改革发展高峰论坛""票据市场支持经济高质量发展高峰论坛""双循环新发展格局下票据市场发展高峰论坛"等,结合当年宏观经济形势与政策、金融市场重点热点问题展开讨论。开办多期"活水讲坛",特邀业界专家学者谈宏观、评市场、讲业务,汇聚业内专家学者智慧,借鉴国内外金融市场发展经验，从而更好地引导票据市场的"活水"，服务实体经济发展。推出"票据论道"，每期聚焦一个主题，围绕票据市场发展中的重点热点难点问题，展开深入研讨，以问题为导向，通过专题研讨的形式，促进业界交流，形成思想共识。

(二) 开展票据市场课题研究与征文活动

中国票据研究中心自成立以来，组织理事单位与高校开展年度重点课题研究，围绕完善票据市场运行机制、票据法律法规制度修订、创新供应链金融服务模式等开展深度研究和深入研讨，为政策制定、市场建设提供了扎实的理论支持和实践参考，为票据市场改革创新发展建言献策。

中国票据研究中心每年组织票据市场征文活动，投稿数量逐年增多，稿件质量不断提高，有效推动了市场主体对票据业务的思考交流和社会各界的更多关注。2021年，推出研究中心工作论文，通过新媒体渠道不定期对外发布，进一步促进市场交流。

(三) 编写书籍，出版刊物

上海票据交易所发挥密切联系全国票据市场参与者和集中票据信息数据的优势，积极担当作为，先后出版书籍10余本、共220余万字。

上海票据交易所编写出版了《中国票据市场：历史回顾与未来展望》，通过全面回顾票据市场三十年来的发展历程，深入思考票据市场转型发展的必然性和必要性，探讨票据市场的未来发展方向，为票据从业人员提供了实用的参考资料。同时，上海票据交易所联合市场上具有代表性的金融机构每年共同开展《中国票据市场发展报告》编写工作，发挥市场成员作为市场转型实践者的积极性，为中国票据市场发展史续写篇章。

2019年，为集中展现与分享中国票据市场的新形势、新动态，上海票据交易所依托中国票据研究中心创办了《中国票据市场研究》季刊，面向全市场征集稿件并编辑出版优秀理论成果，为票据市场参与者搭建了专业权威、开放共享的学术交流阵地。

三、江西财经大学九银票据研究院

在"十三五"初期，国内首家票据研究院——江西财经大学九银票据研究院正式成立。江西财经大学九银票据研究院是由江西财经大学和九江银行联合建设的一家非营利性票据研究机构，成立于2016年11月6日，其时正处票据市场蓬勃发展、票据风险事件频发、上海票据交易所成立的特殊历史时期，江西财经大学九银票据研究院代表着理论界与业界的首次深层次合作，属国内第一家，对于推动中国票据市场发展具有积极意义。江西财经大学九银票据研究院的设立旨在引导票据市场规范有序发展，推进票据与实体经济的融合，打造高端票据领域智库和面向全国的交流合作平台。

成立五年多来，江西财经大学九银票据研究院坚持以引导票据市场规范有序发展，推进票据与实体经济融合为宗旨，以着力打造高端票据领域智库和面向全国的交流合作平台为目标，服务票据市场发展，在江西财经大学和九江银行的指导下，在江西财经大学九银票据研究院所有专家学者、秘书处工作人员的共同努力下，在社会各界的共同支持下，取得了一定的成绩。

（一）打造核心团队，做实票据业务新研究

江西财经大学九银票据研究院作为国内首家票据研究院，不断扩充研究团队，打造高端票据领域智库。连续五年来，持续聘请国内知名金融界学者，中国社会科学院、中国人民大学、复旦大学、华东政法大学、上海财经大学、同济大学、江西财经大学、江西师范大学等高校专家教授，国有银行、股份制银行、城商行、农商行等总行机构票据负责人及业务骨干为智库专家。目前研究院聘任资深研究员3人，高级研究员40人，研究员22人，研究专家1人。研究院设院长、执行院长各1名，顾问3名，副院长2名，秘书长1名。

江西财经大学九银票据研究院本着应用理论研究的原则，不断加大研究力度，力求研究内容变丰富、研究成果提质量、研究水平上台阶。在江西财经大学九银票据研究院所有研究员的共同努力下，学术成果势头向好。其中，累计通过微信公众号推送研究文章三百余篇。发表《建设中国票据市场框架体系的研究》《发挥票据价格指数作用正确引导票据市场发展》《以科技为抓手建设上海国际票据交易中心》《红色票据发展的六大启示》等100多篇研究成果在《金融时报》《上海证券报》《中国证券报》《当代银行家》《货币市场》《国际金融报》《现代金融导刊》《金融言行》《上海立信会计金融学报》《征信》、中国金融信息网、中国经济网等国家和省部级报刊、媒体上，部分研究成果的点击率达百万以上。同时，近几年研究院每年还发布中国票据发展指数、中国票据价格指数，系国内独家。

在自主研究的同时，江西财经大学九银票据研究院也积极参与业内其他研究活动。2018年，在上海票据交易所主办的"中国票据市场改革与发展"征文活动中，江西财经大学九银票据研究院同时斩获一等奖与三等奖；在中国银行业协会主办的"中国票据市场与小微企业融资"主题征文活动再获殊荣。2019年，在中国票据研究中心主办的"票据市场高质量发展"主题征文活动以及江西省金融学会"票据市场发展与创新"征文活动中，研究院均同时斩获一二三等奖。2020年，在中国票据研究中心与江西省金融学会组织的征文活动中，研究院再获佳绩。

充分发挥智库力量，积极参与票据书籍编著及课题研究。五年多来，江西财经大学九银票据研究院出版8本票据书籍，共计300多万字。2018年，参与编写上海票据交易所主导的《中国票据市场：历史回顾与未来展望》一书；同年，出版了国内首部票据研究生教材——《票据基础理论与创新》；2019年，部分研究员编写了《中国票据市场创新研究》一书；2020年，出版第一部票据历史著作《票据史》，完整勾勒了中外票据历史轮廓；2021年出版《票据学》一书，对票据基础理论与知识、票据运作与机理、票据发展与规律进行探讨。其中，由江西财经大学九银票据研究院编著的《票据史》入选2020年度经济学图书100种。2019年研究院部分研究员参与研究的"依托科技中心在上海建设国际票据交易中心"这一重大课题正式通过由上海市政府发展研究中心、复旦大学、上海财经大学和上海交通大学共同建设的高水平学术机构和高端智库论证结项。

（二）搭建学术平台，促进票据市场新发展

过去五年多的时间里江西财经大学九银票据研究院有针对性、有目标、有层次地举办多次学术会议，围绕票据市场的新变化、新趋势，分享对票据市场发展的新思考。研究院联合江西省金融学会在南昌举办中国票据市场"票据业务服务高质量经济发展"学术交流会、票据服务产业链供应链发展研讨会；联合上海金融与发展实验室在上海举办票据发展与创新研讨会；联合江西省高级人民法院民二庭分别在南昌、共青城举办"中国票据市场与票据纠纷案件裁判规则"专题研讨会、《票据纠纷案件裁判规则（初稿）》修改研讨会；联合华东政法大学、江西财经大学等高校分别于上海、南昌等地举办"中国票据论坛—票据法律法规"研讨会、"标准化票据与后疫情时代票据市场发展研讨会暨《票据史》首发式"等会议；联合邮储银行、浙商银行、九江银行、汉口银行、郑州银行、柳州银行、厦门农村商业银行等分别于北京、杭州、武汉、郑州、柳州、厦门等地举办"新时代票据业务发展与创新"研讨会、中国票据论坛暨"改革开放四十年票据市场回顾与再出发"研讨会、票据市场"高质量发展与经营转型"研讨会、中国中小银行票据协同发展论坛"不忘初心牢记使命中小银行票据服务实体经济发展"会议、中国中小银行票据协同发展论坛"中小银行票据经营转型与风险管理"会议、中国中小银行票据协会发展论坛"纸电融合后中小银行票据业务的机遇与挑战"会议等。论坛现场气氛活跃，交锋激烈，干货满满，论坛形成的会议材料得到各家媒体的蜂拥转载，在社会上形成了广泛影响力。

（三）服务票据市场，助力实体经济新局面

江西财经大学九银票据研究院不仅专注于学术研究，也注重服务票据市场、服务实体经济。成立"中国票据论坛"，从市场热点出发，为票据市场准确把脉，共同联合学界、业界的力量与智慧，建立广泛的合作交流机制，为推动票据市场创新转型聚集高端人才，为推动票据市场高质量发展贡献智慧，为推动票据市场更好地服务实体经济贡献力量。2020年8月29日，研究院在新华社中国金融信息中心（上海）挂牌成立中国商票研究中心，旨在广泛集结各方力量和智慧，积极开展研究与讨论，充分发挥票据智库的作用，加快研究成果产出，培养专业人才，进一步加强票据市场服务实体经济的广度与深度。研究院针对中小银行发起"中国中小银行票据协同发展论坛"，该论坛以"资源共享、发展共赢"为宗旨，倡导各成员单位达成《中小银行票据经营自律宣言》，共同推进票据业务发展。江西财经大学九银票据研究院坚持推动产学研一体化，优先为中小银行成员单位提供智库支持，把研究成果优先应用于中小银行，各成员单位间主动优先开展票据同业授信工作，通过论坛平台加强沟通协作，建立信息互通与共享机制，互帮互助合作共赢。

（四）站稳三尺讲台，培育票据市场新人才

江西财经大学九银票据研究院与江西财经大学、九江银行共同建设全国首个票据方向研究生点，依托江西财经大学的金融教学实力，通过理论课程的学习，聘请票据专家作为校外导师，借助江西财经大学九银票据研究院作为实战基地，目前已合作培养4批共32名票据方向研究生，致力于票据领域专业化人才的培养，为票据市场创新和发展提供源源不断的新生力量。

目前，第一批票据方向研究生已经在人民银行、商业银行、财务公司工作，第二批、第三批票据方向研究生走上了银行、大学等工作岗位，第四批已经进入票据理论的学习并准备就业。同时，江西财经大学九银票据研究院多年来也一直在为上海财经大学、江西师范大学金融会计专硕研究生开设票据理论与实务课。在注重培养高校学生的同时，江西财经大学九银票据研究院也在培养社会专业人才方面积极作为。江西财经大学九银票据研究院分别于2018年11月和2020年11月举办两期金融机构票据业务经营与管理研修班，邀请多位国内知名专家授课，通过专题讲座、参观游学、互动交流等多种方式带领来自全国近140名高级管理人员、票据业务人员开展多角度、全方位的学习。

（五）举办征文活动，动员业界开展票据研究

江西财经大学九银票据研究院定期面向社会举办票据征文活动，成立五年多来，共进行了五期征文，获得了社会各界人士的热烈关注和响应。自2016年11月6日首次登出征文启事到2021年7月15日征文活动截止，总共收到了380余篇投稿。文章作者们来自大专院校、银行和非银行金融机构等社会各界。根据研究院的征文要求，作者们结合自身工作经验，基于对当下票据市场的认识，展示了对票据行业的憧憬和期待。在对所有来稿进行集中整理的基础上，研究院邀请来自中国人民银行、商业银行、高校教授和业界专家组成评委团，以匿名打分方式对稿件进行评审，按照综合分数高低，五期征文活动共评选出特等奖6名，一等奖12名，二等奖26名，三等奖52名，鼓励奖75名。

四、其他票据研究机构

为完善票据行业自律管理体系，规范票据支付服务行为，推动票据产业持续健康发展，中国支付清算协会票据工作委员会于2013年9月27日成立。中国支付清算协会票据工作委员会自成立以来，积极组织开展票据市场研究。一是研究了票据行业相关法律法规，推动和配合业务监管部门出台、修订相关法律法规，并制定了票据业务行业自律规范和工作指引，引导成员单位加强内控制度建设，完善了票据风险管理机制和票据行业自律管理体系。二是研究了票据电子化推进策略、措施以及支付密码的推广应用，促进了电子票据应用及创新发展。三是积极调查、收集、反映业内意

见和建议，吸纳专业人才组成票据业务专家小组，开展票据业务研究、咨询活动，建立了从业人员法律法规、业务、技能培训机制，向社会公众开展票据业务普及性宣传教育，与业务监管机构或其他相关部门开展业务交流，共同探讨票据市场发展方向。

为加强银行业与票据市场各方的沟通、传导票据监管政策、规范票据经营行为、净化票据市场环境、维护银行业权益，2014年11月18日，中国银行业协会票据专业委员会成立大会暨一届一次全体会议在京召开，中国银行业协会票据专业委员会的成立标志着我国票据业务发展迈上了规范化和自律化的新台阶。中国银行业协会票据专业委员会自成立以来，积极开展票据市场研究，根据票据业务发展需要和会员单位诉求，提出立法、行政和司法建议，协助和配合监管部门出台、修订相关法律法规及规范性文件，组织行业专家开展课题研究工作和实务调研活动，研究探索票据业务同业纠纷调处机制。在票据培训方面，中国银行业协会于2014年11月18日至19日在北京举办全国银行业首期票据业务高级研修班；在课题开展方面，中国银行业协会积极组织常委单位的票委会办公室主任、副主任联系人及成员单位票据业务相关负责人进行课题撰写，连续多年开展《中国票据市场发展报告》课题研究；在征文活动方面，2018年，中国银行业协会票据专业委员会与《中国银行业》杂志社联合开展"中国票据市场与小微企业融资"主题征文活动，为票据实务界与理论界的票据市场研究新成果提供了专业的展示平台。

随着票据市场快速发展，市场规模不断扩大，全国各地票据交易量持续增长，票据成为服务各省市企业短期融资的重要金融工具，为促进票据对区域经济发展的推动作用，一些省市先后成立了票据协会、票据专业委员会。2013年8月16日，由中国人民银行石家庄中心支行牵头组织，河北省金融票据协会（后更名为河北省金融市场协会）正式成立。协会成立后，以河北为支点，建立了与京津冀、环渤海经济区域票据业务的沟通渠道。2015年1月15日，上海市金融学会票据专业委员会成立大会暨"新常态新机遇"票据论坛在沪举行，会议由上海市金融学会、中国城市金融学会票据专业委员会主办，中国工商银行票据营业部承办，上海市金融学会票据专业委员会正式成立。上海市金融学会票据专业委员会成立后，积极推动上海地区票据业务创新发展、规范发展，开展高水平的学术研讨、政策研究及票据业务知识的培训、推广等工作，为上海地区票据市场发展提供有力的决策支持，为服务上海国际金融中心建设、上海自贸区建设发挥了积极作用。2017年9月14日，为加强对票据理论和业务发展的研究，江西省金融学会票据专业委员会成立大会在南昌前湖迎宾馆举行，江西省金融学会票据专业委员会正式成立。江西省金融学会票据专业委员会成立后，不断在票据服务实体经济等方面进行理论及实务研究，组织开展票据主题征文活动，协同人民银行及其他市场监管机构开展多次票据业务发展研讨会，在引导票据回归服务实体经济本源，推动经济高质量发展等方面发挥了重要作用。

近年来，金融科技被不断运用到金融市场中，金融产品不断创新发展，大数据、云计算、人工智能、区块链等先进技术运用到票据领域，使得票据的未来发展充满了无限可能。在数字化不断推进的背景下，票据理论与实践、票据风险与管控、票据创新与发展三者的协调发展是引导票据市场规范有序发展的重要保障。2017年6月3日，由中央财经大学协同云票据（深圳）金融服务有限公司、北京市京师律师事务所、兴业数字金融（上海）股份有限公司联合主办的"中央财经大学·云票据研究中心首届票据峰会"在北京国家会议中心圆满召开，中央财经大学云票据研究中心正式成立，打造了一个高端票据领域智库和面向全国交流合作的平台。

小 结

在鼓励供应链金融发展、金融科技不断运用的背景下，票据市场创新业务和产品层出不穷。上海票据交易所自成立以来，始终聚力前沿科技，以科技创新带动业务创新，以科技进步推动票据市场提质增效，努力推动票据市场更好地发展。这些创新应用加强了票据的支付、结算、融资、交易、信用等功能，为票据的全生命周期注入活力，使得票据的签发、流转及融资等都更加高效便捷，极大地降低了中小企业的融资成本，提高了实体经济从金融系统中获取资金的效率，为票据服务实体经济提供了更加有力的抓手。除此之外，票据研究领域也百花齐放，票据研究成果为票据市场制度建设、业务优化等提供了参考基础，为票据市场改革添加了动力。票交所时代，在上海票据交易所的引领和江西财经大学九银票据研究院等研究机构的努力下，中国票据市场创新及理论研究轰轰烈烈，中国票据市场以创新为帆，即将远航。

第十章 票据简史思考

第一节 票据功能演变与服务经济金融

一、票据功能演变

票据的功能作用是在其千百年发展历程中随着商业经济和信用的发展而不断补充完善的,这也是票据延续千百年仍然能够不断展现新活力的关键所在。从周朝的质剂、傅别、书契开始,它们是票据的雏形,由于借贷活动而产生,其两分法的使用方法一直延续到唐朝的飞钱,发挥的是取款凭证的作用。到了唐朝,商业贸易发达,产生了异地汇兑的需求,跨区域官营信用机构的建立为票据的异地使用提供了强有力的信用支撑,加上存款观念的逐步形成及商业信用环境的初步建立,票据汇兑功能的产生有了基础,于是飞钱应运而生,有效地促进了当时跨地域贸易的开展。宋朝时,交子、会子的流通范围相比前朝更加广泛,票据广泛应用于商品交易中,并最终演化为信用货币,开创了纸币使用先河,这一过程中,票据支付结算功能得到了强化。进入清朝前中期,票据使用更加规范,使用票据交易商品的观念已然深入人心,钱庄、票号等机构在日常经营中大量使用票据,使票据影响力进一步增强,钱庄银票、钱票、庄票、汇票、票号会票等票据在市场上广为流通,尤其是票号推动汇兑事业空前进步,票据支付结算、汇兑功能在这一时期明显增强。与此同时,钱庄、票号等金融机构均支持票据贴现业务,票据融资功能开始显现。增信制度方面,已发现的清朝票据显示,不仅在经济发达的城市,乡村地方小市场中票据也大量流通,其主要充当土地买卖及农副产品交易的支付手段,为处理赊货交易提供信用保证,乡村票据信用主要来自土地及与土地相联系的熟人社会,往往需要使用抵押、担保等增信措施。这表明票据信用制度更加成熟完善,信用功能进一步加强。晚清时期,随着西方列强的侵入,我国传统票据开始与西方票据深度融合，汇划制度的建立开启了票据集中清算时代，极大地提升了票据清算效率，进一步促进了票据的广泛流通。

民国时期，经过一段中西方票据并存的混乱发展时期，有了从晚清时期开始出台商事及票据法规的经验基础，融合了中西方票据制度的《中华民国票据法》终于在1929年出台了，这是我国历史上第一部票据法，标志着我国票据市场探索发展初见成效。此后，票据承兑贴现开始被政府大力推广，并成立了上海银行票据承兑所以及重庆联合票据承兑所，中央银行再贴现制度也逐步建立起来，部分金融机构也支持转贴现业务，票据市场框架体系有了雏形，但由于当时政局不稳定、货币及信用制度混乱、政府缺乏足够的市场影响力等原因，完整的票据市场框架体系并未建立。在这一时期，票据主要发挥的是支付结算及融资功能。

新中国成立后，我国经历了一段计划经济时期，这一阶段商业信用被限制，票据发展非常有限。1978年党的十一届三中全会宣布要进行改革开放后，我国告别了之前的计划经济时代，开始逐步探索发展社会主义市场经济，新中国的票据市场也在这一波浪潮中开始逐步发展起来。其中，1978年到1994年是票据市场的萌芽阶段。在此期间，为解决"三角债"问题，控制企业债务风险，中国人民银行开始尝试开展票据业务，推动商业信用票据化，并发布了一系列管理办法来推动票据业务的发展，但由于当时市场经济刚刚起步以及相关规章制度不够完善等原因，票据业务的发展比较缓慢。以1995年具有里程碑意义的《中华人民共和国票据法》的出台为标志，票据市场开始步入规范快速发展阶段。在此阶段，中国人民银行在总结前期商业汇票探索经营的基础上继续推进票据市场的规章制度建设。随着《票据法》《支付结算办法》《商业汇票承兑、贴现与再贴现管理办法》等一系列法律法规、部门规章的颁布，明确了我国票据市场的发展方向，我国票据市场的法律框架基本形成。随着我国首家票据专营机构——中国工商银行票据营业部的成立，票据业务的经营更加专业化，票据市场的参与主体更加多元化。也是在这一时期，中央银行的再贴现制度逐步完善，再贴现工具开始发挥指挥棒的作用。随着市场经济快速发展以及票据市场制度体系不断完善，我国票据市场也得到了快速发展。2009年到2016年是票据市场的变革发展阶段。2009年，由中国人民银行建设并管理的具有里程碑意义的电子商业汇票系统（ECDS）正式建成投产，标志着我国票据市场进入了电子化时代。这一时期主要呈现以下四大特点：一是电子商业汇票加快发展；二是票据市场创新不断涌现；三是票据资金化运作趋势明显；

四是大额票据风险事件集中爆发。2016年12月8日，随着具有里程碑意义的上海票据交易所宣告成立，中国票据市场步入规范创新发展阶段。上海票据交易所是我国金融市场的重要基础设施，是我国票据领域的登记托管中心、业务交易中心、创新发展中心、风险防控中心、数据信息中心，它的成立对于我国票据市场的发展具有划时代的意义，标志着我国票据市场从此进入集中交易时代，票据市场迎来了新发展阶段，票据创新层出不穷，制度建设日趋完善，科技应用快速推进，如今票据已经发展成为集汇兑、支付、结算、融资、调控、信用、投资和交易多种功能于一体的重要金融工具，在促进实体经济发展、推动金融供给侧结构性改革、传导货币政策等方面发挥着不可替代的作用。

二、票据服务经济金融的发展

纵观我国的票据发展史，票据起源于商品经济、货币经济、信用、金融发展的需求，在市场探索与政府规划中不断发展，在其基础上，票据汇兑、支付、结算、融资、信用、投资、交易、调控的功能不断被发掘，票据在社会经济中发挥的作用也不断提升。实践证明，票据发展的宽度和深度以及速度需要与经济、金融、信用发展相匹配，票据制度的设计应能显著发挥票据在当前历史发展阶段的功能作用。好的票据制度可以规范市场各方的票据行为，明确票据关系和票据当事人之间的权利义务，减少交易过程中的诸多不确定性，促进商品经济的发展。滞后于行业发展的制度会影响票据市场产品创新，监管制度在某些领域的重叠或缺位会阻碍票据市场健康发展，影响票据服务实体经济作用的充分发挥。

票据服务经济金融发展是票据制度的源泉，是票据制度的根本服务对象。好的票据制度一定要与当时的经济信用金融发展情况相匹配，最终要更好地服务于经济与票据市场发展。一个国家一定时期的票据制度，只要在宏观上能够反映本国的经济金融发展水平和基本国情，能够代表先进生产力的发展方向，促进市场经济的发展，与时俱进；在微观上能够方便票据使用，减少经济参与主体之间的纠纷，充分发挥票据的功能，就是科学的、先进的、合理的。不管是民国时期《中华民国票据法》的制定、承兑贴现制度的建立还是新中国成立后《中华人民共和国票据法》等一系列法律法规的制定，都体现着这一规律。

具体而言，票据的作用主要体现为对实体经济、信用、货币市场、资本市场的积极意义。对实体经济而言，首先，票据可以为实体经济发展提供支付便利。使用票据代替现金作为支付工具，既避免了使用大量现金，还可以通过背书的方式进行票据转让，从而促进流通，提高效率，让企业的各类商品交易更加迅速、准确和安全。对购货方而言，签发票据作为货款支付方式可以获得延期支付的益处；对销货方而言，接受票据，在一定程度上获得购销金额一定比例的商业折扣等优惠条件，以及将持有的票据背书转让，获得融资或支付便利。其次，票据可以为实体经济提供便捷和低成本的融资渠道。票据业务的快速发展为实体经济，尤其是中小企业提供了便捷的融资通道和低成本资金，促进了核心企业信用向中小企业的传递，降低了企业融资成本，有效扶持了中小企业发展壮大。对商业承兑汇票来说，一方面，它使用方便，流程简单，企业可以根据生产经营的不同需要，在承兑能力内进行自主签发，避免银行贷款审批制约，拓宽了企业融资渠道；另一方面，签发商业承兑汇票无须缴纳保证金和承兑手续费，并通过支付信用票据遏制货款拖欠、增强流动性，降低了企业融资成本。而银行承兑汇票具有银行信用，往往比普通贷款融资成本低，而且流程简便，获得资金周期短。特别是对于信用等级相对较低的中小企业，银行承兑汇票具有银行信用及放款速度快等特点，对解决我国中小企业融资难问题具有得天独厚的优势和信用。

在信用方面，票据是承载信用的核心载体，银票代表的是银行信用，商票代表的是商业信用，在风险可控的情况下发展票据有利于进一步挖掘社会信用，减少货币投放，票据与供应链的深度融合可以使企业融资规模在银行传统授信的基础上进一步提升，从而帮助企业充分开发融资渠道，满足其融资需求。

在金融方面，首先，票据业务有助于推动货币市场发展。各类票据产品是货币市场的重要交易产品，票据市场已经发展成为货币市场的重要组成部分。金融机构之间的转贴现业务，加快了短期资金的融通和调剂，是银行等金融机构的重要资产业务。以中央银行的再贴现、回购为代表的货币政策工具，使得票据在货币政策传导、促进信贷机构调整和引导扩大中小企业融资范围等方面发挥了重要作用。

其次，票据业务有助于丰富金融市场产品。由于票据具有支付、资金、信贷和资产多重属性，加上持票机构的多元化和跨领域流通，以票据为载体的衍生产品成为连接货币市场和资本市场的重要创新，如票据资产证券化、票据贴现和转贴现期权、票据贴现利率互换和期限互换等。一方面，票据作为核心载体可以发挥货币市场低风险、期限短、流动性高等特点；

另一方面，金融工具的引入可以在风险可控的前提下提高收益，使得票据成为金融投资产品创新的重要载体。除此之外，银行等金融机构已经陆续推出票据增值服务型创新业务，具体有：包括咨询顾问的中介服务产品，包括经纪、秒贴等的智能型产品，包括票据资产管理、票据池等的增值型综合性服务产品。这些新型票据产品的开发不仅丰富了金融市场产品，满足了企业融资需求，增加了金融机构收益，而且还有利于加快利率市场化进程。因为票据交易的价格受资金供求关系影响较大，对市场敏感性较强，已经形成了较为完备的市场价格指数和形成机制，加上票据贴现与短期流动资金贷款本身存在竞争性的替代关系，金融机构有条件通过客户细分来扩大贷款浮动范围、分级定价，从而引导贷款利率市场化的进程。

第二节　票据发展启示与未来思考

一、票据发展启示

票据因信用而生存，因支付而发生，因融资而发展，因创新而繁荣，因服务实体经济而发展空间无限。

（一）服务实体经济，发挥票据比较优势

支持实体经济发展是票据市场的一个重要职能，千百年来，票据市场在服务实体经济方面扮演着重要的角色。早在周朝时期，被用作信用贷款凭证的傅别、质剂等票据雏形就已出现，唐宋时期的飞钱、书帖、交子等进一步促进了中国古代经济发展，清朝时期钱庄、票号等旧式票据的发展为企业贸易发展提供了极大的便利。20世纪30年代，在经历了数次经济与社会动荡后，中国工商业困境重重，为调节市面资金，推动工商各业发展，承兑汇票及贴现业务作为救市良剂被广泛倡导。抗日战争时期，四联总处联合贴放制度的出台，以及国民政府为推动票据贴现业务所作出的种种努力都是为了维持经济发展、支持农工商矿各业稳定运行，包括重庆票据联合承兑所的创办，其目的也是辅助工商、促进生产，其承兑的票据用款需以生产有关事业者为原则。各时期革命根据地本票、期票、支票等也是以支持生产、助力根据地事业发展为目的而发行。新中国成立后，为支持私营事业发展以维持国计民生，人民银行开始办理票据承兑业务。改革开放后，为解决企业"三角债"问题和发展商业信用，票据业务开始被恢复。

票据的推出，不但厘清了企业间的债务问题，还有力地支持了商品经济和改革开放的发展。此后，各类制度相继出台，规范了票据业务发展，推动了票据服务实体经济进程。电子商业汇票出台以来，各商业银行加速票据创新步伐，强有力支持了实体经济发展。上海票据交易所成立以后，票据创新大放异彩，瞄准企业发展痛点，有针对性地推出了各类票据创新产品，进一步拓展了票据支持实体经济发展的深度与广度。

作为集支付、结算、融资、投资、交易、调控于一体的信用工具，相较于债券、股票、贷款、应收账款、信用证，票据具有准入门槛较低、安全便捷高效、法制基础良好、基础设施健全、功能作用丰富等优势，尤其是电子商业汇票具有数据化签发、安全性高，电子化交易、透明高效，制度化保障、适用性广的特点，在支持实体经济发展尤其是中小微企业发展方面具有覆盖面更广、支持力度更强、更经济的优势，可以充分发挥票据比较优势，助力实体经济发展。

(二) 建设制度，护航票据市场发展

票据制度建设与票据发展相伴相生、相辅相成、相互促进，是票据市场健康发展的基本保障。民国初期，北洋政府五载立法拉开了中国票据市场法制建设的序幕，《中华民国票据法》的出台改变了中国近代史上票据业务无法可依的局面。安徽蚌埠贴现公所的成立，一改长期以来的票据市场兼营模式，成为中国第一个票据专营机构，中国票据市场组织制度由此发生了深刻的改变。1933年上海票据交换所成立后，改变了以往的票据清算制度，引入全新的集中清算方式，清算效率得到提高。抗日战争时期，国民政府进一步推进票据市场发展，推动制度规定不断完善。中央银行票据清算职能得以确立，重贴现开始正式划归中央银行办理。解放战争时期，中央银行主持票据交换的范围扩大至全国，在上海票据交换所的积极推动下，票据交换制度完成了由直接交换制度和代理交换制度并存向直接交换制度的转变。新中国成立后，《商业汇票承兑、贴现暂行办法》《再贴现试行办法》《银行结算办法》等一系列制度规定相继出台，为中国票据的使用和《票据法》的出台奠定了基础。1995年《票据法》出台开启了中国票据市场发展新篇章。随着《票据法》《支付结算办法》《商业汇票承兑、贴现与再贴现管理办法》等一系列法律制度的出台，中国票据市场法制体系基本形成。也是在这一时期，中央银行再贴现制度逐步完善，再贴现开始发挥指挥棒的作用。2009年，中国人民银行电子商业汇票系统上线，随之颁发的《电子商业汇票业务管理办法》及 8 个规范性制度为推动中国电子商业汇票发展和流通提供了制度保障。面对票据市场乱象频发，银保监会也发布了一系列制度规定，旨在规范金融机构同业业务经营行为，有效防范和控制票据风险。自上海票据交易所成立以来，各项票据制度密集出台，为市场发展带来了深刻的变化。可以说，票据市场经过百年的发展，在制度建设方面不断丰富完善。然而，不可否认的是，中国票据市场制度建设还存在一些问题。一方面，票据法制建设滞后于票据市场发展；另一方面，票据制度要求的统一性，以及部分制度的合理性给票据市场的发展带来了挑战。

票据制度可以规范票据使用主体和票据市场参与主体的行为，实践表明，一个国家一定时期的票据制度，只要在宏观上能够反映本国的经济发展水平和基本国情，能够代表先进生产力的发展方向，促进市场经济的发展，与时俱进；在微观上能够方便票据使用，减少经济参与主体之间的纠纷，充分发挥票据的功能，就是科学的、先进的、合理的。未来票据市场的发展需要完善票据市场制度建设，可以在以下几个方面寻求突破：(1) 承认票据无因性，试点融资性票据；(2) 加速推动《票据法》修订，明确电子商业汇票、供应链票据、标准化票据等票据创新产品，以及票据衍生产品的法律地位；(3) 完善票据市场协调监管制度；(4) 调整信贷资产和风险资产的计提规则；(5) 完善信息披露机制，推动建立票据评级、评估、担保机制；(6) 实行票据经纪制度，建立规范化的准入和退出机制。

(三) 务实基建，奠定票据市场基石

票据市场的长久发展离不开必要的基础设施建设。1933 年上海票据交换所成立，改变了以钱庄票据为主导、外滩银行票据清算制度并存的票据清算格局，华商银行开始有了自己的清算机构。上海票据交换所作为重要的票据市场基础设施，是中国金融史上完全以商业银行自己的力量创办的第一家新型清算机构，在支持近代票据清算方面发挥着重要的作用，为其他清算机构的成立起到了很好的示范效果。1935 年成立的上海银行票据承兑所是在信用环境不完善的情况下为调剂同业资金、支持工商业发展而创立的同业互助组织，其成立及成功运行揭示了在资金匮乏、流通困难的情形下，利用承兑汇票发展工商业，促进经济流通的可行性与适用性，为近代中国其他地区工商业的发展提供了一条可靠的途径。抗日战争时期成立的重庆联合票据承兑所通过为工商企业票据进行增信，增强了票据的流通

性,活跃了大后方资金运用,促进了工商业生产事业的发展。新中国成立以来,票据市场最重要的基础设施建设莫过于 ECDS 上线和上海票据交易所成立。2009 年,中国人民银行推出的电子商业汇票系统上线,带来了票据市场上的革命性票据产品——电子票据。伴随着银发〔2016〕224 号文的落地,电子票据很快成为票据市场上的香饽饽,占据着票据市场 95% 以上的份额。ECDS 的建成也将从根本上解决纸质商业汇票交易效率低下、信息不对称、风险较大等问题。作为票据市场的重要基础设施,上海票据交易所的成立使得票据市场实现了统一的票据交易中心、登记托管中心、清算结算中心、货币政策操作平台,改变了中国之前票据市场区域的、割裂的状态。上海票据交易所自成立以来,陆续开展了票据交易所客户端建设推广、ECDS 系统整合、纸电票据融合、票据交易系统直连、线上票据清算系统上线、贴现和再贴现功能上线、商业汇票信息披露平台试运行等大型重要基础项目,为票据市场发展提供了安全、可靠的平台。为了加快票据市场创新步伐,助力中小微企业、供应链企业、商业承兑汇票发展,上海票据交易所完成了对票付通、贴现通、标准化票据等创新产品的配套系统开发,上线电子商业汇票信息披露系统,为票据市场的繁荣创造条件,为票据业务发展提供了强有力的支撑。票据市场各参与主体也纷纷重新改造优化自身票据系统,实现与上海票据交易所的无缝对接。与此同时,京津冀协同票据交易中心、武汉票据交易中心及财务公司票据平台、央企"企票通"平台加快推出,民间票据平台也朝着规范化、平台化方向发展。

票据市场发展应该持续加强票据市场基础设施建设,与时俱进,推动票据系统优化升级;推动长三角地区商业承兑汇票平台建设,在企票通的基础上推动国企和地方政府商业信用票据平台建设,加速商业汇票信息披露平台建设进程,推动国际票据交易中心发展。

(四)信用提升,推动商业信用发展

票据业务的本质在于经营信用,良好的信用环境是票据市场发展的保障。承兑汇票是优良的信用工具,能化呆滞的账面债权为可流通的票面债权,这是章乃器在 20 世纪 30 年代第一次承兑汇票热潮中提出的重要观点。金融学家杨荫溥在倡导承兑汇票与贴现时便鼓励创办征信所以提升票据的信用,辅助票据贴现的发展。随着承兑汇票热潮的推进,承兑贴现市场相继形成,贴现业务作为融通资金的重要渠道受到各界的重视,票据的信用功能开始显现。抗日战争时期,为调剂法币不足,增加信用筹码,重庆票据市场还发行本票以替代法币流通。在 1944 年重庆联合票据承兑所成立之际，附设于该所的联合征信所也随之宣告成立。各时期革命根据地贴现业务的发展，以及发行本票替代货币流通等均是票据信用的体现。1943 年 9 月 29 日，冀南银行发布的《关于发行本票问题的通令》更是明文指出本票的发行可以培养与提高农村信用观念，发展票据信用事业。1979 年，中国金融界开始探索银行信用与商业信用相结合，以银行信用引导商业信用。可以说此时期的票据产生于信用功能，是在解决"三角债"问题和发展商业信用的特殊背景下被再次提出。票据的本质是根植于商品贸易活动中的商业信用，经过数百年的发展，尤其是改革开放后 40 余年的发展，票据已经成为集支付、结算、融资、投资、交易、调控、汇兑多种功能于一体的重要信用工具。然而，一直以来中国票据市场信用环境的发展极度不平衡，无论是承兑信用业务还是贴现信用业务，商业承兑汇票的发展都远不及银行承兑汇票。中国企业尤其是中小微企业整体信用程度不是特别高，出于对于商票流转不能畅通，商票到期不能顺利兑付的担忧，市场对于电子商业承兑汇票的接受意愿较低。

近年来，国家积极推动社会信用体系建设。国务院发布的《社会信用体系建设规划纲要（2014—2020 年）》指出要深入推进商务诚信建设，全面推进社会诚信建设。2021 年 1 月 17 日，中国人民银行二代征信系统正式切换上线，为商业汇票发展提供了信用基础。随着商业汇票信息披露系统上线，票据市场对于票据的管理也在不断丰富与完善。推动票据信用发展，可以考虑推行评估与担保机制，完善的信用评级体系能够提高票据尤其是商票的市场接受度，票据市场应该加快信用体系建设，组建票据信用评级机构，为承兑与贴现主体提供全方位、动态化的票据信用评级与追踪服务；完善票据担保机制，推动保险增信、担保增信等发展。银行、保险等金融机构可以与信用等级高、产销关系稳定的供应链企业展开合作，为商票提供保兑、保贴、担保等服务，协助提升商票的市场认可度；商业银行应该加速研究完善商业承兑汇票授信及贴现办法，推动商业汇票信用发展。

（五）未雨绸缪，强化票据风险防控

风险是未来损失的不确定性，只要经营票据业务，就必然存在风险。自古以来，票据市场参与主体为防范风险采取了一系列举措。票号在制作汇票时选用特制纸张，以防伪造。钱庄对于贴现要求较为苛刻，许多钱庄为谨慎起见，需要对贴现人知根知底，对于面生之人，若无担保，一概拒绝贴现。上海银行票据承兑所在出票时要求所员银行提供担保品，待承兑所估价后才可签订承兑申请书。抗日战争时期，四联总处颁布的《推进银行承兑贴现业务暂行办法》规定承兑票据要有货物或提单、保险单等全套单据作为担保，而且必须有足额保险。重庆联合票据承兑所在开立承兑汇票时也要求提供必要的担保品。此时期本票主要是为了替代货币流通而发行，然而，随着恶性通货膨胀愈演愈烈，本票发行量增加，发行面额增大，引发市场投机，刺激物价上涨。尤其是解放战争时期，黑市拆放现象严重，甚至出现了贴票这类票据市场畸变形态，严重扰乱了票据市场秩序。改革开放后恢复票据业务以来，随着票据支付在支付结算结构中所占的比例不断提高，部分票据风险案件有所抬头。为防范诈骗风险，商业银行开始重塑业务流程，设立专职岗位，实行双人交叉验票机制等，显著降低了风险发生的概率。进入21世纪后，部分商业银行违规承兑、保证金管理不规范，市场中伪假票据与融资性票据大量存在，违规票据中介深度介入票据业务，为票据市场风险案件埋下隐患。电子票据出台后，市场创新繁荣，一度出现了票据产品创新走在监管前面的现象。直至2016年票据市场风险案件全面爆发，票据参与主体开始冷静思考其发展模式，监管部门从市场基础设施建设、法规建设等多个方面重塑市场。近年来，人民银行、银保监会等监管部门相继发布《关于完善票据业务制度有关问题的通知》《关于切实加强商业汇票承兑贴现和再贴现业务管理的通知》《关于票据业务风险提示的通知》等通知，进一步加强商业汇票业务监管，规范票据业务办理流程。为防范各类金融风险，上海票据交易所未雨绸缪打造票据市场风险防范体系，大力推广电子商业汇票各项业务，提高电票业务占比，加强风险制度及市场监测体系建设，及时跟踪分析市场风险迹象，完善预防机制，优化交易机制。经过多年的发展，票据生态环境得到了极大的提升，电票占比显著提高，业务规则更加规范，票款对付结算、直通式处理、电子平台交易等提高了交易的透明度和安全性；场内二级市场交易压缩了不规范的票据中介活动空间；账户主动管理有效防范伪假票据风险；系统优化，科技赋能，票据市场风控水平进一步提高，恶性案件数量大为减少。

尽管如此，票据风险依然值得关注。对于电子商业汇票，需持续关注操作风险、合规风险、信用风险，在电子票据支付环节，ECDS并未要求采用DVP清算方式，在票款支付相分离的模式下，"打飞""背飞"风险依旧存在；对于银行承兑汇票，部分中小城商行承兑保证金存款占比过高的问题应引起重视；对于商业承兑汇票，部分企业过度签发带来的兑付风险应重点关注。随着票据市场不断发展，银行、财务公司、证券、信托、保险等金融机构也将参与到市场中来，监管主体的不统一，将造成不同机构办理相同业务的监管标准和政策尺度不同，不同监管主体和监管政策之间的不同步性可能导致票据业务存在制度障碍和政策壁垒，给票据市场的发展带来诸多不确定性，需要参与主体继续加强风险管理。

（六）立足创新，推进票据市场繁荣

票据市场发展历来不乏创新的身影。上海银行票据承兑所在成立时就已在信用工具、运作方式等方面进行了创新，创造性地创设承兑所承兑汇票此类融资性票据，要求所员银行提供担保品才可出票，允许票据在所员银行间转让、贴现，必要时承兑所予以重贴现，设立承兑基金，损益共担。这些创新举措的推出，维持了承兑所票据运转，起到了同业资金周转之用，为票据市场创新发展提供借鉴。1945年5月，在解放战争胜利前夕，北海银行颁布了《办理公营企业期票贴现办法》，通过票据交换及贴现业务的办理，便利公营企业资金周转，以达到推动和恢复生产的作用。北海银行办理公营企业票据交换和贴现业务的举措，是解放区金融工作者的一个创新之举。1995年《票据法》的出台吸引了更多的参与主体，市场创新能力得到释放，在票据功能、定价机制和区域市场方面均取得了突破。随着票据利率市场化进程加快，票据业务竞争愈加激烈，为开拓市场、提高竞争力，金融机构开始开发票据新品种。"中国票据网"上线，招商银行"票据通"网上票据业务、工商银行"易保付"电子信用票据等电子票据产品相继推出。针对客户的实际情况，商业银行开始量身定制个性化的票据服务模式和产品。票易票（票据拆分）、商票保贴、委托代理票据贴现、买方（协议）付息票据贴现、应收账款票据化等特色票据产品相继出现。伴随着票据市场的繁荣发展，票据市场参与主体、票据产品创新、票据业务创新等多个方面均有所突破。票据理财、票据资管业务逐渐兴起，票据交易不断创新，商业银行票据经营模式出现转型，市场集约化程度越来越高。《关于规范和促进电子商业汇票业务发展的通知》进一步扩大了票据市场参与主体范围，允许证券公司、基金公司、期货公司、保险公司、信托公司、资产管理公司等非银行金融机构直接参与票据市场交易。同时，"十三五"期间，票据创新产品层出不穷，上海票据交易所上线试运行数字票据交易平台实验性生产系统；有针对性地推出了票付通和贴现通产品，有效解决了企业票据流转和贴现难题；上线商业汇票信息披露平台，通过建立承兑人信用约束机制,促进票据市场信用环境改善;上线供应链票据平台,实现票据可等分化,为应收账款票据化发展提供新途径;推出标准化票据,打通票据市场与债券市场的壁垒,拓宽了企业票据融资渠道。针对商业承兑汇票市场接受度不高的难点,51家央企联合成立票据互认平台"企票通",通过聚合央企信用,推动应收应付双降,通过产业链信用传导,降低链条企业融资成本。同时,商业银行线上极速贴现、票据池、区块链票据、绿色票据等创新产品相继上线,进一步拓展了票据服务实体经济的深度与广度。

(七)科技赋能,发挥票据业务潜能

科技包含科学与技术两个方面,票据市场的科技应用可以分为传统科技和金融科技。《中华民国票据法》实现了"三票合一"和特设总则的结合,简化了票据法律制度,体现了中国立法技术的先进性。中国近代票据交换制度的变迁推动了票据交换流程效率的提高,在某种程度上体现出了一定的科技思维。1934年第一张由省级政府发行的中华苏维埃共和国湘赣省收买谷子的期票采用传统的竖排票据格式,从整体印制来看,该期票不仅包含了较为完整的票据信息,而且还充分考虑了票面设计,印刷精美。淮南银行曾发行过一种本票,从留存下来的票据可以看出,它是采用手写钢板油印。票据的印制体现出了一定的技术含量,尤其是在根据地民众对期票不甚了解的情况下,中华苏维埃共和国湘赣省收买谷子的期票在票据内附上了详细的说明文字,更体现出了票据印制者的智慧。进入21世纪后,票据市场运用科学技术的能力得到了提高。工商银行票据营业部票据内部管理系统的搭建,提升了票据业务的安全性和操作效率。"中国票据网"通过统一的电子服务系统形成覆盖全国的票据交易报价平台,改变了市场"条""块"分割造成的信息不畅的局面。招商银行、民生银行、工商银行等以行内系统为依托,推出电子票据产品,提高了商业银行票据创新的广度。随着信息技术的发展,电子票据出现,部分金融机构开始将电子化服务与差异化服务的策略相结合,拉开了"互联网+票据"的序幕。当前,金融科技发展如火如荼,科技赋能票据市场的深度得到了进一步提升。2017年1月3日,浙商银行基于区块链技术的移动数字汇票平台上线并完成首单交易,标志着区块链技术在银行核心业务区域的落地应用;2017年3月15日,赣州银行落地国内首单区块链票链业务;2017年11月,江苏银行基于区块链技术的跨行票据贴现业务成功办理;2018年1月25日,上海票据交易所数字票据交易平台实验性生产系统成功上线运行，构建了"链上确认，线下结算"的结算方式，探索了区块链系统与中心化系统连接的可能性。2020年上线的供应链票据平台通过科技赋能将票据嵌入供应链场景，实现了票据等分化签发和流转，实现了票据可拆分和组包支付，满足了企业差异化、零碎化支付与融资需求。票据市场参与主体发挥科技的作用，完善票据系统建设。工商银行推进人工智能技术应用，通过"工银图灵"的机器学习技术，实现企业贴现意愿、企业关系图谱分析。"企票通"将信息技术与金融业务深度融合，依托信息系统无缝对接，实现综合化金融服务；通过运用区块链、大数据、人工智能等金融科技促进央企商票安全高效流转。京东秒贴、同城票据网、深度票据网等平台加大金融科技运用力度，线上开展票据融资撮合业务。中企云链、欧冶金服、简单汇通过科技开展供应链票据业务。

在顺应金融科技潮流发展票据市场的同时，我们也应该充分认识到当前票据市场科技应用的不足之处，票据市场发展可以考虑完善票据科技制度、强化票据IT系统建设、推动票据平台建设，充分发挥区块链、大数据、人工智能、云计算、物联网等科技力量，为票据市场发展增添活力。

（八）强化研究，夯实票据发展基础

票据市场的发展离不开理论研究。1928年起，《银行周报》率先登载英美等国承兑汇票及贴现业务方面的研究及介绍文章，在学习和借鉴的基础上，国内一批优秀的专家和学者开始倡导承兑汇票，推动贴现业务发展。1929年出台的《中华民国票据法》也是依靠大量社会学者在根据本国国情和吸收国外众多票据成法的基础上才得以成功问世，充分体现出了国民的智慧。1980年，在中国人民银行批准上海先行先试票据业务后，上海金融学会成立了"票据贴现研究会"，专门对社会主义条件下票据业务应用相关问题进行调查、论证、研究。2002年，中国工商银行票据营业部发起成立"中国城市金融学会票据研究会"，创设全国首个票据专业期刊——《票据研究》。除此之外，还通过举办票据融资业务培训班、巡回讲课等方式培养了一批票据业务骨干。近年来，中国票据市场应用理论研究氛围愈发浓厚，票据市场各参与主体积极进行理论、实务研究，无论是上海票据交易还是专业票据智库的研究成果都十分丰硕。上海票据交易所借助组织票据市场座谈会、中国票据市场高峰论坛、交易员沙龙等多层次研讨会，充分调研市场需求；组织内外部专家编写票据专著，开展形式多样的征文及课题研究，进一步提升了票据业界的整体研究水平，票据市场应用研究体系初见雏形。近年来，中国城市金融学会票据专业委员会、中国银行业协会票据专业委员会、上海市金融学会票据专业委员会、江西省金融学会票据专业委员会等票据专业委员会，以及江西财经大学九银票据研究院、中央财经大学云票据研究中心、中国票据研究中心、中国商票研究中心等票据研究机构相继成立，为票据市场发展进行了有益的探索，活跃了研究氛围，输出了研究成果，对票据市场发展献计献策发挥了应有作用。一些票据市场参与主体和服务机构也主动开展了形式多样的研讨活动，交通银行、邮储银行、招商银行、浦发银行、九江银行、常熟农商银行以及普兰金融、果藤金融、乐享数科有限公司等许多机构也定期对票据市场情况进行分析，进一步提升了票据业界的整体研究水平。

在"十四五"开局之年，在推动构建双循环新发展格局之际，票据市场发展充满了机遇，应继续推进票据应用理论水平再上新台阶，推动应用成果转化，为票据市场长期、稳健、创新、规范、有序发展提供智库支持。期待发挥中国金融学会的作用，加强票据市场宣传，强化中国票据市场理论研究；期待发挥高校的作用，加强票据市场人才培养，为票据市场的可持续发展输送源源不断的新生力量；期待票据市场繁荣发展，理论、制度、创新再上新台阶。

二、票据未来思考

新时代经济发展，双循环新发展格局构建对金融高质量服务实体经济的能力提出了要求。在宏观经济稳字当头和宏观政策跨周期与逆周期调控的背景下，票据市场也迎来了发展新时期。

（一）票据将成为服务实体经济特别是中小微企业及民营企业的重要工具

从信用体系建设的角度分析，票据市场仍是未来一段时间内最切合目前企业信用实际的短期融资工具。一直以来，中国实体经济面临着巨大的资金缺口。2017—2021年，小型企业贷款需求指数维持在61%~78%的范围内，近年来有所提升；中型企业和大型企业的平均贷款需求指数分别为60%和58%，然而，银行平均贷款审批指数仅有50%，银行贷款审批程度远不能满足实体经济贷款需求，对规模较小的小微企业和民营企业而言，资金紧缺程度更加严重。票据是在企业支付结算需求下应运而生的，经过几十年的发展，票据市场已发展成为企业低成本融资渠道。2021年，票据贴现加权平均利率为2.85%，比同期限LPR低95个基点，票据降低实体经济融资成本的作用明显。随着票据市场规模不断发展壮大，票据市场服务实体经济的能力也得到了提升，2021年，全市场累计签发承兑汇票24.15万亿元，同比增长9.32%，票据承兑余额占社会融资规模的比例为4.77%；累计贴现票据15.02万亿元，同比增长11.93%，票据贴现余额占人民币贷款余额的比例为5.16%。票据市场在服务中小微企业及民营企业方面具有独特优势，根据上海票据交易所的数据，2021年中小微企业用票金额占比为72.19%，用票家数占比达到98.70%，票据已经成为解决中小微企业及民营企业融资的重要工具。近年来，国家出台了一系列政策支持实体经济发展，作为低成本和实体经济可获得性最强的金融工具，票据将继续在服务实体经济特别服务中小微企业及民营企业方面发挥重要作用。

(二) 借助金融科技的力量，票据有望成为企业重要的支付方式

从科技发展的角度分析，金融科技的广泛应用将为票据市场创新发展提供条件，有利于提升票据业务发展的深度与广度，提升票据业务效率，票据支付借助金融科技将成为企业的重要方式。回顾票据历史发展长河，支付和汇兑功能是票据发展的起源，是票据全生命周期功能发展的基础。相比于现金、本票、支票、银行汇票等支付方式，商业汇票具有延期支付、可背书转让、到期前可贴现等优势，而且电票的签发、流转等以ECDS为依托，可有效约束违约行为的产生，是企业尤其是供应链企业款项支付的最佳方式。然而，受限于票据市场发展初期市场透明度不高、各区域票据市场分散化发展等因素，长期以来，中国票据支付主要采取线下支付的方式，货款支付的不同步给票据市场发展带来安全隐患。科技的进步将传统的线下支付转移至线上，上海票据交易所、商业银行、第三方票据平台、企业等借助科技之力发展线上票据支付产品，实现票据货币化支付功能，进一步扩大票据支付范围、扩大支付覆盖面、提升票据支付效率、提高支付的广泛性和大众性。未来随着数字票据正式推出，票据支付的安全性与便捷性将进一步凸显，借助金融科技发展，票据支付将成为企业支付的重要方式。

(三) 票据有望成为少发货币、传导货币政策及调节货币流动性的有效手段

从金融市场架构的角度分析，中国金融市场建设仍要经过长期的改革发展，票据市场仍将在完善短期资金市场功能中扮演重要角色。票据是传统的支付结算工具，承兑业务可以减少企业运营资金占用，实现延期支付，票据背书可以满足企业间短期资金支付需求。相较于纸票，电子票据既是信用工具，又是支付工具，同时具有互联网属性，可以实现货币化支付。银发〔2016〕224号文指出"各金融机构应以上下游关系密切的产业链龙头企业或集团企业为重点，带动产业链上下游企业使用电票"。在供应链金融场景下，使用电票进行支付，可以有效串联供应链企业，带动优质企业传递信用，通过票据轧清供应链上下游企业应收、应付账款，实现应收账款票据化。商业汇票尤其是商业承兑汇票的使用，可以通过信用手段支持实体经济发展，达到票据货币化支付的目的，既能解决企业资金需求，又没有实际投放货币，是减少货币发行量、传导货币政策的有效工具。一方面，人民银行可以通过再贴现引导信贷和资金投放，实现"精准滴灌"，为中小微企业提供资金支持；另一方面，人民银行可以通过票据市场公开市场操作，调节金融体系流动性。

(四) 票据有望成为大众投资者的理想产品

从投资供给端的角度分析，标准化票据未来有望面向大众开放，票据将成为大众投资者的理想产品。2009—2012年，在票据市场高速发展下，具有高收益、低风险、零门槛、期限短等优势的票据理财迅速发展，票据资管、票据理财等业务火爆一时，票据投资功能自此被挖掘。2016年，全国首只票据收益权资产证券化产品发行，具有高收益、低风险的票据资产证券化产品进入投资者的视野。2019年，上海票据交易所相继发布4期标准化票据。2020年2月，人民银行发布《标准化票据管理办法（征求意见稿）》，明确支持资管产品投资标准化票据。同年6月，中国人民银行出台《标准化票据管理办法》，进一步明确了标准化票据可等分化等，使得标准化票据进一步向标准化债权类资产靠近，标准化票据的发展为票据投资产品的发展提供了广阔的空间和思路，截至2021年底，共有16家金融机构创设发行标准化票据58只，总规模达到61.73亿元。标准化票据属于货币市场工具，银行间债券市场交易主体可以通过购买标准化票据进行票据投资，迈出了票据债券化发展的一大步。随着科学技术的发展，票据产品、业务互联网化、平台化将是大势所趋，票据投资产品也将通过网络化、平台化等形式发展。未来标准化票据及其他票据投资产品有望面向市场开放、面向大众开放、面向个人开放。票据市场未来也将不断创新投资产品，适应投资者需求，发展票据远期、票据互换、票据期权、票据期货等衍生产品，满足不同投资主体的偏好。企业和个人投资者也将通过票据投资产品进行投资，票据也将成为大众投资者的理想投资产品。

（五）上海票据交易所有望发展为国际票据交易所

从票据市场基础设施建设的角度分析，上海票据交易所建设为票据市场发展创新奠定了基础，上海票据交易所有望建设成为世界开放的国际化票据交易平台。票据是经济交换和商业信用发展的产物，从美国、英国、日本和我国台湾等地区发达的票据市场发展经验来看，票据业务能够促进国际贸易发展。上海票据交易所作为中国票据市场的基础设施，具备票据报价交易、登记托管、清算结算、信息服务等功能，承担着中央银行再贴现操作等货币政策职能，是中国票据市场登记托管中心、业务交易中心、创新发展中心、风险防控中心、数据信息中心。在上海票据交易所发展的基础上成立国际票据交易所，有望实现全球票据市场的融合，促进票据跨国交易流通，提高票据交易度和使用度，提升票据跨境支付结算功能作用，促进国际贸易的发展，降低企业融资成本，提高离岸金融市场效率，引进国际先进经验，促进国内票据市场对外开放，丰富票据创新产品种类，推动全方位的金融业对外开放和深化金融改革等。

（六）长三角有望建立一体化的商业承兑汇票平台

从基础平台建设的角度分析，票据业务发展将有广阔的空间。长三角地区是中国经济发展最活跃、开放程度最高的区域之一，历来是票据市场先行工作的示范区域，占据着票据市场三分天下。2018年，长三角地区一体化发展上升为国家战略，为长三角地区发展指明了方向。中国人民银行行长易纲在第十一届陆家嘴论坛上表示，支持上海票据交易所在长三角地区推广应收账款票据化。为落实相关要求，上海票据交易所探索建设供应链票据平台，推广贴现通、票付通业务，并取得积极成效。长三角地区是中国商业信用较为发达的地区之一，从商业承兑汇票贴现程度来看，长三角四省市商票贴现累计发生额占比达到40%以上。在鼓励供应链金融发展的大背景下，商业承兑汇票有着广阔的发展前景，良好的商业信用环境为长三角地区继续挖掘商业承兑汇票的作用，发展商票融资提供了可能。在长三角地区建立一体化的商业承兑汇票平台，有利于强化地区企业意识，提升地区营商环境，进一步完善长三角地区经济布局，为促进长三角地区一体化发展奠定坚实的基础，同时也为商票发展作出示范。

（七）在企票通的基础上，国企和地方政府有望建立商业信用票据平台

从企业融资需求的角度分析，商业汇票是目前中国经济发展阶段企业信用提升的最佳工具之一。2019年8月26日，中国国新控股有限责任公司携手51家央企发起设立央企商业承兑汇票互认联盟，企票通正式上线运营。企票通一端连接央企，一端打通商业银行，通过商业银行接入人民银行ECDS，实现商票的出票、承兑、背书、贴现、付款等一站式服务，同时利用平台的信用互认和增信机制，丰富了企业间支付手段，有效发挥央企商业信用价值，降低央企产业链融资综合成本。在总结企票通发展经验的基础上，国企和地方政府有望搭建商业信用票据平台，通过统一的信用平台建设，引导企业更多地将电子商业汇票应用于生产经营活动中，通过平台企业票据流转，实现商业承兑汇票的闭环运行，提高供应链企业运行效率。建立商业信用票据平台一方面有利于降低企业融资成本，加速企业资金回笼；另一方面有利于培育良好的商票信用环境，提升企业信用，促进商业承兑汇票流通。

（八）制度与科技创新将进一步激发票据市场潜能

从市场发展的角度分析，创新是市场发展的重要推动力量，票据创新为票据市场发展增强活力，将进一步激发票据市场潜能。上海票据交易所的成立给票据市场发展带来了新的机遇，市场创新活力无限。伴随着科技的发展，工商银行、浦发银行、中信银行、中国银行、招商银行、广发银行等国股大行相继推出极速贴现或在线贴现等创新产品，京东等科技公司也推出了京票秒贴，第三方平台快贴、秒贴、票据撮合平台更是遍地开花，极大地提高了企业票据贴现融资效率以及贴现体验感。金融科技赋能大幅提升了票据市场智能化水平及风险防控能力，工商银行使用机器学习技术构建"工银图灵"，实现了对企业贴现意愿、企业关系的图谱分析；浦发银行运用知识图谱、人工智能、机器学习等技术，使得票据支付、融资、风控更加智能化，通过知识图谱推理、类协同过滤、社交网络分析等大数据分析技术，挖掘潜在客户，实现精准服务；中国农业银行以票据交易数据为基础开展客户画像数据分析，结合授信、评级、工商、财务、监管等外部数据，构建模型评估客户风险状况，为客户选择、风险防控提供参考。上海票据交易所票付通产品拓展了线上票据支付途径，贴现通产品建设了全国统一的贴现服务平台，解决了贴现市场分散、信息不对称等痛点，供应链票据平台的推出实现了票据可拆分化，提高了票据融资的便利性，标准化票据连通货币市场与资本市场，进一步拓展了票据融资渠道。展望未来，票据市场建设将进一步发挥制度和科技优势，不断激发市场发展潜能，通过制度创新，发挥票据前端承兑支付和融资流通功能，走支付便捷化短贷票据化之路；依托科技发展，发挥后端交易投资功能，走类债券和类证券化之路。

（九）发挥技术力量与信用环境提升优势，票据整体风险将有效降低

从风险防范的角度分析，科学技术的发展以及票据市场信用环境的提升将有效降低票据市场整体风险。大数据、区块链、人工智能等金融科技的使用为票据市场监管及风险防范提供了解决方案。通过建立实时监管平台，监控拦截可疑交易与报价，将票据风控关口前移；通过建立票据市场监控模型，对可能存在的违规操作风险实现 T+0 事后分析；通过智能合约建立票据市场统一规则和秩序；通过区块链不可篡改的时间戳实现票据市场无成本调阅，解决风险信息不对称等问题。社会整体信用环境的提升是降低票据市场风险的基础，通过打造信用社会的措施，提升全社会信用意识，营造良好的商业环境；通过加强对失信惩罚的措施，增强全社会失信成本，降低信用违约概率。风险是底线，未来在发挥科技力量与提升信用环境的基础上，票据全生命周期风险将得到有效控制，票据市场整体风险将显著下降。

（十）票据数字化和数字化票据的发展方向

从票据与科技融合发展的角度来讲，票据数字化和数字化票据是票据市场的主要发展形态。票据数字化是将票据信息、票据信用信息通过科技手段实现信息化、规范化、标准化、法制化进而交易化。党的十八大以来，党中央高度重视发展数字经济，将其上升为国家战略，《中华人民共和国国民经济和社会发展第十四个五年规划和 2035 年远景目标纲要》进一步将

"加快数字化发展,建设数字中国"作为"十四五"时期的重要战略目标。票据数字化和数字化票据作为数字经济的重要组成部分,对于加速数字经济发展,推动产业数字化和数字产业化进程,推动票据市场基础设施不断完善,改善我国信用环境具有重要意义。票据数字化发展将从以下六个方面寻求突破。

1. 票据数字科技化

科技化是票据数字化的驱动,应充分发挥人工智能、大数据、区块链、云计算等金融科技在票据领域的作用,提升票据市场科技含量,以科技化发展驱动票据市场繁荣创新,以科技化进步促进票据市场整体信用环境提升。

2. 票据数字信息化

信息化是票据数字化的前提,票据电子化、线上化发展有利于提升票据信息化程度,推动票据数字信息化发展应进一步强化票据信息挖掘能力,丰富数据挖掘渠道,提升结构化数据与非结构化数据处理水平,提高票据数据分析运用能力,以进一步推动票据信息体系建设。

3. 票据数字规范化

规范化是票据数字化发展的支撑,应建立多层次的票据市场安全治理体系,完善多元化的票据市场协同治理机制,搭建全方位的票据市场监管体系,强化金融机构票据合规性管理,进一步明确票据信息披露口径,提升票据市场信息统一化与规范化程度。

4. 票据数字标准化

标准化是票据数字化发展的关键,应加快票据业务国家标准体系研制,加速推进标准化基础设施改造,推动标准化风险防控标准制定,所制定的票据市场标准化指标体系一方面需确保票据业务易于交易、投资、定价、和确权,另一方面要满足某些行业某些票据业务的保密性需求。

5. 票据数字法制化

法制化是票据数字化发展的保障,应加速推动《国票据法》修订,明确电子票据、数字票据及相关创新产品的法律地位,确保票据市场发展有法可依,服务经济活化票据有保证;应持续完善票据市场制度体系,制定与数字经济发展相适应的票据市场制度与监管体系,推进票据市场数字化转型。

6. 票据数字交易化

交易化是票据数字化发展的目标,其内涵包括票据业务交易和票据数据交易两个方面，对于票据交易化发展，需进一步完善票据业务交易制度，推动票据数据交易基础设施建设，加快票据基金、票据衍生产品等票据市场创新产品研究，以完善票据市场产品体系，提升票据市场服务实体经济发展效能。

在这六项前提下，以服务实体经济与中小微企业、服务绿色金融为根本的票据交易及票据创新空间无限。除此之外，在科技赋能票据数字化发展之后，可适时引入数字票据新介质，并按照票据数字化思路探索数字票据的票据数字化之路。未来数字票据有望朝着树立战略思维，构建市场生态；打造框架体系，做好顶层设计；强化信息披露，提升市场透明度；夯实科技赋能，完善设施基础；以数据为核心，服务实体经济，创新服务模式，深耕中小企业；防范市场风险，增强监管力度；统筹发展路径，分步有序推进的方向发展。

小　结

改革开放前，我国经历了金融体制的不断变化与探索过程。在计划经济时期，我国经济实行高度集中的管理制度，并且商业汇票缺乏发展的基础条件。直至改革开放后，为了解决"三角债"问题，票据作为一种支付结算工具进行推广使用，并且确立了再贴现这一货币政策，使得票据市场有了初步的发展。《票据法》的出台解决了票据发展无法可依的难题。工商银行成立票据营业部后，市场开始向集约化管理发展，创新能力逐渐释放，票据利率基本形成了市场化定价机制，特别是"中国票据网"的投产运营，实现了全市场信息的电子化查询功能，活跃度有了明显提升。在该时期，票据对经济金融的发展发挥了重要作用。票据很好地化解了经济转型期中的"三角债"问题，不但厘清了债务问题，还为债务问题带来市场化资金渠道。同时，票据有力地支持了商品经济和改革开放大发展，为后续改革开放更深层次的进行提供了有力支持。进入21世纪，票据市场支持实体经济的作用明显增强，2008年承兑发生额是2001年的5.54倍，贴现发生额是2001年的7.73倍。2021年承兑发生额达到了24.20万亿元，相比2008年增加了17.10万亿元，增幅达到240.85%。贴现发生额为45.90万亿元，相比2008年增加32.40万亿元，增幅为240%，商业汇票成为改善企业经营状况的有力武器，票据融资也成为重要的短期融资渠道，促进融资结构再平衡。再贴现逐渐成为中央银行调控的重要工具，并在引导商业银行信贷投放上发挥出特有作用。同时,票据业务提升了我国商业银行的资产质量。

票据是一种古老的金融工具,具有千百年的发展历史,伴随着经济、金融与信用的发展不断进化演变,票据的内涵日趋丰富,功能作用日渐完善。回顾票据发展历史,可以得出票据市场发展应坚持票据服务实体经济,完善票据制度规则,加强票据市场基础设施建设,推动票据信用环境提升,强化票据风险防控,立足票据市场创新发展,发挥金融科技作用,推进票据市场应用研究的宝贵经验。展望票据发展未来,票据将成为服务实体经济特别是中小微企业及民营企业的重要工具,有望借助金融科技的力量成为企业重要的支付方式,有望成为少发货币、传导货币政策及调节货币流动性的有效手段,有望成为大众投资者的理想产品,上海票据交易所有望发展成为国际票据交易所,长三角有望建立一体化的商业承兑汇票平台,在企票通的基础上,国企和地方政府有望建立商业信用票据,制度与科技创新将进一步激发票据市场潜能,发挥技术力量与信用环境提升优势,票据整体风险将有效降低,票据市场有望朝着票据数字化和数字化票据方向发展。

附录

中国票据大事记

1. 周朝时出现的质剂、傅别及书契初具票据的雏形。
2. 唐朝时出现的飞钱是我国历史上出现最早的汇票，书帖是我国历史上出现最早的支票。
3. 宋朝时交子与会子的使用使得票据的流通范围进一步扩大。
4. 明清时期陆续出现的钱庄（庄票即本票）、票号将中国古代票据的使用推向高潮。票号是我国出现最早的汇兑专营机构，它的出现极大地推动了票据的广泛使用，很好地解决了异地汇兑难题，对我国金融的发展具有深远的影响。
5. 1923年3月19日，安徽蚌埠贴现公所成立，这是中国第一个票据专营机构。
6. 1929年10月30日，《中华民国票据法》正式颁布，这是中国历史上第一部正式颁行的票据法。
7. 1933年1月10日，上海票据交换所成立，这是中国金融史上第一家完全以商业银行自己的力量创办的新型清算机构。
8. 1936年3月16日，上海银行票据承兑所成立，这是中国第一个集票据承兑与贴现于一体的票据专营机构。
9. 1944年10月2日，重庆联合票据承兑所正式开业，这是一个集政府之力推动成立的票据专营机构。
10. 1979年，国家对商业信用开始实行有计划、有控制的开放政策，中国人民银行批准部分企业签发商业汇票。
11. 1981年2月，中国人民银行上海市杨浦区办事处和黄浦区办事处试办了第一笔同城商业承兑汇票贴现业务。
12. 1981年10月，中国人民银行上海市徐汇区办事处与中国人民银行安徽省天长县支行合作，试办了第一笔跨省市的银行承兑汇票贴现业务。
13. 1982年，中国人民银行推行"三票一卡"，倡导商业银行发展票据业务。

14. 1984年12月，中国人民银行颁发《商业汇票承兑贴现暂行办法》，决定在全国范围开展承兑、贴现业务，但规定汇票除向银行贴现外不准流通转让。

15. 1986年，针对当时企业相互拖欠货款、占用资金严重、"三角债"问题已严重影响社会资金周转和企业生产经营正常进行的状况，中国人民银行和中国工商银行联合印发《关于实行商业汇票承兑贴现办法清理拖欠货款的通知》，在北京、上海等10个城市运用商业汇票承兑贴现清理货款拖欠，扩大贴现业务。

16. 1986年4月，中国人民银行颁布《再贴现试行办法》，正式开始办理再贴现业务。

17. 1988年12月，中国人民银行颁发《银行结算办法》，自1989年4月1日起实行，该办法取消了银行签发汇票必须确定收款人和兑付行的限制，允许商业汇票背书转让，办理贴现、转贴现和再贴现。

18. 1995年5月10日，第八届全国人民代表大会常务委员会第十三次会议审议通过《中华人民共和国票据法》，自1996年1月1日起施行。《票据法》规定了票据的种类、形式和内容，明确了票据关系和票据当事人之间的权利义务，通过法律形式规范了票据行为。

19. 1996年6月，中国人民银行颁布《贷款通则》，将票据贴现与信用贷款、担保贷款并列为贷款的一种，票据贴现计入贷款口径统计和信贷规模管理。

20. 1997年8月，中国人民银行颁布《票据管理实施办法》，自1997年10月1日起施行，在《票据法》基础上进一步对票据主体、票据行为、票据权利和义务、违法处置等方面进行加强。

21. 1998年3月，中国人民银行决定改进和完善再贴现和贴现利率形成机制，将再贴现利率列为法定基准利率，由中国人民银行根据市场资金供求状况进行调整，贴现利率由再贴现利率加点生成。

22. 2000年2月，最高人民法院审判委员会通过《最高人民法院关于审理票据纠纷案件若干问题的规定》，自2000年11月21日起施行。该文件从司法审判的角度对《票据法》有关票据保全、票据背书、票据法律责任等方面的内容做了阐释说明。

23. 2000年11月9日，中国工商银行票据营业部成立，这是经中国人民银行总行批准成立的全国首家票据业务专营机构。

24. 2001年7月，中国人民银行发布《关于切实加强商业汇票承兑贴现和再贴现业务管理的通知》，明确"票据融资"不再计入金融机构的存贷比例考核，要求商业银行单独设立会计科目核算和反映票据贴现、转贴现与再贴现业务；强调增值税发票作为贸易背景判断标准的权威性；提出中心城市要适度集中商业汇票业务的经营管理，提高业务效率和规模效应，防范票据风险。

25. 2002年11月，中国人民银行颁布《关于办理银行汇票及银行承兑汇票业务有关问题的通知》，决定取消《中国人民银行关于加强开办银行承兑汇票业务管理的通知》中规定的"办理银行承兑汇票业务实行总量控制，其承兑总量不得超过上年末各项存款余额的5%"的承兑风险控制指标，支持票据承兑业务发展。

26. 2003年6月，中国人民银行直属机构中国外汇交易中心建立推出"中国票据报价系统"，即"中国票据网"，为金融机构之间的票据转贴现和回购业务提供报价撮合、报价查询等信息服务。

27. 2007年1月4日，上海银行间同业拆放利率（Shibor）机制正式运行。同年4月，中国工商银行率先推出以Shibor为基准的票据转贴现和回购报价利率，11月又实现了贴现利率与Shibor报价挂钩，票据业务定价方式开始由固定利率向浮动利率转变。

28. 2009年10月，中国人民银行建成电子商业汇票系统（ECDS）并投产运行。系统上线当日，招商银行签发出全国第一张电子银行承兑汇票和第一张电子商业承兑汇票。

29. 2013年7月，中国人民银行发布《关于进一步推进利率市场化改革的通知》，取消贴现利率在再贴现利率基础上加点确定的方式，由金融机构根据市场供求关系自主决定贴现利率。

30. 2014年2月，银监会和国家发展改革委联合颁布《商业银行服务价格管理办法》，将银行承兑费率由《支付结算办法》规定的"承兑银行应按票面金额向出票人收取万分之五的手续费"改为"市场调节价"，票据承兑费用实现市场化定价。

31. 2014年1月24日，中国城市金融学会票据专业委员会成立。

32. 2014年4月，人民银行、银监会、证监会、保监会、国家外汇管理局联合发布《关于规范金融机构同业业务的通知》（银发〔2014〕127号），规范同业业务发展，约束并压低同业业务中的非标业务，促进同业业务回归流动性管理手段和本质；明确了回购业务项下的金融资产属性，明确买入返售（卖出回购）业务项下的金融资产应当为银行承兑汇票等具有合理公允价值和较高流动性的金融资产。

33. 2014年5月，银监会发布《关于规范商业银行同业业务治理的通知》（银监办发〔2014〕140号），提出包括票据买入返售业务在内的同业业务要实行专营部门制改革，实行集中统一授权、集中统一授信、集中统一的名单制管理、集中审批和集中会计操作。

34. 2014年，中国银行业协会成立票据专业委员会。

35. 2015年1月15日，上海市金融学会票据专业委员会成立。

36. 2016年4月，中国人民银行和中国银行业监督管理委员会联合发布《关于加强票据业务监管促进票据市场健康发展的通知》，要求严格审查贸易背景真实性，严格规范同业账户管理，有效防范和控制票据业务风险。

37. 2016年11月6日，江西财经大学九银票据研究院成立，这是全国第一家专攻票据领域的研究机构。

38. 2016年12月5日，中国人民银行出台《票据交易管理办法》，规范票据市场行为。

39. 2016年12月8日，中国人民银行牵头筹建的上海票据交易所开业运营，全国统一的票据交易平台正式上线。

40. 2017年3月27日，中国人民银行印发《关于实施电子商业汇票系统移交切换工作的通知》（银发〔2017〕73号），决定将电子商业汇票系统（ECDS）移交上海票据交易所运营。

41. 2017年9月14日，江西省金融学会票据专业委员会成立。

42. 2017年12月8日，由上海票据交易所主办的票据市场改革发展高峰论坛在沪举行，上海财经大学、上海票据交易所、中国票据研究中心举行揭牌仪式。

43. 2018年1月25日，数字票据交易平台实验性生产系统成功上线试运行。

44. 2018年4月27日，人民银行、银保监会、证监会、国家外汇管理局4部门联合发布《关于规范金融机构资产管理业务的指导意见》。

45. 2018年5月2日，中国银行保险监督管理委员会发布《关于规范银行业金融机构跨省票据业务的通知》（银保监办发〔2018〕21号），对银行业金融机构跨省票据业务进行规范，针对跨省交易类业务、跨省授信类业务提出监管要求，要求银行业金融机构通过票据市场基础设施开展跨省票据交易，限制风险较大的跨省纸质票据交易。

46. 2018年5月9日，商务部等8部门联合发布《关于开展供应链创新与应用试点的通知》。

47. 2018年9月26日，中国人民银行发布《中国人民银行办公厅关于上海票据交易所纸质票据和电子票据交易融合后再贴现有关工作的通知》（银办发〔2018〕180号），标志着纸电票据再贴现业务正式融合。

48. 2018年12月6日，上海票据交易所发布票据市场首条收益率曲线。

49. 2018年12月6日，上海票据交易所在上海成功举办供应链创新产品"票付通"发布会。

50. 2019年5月27日，上海票据交易所正式上线贴现通业务。

51. 2019年8月15日，上海票据交易所发布公告称，为加大对中小金融机构的流动性支持，经中国人民银行同意，上海票据交易所创设标准化票据。

52. 经中国人民银行同意，上海票据交易所于2019年8月20日成功创设2019年第1期标准化票据。

53. 2019年12月6日，上海票据交易所发布信用类型为"城商承兑、国股贴现"的城商银票转贴现收益率曲线，为中小银行承兑票据提供定价参考。

54. 2020年1月16日，票据信息披露平台上线试运行。

55. 2020年4月26日，供应链票据平台成功试运行。

56. 2020年6月18日，首批供应链票据贴现业务成功落地。

57. 2020年6月24日，中国人民银行颁布《标准化票据管理办法》，规范标准化票据融资机制，自2020年7月28日起实施。

58. 2020年7月28日，上海票据交易所会同中国外汇交易中心、银行间市场清算所发布《标准化票据信息披露规则》（票交所公告〔2020〕2号），并发布《标准化票据基础资产托管结算规则》（票交所公告〔2020〕3号）。

59. 2020年7月30日，《标准化票据管理办法》正式实施后的首批14单标准化票据创设成功。

60. 2020年11月3日，跨境人民币贸易融资转让服务平台在上海票据交易所正式上线。

61. 2020年12月23日，中国人民银行发布2020年第19号公告，规范商业承兑汇票信息披露有关事宜，自2021年8月1日起实施。

62. 2020年12月30日，上海票据交易所发布2020年第4号公告《商业承兑汇票信息披露操作细则》，自2021年8月1日起施行。

63. 2021年5月26日，国务院总理李克强主持召开国务院常务会议，研究将商业汇票承兑期限由1年缩短至6个月，减轻企业占款压力。

64. 2021年8月1日，商业承兑汇票信息披露正式施行。

65. 2022年1月14日，中国人民银行颁布《商业汇票承兑、贴现与再贴现管理办法（征求意见稿）》。

参考文献

[1] 刘方. 论西周商业的发展 [J]. 宝鸡师院学报（哲学社会科学版），1989（2）：52.

[2] 王旭. 中国传统契约溯源之约剂名实考 [J]. 辽宁大学学报（哲学社会科学版），2015，43（5）：137-145.

[3] 林尹. 周礼今注今译 [M]. 北京：书目文献出版社，1988：68.

[4] 丁海斌，杨璐璐. 先秦时期商业文书研究 [J]. 档案，2019（3）：4-11.

[5] 白小平. 中国古代买卖契约研究 [D]. 兰州：兰州大学，2006.

[6] 侯广庆，赵雪琴. 关于飞钱的产生与性质 [J]. 山西财经学院学报，1997（4）：72-73，84.

[7] 王纪洁. 唐代"飞钱"若干问题考证 [J]. 湖北钱币，2015（14）：40-42.

[8] 朱睿根. 唐代的"飞钱" [J]. 中国钱币，1992（2）：78.

[9] 薛平拴. 论唐都长安的金融业 [A]. 杜文玉. 唐史论丛（第八辑）[M]. 西安：三秦出版社，2006：296-321.

[10] 贾大泉. 交子的产生 [J]. 四川金融，1994（S1）：5-29.

[11] 戴志强. 有关北宋交子的几个问题 [J]. 中国钱币，2006（3）：43-46，95-96.

[12] 杜文玉，王克西. 宋代纸币的发行、回笼、兑换与买卖 [J]. 史学月刊，1992（1）：24-30.

[13] 刘秋根，谢秀丽. 明清民间商业信用票据化的初步发展——以汇票、汇兑为中心 [J]. 中国钱币，2006（1）：3-11，79.

[14] 戴建兵. 近代中国钱票浅探 [J]. 河北经贸大学学报，1996（5）：73-78.

[15] 张国辉. 晚清钱庄和票号研究 [M]. 北京：社会科学文献出版社，1989：58.

［16］燕红忠．中国金融史［M］．上海：上海财经大学出版社，2020．

［17］赵保富．票号信用与品牌研究［M］．北京：中国金融出版社，2010．

［18］王夷典．百年沧桑日昇昌［M］．太原：山西经济出版社，2013．

［19］张桂萍．山西票号经营管理体制研究［M］．北京：中国经济出版社，2005．

［20］史若民．票商与近代中国［M］．北京：中国言实出版社，2014．

［21］梁宏志．社会变迁的一个面相：票据［M］．北京：科学出版社，2016．

［22］李霞．山西票号转型失败原因探讨［J］．环渤海经济瞭望，2018（11）：75-76．

［23］杨杰，程小珊．山西票号：中国近代金融业的雏形（三）晋商票号的业务经营［J］．中国农村金融，2015（2）：111-112．

［24］杜丽娟．山西票号的人力资源管理及其对现代银行的借鉴意义［J］．东方企业文化，2011（20）：52．

［25］张学颖，张滋霈．山西票号衰亡原因［J］．中外企业家，2015（14）：257．

［26］张亚兰．山西票号为何与现代银行失之交臂——社会断层发展角度的理解［J］．太原学院学报（社会科学版），2019，20（5）：36-45．

［27］张桂萍．山西票号经营管理体制研究［D］．北京：首都师范大学，2005．

［28］乔建伟．山西票号的风险管理研究以及对我国现代银行的启示［D］．石家庄：河北经贸大学，2013．

［29］李薇．山西票号身股制对现代企业的启示［J］．经济师，2017（9）：59-60．

［30］李鹏杰．山西票号兴衰与我国会计发展［J］．中国市场，2016（27）：137-138，155．

［31］魏潇箫．山西票号近代化转型失败的原因和教训［J］．齐齐哈尔大学学报（哲学社会科学版），2017（2）：98-100．

［32］孟馨．山西票号对现代银行管理的启示［J］．现代经济信息，2014（16）：300，307．

［33］王亚影．山西票号的内部控制机制对现代企业的启示［J］．商业会计，2014（10）：98-100．

[34] 陈其田. 山西票庄考略 [M]. 北京：商务印书馆，1937.

[35] 银行博物珍赏：上海市银行博物馆藏品集 [Z]. 2003.

[36] 上官永清. 晋商银行过去现在未来 [M]. 太原：山西出版集团，山西经济出版社，2009.

[37] 姜建清. 岁月撷珍：银行博物馆精品鉴赏集 [M]. 上海：上海人民美术出版社，2013.

[38] 中国金融学会，中国钱币博物馆，新华通讯社摄影部，中央文献出版社. 中国金融珍贵文物档案大典（古代卷）[M]. 北京：中央文献出版社，2002.

[39] 中国金融学会，中国钱币博物馆，新华通讯社摄影部，中央文献出版社. 中国金融珍贵文物档案大典（近代金融第三卷）[M]. 北京：中央文献出版社，2002.

[40] 中国金融学会，中国钱币博物馆，新华通讯社摄影部，中央文献出版社. 中国金融珍贵文物档案大典（近代金融第四卷）[M]. 北京：中央文献出版社，2002.

[41] 中国金融学会，中国钱币博物馆，新华通讯社摄影部，中央文献出版社. 中国金融珍贵文物档案大典（红色金融第一卷）[M]. 北京：中央文献出版社，2002.

[42] 中国金融学会，中国钱币博物馆，新华通讯社摄影部，中央文献出版社. 中国金融珍贵文物档案大典（红色金融第二卷）[M]. 北京：中央文献出版社，2002.

[43] 中国金融学会，中国钱币博物馆，新华通讯社摄影部，中央文献出版社. 中国金融珍贵文物档案大典（红色金融第三卷）[M]. 北京：中央文献出版社，2002.

[44] 胡孟嘉. 敬告票据法研究委员会 [A]. 上海银行周报编辑社. 票据法研究（下）[M]. 上海：上海银行周报社，1922.

[45] 马寅初. 马寅初全集（第4卷）[M]. 杭州：浙江人民出版社，1999.

[46] 万立明. 蚌埠贴现公所 [J]. 中国金融，2015（17）：98-99.

[47] 马陵合. 开风气之先的近代蚌埠贴现公所研究 [J]. 蚌埠学院学报，2014，3（2）：181-184.

[48] 万立明. 近代中国票据市场的制度变迁研究 [M]. 上海：上海远东出版社，2014.

[49] 江西财经大学九银票据研究院. 票据史 [M]. 北京：中国金融出版社，2020.

[50] 对于蚌埠贴现公所之观察 [J]. 银行周报，1923（27）：24-42.

[51] 杜恂诚. 近代中国钱业习惯法：以上海钱业为视角 [M]. 上海：上海财经大学出版社，2006.

[52] 上海银行营业章程 [A]. 王敦常. 票据法原理 [M]. 北京：商务印书馆，2016.

[53] 修正上海市银行业业规 [A]. 朱斯煌. 民国经济史：银行周报三十周年纪念刊 [M]. 上海：银行学会，上海银行周报社，1948.

[54] 万立明. 上海银行公会与20世纪二三十年代的票据立法 [J]. 社会科学研究，2007（5）：169-174.

[55] 中华民国票据法 [A]. 中国人民银行总行金融研究所. 中外金融法规汇编（第3分册）[Z]. 1988.

[56] 徐沧水，姚仲拔. 票据法研究·建言 [M]. 上海：上海银行周报社，1922.

[57] 陆仰渊，方庆秋. 民国社会经济史 [M]. 北京：中国经济出版社，1991.

[58] 洪葭管，张继凤. 近代上海金融市场 [M]. 上海：上海人民出版社，1989.

[59] 马寅初. 中华银行论 [M]. 北京：商务印书馆，1929.

[60] 杨荫溥. 中国金融论 [M]. 北京：商务印书馆，1930.

[61] 杨荫溥. 上海金融组织概要 [M]. 北京：商务印书馆，1930.

[62] 章乃器. 中国之票据市场 [J]. 中央银行月报，1936（1）.

[63] 金国宝. 怎样发展工商业 [A]. 金国宝. 票据问题与银行立法 [M]. 上海：中华书局，1947.

[64] 金国宝. 为什么及怎样造成一个贴现市场 [J]. 银行周报，1931，15（16）.

[65] 金国宝. 银行法中之票据问题 [A]. 金国宝. 票据问题与银行立法 [M]. 上海：中华书局，1947.

[66] 金国宝. 二十一年五月六日在中华国产产销合作协会第七次星五聚餐会演讲 [A]. 餐桌名言集.

[67] 金国宝. 承兑汇票浅说 [A]. 金国宝. 票据问题与银行立法 [M]. 上海：中华书局，1947.

[68] 金国宝. 承兑汇票答客问 [A]. 金国宝. 票据问题与银行立法 [M]. 上海：中华书局，1947.

[69] 金国宝. 商业承兑汇票之意义与实施 [A]. 金国宝. 票据问题与银行立法 [M]. 上海：中华书局，1947.

[70] 程年彭. 国产搪瓷营业所为签发商业承兑汇票敬告客户书 [J]. 银行周报，1932（42）:33-36.

[71] 国华商业银行有关创办押汇承兑及贴现业务的资料（1931年）[B]. 国华银行档案 Q278-1-109-85.

[72] 金国宝. 商业承兑汇票之实施问题 [A]. 金国宝. 票据问题与银行立法 [M]. 上海：中华书局，1947.

[73] 中国人民银行总行金融研究所金融历史研究室. 近代中国的金融市场 [M]. 北京：中国金融出版社，1987.

[74] 复兴上海市面问题 [J]. 银行周报，1935，19（9）.

[75] 救济工商业与金融问题 [J]. 工商半月刊，1935，7（8）.

[76] 洪葭管.20世纪的上海金融 [M]. 上海：上海人民出版社，2004.

[77] 银行票据承兑所开业 [J]. 银行周报，1936，20（10）.

[78] 万立明. 近代中国票据中介机构的制度创新及其启示——以上海银行票据承兑所为例 [J]. 上海行政学院学报，2008（2）：59-67.

[79] 银行票据承兑所办事细则（1936年3月13日）[B]. 上海档案馆藏，档联准会档案，S177-1-72.

[80] 银行票据承兑所委员会组织规程及所员银行公约 [J]. 银行周报，1936，20（11）.

[81] 承兑汇票说明书（1936年5月）[B]. 上海档案馆藏档，联准会档案 S177-1-72.

[82] 致函中中交三行（1936年3月19日）[B]. 上海档案馆藏档，联准会档案 S177-2-606.

[83] 银行票据承兑所第一次大会（1936年3月31日）[J]. 银行周报，1936，20（12）.

[84] 银行票据承兑所公布贴现利率（1936年4月7日）[J]. 银行周报，1936，20（13）.

[85] 第一次票据承兑所委员会议 [B]. 上海市档案馆藏档，联准会档案 S177-1-21.

［86］重庆市档案馆，重庆市人民银行金融研究所．四联总处史料（中）［M］．北京：档案出版社，1993．

［87］卓汉平．中国近现代货币银行简史［M］．南京：南京大学出版社，1992．

［88］经世学艺社．现代经济动态［M］．上海：世界书局，1939．

［89］王红曼．四联总处与战时西南地区经济［M］．上海：复旦大学出版社，2011．

［90］洪葭管．中央银行史料［M］．北京：中国金融出版社，2005．

［91］袁远福，缪明杨．中国金融简史［M］．北京：中国金融出版社，2001．

［92］四联总处1941年度工作报告［A］．中国第二历史档案馆．中华民国史档案资料汇编（第五辑第二编财政经济4）［M］．南京：凤凰出版社，2010．

［93］刘慧宇．中国中央银行研究（一九二八——一九四九）［M］．北京：中国经济出版社，1999．

［94］财政部公布之改善地方金融机构办法纲要（1938年4月28日）［A］．中国第二历史档案馆，中国人民银行江苏省分行，等．中华民国金融法规选编［M］．北京：档案出版社，1989．

［95］关于实现贴现率管理政策并由中央业务局签具意见的呈函（1938年10月27日）［B］．重庆档案馆藏档中中交农四行联合办事处总处重庆分处未刊档案，0292000100138000147000．

［96］推进银行承兑贴现业务暂行办法［A］．重庆市档案馆，重庆市人民银行金融研究所．四联总处史料（下）［M］．北京：档案出版社，1993．

［97］四联总处关于流动资金贷款拟采用票据贴现方式的决议［A］．重庆市档案馆，重庆市人民银行金融研究所．四联总处史料（下）［M］．北京：档案出版社，1993．

［98］四联总处生产事业票据保证承兑及贴现暂行办法草案［A］．重庆市档案馆，重庆市人民银行金融研究所．四联总处史料（下）［M］．北京：档案出版社，1993．

［99］中国银行总管理处为抄送非常时期票据承兑贴现办法函［A］．重庆市档案馆，重庆市人民银行金融研究所．四联总处史料（下）［M］．北京：档案出版社，1993．

[100] 金融研究编辑部. 票据承兑与贴现 [M]. 上海：上海金融学会，1983.

[101] 重庆金融编写组. 重庆金融（上卷）[M]. 重庆：重庆出版社，1991.

[102] 财政部制定改善地方金融机构办法纲要 [J]. 商业月报，1938，18（5）：57.

[103] 市闻一束 [N]. 新华日报，1944-11-29（3）.

[104] 张格. 抗战时期重庆金融市场研究（1937—1945）[D]. 重庆：西南大学，2019.

[105] 中央银行兼理票据交换业 [J]. 大公报（重庆版），1942-06-03.

[106] 中国人民银行上海分行. 上海钱庄史料 [M]. 上海：上海人民出版社，1960.

[107] 郑成林. 从双向桥梁到多边网络——上海银行公会与银行业（1918—1936）[D]. 武汉：华中师范大学，2003.

[108] 傅为群. 九府裕民：上海钱庄票图史 [M]. 上海：上海书店出版社，2002.

[109] 崔晓岑. 中央银行论 [M]. 北京：商务印书馆，1935.

[110] 万立明. 上海票据交换所研究（1933—1951）[M]. 北京：中国书籍出版社，2019.

[111] 有本邦造作，陶月译. 宁波过账制度之研究（一）[J]. 银行周报，1931，15（35）.

[112] 石涛. 近代中国票据交换制度演变探析 [J]. 哈尔滨商业大学学报（社会科学版），2012（1）：69-77.

[113] 杜恂诚. 20世纪二三十年代中国信用制度的演进 [J]. 中国社会科学，2002（4）.

[114] 票据交换所委员会第七次会议记录（1933年2月22日）[B]. 联准会档案，S177-1-18.

[115] 朱斯煌. 民国经济史：银行周报三十周年纪念刊 [M]. 上海：银行学会、上海银行周报社，1948.

[116] 1950年票据交换所月报 [B]. 上海票据交换所档案，Q52-2-22.

[117] 1949年上海票据交换所月报第12期 [B]. 上海票据焦化过档案，Q52-2-21.

[118] 1950年票据交换报告书 [B]. 上海银行公会档案，S172-4-34.

[119] 朱博泉. 记上海票据交换所［A］. 陆坚心, 完颜绍元. 20世纪上海文史资料文库（第5辑）［M］. 上海：上海书店出版社, 1999.

[120] 万立明. 试论战后上海票据交换所的制度变迁［A］. 复旦大学中国金融史研究中心. 中国金融制度变迁研究［M］. 上海：复旦大学出版社, 2008.

[121] 石涛. 近代中国中央银行史［M］. 北京：商务印书馆, 2021：141-142.

[122] 中国银行总管理处经济研究室. 全国银行年鉴1936［M］. 上海：汉文正楷印书局, 1936.

[123] 杨荫溥. 杨著中国金融论［M］. 上海：黎明书局, 1932.

[124] 中国第二历史档案馆. 中华民国史档案资料汇编［M］. 南京：凤凰出版社, 2010.

[125] 重庆市档案馆, 重庆市人民银行金融研究所. 四联总处史料（上）［M］. 北京：档案出版社, 1993.

[126] 中央银行1946年度营业报告［A］. 中国第二历史档案馆. 中华民国史档案资料汇编（第五辑）［M］. 南京：江苏古籍出版社, 2010.

[127] 郭荣生. 民国孔庸之先生祥熙年谱［M］. 台北：台湾商务印书馆, 1981.

[128] 盛慕杰. 论中央银行的贴放政策［J］. 经济评论, 1947, 1(5).

[129] 张度. 中央银行二十年来之变迁［B］. 中国第二历史档案馆藏.

[130] 孙建华. 近代中国金融发展与制度变迁（1840—1945）［M］. 北京：中国财政经济出版社, 2008.

[131] 中国第二历史档案馆, 中国人民银行江苏省分行, 等. 中华民国金融法规选编［M］. 北京：档案出版社, 1989.

[132] 中央银行贴放委员会办理上海商业行庄贴放通则［A］. 中央银行经济研究处. 金融法规大全（续编）［M］. 台北：台湾学生书局, 1971.

[133] 商业行庄向中央银行申请办理重贴现转质押转押汇须知［A］. 中国第二历史档案馆, 中国人民银行江苏省分行, 等. 中华民国金融法规选编［M］. 北京：档案出版社, 1989.

[134] 修正中央银行法草案［A］. 中国人民银行总行金融研究所. 中外金融法规汇编（第三分册）［Z］. 1988.

[135] 生产事业贷款方针［A］. 中国第二历史档案馆, 中国人民银行

江苏省分行，等．中华民国金融法规选编［M］．北京：档案出版社，1989.

［136］生产事业贷款方针之补充办法［A］．中国第二历史档案馆，中国人民银行江苏省分行，等．中华民国金融法规选编［M］．北京：档案出版社，1989.

［137］理事会关于核定1948年生产事业贷款方针的决议［A］．重庆市档案馆，重庆市人民银行金融研究所．四联总处史料（中）［M］．北京：档案出版社，1993.

［138］中央银行贴放委员会办理同业贴放规定［J］．金融周报，1948（2）．

［139］中国人民银行．中国共产党领导下的金融发展简史［M］．北京：中国金融出版社，2021.

［140］中国人民银行金融研究所，财政部财政科学研究所．中国革命根据地货币（下）［M］．北京：文物出版社，1982.

［141］洪荣昌．红军时期的期票［J］．中国钱币，2009（2）：39-40.

［142］中华苏维埃共和国国家银行暂行章程［A］．中国人民银行金融研究所，财政部财政科学研究所．中国革命根据地货币（下）［M］．北京：文物出版社，1982.

［143］章书范．淮南抗日根据地货币史［M］．北京：中国金融出版社，2004.

［144］张均立．浙东革命根据地货币史［M］．宁波：宁波出版社，2002.

［145］张转芳．晋冀鲁豫边区货币史（上册）：晋东南革命根据地货币史［M］．北京：中国金融出版社，1996.

［146］中国人民银行金融研究所，中国人民银行山东省分行金融研究所．中国革命根据地北海银行史料［M］．济南：山东人民出版社，1986.

［147］贾章旺．新民主主义革命货币图表［M］．北京：中共党史出版社，2018.

［148］山东北海银行清河分行集团股简章及组织草案［A］．中国人民银行总行金融研究所．中外金融法规汇编（第3分册）［Z］．1988.

［149］北海银行办理票据交换办法［J］．山东政报，1949（1）：62-63.

［150］山东北海银行营业简章［A］．中国人民银行总行金融研究所．中外金融法规汇编（第3分册）［Z］．1988.

［151］《徐州纸币大观》编纂委员会．徐州纸币大观［M］．北京：中

国文史出版社，2003.

[152] 晋冀鲁豫边区政府公布本区管理外汇暂行管理办法［A］．邓辰西．财政经济建设（上、下册）［M］．太原：山西人民出版社，1987.

[153] 陕甘宁边区银行条例（草案）［A］．中共河南省委党史研究室．纪念朱理治文集［M］．北京：中共党史出版社，2007.

[154] 浙东银行条例［A］．中国人民银行金融研究所，财政部财政科学研究所．中国革命根据地货币（下）［M］．北京：文物出版社，1982.

[155] 高贯成．华中银行历史资料选编［M］．北京：中国广播电视出版社，2003.

[156] 尚明，白文庆，等．金融大辞典［M］．成都：四川人民出版社，1992.

[157] 河北省金融研究所．晋察冀边区银行［M］．北京：中国金融出版社，1988.

[158] 晋察冀边区银行冀东支行发行本票暂行办法［A］．华北解放区财政经济史资料选编编辑组，等．华北解放区财政经济史资料选编（第二辑）［M］．北京：中国财政经济出版社，1996.

[159] 黑龙江金融研究所．黑龙江根据地金融史料（1945—1959）［M］．1984.

[160] 孔祥毅．民国山西金融史料［M］．北京：中国金融出版社，2013.

[161] 王汉强．商业信用与商业汇票［M］．北京：中国财政经济出版社，1986.

[162] 姚遂．中国金融史［M］．北京：高等教育出版社，2007.

[163] 范小仲．20世纪90年代初清理"三角债"的考察及启示［J］．湖北经济学院学报．2019（11）：29-31.

[164] 赵学军．中国商业信用的发展与变迁［M］．北京：方志出版社，2008.

[165] 张映雪，肖云，贾永申．推广票据结算办法十分必要［J］．经济工作通讯，1992（6）.

[166] 王小能．票据法教程［M］．北京：北京大学出版社，2001.

[167] 罗勇．知法懂法守法用法确保"二法"［J］．金融与经济，1995（6）.

[168] 杜德清．《票据法》——促进票据发展的法律保障［J］．中国

工商，1995（7）.

[169] 左志方，王成涛，钟俊. 修订《票据法》：逻辑与建议［J］. 金融纵横，2015（11）：56.

[170] 中国工商银行票据营业部，中国人民银行上海总部金融市场管理部. 中国票据市场发展报告（2008）［M］. 北京：中国金融出版社，2009.

[171] 张立洲. 票据革命［M］. 北京：中信出版集团，2019.

[172] 肖小和. 规范票据经纪行为促进票据市场发展［N］. 上海证券报，2016-11-25（009）.

[173] 中国工商银行票据营业部，中国人民银行上海总部金融市场管理部. 新世纪中国票据市场发展报告（2000—2011）［M］. 北京：中国金融出版社，2013.

[174] 李军. 稳步建设统一的中国票据市场［J］. 中国货币市场，2003（9）.

[175] 肖小和，余蓓. 加快建立全国统一规范的票据信息平台［N］. 上海证券报，2015-04-11（006）.

[176] 中国人民银行，中国工商银行辽宁省分行. 组织开展商业汇票承兑、贴现业务的几点做法［J］. 中国金融，1987（5）.

[177] 阙方平. 中国票据市场制度变迁［M］. 北京：中国金融出版社，2005.

[178] 再贴现业务［A］. 中国金融年鉴编辑部. 中国金融年鉴（1995）［M］. 北京：中国印刷总公司，1996.

[179] 李杨. 新中国金融60年［M］. 北京：中国财政经济出版社，2009.

[180] 林毓琍. 建立现代化的票据市场电子服务体系［J］. 中国金融，2003（18）：19.

[181] 荆海龙. 2009年青海省利率政策调控效应实证分析［J］. 青海金融，2010（8）：14.

[182] 于学鹏. 兴业银行票据业务集中差异化竞争战略研究［D］. 上海：复旦大学，2009.

[183] 王桂堂，李映辉. 从一个金融机构票据业务看我国票据市场的发展取向［J］. 金融理论与实践，2000（5）：11-15.

[184] 舒雄. 我国电子票据市场的现状、制约因素和发展路径［J］.

广西金融研究，2008（6）：37.

[185] 于学鹏.兴业银行票据业务集中差异化竞争战略研究[D]. 上海：复旦大学，2009.

[186] 陆宝江.试论票据风险及防范[J]. 广西农村金融研究（半月刊），2001（3）：63.

[187] 布企宣.TCL："简单汇"不简单[J]. 中国中小企业，2020（6）：39-41.

[188] 崔宁，张敬石.打通两大融资市场，标准化票据渐行渐近[J]. 金融市场研究，2020（3）：90-97.

[189] 狄刚.区块链技术在数字票据场景的创新应用[J]. 中国金融家，2018（5）：69-71.

[190] 付远红.互联网供应链金融创新模式研究[D]. 杭州：浙江大学，2019.

[191] 侯林.商票发展路径寻迹：完善信用体系建设[J]. 金融市场研究，2021（9）：60-67.

[192] 黄佳，明红娟.区块链技术在数字票据交易平台中的应用[J]. 湖北理工学院学报（人文社会科学版），2018，35（6）：41-44.

[193] 孔燕.深化票据在供应链金融中的应用[J]. 金融市场研究，2020（11）：2-7.

[194] 宋汉光.区块链在数字票据中的应用[J]. 中国金融，2018（10）：42-43.

[195] 宋汉光.驭金融科技新动能启票据市场新征程——票交所金融科技应用实践与展望[J]. 金融世界，2020（12）：22-24.

[196] 孙榕.打造票据市场新高地——访上海票据交易所董事长宋汉光[J]. 中国金融家，2018（5）：29-33.

[197] 王绪刚.商票信息披露对票据市场的影响研究[J]. 全国流通经济，2021（25）：163-165.

[198] 伍佳昱，汪小政.上海票据交易所成立的背景、影响及对策分析[J]. 杭州金融研修学院学报，2017（2）：19-22.

[199] 肖小和，金睿.积极发展绿色票据 努力服务绿色经济高质量发展[J]. 中国城市金融，2019（6）：53-56.

[200] 肖小和.推动绿色票据发展的思路及建议[J]. 当代金融家，2019（4）：93-95.

[201] 许文涛，唐潇晴，成望舒. 标准化票据业务的发展和实施 [J]. 金融会计，2020（9）：30-34.

[202] 姚程扬，黄冠霖，邱雯萱，顾云珠，洪煜. 区块链技术在产融互联网领域的应用——以中企云链为例 [J]. 黑龙江科学，2021，12（12）：156-157.

[203] 周伟君. 标准化票据是什么？——产品解析和展望建议 [J]. 金融市场研究，2019（12）：101-108.

[204] 肖小和，李紫薇. 中国共产党建党百年的中国票据市场回顾与启示 [J]. 征信，2021，39（9）：7-17.

[205] 肖小和，李紫薇. 中国票据市场发展趋势研究——基于票据历史的视角 [J]. 上海立信会计金融学院学报，2021，33（1）：45-56.

[206] 肖小和，甲子. 票据数字化发展的探讨 [EB/OL]. （2022-02-22）. https：//m.yicai.com/news/101324853.html.

[207] 肖小和，申酉. 发展数字票据的新思考 [EB/OL]. （2022-03-21）. https：//mp.weixin.qq.com/s/NxElWi5u0_6yQhbnzSqINg.